U0094461

记
号

[MIAIRIK]

真知　卓思　洞见

中国中古社会史论

毛汉光 著

北京科学技术出版社

著作权合同登记号 图字：01-2023-2116

图书在版编目（CIP）数据

中国中古社会史论 / 毛汉光著. -- 北京：北京科
学技术出版社，2024.3
　　ISBN 978-7-5714-2899-0

　　Ⅰ.①中… Ⅱ.①毛… Ⅲ.①中国历史—研究—魏晋
南北朝时代②中国历史—研究—隋唐时代 Ⅳ.
①K235.07

中国国家版本馆CIP数据核字（2023）第025091号

选题策划： 记　号	**电　话：** 0086-10-66135495（总编室）
策划编辑： 马　旭	0086-10-66113227（发行部）
责任编辑： 武环静　马春华	**网　址：** www.bkydw.cn
责任校对： 贾　荣	**印　刷：** 北京华联印刷有限公司
封面设计： 今亮后声	**开　本：** 710 mm × 1000 mm　1/16
图文制作： 刘永坤	**字　数：** 429 千字
责任印制： 张　良	**印　张：** 33.25
出 版 人： 曾庆宇	**版　次：** 2024 年 3 月第 1 版
出版发行： 北京科学技术出版社	**印　次：** 2024 年 3 月第 1 次印刷
社　　址： 北京西直门南大街 16 号	**审 图 号：** GS（2023）3425 号
邮政编码： 100035	
ISBN 978-7-5714-2899-0	

定　价：148.00 元

谨以本书

纪念前辈陈寅恪先生

序 言

　　社会所表露的现象，林林总总，千头万绪，欲提纲挈领、抽丝剥茧，本已困难重重。而过去的社会现象，复由于史料缺乏，或史家记载角度不同，研究愈发艰难。后人探索囿于材料，于是记载较详部分常被细论，少见于记载部分每被忽略，屡屡轻重失序，难窥全豹。又国人记载历史，有关政治活动者居多，而社会史要从政治史中爬梳而得，观察一项社会发展，每困于政治史的断代而不能通其变。在此一鳞半爪的社会史料里，其能超越朝代更迭，点中演变关节，而为社会史采出蛛丝马迹如前辈陈寅恪先生者，可谓凤毛麟角。著者有鉴于社会史有其独自发展的趋向与意义，思前虑后，多年来习作试探性论文十余篇，广泛论及魏晋南北朝隋唐各代社会现象，以寻其脉络。今将性质相关的论文，初步整合在《中国中古社会史论》的书名之下，以就教于世人。

　　本书所收社会史论文凡十二篇，分为总论与分论。总论有四篇，即：第一篇《中古统治阶层之社会基础》、第二篇《中古统治阶层之社会成分》、第三篇《中古家族之变动》、第四篇《中古士族性质之演变》。分论有八篇，即：第五篇《三国政权的社会基础》、第六篇《两晋南北朝主要文官士族成分的统计分析与比较》、第七篇《中古山东大族著房之研究》、

第八篇《从士族籍贯迁移看唐代士族之中央化》、第九篇《唐代大士族的进士第》、第十篇《中古大士族之个案研究——琅琊王氏》、第十一篇《隋唐政权中的兰陵萧氏》、第十二篇《敦煌唐代氏族谱残卷之商榷》。

在中国中古时期，政治社会中存在着的士族现象，于史籍中屡见不鲜，前人论著中虽然使用名称不一，但均肯定这个事实。著者在总论第二篇《中古统治阶层之社会成分》一文中，统计《后汉书》《三国志》《晋书》《宋书》《南齐书》《梁书》《陈书》《魏书》《北齐书》《周书》《南史》《北史》《隋书》《旧唐书》《新唐书》《旧五代史》《新五代史》等十七种正史中列传人物，将其分类分期，制成"中古统治阶层社会成分统计表"。这个表当然无法包括所有当时的人物，但由于出自正史记载，应该属于当时的重要人物，若将其看作自然取样，或可以代表当时重要人物的社会成分。表中各类人物在各期之升降，可与史籍记载中的事迹相互印证，例如，史书上说梁陈之际寒素颇获重用，反映在表中，梁陈时期确有寒素比例上升、士族比例下降的现象。实际上，每一期皆可成为一个分析的单元，自汉末至唐末本书以代（Generation）为单位，共分为二十七期，期与期之间各类人物皆有上升或下降的变动现象。本书分论第五篇《三国政权的社会基础》一文，即取汉魏时期（即本书前三期）写成专论，作为引申讨论总论总表之一隅。分论第六篇《两晋南北朝主要文官士族成分的统计分析与比较》一文，特别将九品官人法时代政治统治阶层中主要文官，尤其是掌握政务的三省官吏及掌握仕进的选举官吏挑出，统计并分析其社会成分，观察士族与主要官吏的结合程度。

总论第三篇《中古家族之变动》一文，是以家族为单位，观察两晋、南朝、北朝、隋至安史之乱前、安史之乱至唐末等大段落中士族之盛衰，制作成表，亦以量化表示之。由家族内部结构之变化，可知如何从魏晋南北朝类似封建承袭形态，演变成隋唐诸房并重形态。分论第七篇《中古山东大族著房之研究》一文，观察隋唐士族主流——北朝山东大族——在历史演进中分房分支之现象，并指出隋唐时郡望中房支在政治社会中的重要性。分论第十篇《中古大士族之个案研究——琅琊王氏》一文，系以个案分析当时大族。以个案分析中古大族的中外论文与专书已有不少，此文则按本书标准展开，与总论内中古士族之变动相呼应。分论第十一篇《隋唐政权中的兰陵萧氏》一文，则举例说明南朝士族如何渡入隋唐政权。分论第十二篇《敦煌唐代氏族谱残卷之商榷》一文，是一篇小考证文章，考证唐代诸谱关系：《北平藏谱》可能反映唐代前期家族，《伦敦藏谱》可能反映唐代后期家族，两谱之间的差异，可能表示唐代各州郡大族之兴衰。

总论第四篇《中古士族性质之演变》一文，论述士族内部的质变，即由武质而文质、由社会性而政治性、由代表性而官僚性、由区域性而中央化、由经济性而形而上的趋向等。分论第八篇《从士族籍贯迁移看唐代士族之中央化》一文，论述唐代大族十姓十三家墓葬地由原籍迁至两京附近，借以说明其重心之移向中央，上述诸项质变可——撰文细论，中央化乃这类文章之一例。士族内部质变影响到其角色改变，也影响到其功能之丧失，如果有多项功能丧失，则其社会势力也随之衰退，此点可以解释为何士族在魏晋乱世时兴起，却在唐末五代乱世时没落。

总论第一篇《中古统治阶层之社会基础》一文，是在本书总论第二篇、第三篇、第四篇依次完成后渐渐凝结而成的，在凝结的过程中亦参照西方"Power Elite"（权力精英）理论，直接指出中古拥有社会势力者乃政治统治阶层之基础，两者的高度结合在各朝皆有史料证明，引用"Power Elite"理论的目的是希望抽出中古社会人物的共同性，作为建立中国型"Power Elite"的一环，或许能在拟构世界"Power Elite"理想型时与之有所互补。分论第五篇《三国政权的社会基础》前半段是实例分析，而分论第九篇《唐代大士族的进士第》一文，则指出虽然隋唐已创行科举制度，但唐代大士族子弟考取进士第者仍然甚多，这也是三世纪至十世纪士族占高级官吏之绝对优势的原因之一。

本书总论各篇虽然仍以基本资料为行文之主体，但这四篇的设计是以社会史之架构性、原则性问题为前提的。分论各篇之重点在于社会史中之个案分析以及延伸讨论。总论与分论之间有密切的线索相系，个案分析及延伸性文章可继续撰写，以加入分论的篇幅之中，如此或可使得总论中的架构更紧密，原则更具体；总论在分论文章的激荡之下，可能增加新的方向，或在深度上更向前迈进，从而又引发在分论中增加专题，这种良性循环是著作的长期目标，本书之出版只是这种循环之初步小结。

社会史的范围极广，本书论述的重点在于社会中的上层阶层，其原因是。其一，研究社会史最重要的是探讨人与人之间的关系，举凡个人与个人、个人与团体、团体与团体之间的组合等皆是，如此才能把看似一盘散沙的人群凝结起来。社会中的上层阶层是人群组合之一，这群人虽不一定是社会中最重要的一群，但至少可以说是较具影响的一群。其二，资料因素。现存的中古资料如史籍、刻石等，对于上层阶层尚保存一些记载，对于一般平民的记载则甚少。著者任职于"中央研究院"历史语言研究所，其傅斯年图书馆藏有大量中古时期墓志铭拓片，志主大部分亦属官宦人物或官宦子弟，若与正史配合研究，可建立若干初步架构。其三，研究中古时期社会中上层阶层的学者甚多，各有各的观察角度。著者原本想先撰写中古官僚政治，几经考虑，觉得欲研究官僚政治，先得明了社会背景以及社会中人物的特质，否则便仅能知官僚的空架而无法深究其内涵。同时，研究上层阶层除了因为其在社会史上有重要意义以外，还因为中古时期上层人物与官吏大幅重叠，故对于观察官僚架构中的人物活动，有莫大帮助。这二十年来，著者绝大部分时间在思考士族政治，但同时亦撰写若干篇关于官僚制度的文章，希望能将历史中社会、政治诸领域做某一角度的结合，其间的关键人物是士族。至于社会史中平民部分，著者一直非常重视，在撰写社会史、政治史诸史之同时，一并收集一般平民之资料，然如果没有大量出土的新资料，这方面的资料预计不会很多，但著者最后仍将勉力撰写若干篇关于平民权利义务的论文，使社会史的研究获得较为平衡的发展。

本书所谓"中古"，是指东汉献帝建安元年至唐昭宗天祐年间（196—907），本书并不欲卷入中国社会史分期的论辩之中，之所以取这七个世纪作为研究对象，原因是：汉魏之际是一个变革期，许多人物在这段时期升降；唐末五代又是一个变革期，既存的门第在这时消融。根据本书总论第二篇《中古统治阶层之社会成分》的统计表，如果将这七百余年分为二十七期，则士族自汉魏上升以来，在统治阶层中皆占50% 以上，至后唐时才降至50% 以下 [1]。士族不仅在社会中居主导地位，在政治方面亦占各期高级官吏数量之绝对优势，在这个意义之下，这七个世纪属于同一种社会架构，朝代之更替似乎是换汤不换药，因此社会史的分期并不等于朝代之更替，以同一种社会架构作为研究社会史的大段落，则有其基本的共同性。

本书各篇所采用的研究方法有：量化、分析、比较、个案、推论等，视题目性质、资料的多寡而定。

三十年前，著者就读于台湾大学历史系，聆听劳榦师讲授魏晋南北朝史，劳师的渊博及这个时代的多样性，使著者迷上了中国中古史。著者在台湾政治大学政治研究所修习邹文海师的西洋政治思想史，先师柏拉图式的讲授方式，引导同学们层层深思，也启发著者对中国历史上许多问题做进一步探索。一九六四年，著者进入"中央研究院"历史语言研究所，正巧许倬云师的研究室就在隔壁，许师新出版的《先秦社会史论》，与著者的学术领域极为接近，著者有缘时时请益。又王伊同先生来

---

[1] 参见拙文《五代之政治延续与政权转移》，《"中央研究院"历史语言研究所集刊》51（2），1980。该文内容大部分属于政治史，收录在《中国中古政治史论》之中。

院访问，王先生《五朝门第》一书乃中古史甚具功力之作。在茶余饭后，著者蒙王先生不吝指教，凡一年之久。不久，何炳棣先生自美回国开会，当时何先生《明清社会史论》一书已名满史学界，著者仅一助理研究员而已，何先生曾多次主动特别约谈，并嘉许勉励著者在中国社会史方面继续努力。一九七〇年至一九七二年，著者至哈佛大学研究访问，听完杨联陞先生、余英时先生讲授的全年课程，并承蒙指教，总论第四篇《中古士族性质之演变》一文便是这一时期的研究专题。本书若干篇论文由陈槃师、严耕望先生审查，两位长辈屡屡坦诚批改，令著者受惠良多，陶晋生学长亦曾审阅总论稿，指正多处。

本书各篇的资料绝大多数来自历史语言研究所傅斯年图书馆，该馆中最重要的资料系当年傅斯年先生所收集，以研究需要为第一考虑。著者每每思及，若无该馆丰富藏书，著者很多篇文章甚至连架构都无法树立，即令勉强撰写，其内容必定比现在有更多疏漏。

一个在抗战爆发年月出生的人，处身于社会动荡的大洪流之中，能有三十年安定就学与研究的时间，已是异数，又能幸运地碰到许多学养深厚的老师与前辈先生，并获得丰富的研究资料与平静的环境，异数已不足以解释，或许是上苍的恩赐吧。

江山毛汉光

一九八六年十二月十五日

目　录

< 总　论 >

<分　论>

总 论

第一篇

中古统治阶层之社会基础

一、统治阶层与社会领袖

影响国家政治者可以是少数人，可以是多数人，也可以是人民全体，端视其政体的不同及人民对政治的关心程度而有差异。然而挥舞政治权力和直接行政者恒是全体人民中的少数人而已。加埃塔诺·莫斯卡（Gaetano Mosca）的大著《统治阶级》（*The Ruling Class*）[1] 里，讨论分析了各种统治形态，就其整个贡献而言，最被人们采信的一点在于他强调统治者在各种政体中只是整个人口的少数。这是一个平淡无奇、不言而喻的见解，但也是研究社会科学的最基本认识，有了这种认识才不会被某些政治哲学家带向理想化，而做罔顾现实的研究。然则吾人要问，统治阶层既属整个人口的少数者，何以能顺利地统治多数者？纯武力的控制只能解释为一时的现象，是征服者或新建立王朝者的最初凭借，但是一个政权若永远凭借其赤裸裸的权力是危险的，我们虽不可武断地说这种方式不能保持长久，但至少这种统治形态不会太稳固，被统治者诚然

---

[1] Gaetano Mosca, *The Ruling Class*, McGraw-Hill Book Company, 1939.

感到不舒服，统治者何尝能高枕无忧。俗语云："马上得天下，不可马上治天下。"显然治天下与得天下的方法不同。统治阶层既不能由多数人参与，则如何能得到多数人的支持呢？我国历来采用的方法之一，是统治阶层实施为大多数人的福利政策，孔子的仁政、孟子的民本思想是也。但是人民需要什么，如何去实行，并非容易之事。统治者认为一种政策有利于人民，而实际上却常常扰民或害民，尤其古代社会科学不发达，对于政治社会上若干问题没有深刻的研究，民意不能很正确地表达，在这种社会里，即令有心想把事情做好的统治者，有时也无形中做些损民之事。从这方面而言，民间出身的人物，猜测人民的需要较为准确，但是到了第二代以后，子孙们"生于深宫之中，长于妇人之手"，故而我们常常看到民间出身的皇帝若干措施受到赞美，而末期皇帝不是暴君便是昏君，尽做些害民之事。所以所谓仁政、民本的福利政策，尚属学者们的理论阶段。

　　另一种获得大多数人支持的方法是引入社会领袖参与统治。社会中统治阶层一方面是社会力量的中坚分子，一方面能反映社会一般需要。我国历史上能够安定社会及稳定政治者，大都采取或巧合了这种办法。社会领袖在社会中所扮演的角色，使我们想起伯特兰·罗素（Bertrand Russell）在其《权力论》（*Power: A New Social Analysis*）[1] 第三章中所举的例子——引诱羊群上船，必须使用强力将其领袖拉过舷门，其余的便自动地跟了上去。当然人类比动物复杂得多，人的思想丰富，生活多姿多彩，长于某一方面者，可能短于其他方面，也就是说某些地方是他的强点，某些地方可能是他的弱点。我们如果假定强点即是力量即是权力，则人类相互间的权力大小是如此复杂，以致无法像动物一般地很明显找出自然领袖来，但是社会领袖毕竟是有的，这需要从综合力量的分析中

---

[1]　Bertrand Russell, *Power: A New Social Analysis,* George Allen & Unwin, 1958.

获得。综合力量是多元的，正如罗素在《权力论》中所说：从社会意义上将权力分为若干种，即僧侣的权力、帝王的权力、赤裸的权力、革命的权力、经济的权力、舆情的权力、教条的权力等。我们融合罗素之意，可将权力分为下列几种。①赤裸权力：依罗素云，这种权力是剥去所有其他权力，最后所表露的力量，亦即当人民尊敬或服从权力，而非为其他任何理由时，这种权力是赤裸裸的，如武力、打手等。②传统权力：大多数人依习惯而生活，对于惯例常视为当然，而不去想一下。传统权力有习惯的力量拥护它，它不须以理由肯定自己，也不须继续证明，反对它却需要强大的力量，如此就可发现传统权力的存在。一般而论，第一代开国之君或凭武力，第二代即可能初具传统权力。③知识权力与宗教权力：除了"知识即力量"以外，知识与宗教本身都被人们认为有某些神秘性，一个社会里知识及宗教权力的大小与该社会对其敬仰程度成正比。④经济权力：由于经济权力常常衍生其他权力，或表现在其他权力上，所以许多人相信经济权力不是原始的，而是转成的。但也有许多人认为经济因素是人类文化中最重要的基因，因此经济权力也具根本性与原始性。⑤舆情权力：凭借宣传力量，制造出社会上共同的欲望、目标、价值标准，而使符合者获得公认的价值，不符合者蒙受压抑。这些权力的组合状况是很复杂的，而权力组合后的大小可以决定人类在社会上的阶层高低。

哈罗德·拉斯韦尔（Harold D. Lasswell）亦从事权力的研究，他认为社会上有许多有价值之物（Available Values），获得较多者是杰出之士（Elites），获得较少者便是人民大众（Masses）[1]。拉斯韦尔认为"价值"是产生权力的元素，他以另一角度分析权力，然而其所指的"Influence"与罗素所谓"Power"在意义上有异曲同工之妙。而两者皆共认社会领袖是

---

[1]　Harold D. Lasswell, *The Political Writing of Harold D. Lasswell*, Free Press, 1951, p. 295.

综合某些优势而产生的。

有关社会领袖的研究，自维尔弗雷多·帕累托（Vilfredo Pareto）提出 Elite（精英）观念以来 [1]，经加埃塔诺·莫斯卡系统整理 [2]，有托斯丹·凡勃伦（Thostein Veblen）[3]、约瑟夫·熊彼特（Joseph Schumpeter）[4]、费迪南德·伦德伯格（Ferdinand Lundberg）[5] 等着重从经济角度分析，有哈罗德·拉斯韦尔 [6]、雷蒙·阿隆（Raymond Aron）[7] 等着重从政治角度分析，有斯坦尼斯拉夫·安德烈斯基（Stanislav Andreski）[8] 着重从军事角度分析，有詹姆斯·伯纳姆（James Burnham）[9] 着重从商业经理分析，有 S. N. 艾森斯塔特（S. N. Eisenstadt）[10] 着重从官僚角度分析，有卡尔·曼海姆（Karl Mannheim）[11] 对智识方面之分析，而 C. 赖特·米尔斯（C. Wright Mills）[12]、G. 威廉·多姆霍夫（G. William Domhoff）[13] 及罗伯特·A. 达尔（Robert A. Dahl）[14] 等对美国社会之研究，已综合各种角度的

[1]　Vilfredo Pareto, *The Mind and Society*, Brace and Company, 1942.

[2]　Gaetano Mosca, *The Ruling Class*, McGraw-Hill Book Company, 1939.

[3]　Thostein Veblen, *The Theory of the Leisure Class*, Viking Press paperback, 1948.

[4]　Joseph Schumpeter, *Imperialism-Social Classes*, World Publishing Company, 11th printing 1971.

[5]　Ferdinand Lundberg, *The Rich and Superrich*, Bantam Book, Inc. 4th printing 1969.

[6]　Harold D. Lasswell, *Politics—Who Gets, What, When, How*, World Publishing Company, 11th printing 1968. Harold D. Lasswell, D. Lerner and C. E. Rothwell, *The Comparative Study of Elites*, Stanford University Press, 1952.

[7]　Raymond Aron, "Social Structure and the Ruling Class," *British Journal of Sociology* I, 1950.

[8]　Stanislav Andreski, *Military Organization and Society*, University of California Press, 1968.

[9]　James Burnham, *The Managerial Revolution*, Bloomsbury 3PL, 1972.

[10]　S. N. Eisenstadt, *The Political Systems of Empires—The Rise and Fall of the Historical Bureaucratic Societies*, Free Press paperback, 1969.

[11]　Karl Mannheim, *Ideology and Utopia*, Harvest Book paperback, 1951.

[12]　C. Wright Mills, *The Power Elite*, Oxford University Press paperback, 1959. C. Wright Mills, *White Collar*, Oxford University Press 13th printing paperback, 1964. Compiled by G. William Domhoff and Hoyt B. Ballard, *C. Wright Mills and the Power Elite*, Beacon Press, 1969.

[13]　G. William Domhoff, *Who Rules America*? Prentice-Hall, 1967.

[14]　Robert A. Dahl, *Who Governs*? Yale University Press 11th printing, 1967.

Elites（精英）而论之。

中国史研究 Elites（精英）的著作，有许倬云师《先秦社会史论》[1]、艾伯华（Wolfram Eberhard）《征服者与统治者：中古中国的社会势力》（*Conquerors and Rulers: Social Forces in Medieval China*）[2]、何炳棣《明清社会史论》[3]、费孝通《中国士绅》（*China's Gentry*）[4]及《农民与士绅》（Peasantry and Gentry）[5]、张仲礼《中国绅士》（*The Chinese Gentry*）[6]、萧公权《中国乡村》（*Rural China*）[7]都承认中国的缙绅在地方上是核心人物，对一般民众而言，他们是社会领袖、社会的上层人物，就是因为缙绅综合所有权力的平均力量较高。在我国中古——本文指汉末宋前，拥有较大社会力量者，亦即社会阶层的上层人物是士族及地方豪族。在汉朝崇尚儒术之后，上自帝王，下至庶民，皆以学术（尤其是儒术）为高，士族拥有知识，受整个社会的敬仰。又自东汉以来，士族在政治上日趋重要[8]，累代官宦在地方上常是多世大族[9]，品德、才貌、官宦，一代代地

[1] Hsu, Cho-yun, *Ancient China in Transition: An Analysis of Social Mobility*, Stanford University Press, 1965. 关于这方面的论文还有：《西汉政权与社会势力的交互作用》，《"中央研究院"历史语言研究所集刊》35，1964；《三国吴地的地方势力》，《"中央研究院"历史语言研究所集刊》37上册，1967。

[2] 艾伯华关于这方面的著作还有：*Social Mobility in Traditional China*, Brill Archive, 1962.

[3] Ho, Ping-ti, *The Ladder of Success in Imperial China—Aspects of Social Mobility, 1368-1911*, Columbia University Press, 1962.

[4] Fei, Hsiao-t'ung, *China's Gentry*, University of Chicago Press, 1953.

[5] Fei, Hsiao-t'ung, "Peasantry and Gentry: An Interpretation of Chinese Social Structure and Its Changes," *American Journal of Sociology* LII, 1946.

[6] Chang, Chung-li, *The Chinese Gentry: Studies on Their Role in Nineteenth-Century Chinese Society*, University of Washington Press, 1955.

[7] Hsiao, Kung-chuan, *Rural China: Imperial Control in the Nineteenth Century*, University of Washington Press, 1960.

[8] 参见杨联陞：《东汉的豪族》，《清华学报》11（4），1936。余英时：《东汉政权之建立与士族大姓之关系》，《新亚学报》1（2），1956。

[9] 参见庞圣伟：《论三国时代之大族》，《新亚学报》6（1），1964。

累积着，自然产生了罗素所谓的传统权力。又不论仕宦以前还是仕宦以后，每个大族常建立有庞大的经济后盾，通常以大地主的身份出现，这是支持其门望的物质基础。从史料里我们每常发现这些士大夫相互标榜，这种风气自东汉末年就已流行，如"三君""八俊""八厨"等，好像整个社会中好人就只有他们几个。不独如此，他们似乎还是社会上价值标准的制定者，又配合选举制度（九品官人法），其舆论的力量更显得无比巨大。当乱世之秋，大族的宗党、部曲、门生、幕客、奴婢常常是一种武装单位[1]，是赤裸权力的基础。白乐日（Etienne Balazs）著《中国的文明与官僚政治》（*Chinese Civilization and Bureaucracy*）[2] 中亦强调中国士大夫家族所包含的力量是综合各方面的，他说：

> （中国）士大夫（官吏）阶级在数量上仅是极少数人，但是由于他们有力量、影响力、地位、声望，掌握有所有的权力，拥有大量的土地，因此权力显得无比的巨大，这个阶级并且有每种特权，最主要的因为他们垄断教育而享有塑造其本身成员的特权。

就社会势力而言，团体的力量应比个人的力量大。在我国中古时期，宗教极为盛行，但远不如欧洲中古时天主教有组织、有力量；新型政党尚没有出现，行业公会亦没有建立[3]，唯有以血缘为基础的家族是当时社会力量的中坚。社会中有能力的个人虽亦有某些力量，但个人不能延续长久，其虽可作为反映社会需要的代表，如《盐铁论》中贤良方正与大司农桑弘羊辩论，但大部分都很快失去其社会性，而成为统治者的爪牙。

士大夫家族——士族，是中国中古社会上一股最有力量的社会势力。政治统治者为了稳定其政权，设若无法摧毁这股势力，以自己所建立的

---

[1] 参见金发根：《永嘉乱后北方的豪族》，学术著作奖助委员会，1964。

[2] Etienne Balazs, *Chinese Civilization and Bureaucracy*, Yale University Press, 1964, p.6.

[3] 参见何炳棣：《中国会馆史论》，引言及第一章，台湾学生书局，1966。

社会势力代之，则必须觅取与这股社会势力合作，获得他们对政权的支持，也就是引入社会领袖参与统治，分享政治地位与政策。拥有社会势力者一旦加入政治统治阶层，既可以保持其现有的社会地位与利益，还由于政治地位之获得，可以增强其原有的社会地位与利益。两者之间的合作，是民主政治以前较普遍的现象，也成为古代政治社会安定的重要基石，在这种大趋向之下所形成的大框架，也可以反映在社会架构上。然而政治力与社会势力毕竟不是一件事，两者也并非永远维持等距同重。当社会势力较强大时，则其视朝代之改变犹如一家物换一家物，其自身政治社会地位并不受重大的影响；当政治力强大时，则其将伸张自身政治力，增加对各阶层人力物力之吸取，甚至努力塑造适合自己的社会基础，以便于贯彻政令。两者间权力的消融与伸缩，遂呈现出各种形态的政变与政潮，在大框架中也有一番热闹的景象。

有关政治力与社会势力之间的演变关系，本篇将中古时期又分为四个阶段，即汉魏西晋时期、东晋南朝时期、北朝时期、隋唐时期，逐次讨论。

二、两汉魏西晋

许倬云师《西汉政权与社会势力的交互作用》一文，对于论述大一统以后中央政府如何觅寻其社会基础的尝试，颇有启发。该文以西汉丞相之身份为标杆，发现高祖、惠帝、文帝三朝丞相皆开国功臣；景帝时为功臣子弟；武帝时则功臣子弟、外戚杂用；昭帝用掾史文吏为相；宣帝则文吏与经学之士参半；自宣帝末期至西汉末年，显以儒生为主。西汉政权在觅寻其社会基础的过程当中，并非毫无波折。自高祖至武帝，政治力的核心——皇权与社会势力之间曾发生冲突，政治力为获得较多的人力物力资源，先后约束、限制、压迫拥有社会势力者，如六国贵族后裔、二千石子弟、商人、游侠等，所以在西汉前期，政治阶层与社会阶层之间的关系是相当紧张的。双方都觉得不舒服、不稳定。宣帝以后逐渐任用儒生为相，似乎找到了沟通双方的媒介。可是这时的士大夫是个人参政。东汉政权之成立及其性质，都与豪族有较密切的关系，论者多矣！长期发展的结果是，至东汉末拥有社会势力者有两种人，其一是凝结中的士族，其二是地方豪强。这便是魏晋时期的历史背景。

有关东汉末叶之群雄纷争以及魏、蜀、吴政权与社会势力间之关系，本书第五篇《三国政权的社会基础》中有分析。声势最大而又安居中原之地的曹魏政权，自其开创时期至政权稳固时期，建立在两大支柱之上，其一是颍泗集团，其二是谯沛集团。前者是士族子弟的中心，后者是地方豪强之代表。曹操雄杰，在其有生之年颇能平衡运用这两股势力，有"谋士如云，武将如雨"之感。其后这两股势力在曹氏政权之中渐渐摩擦与斗争，魏齐王芳嘉平元年（249），司马懿在一次政变中诛杀曹爽，取得实际政权。此明确表示曹氏宗亲及谯沛功臣子孙之消退，以及以河内司马氏为首的士大夫集团取得绝对优势[1]。且不论颍泗士族集团与谯沛地方豪族集团之间的斗争情况如何，曹魏政权大体上吸收了社会上有力量者，且维持了其政权之稳定性。司马氏当政及西晋政权之建立，士族得到充分的发展，地方豪强亦并没有被遗弃，士族与地方豪强间只是由原先的平行关系，变成了上下关系。九品官人法在制度上加强了这种关系。所以西晋政权仍以士族与地方豪强作为基石，士族则成为居上位的主导者。士族居统治阶层五品以上官之绝对多数，也在此时间升起，本书第九篇《唐代大士族的进士第》一文，证明九品官人法虽然废除，但士族仍然能在新的科举制度之中维持其地位，显然区区一项因素的改变并不

---

[1] 参见万绳楠：《曹魏政治派别的分野及其升降》，《历史教学》1，1964；徐高阮：《山涛论》，《"中央研究院"历史语言研究所集刊》41（1），1969。

足以立刻改变政治社会的整体架构。这种社会架构实际上延续到唐代末年，凡七百年。

三、东晋南朝

永嘉乱起，中原政局不定，士族大举渡江，司马睿立足江东，在南方建立王朝，是为东晋。这个政权以士族为立国基石，其中包括两大主体，其一是侨姓，其二是吴姓。侨姓与司马睿面临同样的命运，遭受同等的灾难，东晋元帝能够即位，他们的功劳最大，东晋政权可以说是侨姓捧出来的[1]，所以侨姓在东晋朝廷中所占的比重甚大。随着中央政府之南移，这一批远离原籍的侨姓，不论如何大规模地举宗南下，也无法将原籍数世累积的经济及社会关系完全南移。定居在南方的侨姓，大都在中央所在地建康之附近，尤以三吴、丹杨、会稽之地为多[2]。荆州是由河南、陕西、河东南下的士人的另一安居地[3]，岭南虽有人去，但并无很大的比例；对侨姓而言，他们原本拥有"城市与乡村的双家形态"[4]，至此一变而为纯粹居住在京师或京师附近的单一形态。

吴姓，不论其先世在何时迁入南方，至少在三国、东晋之时，大家已认定他们是南方土著，通常以盛行于三国之际的"朱、张、顾、陆"[5]作为代表，实际上它的含义应该史为广泛。三吴士族常常被人当作南方

[1] 参见拙文《五朝军权转移及其对政局之影响》，《清华学报》8（1，2），1970。

[2] 参见谭其骧：《晋永嘉丧乱后之民族迁徙》，《燕京学报》15，1934。

[3] 参见安田二郎：《南朝の皇帝と貴族と豪族·土豪層——梁武帝の革命を手がかりに》，《中国中世史研究》，1970。

[4] Wolfram Eberhard, *Conquerors and Rulers: Social Forces in Medieval China*, Leiden, Second Edition, 1965.

[5] 参见《世说新语·赏誉篇》注引《吴录士林》曰："吴郡有顾、陆、朱、张，为四姓。三国之间，四姓盛焉。"又见《新唐书》卷一九九《柳冲传》。又见何启民：《中古南方门第——吴郡朱张顾陆四姓之比较研究》，《政治大学学报》27，1973。

士族的代表，原因甚多，其中之一是孙氏政权与东晋政权立基江东，三吴即有三辅之说[1]，在这种局面下，三吴士族无形中成为中央人物，西晋灭孙氏，三吴士族所受歧视，永刻在他们内心[2]。以西晋政权而言，三吴只是远方州郡，并不能算作枢纽区，这一点当然无法满足三吴士族心理上的需求，所以当东晋立基建康以后，三吴士族至少在这个角度上获得了满足。

西晋政权有浓厚的士族色彩，东晋的客观形势更形成其政权"优借士族"[3]，两者的结合，从政治现象的发展演变到制度的建立，九品官人法发挥了重要作用。九品官人法创始于魏文帝时，一般而论，在魏末西晋之际，九品官人法还未完全失去其原意，即中正评品以品德为最重要的标准，并借此以达劝勉之效，个人的后天修为应该是原意的主要内容。这个制度从西晋开始不断地士族化，至东晋而大备，于是政治力与社会势力不但找到了结合的固定通道，而且密切地、有层次地、制度化地紧紧联系在一起。拙文《从中正评品与官职之关系论魏晋南朝之社会架构》即显示，在东晋南朝时期，政治阶层与社会阶层结合之发展及其最后凝固的情形。在这种大框架的体制之下，东晋南朝的改朝与政潮，一如拙文《五朝军权转移及其对政局之影响》一文所示，表现在士族与士族、士族与宗室之间等权力平衡与平衡破坏之关系上，梁末地方豪强略有风采，但寒素似乎一直仅占 10% 的比重。

尽管侨姓与吴姓有许多不同之点，但在共同的强敌压迫威胁之下，侨姓、吴姓扮演建设性的角色远盖过两者间相互破坏的角色，在同一个空间中延续了五朝（东晋、宋、齐、梁、陈）。这是南方政权最重要的支柱。

---

[1] 《宋书》卷五四传末沈约论。

[2] 参见何启民：《永嘉前后吴姓与侨姓关系之转变》，《政治大学学报》26，1972。

[3] 参见《颜氏家训》卷四《涉务篇》。

四、北朝之汉姓

　　南北朝时期，中国北方与南方的社会架构相似，但由于各自复杂的组合与发展，故在类似之中，各有不同的特色。永嘉乱后，中国北方所经历的紊乱与破坏，非中国南方可比。司马睿在南方建立政权的前后，有许多大士族南迁，当然，一个大士族的房支甚繁，与中央政府关系较密切的房支可能南渡，地方性较浓厚的房支仍留在原籍，其例甚多，如河东闻喜裴氏、河东解县柳氏、京兆杜陵韦氏、太原晋阳王氏等，皆分裂为南北两大支。在《新唐书·宰相世系表》中，也可找到很多类似例子。还有一些士族甚至无人南奔。这些留在北方的士族或房支，因中原失御，屡屡易主，为求生存，不得不保持地方力量，从而表现出浓厚的地方色彩。士族及各地地方豪族在永嘉乱后到处建立坞堡[1]，是最具体的地方自卫方式。《全晋文》卷一〇八刘琨《与丞相笺》云“（兖州）二千石及文武大姓连遣信使求刺史”，一般认为所谓文大姓可能指士族，武大姓大部分指地方豪族。“文”是士族的特色之一，但亦有以“武”为特质的士族，如河东汾阴薛氏[2]；“武”是地方豪族的特色之一，然而事实上，由于北方特殊情况，士族纯以文事相尚者，甚难生存，许多士族兼有庞大的地方势力，例如范阳涿县卢氏[3]、清河东武城崔氏[4]、赵郡平棘李氏[5]及“瀛、冀诸刘，清河张、宋，并州王氏，濮阳侯族”[6]，在北魏后期仍保持强大的地方势力。所以北方的士族与地方豪族重叠面较广，尤以北魏政权未强化之前为甚。

---

[1] 金发根：《永嘉乱后北方的豪族》，学术著作奖助委员会，1964。

[2] 参见《魏书》卷四二《薛辩传》、卷六一《薛安都传》。

[3] 参见《北齐书》卷二二《卢文伟传》。

[4] 参见《北齐书》卷二三《崔㥄传》。

[5] 参见《资治通鉴》卷一五五《梁纪十一》，梁中大通三年（531）二月。

[6]《通典》卷三引宋孝王《关东风俗传》。

五、胡人政权与汉人社会势力之结合

北魏是第一个在中国北方成功建立的少数民族王朝，约一百五十年的统治大体上与汉族相处融洽，拓跋氏自始便采取与汉族士大夫合作的态度。《魏书》卷二《太祖纪》记载太祖道武帝皇始元年（称王后之第十一年，396）平并州时：

> 帝初拓中原，留心慰纳，诸士大夫诣军门者，无少长，皆引入赐见，存问周悉，人得自尽，苟有微能，咸蒙叙用。

《魏书》卷三二《崔逞传》记述太祖时：

> 司马德宗（东晋安帝）荆州刺史司马休之等数十人为桓玄所逐，皆将来奔，至陈留南，分为二辈，一奔长安，一归广固。太祖初闻休之等降，大悦，后怪其不至，诏兖州寻访，获其从者，问故，皆曰："国家威声远被，是以休之等咸欲归阙，及闻崔逞被杀，故奔二处。"太祖深悔之。自是士人有过者，多见优容。

许多少数民族的统治者都了解与被征服者合作之重要，北魏是成功的实例。北魏的做法完全吻合政治力与社会势力结合的原则，这是欲与被统治者维持良好关系的办法。北魏在"马上定天下"之后，假借豪族合作以治理天下。《魏书》卷一一三《官氏志》，太祖道武帝天赐三年（称王后之第二十一年，406）制：

> 诸州置三刺史，刺史用品第六者，宗室一人，异姓二人……郡置三太守……县置三令长。

异姓之中有鲜卑贵族、从龙部落酋豪与中原大姓，由当时实际任命者看，刺史、太守、县令往往以本地大姓为之，则此三驾马车政策系政治力与社会势力合作之最佳实例。迨北魏军事上渐次统一中国北方之后，更广泛地吸收各地大豪族加入统治阶层。《魏书》卷四八《高允传》：

> 魏自神麚以后，宇内平定，诛赫连积世之僭，扫穷发不羁之寇，南摧江楚，西荡凉域，殊方之外，慕义而至。于是偃兵息甲，修立文学，登延俊造，酬谘政事。梦想贤哲，思遇其人，访诸有司，以求名士。咸称范阳卢玄等四十二人，皆冠冕之胄，著问州邦，有羽仪之用。亲发明诏，以征玄等。乃旷官以待之，悬爵以縻之。其就命三十五人，自余依例州郡所遣者不可称记。尔乃髦士盈朝，而济济之美兴焉。

这三十五位征士的族望姓氏为：

范阳	卢玄	赵郡	吕季才
范阳	祖迈	太原	张伟
范阳	祖侃	中山	刘策
渤海	高允	中山	张纲
渤海	高毗	中山	郎苗
渤海	高济	常山	许琛
渤海	李钦	西河	宋宣
博陵	崔绰	四河	朱悕
博陵	许堪	燕郡	刘遐
博陵	崔建	河间	邢颖
广宁	燕崇	雁门	李熙
广宁	常陟	广平	游雅
京兆	杜铨	长乐	潘天符
京兆	韦阆	长乐	杜熙
赵郡	李灵	上谷	张诞

赵郡　李遐　　　　　上谷　侯辩

赵郡　李诜　　　　　雁门　王道雅　闵弼

以上三十五人，以其身份而言，"皆冠冕之胄"；以其社会地位而言，"著问州邦"。如若再注意其地望，所征人物"东至渤海，北极上谷，西尽西河，南穷中山"，从征士地理分布图可见，北魏不但吸收社会阶层的上层人物，且注意其地理分配[1]。

中原士族不仅在形式上为北魏统治阶层所征用，"旷官以待之，悬爵以縻之"，在实质上，这批参与北魏统治的社会领袖们确实影响到北魏的政策与行政，有许多重要政策似乎皆为经过谘商的结果。例如，当游牧民族统治农业民族时，最易发生冲突的是生产方式差异过于悬殊，游牧民族以畜牧为主，草地是畜牧的根本，其所需要的面积较大，所以当游牧民族征服农业民族时，常常大量地圈划良田为草场，引起统治者与被统治者的严重冲突。在高允与世祖的一段政策谘议中，我们发现少数民族统治者与被统治者协调的实例。《魏书》卷四八《高允传》云：

> 世祖引允与论刑政，言甚称旨。因问允曰："万机之务，何者为先？"是时多禁封良田，又京师游食者众。允因言曰："臣少也贱，所知唯田，请言农事。古人云：方一里则为田三顷七十亩，百里则田三万七千顷。若勤之，则亩益三斗，不勤则亩损三斗。方百里损益之率，为粟二百二十二万斛，况以天下之广乎？若公私有储，虽遇饥年，复何忧哉？"世祖善之。遂除田禁，悉以授民。

崔浩为相，大量援引中原士族，《魏书·高允传》云：

> 初，崔浩荐冀、定、相、幽、并五州之士数十人，各起家郡守。

---

[1] 参见贺次君：《西晋以下北方宦族地望表》，《禹贡》3（5），1935。北魏一朝皆重视地理分配。

恭宗谓浩曰："先召之人，亦州郡选也，在职已久，勤劳未答。今可先补前召外任郡县，以新召者代为郎吏。又守令宰民，宜使更事者。"浩固争而遣之。

拓跋氏另外一项成功的政策是把胡人的上层阶级与中原士大夫结合在一起[1]，一方面冲淡了种族的隔阂，一方面顾及了社会势力的平衡。

六、北魏政治力与社会势力之推移

北魏采取较具有弹性的政策以统治中国北方，故其政治力与社会势力一直在微妙地变动着。

永嘉乱后至拓跋氏统一北方以前，汉人社会大致上以地方自卫体系为主，士族一般都是郡级领袖，地方豪族则为县级以次的领袖。胡人则以部落为单位，以与拓跋氏之亲疏和部落大小为等次。

及拓跋氏力排群雄，最后统一中国北方，王权已超过往昔部落盟主之时，其仍然没有力量直接控制地方，尤其是地广人众的汉人社会。自道武帝入居中原，乘王权高涨之势，首先将部落解散，改为编户，《魏书》卷一一三《官氏志》云：

> 凡此四方诸部，岁时朝贡，登国初，太祖散诸部落，始同为编民。

《北史》卷八〇《贺讷传》亦云：

> 讷从道武平中原……其后离散诸部，分土定居，不听迁徙，其君长大人，皆同编户。

---

[1] 参见孙同勋：《拓拔氏的汉化》，台湾大学文史丛刊，1962，页51，胡汉官吏比例统计表。

仅有极少数部落可得例外，如《北史》卷九八《高车传》云：

> 道武时，分散诸部，唯高车以类粗犷，不任使役，故得别为部落。

能将有形的同盟部落打散，显示拓跋氏王权已强化，但部落遗留下的无形力量不可忽视，所谓"其君长大人，皆同编户"，恐怕是从纯政治体制而言，在社会体系上，其君长大人绝不可能立刻降为一般编民，故有宗主督护制出现，陈寅恪先生《隋唐制度渊源略论稿》有云：

> 魏初宗主督护之制，盖与道武时离散部落为编户一事有关，实本胡部之遗迹，不仅普通豪族之兼并已也。

宗主督护制实施于整个北方的胡汉社会中，对胡人而言，陈寅恪先生之论甚是；对汉人社会而论，宗主督护制是承认并鼓励豪族兼并现象。承认汉人豪族是拓跋氏的重要政策，将打散后的小部落（宗主督护）与中原地方豪族结合，使其成为北魏政权的基层领袖，既吻合汉地的社会架构，同时亦是北魏前半期政治力的极限，所以宗主督护制是拓跋氏的巧妙安排，当然，其中含有浓厚的政治力与社会势力妥协的意味，余逊在《读魏书李冲传论宗主制》文中云：

> 抑魏初之于乡里豪右，不仅采羁縻之策，使其不为己害而已，甚且假以位号，牢笼之，策励之，以收其力用。夫既抚之以恩，则自不愿综核名实，出其苞荫之户，以重伤其心。宗主制者，以督护之责，委之大族豪右，而不必检校其户口，斯豪强之所甚愿。故宗主制与羁縻政策，如辅车之相依。

北魏同盟部落在入居中原以后，放弃以部落为单位的政经大权，在宗主督护制之下，还享有何种特权呢（汉人豪族同）？据《魏书》卷五三《李冲传》云：

> 旧无三长，惟立宗主督护，所以民多隐冒，五十、三十家方为一户。

又《魏书》卷一一〇《食货志》云：

> 魏初不立三长，故民多荫附。荫附者皆无官役，豪强征敛，倍于公赋。

从北魏前半期的税制入手，更能看出其中症结所在。按《魏书》卷一一〇《食货志》云：

> 太和八年，始准古班百官之禄，以品第各有差。先是，天下户以九品混通，户调帛二匹、絮二斤、丝一斤、粟二十石；又入帛一匹二丈，委之州库，以供调外之费。至是，户增帛三匹，粟二石九斗，以为官司之禄。后增调外帛满二匹，所调各随其土所出。

这么高的赋税，非一夫一妇构成的小户所能负担。又北魏屡有临时征调，如《魏书》卷三《太宗纪》泰常三年（418）九月诏：

> 诸州调民租，户五十石，积于定、相、冀三州。

《魏书》卷七上《高祖纪》延兴三年（473）七月诏：

> 河南六州之民，户收绢一匹，绵一斤，租三十石。……（十月诏）州郡之民，十丁取一以充行，户收租五十石，以备军粮。

只有五十、三十家合一户，才能缴付如此巨额的税征。这种方式形同包税制，以一个宗主的小部落或一个小村落算作一户，政府指定每年征收一个整数的粟米布帛；特殊情况下，亦以此大户为单位，要求支付三十石、五十石以做急需之用。制度上并没有规定每户包含几家，有的大户恐怕还会超过五十家。户长当然是士族、地方豪族、散解后的部落大人。户长与各家的权利义务如何，亦无规定，故在政府征收公赋与豪强私收的私赋之间，有着巨大的弹性，这便是豪族的实利。

士族相当于郡级豪族，其权利义务形态一如地方豪族，在程度上可能较大些。这一点可从上段引文"太和八年，始准古班百官之禄"语中得知，按北魏曾吸收许多郡级士族任官于中央，在孝文帝太和八年（484）以前，官吏无俸禄，自必须有庞大的原籍基业才能供养。这也注定了北魏士族对原籍特别重视，对地方利益非常关心。中央化的士族亦有，但与南朝侨姓多以俸禄为生[1]的情况，在程度上有极大差别。北朝士族大部分未完全脱离其原籍基业，所以"包税制"对他们的利益一如地方豪族，这一点可从孝文帝廷议改革宗主督护制时，其正反意见之人物背景得知，《魏书》卷五三《李冲传》云：

> 旧无三长，惟立宗主督护，所以民多隐冒，五十、三十家方为一户。冲以三正治民，所由来远，于是创三长之制而上之。文明太后览而称善，引见公卿议之。中书令郑羲、秘书令高祐等曰："冲求立三长者，乃欲混天下一法。言似可用，事实难行。"……太尉元丕曰："臣谓此法若行，于公私有益。"咸称方今有事之月，校比民户，新旧未分，民必劳怨，请过今秋，至冬闲月，徐乃遣使，于事为宜。冲曰："民者，冥也，可使由之，不可使知之。若不因调时，百姓徒知立长校户之勤，未见均徭省赋之益，心必生怨。宜及课调之月，令知赋税之均。……"著作郎傅思益进曰："……九品差调，为日已久，一旦改法，恐成扰乱。"太后曰："立三长，则课有常准，赋有恒分，苞荫之户可出，侥幸之人可止，何为而不可？"……遂立三

---

[1]《颜氏家训》卷四《涉务篇》："江南朝士，因晋中兴，南渡江，卒为羁旅，至今八九世，未有力田，悉资俸禄而食耳。"

长，公私便之。

三长制原提议人李冲，《魏书》卷五三《李冲传》云："陇西人，敦煌公宝少子也。"《魏书》卷三九《李宝传》："私署凉王暠之孙也。"这一支似乎是凉室后裔，附魏以后，渐渐步向官僚群中，以俸禄赏赐为重要经济来源，《魏书·李冲传》云："冲为文明太后所幸，恩宠日盛，赏赐月至数千万，进爵陇西公，密致珍宝御物，以充其第，外人莫得而知焉。冲家素清贫，于是始为富室。"文明太后及太尉元丕赞成立三长，他们站在皇室立场，三长制对皇室最有利，赞成理由可以理解。反对三长的有郑羲、高祐、傅思益。《魏书》卷五六《郑羲传》云：

> 荥阳开封人，魏将作大匠浑之八世孙也。曾祖豁，慕容垂太常卿。父晔，不仕。……迁（羲）中书侍郎。延兴初，阳武人田智度，年十五，妖惑动众，扰乱京索。以羲河南民望，为州郡所信，遣羲乘传慰谕。羲到，宣示祸福，重加募赏，旬日之间，众皆归散。智度奔颍川，寻见擒斩。以功赐爵平昌男，加鹰扬将军。

《魏书》卷五七《高祐传》云：

> 勃海人也。……司空允从祖弟也。祖展，慕容宝黄门郎。……父谠……以功拜游击将军。……子和璧。……和璧子颢……出为冀州别驾，未之任，属刺史元愉据州反，世宗遣尚书李平为都督，率众讨之。平以颢彼州领袖，乃引为录事参军，仍领统军，军机取舍，多与参决。擒愉之后，别党千余人皆将伏法，颢以为拥逼之徒，前许原免，宜为表陈请。平从之，于是咸蒙全济。

可见郑羲及高祐二家族在原籍有雄厚的地方势力（傅思益正史无传，不可查）。去宗主督护，立三长，对士族及其亲党皆有很大的影响。

自道武帝登国（386）起，至孝文帝太和九年（485），宗主督护制恰恰实施一百年，约占北魏王朝的三分之二时间。

北魏百年统治，至孝文帝时王权又获得进一步的扩张，除迁都、汉化等政策外，北魏实施三长制和均田制，对解散后的部落、士族、地方豪族等，进一步缩小其社会势力和经济特权。三长制将原先五十、三十家为一户，变为五家立一邻长，五邻立一里长，五里立一党长；单户则从私附地位变为编户地位，可减免豪族从中剥削。三长制和均田制实施后的士族与地方豪族，虽然受到了打击，但也只是特权受限制，其本身宗党产生的地方势力并未减弱，可由下列现象证明之。

其一，三长制仍以豪族为长。《魏书》卷一一〇《食货志》云：

> （太和）十年，给事中李冲上言："宜准古，五家立一邻长，五邻立一里长，五里立一党长，长取乡人强谨者。"

其二，均田制仅在公田上实施[1]，并非将全国公私土地一律均分，所以士族及地方豪族的原有私产仍然得以保留。

其三，奴婢受田数，北齐河清三年（564）令（北魏记载不详，仅以此推测），据《隋书》卷二四《食货志》载：

> 奴婢受田者，亲王止三百人；嗣王止二百人；第二品嗣王已下及庶姓王，止一百五十人；正三品已上及皇宗，止一百人；七品已上，限止八十人；八品已下至庶人限止六十人。

"庶人"不知界限为何，极可能指无品位的地方豪族。

本期自孝文帝太和九年至北魏分裂止，共五十年（485—534）。北魏实施百官俸禄制、职官受田制、官品奴婢受田制、三长取乡人强谨制、

---

[1] 贺昌群：《汉唐间封建土地所有制形式研究》，上海人民出版社，1964。

公田均田制等，其目的是想将士族、地方豪族、平民，相对地、有层次地套入其政治体系之中，增强其政治力与控制力。因其制度本身仍然过于稀松，仅得到部分成功，但其精神却被宇文氏吸收。

七、府兵制度在政治力与社会势力间之意义

北魏于534年分为东、西两部。西魏自始至终由宇文氏实际掌握政权，六军是其班底，六军最迟在东、西魏分裂时已有迹象。大统八年（542），宇文泰正式制立此一结合政、经、军、社为一体的组织，即关中八柱国是也。宇文氏能以关中一隅之地与东魏及南方抗衡，除其团结胡汉以外，还在于其善于吸收组合社会势力，故能发挥出巨大力量。吸收社会势力为政权之一部，其他朝代亦行之，唯宇文氏不但积极，而且使其制度化，甚至成为社会体系，在邙山之败（大统九年，543）以后，且已成为基本政策。原来北方有乡兵存在，这都是分散的力量，以士族及地方豪族为头目，以私兵、部曲和一些地方豪侠武士做骨干的团体；或者以宗族、乡党再附以宾客、义从的团体。这些都是社会上潜在的武装力量。宇文氏的召募政策，当然重视团体力量胜过个别豪侠、武士，重视大宗族胜过小宗族。例证如下：

例一，《周书》卷二九《韦瑱传》：

> 韦瑱字世珍，京兆杜陵人也。世为三辅著姓。……大统八年，齐神武侵汾、绛，瑱从太祖御之。……顷之，征拜鸿胪卿。以望族，兼领乡兵，加帅都督。迁大都督、通直散骑常侍，行京兆郡事，进车骑大将军、仪同三司、散骑常侍。……进授侍中、骠骑大将军、开府仪同三司。

例二，《周书》卷三二《柳敏传》：

柳敏字白泽，河东解县人，晋太常纯之七世孙也。父懿，魏车骑大将军、仪同三司、汾州刺史。……（敏）累迁河东郡丞。朝议以敏之本邑，故有此授。敏虽统御乡里，而处物平允，甚得时誉。及文帝克复河东，见而器异之。……迁礼部郎中，封武城县子，加帅都督，领本乡兵。俄进大都督。……进骠骑大将军、开府仪同三司。……又除河东郡守，寻复征拜礼部。……进位大将军。

例三，《周书》卷三七《郭彦传》：

郭彦，太原阳曲人也。其先从宦关右，遂居冯翊。……大统十二年，初选当州首望，统领乡兵，除帅都督、持节、平东将军。……进大都督，迁车骑大将军、仪同三司、司农卿。……进骠骑大将军、开府仪同三司。

例四，《周书》卷二三《苏绰传·附苏椿传》：

（苏椿，武功人）关右贼乱，椿应募讨之……加都督……（大统四年）改授西夏州长史，除帅都督。……十四年，置当州乡帅，自非乡望允当众心，不得预焉。乃令驿追椿领乡兵。……加大都督。……寻授使持节、车骑大将军、仪同三司，进爵为侯。……进位骠骑大将军、开府仪同三司、大都督。

例五，《周书》卷三三《王悦传》：

王悦字众喜，京兆蓝田人也。少有气干，为州里所称。……太祖初定关、陇，悦率募乡里从军，屡有战功。……侯景攻围洛阳，太祖赴援。悦又率乡里千余人，从军至洛阳。……（大统）十四年，授雍州大中正、帅都督，加卫将军、右光禄大夫、都督。……寻拜京兆郡守，加使持节、车骑大将军、仪同三司……拜使持节、骠骑大将军、开府仪同三司、大都督。

例六，《周书》卷三六《司马裔传》：

司马裔字遵胤，河内温人也。……及魏孝武西迁，裔时在邺，潜归乡里，志在立功。大统三年，大军复弘农，乃于温城起义。……八年，率其义众入朝，太祖嘉之，特蒙赏劳。顷之，河内有四千余家归附，并裔之乡旧，乃授前将军、太中大夫，领河内郡守，令安集流民。十三年……加授都督。……十五年，太祖令山东立义诸将等能率众入关者，并加重赏。裔领户千室先至……授帅都督。……加授抚军将军、大都督……授使持节、车骑大将军、仪同三司……进使持节、骠骑大将军、开府仪同三司。

例七，《周书》卷三六《令狐整传》：

令狐整字延保，燉煌人也，本名延，世为西土冠冕。……魏孝武西迁，河右扰乱，（元）荣仗整防扦，州境获宁。……太祖嘉其忠节，表为都督。……遂立为瓜州义首。仍除持节、抚军将军、通直散骑常侍、大都督。整以国难未宁，常愿举宗效力。遂率乡亲二千余人入朝，随军征讨。……迁使持节、车骑将军、仪同三司、散骑常侍。……寻除骠骑大将军、开府仪同三司。……大和六年，进位大将军。

例八，《隋书》卷七四《酷吏列传·田式传》：

田式字显标，冯翊下邽人也。祖安兴，父长乐，仕魏，俱为本郡太守。……周明帝时，年十八，授都督，领乡兵。

按宇文氏的府兵制度体系如下：

六柱国	六军	正九命
↓		
十二大将军	十二军	正九命
↓		
二十四开府将军	二十四军	九命
↓		
若干仪同将军	若干团	九命
↓		
若干大都督	若干团	八命
↓		
若干帅都督	若干旅	正七命
↓		
若干都督	若干队	七命

据上列诸例，与宇文氏府兵制度做一对照，例一"三辅著姓"京兆杜陵韦氏，例二河东解县柳氏，例三"当州首望"太原阳曲郭氏等，皆以族望领乡兵，拜以帅都督，进入府兵制度体系，循大都督、仪同将军、开府将军、大将军升迁。例四武功苏氏、例七敦煌令狐氏、例八冯翊下邽田氏等，亦以乡望领乡兵拜以都督，居帅都督之下。例五京兆蓝田王氏，初任帅都督，加升都督，依制度而言，恐是史书笔误倒置。河内温人司马氏是晋帝室后裔，恐为其一支。综上而论，大体上按照族望高下、乡兵强弱来评定都督、帅都督官职，州郡级的士族委以高一级的帅都督，地方豪族则授以都督。此即《北史》卷九《周本纪》谓：

> 帝（宇文泰）以邙山诸将失律，上表自贬，魏帝不许。于是广募关、陇豪右，以增军旅。

是故府兵制度是将州郡士族、地方豪族、民间富室，相对地、有层次地纳入制度之中，使地方力量中央化。

八、隋

隋朝统一中国，府兵承袭北魏、北周系统，仍然是国家支柱，只是渐渐减退乡兵色彩而增加中央化的分量[1]。隋政权本不应如此速亡，但其屡举兵役，大兴土木，业已超过农业社会生产力的负荷，铤而走险者日众，遂给予各方拥有社会势力者良机。按陈寅恪《论隋末唐初所谓"山东豪杰"》一文中的看法，"当时中国武力集团最重要者，为关陇及山东豪杰两系统，而太宗与（徐）世勣二人即可视为其代表人也。世勣地位之重要实因其为山东豪杰领袖之故，太宗为身后之计欲平衡关陇山东两大武力集团之力量，以巩固其皇祚，是以委任长孙无忌及世勣辅佐柔懦之高宗，其用心可谓深远矣！后来高宗欲立武曌为后，当日山东出身之朝臣皆赞助其事，而关陇集团代表之长孙无忌及其附属系统之褚遂良等则竭力谏阻，高宗当日虽欲立武氏为后，以元舅大臣之故有所顾虑而不敢行，惟有取决于其他别一集团之代表人即世勣之一言，而世勣竟以武氏为山东人而赞成其事（见《册府元龟》三三六《宰辅部·依违门》），论史者往往以此为世勣个人道德之污点，殊不知其社会集团之关系有以致之也。又两《唐书》以李靖、李勣同传，后世亦以二李并称，此就二公俱为唐代之名将而言耳，其实靖为韩擒虎之甥，属于关陇府兵集团，而勣则是山东豪杰领袖，其社会背景迥然不同，故二人在政治上之地位亦互异，斯亦治唐史者所不可不注意及之者也。史复言世勣家多僮仆，积粟常数千钟，当是与翟让、张亮同从事农业，而豪富远过之者，即所谓大地主之流也，此点亦殊重要"。

---

[1] 谷霁光：《府兵制度考释》，上海人民出版社，1962。

九、唐

李渊在隋末"自卫尉卿转右骁卫将军，奉诏为太原道安抚大使，郡文武官治能不称职者，并委帝（李渊）黜陟选补焉。河东已来兵马仍令帝（李渊）征发，讨捕所部盗贼"[1]。太原是唐的发迹之地，趁天下大乱，李渊肃清太原附近，下西河，破宋老生精兵二万于霍邑，围河东，渡河，直扑关中，温大雅《大唐创业起居注》卷二谓：

> 庚申，率诸军以次而渡。甲子，舍于朝邑长春宫。三秦士庶衣冠子弟郡县长吏豪族弟兄老幼，相携来者如市。帝（李渊）皆引见亲劳问，仍节级授官。教曰："义旗济河，关中响应，辕门辐凑，赴者如归，五陵豪杰，三辅冠盖，公卿将相之绪余，侠少良家之子弟，从吾投刺，咸畏后时，扼腕连镳，争求立效，縻之好爵，以永今朝。"于是秦人大悦，更相语曰："真吾主也，来何晚哉！"咸愿前驱，以死自效。

义宁二年（618）春正月，《大唐创业起居注》卷三云：

> 蜀汉及氐羌所在诸郡雄豪并守长等，奉帝书感悦，竞遣子弟献款，络绎而至，所司报答，日有百余，梁益之间晏如也。

按大唐帝室与杨隋有姻亲关系[2]，同属西魏、北周核心分子，即陈寅恪先生所谓"关中集团"是也。故当隋炀帝被弑于江都后，天下纷乱，群雄并起，李渊所领导的这股势力，在未克屈突通之前，就渡河至关中，

---

[1] 温大雅：《大唐创业起居注》卷一，上海古籍出版社，1983。
[2]《新唐书》卷一《高祖本纪》（《旧唐书》卷一略同）："隋文帝独孤皇后，高祖之从母也，以故文帝与高祖相亲爱。"

一方面是战略上之成功[1]，另一方面亦由于李氏本属关中集团，较易获得三秦人物支持。由上文观之，李渊果然顺利地拥有关中。及李世民破薛举于陇西，李渊集团已获得故秦之地。李唐东向平定天下与嬴秦并吞六国有相似之处，而其能顺利完成，与李世民能降服另一系势力"山东豪杰"有重要的关系。然而，关中仍为其根基，唐初仍图以府兵制度的精神，结合地方力量，以为其政权之基础，《新唐书》卷五〇《兵志》谓："府兵之制，起自西魏、后周，而备于隋，唐兴因之。"除唐高祖武德六年（623）一度停废以外，府兵大体因隋制。同书同卷称："太宗贞观十年，更号统军为折冲都尉，别将为果毅都尉，诸府总曰折冲府。凡天下十道，置府六百三十四，皆有名号，而关内二百六十有一，皆以隶诸卫。"[2] 又《唐六典》卷二四《诸卫》载诸卫统折冲府之骁骑。这种制度寓兵于农，使耕战合体，而地方的军事训练、征调又与中央十六卫有严格的关联[3]。

据谷霁光考释，唐十道折冲府数分配见表 1-1：

表 1-1　唐十道折冲府分配表

	关内	河东	河南	河北	陇右	山南	剑南	淮南	岭南	江南	合计
军府数	288	164	74	46	37	14	13	10	6	5	657
占军府总数的百分比	43.8	25.0	11.3	7.0	5.6	2.1	2.0	1.5	0.9	0.8	100

[1]《新唐书》卷八八《裴寂传》（《旧唐书》卷五七略同）："至河东，屈突通未下，而三辅豪杰多归者。唐公欲先取京师，恐通掎其后，犹豫未决，寂说曰：'今通据蒲关，未下而西，我腹背支敌，败之符也。不若破通而后趋京师。'秦王（李世民）曰：'不然。兵尚权，权利于速。今乘机度河以夺其心。且关中群盗处处屯结，疑力相杖，易以招怀，抚而有之，众附兵强，何向不克。……'唐公两从之，留兵围蒲，而遣秦王入关。"

[2] 有关折冲府之总数，各种记载不一。其增减可能因时而有小异。

[3] 陶希圣：《中国政治制度史》，第四册隋唐五代，启业书局，1974 年台一版，页 246。

　　唐的基业以河东、关中、陇右为主，这个区域亦是当年宇文氏建立府兵时之辖区，关中本位政策之原始地。唐在这三道的军府数为四百八十九个，占军府总数的74.4%。轻重之势，颇为明显。李唐以关中、河东为基业，在形势上与嬴秦有类似之处，但李唐与山东之关系，远没有嬴秦与六国那样恶劣。六国本有社稷，经过长期战争与对抗以后，秦卒灭六国而统一天下，六国贵族与遗民一直努力反秦。隋末山东人物与关中人物虽然不属同一集团，但亦没有深仇大恨。何况唐朝统一不久，较与山东豪杰有来往的李世民取得政权[1]，除河北地区[2]以外，关中与山东人物有某些程度的调和[3]。

　　一个大帝国的创业，固先由某一地区或某一阶层人做其基业；但帝国的发展与稳定，则应超脱地域利益与阶级利益，方能克其功。故当军事停息之际，也是统治阶级努力寻觅社会基础，稳固其政权之时。《贞观政要》中记述唐太宗融合以前敌对人物，接纳雅言，以及想以科举尽纳天下英雄于其彀中的看法与做法，正是克己私欲而为其政权长远打算之计。武则天为了把持政局，建立武周，以科举和荐辟方式大量吸引非关中集团人物，实际上已有意无意地扩大了社会基础。以科举和荐辟方式吸引的人物，理论上包括社会各阶层人物，实际上则仍以士族为多[4]。故武则天当政时期，与其说政权基础的平民化，毋宁说地域的普遍化。武氏在实施的时候常令所谓酷吏对唐功臣集团加以整肃，关中集团人物被贬退者很多，但并非关中集团势力都被铲除[5]，而是使其失去绝对优势，

---

[1] 参见李树桐：《初唐帝室间相互关系的演变》，《唐史考辨》，台湾中华书局，1965。

[2] 参见谷霁光：《安史乱前之河北道》，《燕京学报》19，1936。

[3] 参见布目潮沨：《唐初的贵族》，《东洋史研究》10（3），1948；后录于《隋唐史研究》，东洋史研究丛刊之二十，1968。

[4] 参见本书第二篇《中古统治阶层之社会成分》统计表。

[5] 参见章群：《唐史》，第四章第三节，华冈出版有限公司，1968。

或许是下降到其应有的比例上。

府兵制度到唐玄宗时渐渐松弛而被破坏，其原因甚多[1]，要研究府兵的徭役与一般民众的徭役之比较，及与府兵制有密切关系的均田制之存废，才能得其实况。就以《邺侯家传》所叙述的府兵义务而言，在唐玄宗承平之世，恐怕不足以吸引府兵久任。再者，一个大帝国最高的政治统治者欲保持其地位，需以掌握京师为其重点，政变发动之时，皇宫禁城是决胜负之地，禁军最为重要[2]。所以玄宗天宝年间以彍骑取代府兵，彍骑乃十二万常备的宿卫精兵，其战斗力必较府兵为强。这项改变就纯政治观念而言极易理解，但其已跨越府兵制度联系中央政权与地方势力结合的原则，中央宿卫遂成为皇帝政治力的爪牙。然而大唐帝国，疆土辽阔，自西北迄东北，时有烽火，在府兵时期尚且征用蕃兵蕃将，彍骑集聚中央，去府兵犹如东汉光武去州郡都尉，故唐室有不得已而重用蕃人之苦衷[3]，种下了日后藩镇之乱的远因。

府兵废弛之后有彍骑、禁军，唐皇室并非仅以此赤裸裸地维持其政权。唐政权在其他方面的社会基础尚称成功。从武后、玄宗以来，它的官僚体系之中实已吸收了各地域的社会人物。士族（包括魏晋旧族与唐代新族）仍然是当时社会中的优胜者[4]，虽然士族在军事方面的参与已日

[1] 王寿南《唐代藩镇与中央关系之研究》，谓府兵之制破坏的原因主要有三：一、均田制度之破坏；二、府兵之惧久戍远征；三、府兵在社会上地位之低落。嘉新水泥公司文化基金会，1969，页105—107。及陶希圣《中国政治制度史》谓当时客观的环境逐渐使府兵制度趋于隳败。第一是当时的交通条件不佳，各地府兵番上宿卫疲于劳役而不能按时；第二是普遍的府兵训练，强壮与孱弱同流，兵多而不精；第三是开元以后，国家承平既久，军事训练废弛。

[2] 陈寅恪《唐代政治史述论稿》中篇《政治革命及党派分野》谓："自高祖太宗至中宗玄宗，中央政治革命凡四次，俱以玄武门之得失及屯卫北门禁军之向背为成败之关键。""中央研究院"历史语言研究所专刊之二十，1944，页44。

[3] 参见王寿南：《唐代藩镇与中央关系之研究》，第七章第二节《唐代之重用蕃将》。

[4] 参见本书第二篇《中古统治阶层之社会成分》统计表，唐代部分。

益减小，地区性的功能也渐趋衰弱，但其他方面的功能仍然存在。这些功能通过唐代官僚体系表现出来，两者相得益彰，这是中央政权与社会势力结合的另一种形态。唐代统治阶层仍以士族为主体，但士族的性质不断地转变，转变后的优点与缺点又反映在以此为基础的政权上。安史之乱，叛军长驱直入，不旋踵而下两京。唐肃宗在灵武兴兵，也可以看出西北仍有唐室的传统势力。安史之乱虽平，但自此以后，河北呈半独立状态，这一地区的节度使随时向唐室施压，唐室大致守在自西北至东南的一条防线上，东南的财力与西北的军力维持了剩余的一百余年。运河[1]、蓝田武关道[2]的畅通，成为安危之所系，漕运与理财成为中晚唐宰辅大臣之特色。均田似乎是实行在北方公田上的土地制度[3]，以均田制为基础的租调庸赋税制度，自均田破坏、北土残破以后，实际上在安史之乱后已无法实施，在客观情况改变以后，两税法继之而起[4]。在土地不平均的状态之下，以资产为宗，不以丁身[5]为本的税法，更能有效地抽取物力财力。又"其见任官一品至九品，同上上至下下户等级之数，并寄田、寄庄及前资勋荫寄住家，一切并税"[6]，杜佑评为"盖近如晋宋土断之类也"。这显然是指"安史乱起中原士族衣冠及各地难民，群起浮荡，大部分到江南方面，侨居各地"[7]而言。人口比重的趋势，若以淮河秦岭为南北界线，在隋朝南北之比为 15∶85，至安史之乱前为 35∶65[8]。安

---

[1] 参见全汉昇：《唐宋帝国与运河》，"中央研究院"历史语言研究所专刊之二十四，1944。

[2] 参见严耕望：《唐蓝田武关道驿程考》，《"中央研究院"历史语言研究所集刊》39 下册，1969。

[3] 参见贺昌群：《汉唐间封建土地所有制形式研究》。

[4] 参见杨联陞：《中唐以后税制与南朝税制之关系》，《清华学报》12（3），1937。

[5] 参见《新唐书》卷五二《食货志》，《唐会要》卷八三《租税》；《新唐书》卷一四五（《旧唐书》卷一一八）《杨炎传》。

[6]《通典》卷六《食货·赋税下》。

[7] 鞠清远：《唐代财政史》，商务印书馆，1940，页 22。

[8] 人口统计之可信性，向为国史中最受怀疑的一部分，本数字参考：E. G. Pulleyblank, *The Background of the Rebellion of An Lu-shan*, Oxford University Press, 1955, pp. 172-174.

史乱起，河北藩镇割据，百姓南迁，会昌年间杜牧曾谓"三吴者，国用半在焉"[1]，整个南方比重可想而知。江淮等地既是中央经济命脉，故中晚唐江淮藩镇之选任，非常慎重，大都是忠于唐室的高级中央官吏派任之[2]，唐朝中晚期似乎比东晋南朝更直接地抽取百姓财力，并有效地予以输送。唐朝增添其他税项，以减缓土地税的压力，并弥补北方若干地区失御的财政损失[3]，是一种比较进步的政策。

在这种情况之下，唐对江淮地区也做了一些水利工程建设[4]，但吾人看不出有任何大规模有系统的建树，充其量只是当经济重心由北向南迁转[5]时，扮演先驱角色，下开五代十国之吴越[6]及宋代系统发展水利之始。陇右凉州之地，晚唐一直受吐蕃的压迫与侵犯，在张义潮短暂收复

[1] 杜牧：《樊川集》卷一四《礼部尚书崔公行状》。

[2] 参见王寿南：《唐代藩镇与中央关系之研究》，页 276。

[3] D. C. Twitchett, *Financial Administration under the T'ang Dynasty*, Cambridge University Press, 1963, p. 23, 及其后各章文。又鞠清远：《唐代财政史》，第三章至第五章文。

[4] 如《全唐文》卷五六六韩愈撰《江西观察使韦公墓志铭》，在南昌"灌陂塘五百九十八，得田万二千顷"。又《全唐文》卷五二九顾况撰《湖州刺史厅壁记》谓于頔"作塘贮水，溉田三千顷"。又《册府元龟》卷六七八《牧守部·兴利》，孟简为常州刺史，"开漕占孟渎，长四十一里，得沃壤四千余顷"；李吉甫于高邮县筑堤为塘，"溉田数千顷"。又《唐会要》卷八九《疏凿利人》，嗣曹王皋为荆南节度使，修堤，得"良田五千顷，亩收一钟"。

[5] 严耕望·《中国历史地理》，现代国民基本知识丛书第 2 辑，1954，页 21："就兴建次第而言，北方工程几皆天宝以前所兴建，长江以北者亦前期为多，江南东道则中叶兴建者为多，而江南西道则尽中叶之工程矣！"及邹逸麟：《从唐代水利建设看与当时社会经济有关的两个问题》，《历史教学》12，1959，文中之水利建设见表 1–2。

表 1-2　唐代水利建设表

时期	道										
	关内	河南	河东	河北	陇右	山南	淮南	江南	剑南	岭南	合计
安史乱前	11	20	16	54	1	5	4	22	27	3	163
安史乱后	13	7	2	3	1	6	13	49	4	3	101

[6] 参见缪启愉：《吴越钱氏在太湖地区的圩田制度和水利系统》，《农史研究集刊》2，1960。

之后，大致已非唐的势力范围。南方经黄巢之动乱，已今非昔比。经过人力物力之损耗，唐帝国已失其根本。唐帝国在吸收社会领袖时，有其成功的一面，但社会领袖的性质渐渐改变，原本居于皇帝与百姓之间的地位，渐移近政治中心的那一端，本书第四篇另有分析。均田制之破坏，两税法之实施，都意味着土地平均精神之消失，土地兼并愈演愈烈，庄园出现后的社会问题，政治与社会领袖无法解决。晚唐南方的社会动乱，以及北方强镇、五代十国之赤裸权力，都显示出政权与社会基础脱节，新王朝、新政权的稳定，要寻找新的社会基础和结合形态。

第二篇

中古统治阶层之社会成分

一、分　类

　　我国中古社会具有浓厚的阶级性，阶级社会呈现的现象显著地反映在政治人物上，历来治中古社会政治史者皆有此共同认识。中古阶级社会以家族为坐标之单位，依其家族地位、声望高低而决定其社会阶层之层次，皇室当然是全国最华贵的家族，累世有三公九卿之族，乃仅次于皇室而高居社会阶层之顶层者，官大及系长是一个家族建立其政治社会地位的有形标准，因此在社会阶层高低层次面的一系列刻度上，我们可以填入许许多多家族。垂直分类是必要的，其原因有二。其一，一项科学化的研究，若从其全面整体或外在观察，不如先予解剖分段而从内在分析着手，然后再合而观其全貌。分类是分析的标准与起点，可增强观察力，使研究更加便利。其二，较大的家族与较小的家族就其性质而言，皆居于社会阶层的水平面之上，但对政治社会的影响力而言，不能等量齐观，其间自有轻重程度之分，从而有分类之必要。将社会阶层的一系列层次面切为一层一层是困难的，问题在所定的标准为何、何处作为分类的分野。历来中外研究中国社会史之学者，皆做过这一方面的努力。《新唐书》卷一九九中，柳芳将魏晋以来的大族分为五类，即山东郡姓、关中郡姓、江东侨姓、东南吴姓、代北虏姓，凡二十六族。柳芳是唐代人，以研究谱学闻于世，其所记载的大族可信性极高，被后人视为宝贵资料。然当时的阶级社会，自大族以次于平民寒素，尚有千百家族，此点柳芳亦极了解，其所举二十余族，乃阶级社会中之顶层大族，而所列五类亦属地理分类，实属同一层次；如以此顶层人物与平民寒素相对，似为二分法的分类，既非当时社会实情，亦非柳芳本意。若为了强调某一角度或某一层次之特性，而以二分法作为强烈对比，犹有可说，例如前辈陈寅恪先生[1]、钱穆先生[2]强调大士族的学业品德、家学家风；宫川尚志[3]以寒门、寒人为着眼点，以大族作为对照；唐长孺[4]致力于门阀形成与衰落；井上晃[5]之考定姓族；王伊同先生[6]对大族谱牒之贡献等。再如艾伯华[7]列述拓跋魏一百个家族，但似未做垂直之分类。宫崎市定[8]曾为魏晋南北朝士庶做一分界线变迁表，以官品为标准，全书最大的贡献在于分析门第与官职之关系。另一位日本学者矢野主税[9]亦以官职作为族望高下的标杆。日人越智重明[10]着力于下级官僚之研究，因此他不但重视"门地二品"大士族，且在士族以下分类较详，分

---

[1] 陈寅恪：《唐代政治史述论稿》；《隋唐制度渊源略论稿》。

[2] 钱穆：《略论魏晋南北朝学术文化与当时门第之关系》，《新亚学报》5（2），1963。

[3] 宫川尚志：《魏晋及び南朝の寒门・寒人》，《东亚人文学报》3（2），1943。

[4] 唐长孺：《门阀的形成及其衰落》，《魏晋南北朝史论丛》，三联书店，1955。

[5] 井上晃：《後魏姓族分定考》，《史观》9，1936。

[6] 王伊同：《五朝门第》，金陵大学中国文化研究所丛刊乙种，1943。

[7] Wolfram Eberhard, *Das Toba-Reich Nordchinas*, Leiden, 1946.

[8] 宫崎市定：《九品官人法の研究》，东洋史研究会，1956。

[9] 矢野主税：《魏晋中正制の性格についての一考察》，《史学杂志》72（2），1963。

[10] 越智重明：《魏晋南朝の最下级官僚层について》，《史学杂志》74（7），1965；《梁の天监の改革と次门层》，《史学研究》97，1966。

为甲族、次门、后门、三五门，似乎是四分法。何启民[1] 的标准，重视门第在民间的声望，如吴郡朱氏虽官宦不多，但不减其社会地位。姜士彬（David Johnson）[2] 认为法律上的地位、权利、义务、户籍等，是划分"士"的重要标准，这当然受日人仁井田陞[3] 诸辈之影响。又如其论点不属本期范围之内，但事涉中国社会史分类之名著，关于汉朝者，如杨联陞先生[4] 认为东汉的豪族泛指外戚、宦官、清流与浊流；瞿同祖先生[5] 谓汉代大族（powerful families）是指六国旧贵族后裔、汉朝皇室及王侯、外戚、二千石官吏、富商、游侠等；余英时先生[6] 论述南阳一带大地主及东汉以来单士与家族结合而成的士族；许倬云师[7] 指出春秋战国时有士与公子阶层，同时在汉末三国时有地方势力——地方豪强。凡此种种皆对本文拟定分类标准有重大影响。至于研究明清之际社会史方面的学者，如张仲礼[8]、何炳棣[9] 大抵以科举名位作为重要标准；而"Gentry"

---

[1] 何启民：《中古南方门第——吴郡朱张顾陆四姓之比较研究》，《政治大学学报》27，1973。

[2] David Johnson, *The Medieval Chinese Oligarchy: A Study of Great Families in Their Social, Political & Institutional Setting*, Chapter Three, "Shih status: Legal Aspect," p.49. 美国加利福尼亚大学伯克利分校 1970 年博士论文。

[3] 仁井田陞：《中国法制史研究》，东京大学东洋文化研究所，1962。增村宏：《黄白籍の新研究》，《东洋史研究》2（4），1937。

[4] 杨联陞：《东汉的豪族》，《清华学报》11（4），1936。

[5] Chü, T'ung-tsu, *Han Social Structure*, Chapter Five, "Powerful Families," University of Washington Press, 1972, p. 160.

[6] 余英时：《东汉政权之建立与士族大姓之关系》，《新亚学报》1（2），1956；《汉晋之际士之新自觉与新思潮》，《新亚学报》4（1），1959。

[7] Hsu, Cho-yun, *Ancient China in Transition: An Analysis of Social Mobility*, 722-222B. B., Stanford University Press, 1965. 许倬云：《三国吴地的地方势力》，《"中央研究院"历史语言研究所集刊》37 上册，1967。

[8] Chang, Chung-li, *The Chinese Gentry: Studies on Their Role in Nineteenth-Century Chinese Society*, University of Washington Press, 1955.

[9] Ho, Ping-ti, *The Ladder of Success in Imperial China—Aspects of Social Mobility, 1368-1911*, Columbia University Press, 1962.

（士绅）一词常被借用，费孝通[1]亦是此中翘楚，然费氏以 Gentry 概括自秦汉以来的中国士大夫阶层[2]，与白乐日（Etienne Balazs）[3]将中国两千年来社会看作一成不变一样，乃忽略了时代特点，不能被视为精确的分类法。

十年以前，著者遍阅中古各朝正史，发现史家对于这个时期官吏出身背景之社会成分记载颇详，遂尝试以较精确的方法来衡度统治阶层，当时采用的方法以《魏书》卷一一三《官氏志》中所载为标准。凡称士族需合于两大条件：其一，累官三世以上；其二，任官需达五品以上。这两个条件完全符合《官氏志》中所谓膏粱、华腴、甲、乙、丙、丁姓的标准。盖因北魏统治中国北部以后，采与汉人合作之策，亦希望将其官吏酋豪套入中国社会架构中，此项法令之正式公布，当亦参照当时社会无疑，故三世及五品两个条件可能与当时汉人社会相去不远。将此项标准试用于两晋南北朝各代[4]，使其在阶级社会有着明确的占比，而所得大士族又与柳芳所言大体相同，证明了此项标准与当时社会实情差距不大。然而，社会阶级之分类，终究非如此简易之法所能涵盖，在撰写《两晋南北朝士族政治之研究》时，发现吴郡朱氏竟然任官者甚少，而朱氏在许多记载中似乎是吴郡"朱、张、顾、陆"四姓之首，这是柳芳所列姓望与著者统计所得之间的唯一例外，于是著者在撰写博士论文《唐代统治阶层社会变动》时，采用三世中有两世居官五品以上的标准以外，还添加凡史书皆称大族者，虽任官次数甚少，亦属士族范围。以法律地位为标准评定士族，是以现代标准衡量中古社会，有关"士"之特权之

---

[1] Fei, Hsiao-t'ung, "Peasantry and Gentry: An Interpretation of Chinese Social Structure and Its Changes," *American Journal of Sociology* LII, 1946.

[2] Fei, Hsiao-t'ung, *China's Gentry*, Chapter One, "The Gentry & The Imperial Power", p. 17.

[3] Etienne Balazs, *Chinese Civilization and Bureaucracy*, Yale University Press, 1964.

[4] 参见拙著《两晋南北朝士族政治之研究》，学术著作奖助委员会，1966。

记载，魏晋南北朝时史料记载不多，在这些片段的行文中，是因为官宦因素，抑或是家族地位因素，一直是纠缠不清的问题。同时也牵连到政治性的运用与习惯法等在中古是不是法律等问题，隋唐虽仍有浓厚士族社会的色彩，更无法从法律标准定出士族。在魏晋南北朝时，常有大士族称次级大士族为寒族、寒门[1]，这是相对的称呼，其实次级大士族也是士族。同理，一个次级大士族亦会称初次形成的士族（三世中有两世居官五品以上）为寒门。而实际上，若将初次形成的士族与寒素及地方豪族、小姓等做一对照，其政治社会影响力当列士族无疑。故本书士族之定义，包含柳芳所说的郡姓、虏姓、吴姓，亦包括正史中提及的大族，还包括一切三世中有两世居官五品以上的家族，其中有唐代新族——列朝皇室亦包含在内。故本书所谓士族实比一般所谓高门大族之门第的范围为广，是广义的士族。

寒素类指素士、农、工、商、兵、其他半自由民，及非自由民如奴婢、门客等。寒素类中有平行的职业分类、上下层次的非自由民，故本身可再予细分，亦可深入研究，本文将他们归为一类，是因为他们的祖父辈皆无参与统治阶层的迹象。

在士族与寒素之间，本文列小姓类。这类人物之存在，可见于《华阳国志》中各县的大姓、豪富；永嘉乱后北方的坞堡[2]；梁末侯景之乱时的县姓、地方酋豪、洞主[3]；隋末所谓"山东豪杰"[4]；以及唐代前后期氏族谱残卷中千百计的郡县大姓[5]。拙文《从中正评品与官职之关系论魏晋南朝之社会架构》更具体指出三个层次的社会架构。小姓是一个复杂的

---

[1] 参见拙著《两晋南北朝士族政治之研究》。

[2] 参见金发根：《永嘉乱后北方的豪族》。

[3] 参见拙文《五朝军权转移及其对政局之影响》。

[4] 陈寅恪：《论隋末唐初所谓"山东豪杰"》，《岭南学报》12（1），1952。

[5] 参见本书第十二篇《敦煌唐代氏族谱残卷之商榷》。

层次，它的名称也最多，包括县姓、地方豪族、酋豪、部落酋长、洞主、累世低品、累世校尉和曾有一世五品以上的家族。

二、分　期

为研究动态化的痕迹，本文分期以"代"（Generation）为单位，每代通常以 25 至 30 年计，但研究中国历史，需配合皇帝的更换与朝代的变动，因为这常常引起内外大臣的更易，故略微依据朝代与建元要比硬性规定以一定的年代断代为实际。从比较观察的立场而言，又希望分期后的每期都大致能自成单元，或在某事上有若干特色，自东汉献帝建安元年（196）始至唐哀帝天祐三年（906）止，凡得 711 年。所以取这一时期作为研究范围是因为汉末与唐亡是中古阶级社会架构的起点与落点（见下文）。以下且划分各期年代，并略述各期之特有内容。

第一期：196—219 年，汉献帝建安 24 年；共 24 年。在政局方面，自董卓被召入中原，宦官虽除而天下自此分裂。建安年间，曹操窃夺朝政，意味着三国鼎立的开始。从社会角度看，这是大族出任政治角色的上坡点。

第二期：220—239 年。曹魏文帝黄初 7 年；明帝太和 6 年、青龙 4 年、景初 3 年；共 20 年。曹魏王朝正式建立，三国分治，魏文帝及明帝时期，曹氏仍能掌握政权，司马氏虽渐次得势，但未能危及朝基。黄初初年吏部尚书陈群建议行九品官人法取士，其结果是加速门第社会的发展。

第三期：240—264 年。曹魏齐王芳正始 9 年、嘉平 5 年；高贵乡公髦正元 2 年、甘露 4 年；常道乡公奂景元 4 年、咸熙 1 年；共 25 年。司马氏积极扩张势力，正始十年（即嘉平元年，249）曹爽被杀成为司马氏权力稳固的转折点。

第四期：265—289 年。西晋武帝泰始 10 年、咸宁 5 年、太康 10 年；
共计 25 年。本期内中国又归统一，而社会方面是因袭的，门第
社会至此渐次发展成熟，若干大族均已显示出其稳固的政治社
会地位。

第五期：290—316 年。西晋惠帝永熙 1 年、元康 9 年、永康 1 年、
永宁 1 年、太安 2 年、永兴 2 年、光熙 1 年；怀帝永嘉 6 年；
愍帝建兴 4 年；共 27 年。中间有贾后专政、八王之乱，旋即引
起永嘉之乱，少数民族南下，中原失御，这是一个极大的转变
时期，在政治上、社会上、经济上都可作为一个单位研究。

第六期：317—344 年。东晋元帝建武 1 年、大兴 4 年、永昌 1 年；
明帝太宁 3 年；成帝咸和 9 年、咸康 8 年；康帝建元 2 年；共
28 年。在王氏的扶助下，晋元帝据有中国南部，在这个时期
中，琅琊王氏及颖川庾氏等相继把握朝政。

第七期：345—370 年。东晋穆帝永和 12 年、升平 5 年；哀帝隆和 1
年、兴宁 3 年；废帝奕太和 5 年；共 26 年。桓温与殷浩两家族
执本期政治之牛耳，桓温曾北伐至洛阳，几乎篡代晋室。

第八期：371—396 年。东晋简文帝咸安 2 年；孝武帝宁康 3 年、太
元 21 年；共 26 年。桓氏仍是重要家族之一，谢氏挟其淝水战
功极为强盛。苻坚淝水之败使中国北部再度陷入纷争局面。

第九期：397—419 年。东晋安帝隆安 5 年、元兴 3 年、义熙 14 年；
恭帝元熙 1 年；共 23 年。本期之初，桓玄拥有南朝三分之二的
土地，最后实行篡代，为新兴势力刘裕所败，又有孙恩、卢循
事件，皆为刘裕所破，强人刘裕终于取晋自代。

第十期：420—453 年。宋武帝永初 3 年；少帝景平 1 年；文帝元嘉
30 年；共 34 年。宋文帝当政凡 30 年，是东晋南朝政治较上轨
道的时期，史称元嘉之治。同时拓跋氏亦统一中国北部，史称

北魏，南北朝开始。

第十一期：454—478 年。宋孝武帝孝建 3 年、大明 8 年；明帝彧泰始 7 年、泰豫 1 年；废帝昱元徽 4 年；顺帝昇明 2 年；共 25 年。这个时期是刘宋的衰弱时代，政潮、废立屡起，强人萧道成乘乱而起，取代刘宋。刘宋亡。

第十二期：479—501 年。南齐高帝建元 4 年；武帝永明 11 年；明帝建武 4 年、永泰 1 年；东昏侯永元 2 年；和帝中兴 1 年；共 23 年。整个南齐一朝合为一期。这期，武帝有永明之治，明帝以后滥杀倾轧，强人萧衍取南齐而代之。南齐亡。

第十三期：502—528 年。梁武帝天监 18 年、普通 7 年、大通 2 年；共 27 年。南北屡有交战，梁制定新官品十八班制，佛教大盛于南方，昭明太子文学传世。

第十四期：529—556 年。梁武帝中大通 6 年、大同 11 年、中大同 1 年、太清 3 年；简文帝大宝 2 年；元帝承圣 3 年；敬帝绍泰 1 年、太平 1 年；共 28 年。梁享国凡 55 年，而梁武帝在位 48 年，故梁武帝是两期的当政者，前期（第十三期）虽有对外战事，但大致太平，第十四期发生侯景之乱，造成梁室倾覆，同时使得自东晋以还的南朝社会阶层有某些程度的变化。强人陈霸先平乱自立。梁亡。

第十五期：557—589 年。陈武帝永定 3 年；文帝天嘉 6 年、天康 1 年；临海王伯宗光大 2 年；宣帝太建 14 年；后主叔宝至德 4 年、祯明 3 年；共 33 年。有陈一朝合为第十五期，这是东晋南朝系统的最后一期，国势及疆域已无法与东晋刘宋时相比。

依相对的时间顺序及政治社会的特定事件，北朝亦可划分为若干时期。

〔第八期〕：386—408 年。北魏太祖道武帝登国 10 年、皇始 2 年、天兴 6 年、天赐 5 年；共 23 年。北方自永嘉之乱以后，先后有五胡十六国，战乱不已。道武帝时，拓跋氏已显示出其强大力量，且有统一中原的趋向，但毕竟是一个草创时期。

〔第九期〕：409—431 年。北魏太宗明元帝永兴 5 年、神瑞 2 年、泰常 8 年；世祖太武帝始光 4 年、神䴥 4 年；共 23 年。拓跋氏继续扩张，驱柔然，降丁零、高车，灭敕勒，神䴥四年（431）又广征汉大族参政，南北对峙形势初成。

〔第十期〕：432—451 年。北魏世祖太武帝延和 3 年、太延 5 年、太平真君 11 年、正平 1 年；共 20 年。伐鄯善，通西域。李宝来朝，降辽西，大体上统一了中原，政治上开始大量吸收汉人参与统治，社会上承继西晋以来的门第社会。

〔第十一期〕：452—476 年。北魏高宗文成帝兴安 2 年、兴光 1 年、太安 5 年、和平 6 年；显祖献文帝天安 1 年、皇兴 4 年；高祖孝文帝延兴 5 年、承明 1 年；共 25 年。佛教大盛，魏宋时战时和。

〔第十二期〕：477—499 年。北魏高祖孝文帝太和 23 年；共 23 年。孝文当政，迁都洛阳，议定律令、班禄之制，定姓氏，大力推行汉化政策。

〔第十三期〕：500—530 年。北魏世宗宣武帝景明 4 年、止始 4 年、永平 4 年、延昌 4 年；肃宗孝明帝熙平 2 年、神龟 2 年、正光 5 年、孝昌 3 年；敬宗孝庄帝永安 3 年；共 31 年。北魏进入衰微时期，战乱频起，六镇反叛，尤其尔朱氏之乱，朝士死亡甚多。

〔第十四期〕：534—577 年。东魏孝静帝善见天平 4 年、元象 1 年、兴和 4 年、武定 7 年。东魏名义上仍属于元氏，实际上高欢、高洋相继专政。北齐显祖文宣帝高洋天保 10 年；肃宗孝昭帝皇建 1 年；世祖武成帝太宁 1 年、河清 3 年；后主温公纬天统 5 年、武平 6 年、隆化 1 年；幼主恒承光 1 年；共 44 年。

〔第十五期〕：532—580 年。北魏孝武帝永熙 3 年；西魏文帝大统
　　17 年；废帝钦 2 年；恭帝 3 年。宇文泰专政西魏，实际上是北
　　周的前身。大统九年（543），宇文有邙山之败。北周孝闵帝宇
　　文觉 1 年；世宗明帝武定 1 年、武成 2 年；高祖武帝保定 5 年、
　　天和 6 年、建德 6 年；宣帝宣政 1 年；静帝大象 2 年；共 49 年。
　　建德六年（577），北周灭北齐，然旋为外戚杨坚所篡。

第十六期：581—617 年。隋文帝开皇 20 年、仁寿 4 年；炀帝大业
　　13 年；共 37 年。开皇九年（589），隋灭陈，中国统一。大业
　　二年（606），建进士科。

第十七期：618—649 年。唐高祖武德 9 年；太宗贞观 23 年；共 32
　　年。包括唐朝开国时期及贞观之治。贞观十三年（639）颁《氏
　　族志》。

第十八期：650—683 年。唐高宗永徽 6 年、显庆 5 年、龙朔 3 年、
　　麟德 2 年、乾封 2 年、总章 2 年、咸亨 4 年、上元 2 年、仪凤
　　3 年、调露 1 年、永隆 1 年、开耀 1 年、永淳 1 年、弘道 1 年；
　　共 34 年。显庆四年（659）改订《氏族志》为《姓氏录》。麟德
　　元年（664），高宗与武后同称二圣。这是唐朝国力极强盛时期，
　　末期武则天掌握了实际政权。

第十九期：684—709 年。唐中宗哲嗣圣、睿宗旦文明、武太后光宅
　　共 1 年，垂拱 4 年，永昌 1 年；周天授 2 年、如意半年、长寿
　　1 年半、延载 1 年、证圣与天册万岁共 1 年、万岁登封与万岁
　　通天共 1 年、神功 1 年、圣历 2 年、久视 1 年、大足半年、长
　　安 3 年半；唐中宗神龙 2 年、景龙 3 年；共 26 年。本期中武则
　　天从幕后到幕前，最后登上了皇位，中宗再登位亦列入本期，
　　盖其性质系武后之延长也。

第二十期：710—730 年。睿宗景云 2 年，太极、延和与先天共 1 年；玄宗开元 18 年（元年至十八年）；共计 21 年。本期系唐代另一个治世——开元之治。

第二十一期：731—755 年。唐玄宗开元 11 年（十九至二十九年）、天宝 14 年；共 25 年。开元二十四年（736）李林甫为相。前半期是开元之治的延续，后半期天宝年间政治渐坏，安禄山之乱起。

第二十二期：756—779 年。唐肃宗至德 2 年、乾元 2 年、上元 2 年、宝应 1 年；代宗广德 2 年、永泰 1 年、大历 14 年；共 24 年。本期安史之乱波及中国大部，战乱不绝，末期安史虽被消灭，但藩镇割据已有雏形。

第二十三期：780—804 年。唐德宗建中 4 年、兴元 1 年、贞元 20 年；共 25 年。藩镇割据的局面已成，德宗仅能采取安抚政策，唐中央权力极为薄弱，建中元年（780）杨炎立两税法。

第二十四期：805—826 年。唐顺宗永贞 1 年；宪宗元和 15 年；穆宗长庆 4 年；敬宗宝历 2 年；共 22 年。宪宗时期，唐中央与藩镇展开角逐。本期是安史乱后中央权力稍微复振的时期，但朋党之争发生。

第二十五期：827—846 年。唐文宗大和 9 年、卅成 5 年；武宗会昌 6 年；共 20 年。藩镇割据复盛，朋党之争加剧，复有甘露之变，宦官实际影响唐中央政治，会昌五年（845）武宗打击佛教。

第二十六期：847—873 年。唐宣宗大中 13 年；懿宗咸通 14 年；共 27 年。牛李朋党继续倾轧，藩镇割据蔓延，宦官操纵政治。咸通元年（860）裴甫起于浙东，咸通十三年（872）归义侯张义潮卒，甘、沙等州又渐入于回鹘。

第二十七期：874—906 年。唐僖宗乾符 6 年、广明 1 年、中和 4 年、光启 3 年、文德 1 年；昭宗龙纪 1 年、大顺 2 年、景福 2 年、乾宁 4 年、光化 3 年、天复 3 年、天祐 3 年；共 33 年。乾符元年（874）王仙芝、黄巢等起，光启元年（885）秦宗权兵炽，政治败坏，藩镇、宦官、朋党为害。朱全忠篡唐自代。唐亡。

三、中古统治阶层社会成分统计表

表 2-1　中古统治阶层社会成分统计表（196—906）[1]

期别	朝代	公元	士族		小姓		寒素		合计
			N	%	N	%	N	%	
一	汉	196—219	38	29.0	19	14.5	74	56.5	131
二	曹魏	220—239	60	38.7	38	24.5	57	36.8	155
三	曹魏	240—264	74	47.1	59	37.6	24	15.3	157
四	西晋	265—289	84	46.2	67	36.8	31	17.0	182
五	西晋	290—316	179	66.3	58	21.5	33	12.2	270
六	东晋	317—344	110	65.9	33	19.8	24	14.4	167
七	东晋	345—370	90	79.6	21	18.6	2	1.8	113
八	东晋	371—396	80	80.8	13	13.1	6	6.1	99
九	东晋	397—419	58	68.2	4	4.7	23	27.1	85
十	宋	420—453	153	72.2	38	17.9	21	9.9	212
十一	宋	454—478	150	64.4	36	15.5	47	20.2	233
十二	南齐	479—501	109	58.9	39	21.1	37	20.0	185
十三	梁	502—528	85	52.8	32	19.9	44	27.3	161
十四	梁	529—556	80	56.3	30	21.1	32	22.5	142
十五	陈	557—589	86	56.6	39	25.7	27	17.8	152
〔八〕	北魏	386—408	14	31.1	20	44.4	11	24.4	45

[1] 表中 N 表示数量，% 表示百分比，下同。——编注

（续表 2-1）

期别	朝代	公元	士族				小姓		寒素		合计
			N	%			N	%	N	%	
〔九〕	北魏	409—431	33	36.7			37	41.1	20	22.2	90
〔十〕	北魏	432—451	92	63.0			40	27.4	14	9.6	146
〔十一〕	北魏	452—476	146	73.0			26	13.0	28	14.0	200
〔十二〕	北魏	477—499	244	77.5	魏晋旧族（%）↓		40	12.7	31	9.8	315
〔十三〕	北魏	500—530	545	79.7			73	10.7	66	9.6	684
〔十四〕	东魏、北齐	534—577	163	58.8			65	23.5	49	17.7	277
〔十五〕	西魏、北周	532—580	329	69.4			55	11.6	90	19.0	474
十六	隋	581—617	311	67.0			73	15.7	80	17.2	464
十七	唐	618—649	219	64.8	61.5		21	6.2	98	29.0	338
十八	唐	650—683	189	63.2	57.9		67	22.4	43	14.4	299
十九	唐	684—709	231	63.3	51.5		41	11.2	93	25.5	365
二十	唐	710—730	212	67.5	58.9		25	8.0	77	24.5	314
二十一	唐	731—755	199	70.6	63.0		34	12.1	49	17.4	282
二十二	唐	756—779	204	56.2	44.1		56	15.4	103	28.4	363
二十三	唐	780—804	215	60.4	45.5		52	14.6	89	25.0	356
二十四	唐	805—826	209	63.3	41.2		56	17.0	65	19.7	330
二十五	唐	827—846	237	75.5	57.6		40	12.7	37	11.8	314
二十六	唐	847—873	196	88.7	64.2		12	5.4	13	5.9	221
二十七	唐	874—906	126	65.3	39.2		10	5.2	57	29.5	193

四、变动之分析

（一）士族之变动

　　大家族的子弟累代官宦的现象，汉代已有。大家族成为政治社会中统治阶层的骨干，似乎是魏晋以降至隋唐期间社会形态的特点。本章以量化证明之。从第三期开始统治阶层中士族已近半数，第三期正值曹魏的后半期，士族成分是 47.1%，比第二期士族所占成分高出 9% 弱，而第二期又比第一期士族成分高出 9% 强。前三期士族成分的梯升，值得重视，第一期是指汉末建安年间，政治社会纷乱，群雄并起，山林水泽中的草莽英雄有较大的机会上升，然而许多主要的人物都是汉末的刺史太守或其他官吏，因此我们亦可从第一期的统计数字上回看东汉末年的政治社会，也就是说除去因战乱政潮所引起的士族成分改变以外，东汉末年士族在整个统治阶层中所占比例不会过高，因此以这一时期作为士族成为统治阶层架构中骨干的起点。第一期士族占 29.0%，第二期占 38.7%，第三期占 47.1%，这是很明显的上坡面。从第三期至第二十七期，士族的比例虽时高时低，但一直在 50% 以上（北魏初期例外，后文讨论），因此第三期士族成分上升到接近 50%，是上坡面上的重要节点，遂第二期成为研究第三期成因的重要时期。第二期是曹魏的上半期，在这一期的初年亦即黄初年间，魏吏部尚书制定了九品官人法，许多研究九品官人法的学者认为这是产生士族的最大原因，但是由于九品官人法以前士族已经出现，故九品官人法产生士族之说不能解释这种现象。然而第二期初期采行九品官人法以后，自第三期以降，士族即占 50% 以上而不坠，由这点来看，九品官人法与士族盛行显然有若干因果关系，关于这一点，拙著《两晋南北朝士族政治之研究》中曾有两章讨论之。不仅如此，本书第六篇《两晋南北朝主要文官士族成分的统计分析与比较》，统计司徒、司徒左长史、尚书令、尚书仆射与列曹、尚书郎丞、中书监令、中书侍郎、侍中、黄门侍郎、九卿、御史中丞、中正、刺史、太守等官职之士族成分，发现群相、三省官、选举官等之士族成分甚高，约占四分之三。所以不仅是整个官僚体系中士族超过半数以上，而且愈是掌权的职位其士族成分愈高，更可以证明士族之主导地位。

司马氏之篡魏乃积三代之功，自司马懿诛曹爽以后，魏的政权实际上已落在司马氏手中，在渐次剪除魏室支持者与扩张自己势力的过程中，司马氏之篡魏是一个政权转移的最佳例子[1]，许多重要大臣并没有因改朝换代而影响禄位，因此统计数字显示，第三期与第四期的士族比例是非常接近的（第三期占47.1%，第四期占46.2%）。第五期是西晋的后半期，在没有发生八王之乱以前，政治社会在表面上是平静的，这有利于士族的发展，第五期士族占66.3%，这个比例已达中古士族在统治阶层中所占百分比的平均数。

第五期末期发生永嘉之乱，政治社会纷乱，应当是社会变动的活跃时期，但家族成为政治中坚分子的趋势已成，在这一时期士族们除扮演政治和社会领袖的角色以外，仍然保持着军事的才华，在混乱的局面之中，拥兵自守的地方长官大部分是世家子弟，故第五期的士族比例甚高。

东晋在中国南半部立足，是靠着侨姓与吴姓的支持，东晋皇帝的权力似乎极小，其主要作用在于平衡内部大族的势力，及维系强大地方力量的向心力，这种地方力量的代表厥为各州的刺史都督。纵观整个东晋一百余年，其刺史都督大部亦由士族子弟掌握，拙文《五朝军权转移及其对政局之影响》曾有详细的统计资料证明之。因此自第六期至第九期有一极明显的倾向，即士族所占的比例由65.9%曾升至80.8%的高峰，这是士族极盛的时代，许多反映阶级森严的故事都发生在这一时期。

刘裕以武力清除桓氏，他是一位极想削弱大家族力量的皇帝，他首先剥夺了士族子弟的军权，巩固了皇位，使皇权增强，但是在政治与社会方面，仍不得不与士族合作，所以虽然刘宋以后士族掌军权者愈来愈少，但士族仍然能够不受改朝换代的影响而居官位。第十期、第十一期是刘宋时期，士族所占比例已自72.2%降到64.4%，南齐复降到58.9%，梁降至52.8%的低点，逐次降低充分表现出士族失去军权以后的影响，

[1] 参见徐高阮：《山涛论》，《"中央研究院"历史语言研究所集刊》41（1），1969。

但对于整个政治社会的架构而言仍然不变。梁末的侯景之乱使许多士族沉沦[1]，士族所占比例为56.3%，梁陈之际是士族的低潮时期[2]。

依本文的时期划分法，将北魏分为六个时期，按其时间前后，约相当于南朝第八期至第十三期，为分别计，以〔八〕〔九〕〔十〕〔十一〕〔十二〕〔十三〕等符号表示之。有一个有趣的现象，即北魏前三期（即第〔八〕〔九〕〔十〕期）士族比例上升之幅度，很类似于汉魏之际（即本文第一、二期）。第〔八〕期与第〔九〕期之间逐渐上升，每每是开国时期引用功臣子弟的普遍现象。然北魏第〔九〕期与第〔十〕期之间上升幅度极大（自36.7%升至63.0%），有其特殊意义，盖因北魏自神麚以来，大量吸收中原汉士族参与统治，其胡族部落亦仿汉人习俗，变成大小不等的家族，出现在统治阶层，凡此种种皆表示中国北部胡汉政治社会亦已纳入中国社会史的发展之中。至北魏高宗文成帝及显祖献文帝时（即第〔十一〕期），士族升至73.0%。而第〔十二〕期再升至77.5%的高峰，此时正值北魏汉化最彻底——孝文帝亲自当政时期。北魏最后一期（即第〔十三〕期）达到北朝的最高峰，士族占79.7%。这与东晋南朝最高峰甚为接近。

北魏的河阴之役使统治阶层起了极大的变化，其影响之巨一如南朝的侯景之乱，随即魏分东西，战乱连年，虽然北朝士族子弟每每允文允武，但仍压抑不住寒素凭着军功上升进入统治阶层。西魏与北周的士族成分降至69.4%，而东魏、北齐更下降至58.8%。其情况与南朝类似。

隋文帝取代周室也是一个以缓和方式转移政权的实例，隋朝的大臣大部出自北周；及其次第亡齐亡陈以后，虽然也吸收了一些北齐及陈的

[1] 参见《颜氏家训》卷四《涉务篇》。
[2] 唐长孺：《南朝寒人的兴起》，《魏晋南北朝史论丛续编》，三联书店，1959。唐氏一文过分强调南朝（尤其梁、陈）的实际政权正在转入寒人手中，易造成寒人占优势的错觉。而本篇中统计表所示之比例，可予人清晰的认识。

官吏，但为数甚少，如以上"中古统治阶层社会成分统计表"所示，隋朝士族占统治阶层的 67.0%，与北周的 69.4% 最为接近，而与北齐的 58.8% 及陈朝的 56.6% 差距较大。陈寅恪先生指出，西魏、北周、隋、唐初之人物，因关中本位政策而相承袭，与本文之统计暗合。隋是大统一局面的朝代，在隋以前南北分立凡三百余年，隋以前的统一局面是西晋，西晋末期（即第五期）士族成分占 66.3%，与隋朝极为接近，这是一个很有趣的现象。

第十七期是唐朝开创时期，唐初的统治阶层与北周、杨隋有密切关系（陈寅恪语），然以战争方式取代前朝者，恒给予其他阶层上升之机会，第十七期士族占 64.8%，与隋朝相比大同而小异。以高宗为代表的第十八期与以武周为代表的第十九期，有两股相逆的潮流汇聚在一起，一方是唐初功臣后裔的累积梯升趋向，一方是武后以科举及荐举引进新贵；功臣后裔颇受武则天之压抑，而武后所引进的新贵之中，有一些是新士族，彼等取代了部分旧士族，如：

表 2-2　第十八、十九期士族成分表

时间		类别		
		士族总比例（%）	旧士族比例（%）	新士族比例（%）
第十八期	高宗时期（武后已开始当政）	63.2	57.9	5.3
第十九期	武周时期	63.3	51.5	11.8

由此可见第十九期士族总比例虽稳定在 63% 的基础上（与前两期接近），但武周时期新士族已占 11.8%，而魏晋旧士族则已落入 51.5% 矣！第二十期与第二十一期分别以唐玄宗的前期与后期为代表，士族又略微升至 67.5% 与 70.6%。值得注意的是旧士族增加较多，如：

表 2-3　第二十、二十一期士族成分表

时间	类别		
	士族总比例（%）	旧士族比例（%）	新士族比例（%）
第二十期　玄宗前期	67.5	58.9	8.6
第二十一期　玄宗后期	70.6	63.0	7.6

安史之乱对我国中古所带来的震撼，可由多角度去观察，论者多矣！就统治阶层社会变动而言，士族成分在第二十二期（安史之乱及其后）急速降至56.2%，这是另一个最低点，可与第十三期的梁侯景之乱（士族降至52.8%）及北魏亡后的东魏、北齐（58.8%）相比。尤其值得重视的是，魏晋以来旧士族落入50%以下，即第二十二期44.1%、第二十三期45.5%、第二十四期41.2%。

另一项重要事实是，自安史之乱后，藩镇割据，全国渐渐遍布节度使，中央所能直接统辖地区日蹙，藩镇大都有任令僚属之权，于是唐室除能任令中央官吏及所辖州县官吏以外，较唐前半期已不可同日而语（于是在唐史记载中，可见士族群体大都聚集在首都与若干州郡），这种演变及其所代表的历史意义，将在第四篇《中古士族性质之演变》中讨论之。故第二十五期及第二十六期士族比例上升至88.7%，是唐室局促情况下的中央官吏士族成分。黄巢之乱以后，士族遭受很大破坏，这种集中在中央的官僚化现象发生改变。第二十七期士族成分降至65.3%，其中魏晋旧族仅占39.2%，已表明历史演变的趋向。

孙国栋先生《唐宋之际社会门第之消融》[1]比较唐末、五代、北宋初三阶段旧士族趋于消失的研究，为士族走下历史舞台提供了证明。

---

[1] 孙国栋：《唐宋之际社会门第之消融》，《新亚学报》4（1），1959，页19。

（二）小姓之变动

小姓在统治阶层中所占比例之消长，显示两种意义。其一，小姓是介于寒素与士族之间的阶层，依本文之定义，由寒素晋升为士族必须经过小姓这个阶段，故可从小姓比例的变化观察寒素的上升运动，以及士族的下降运动。其二，小姓另包括所谓县姓、地方酋豪、地方豪族等，这个阶层在整个中国社会史上是很重要的一环，在士族出现以前（曹魏以前）及士族没落以后（唐末以后），都是很重要的社会阶层。在中古这一时期，小姓与士族同时存在，只是在炫耀门第的时代，史书没有太多的记载罢了。小姓的变化亦显示地方势力的盛衰。

在第三期及第四期小姓所占比例较高，依次为 37.6%、36.8%，这是上升运动活跃时期，次一期士族的比例依次提高为 46.2%、66.3%。前三期的小姓如下：

表 2-4　第一至三期小姓占比变化表

时期	占该期官吏的比例（%）	差距（%）
第一期	14.5	
第二期	24.5	10.0
第三期	37.6	13.1

这三期反映出上坡面形势很急峻。小姓在第五至七期的比例依次为 21.5%、19.8%、18.6%，表示上升运动仍在继续中，但其幅度已渐小，这种上升运动使次一期士族的占比逐渐提高，故第七、八期士族占比达到一个新的高峰。

东晋南朝阶层间区别愈来愈严，士族任中上品官、小姓任低中品官的现象，不但成为习惯，且与选举制度配合，拙文《从中正评品与官职之关系论魏晋南朝之社会架构》曾有细论，故小姓大都任职低中品官。

自第八至十三期小姓曾占比在 21.1% 与 4.7% 之间，上升至士族的现象并不活跃。梁末侯景之乱，陈霸先最后建立陈朝，其基本武力建立在许多地方酋豪及县姓之上，拙文《五朝军权转移及其对政局之影响》曾有细论。第十四、十五期小姓占比依次为 21.1%、25.7%，其中有上升运动出现。

北魏在第〔八〕〔九〕期时小姓依次占比为 44.4%、41.1%，比例甚高，将此与曹魏时期比较，这个上升运动高潮使北魏第〔十〕〔十一〕期士族比例急速上升至 63.0% 及 73.0%。自第〔十一〕至〔十三〕期，小姓比例急速下降至 13.0% 与 10.7% 之间，比例甚低，北魏这一时期与南朝一样渐趋阶级社会。

东魏、北齐小姓占 23.5%，同期因为北魏末年河阴之役士族消灭甚多，故仍不足以补充大幅下降的士族比例。西魏、北周小姓占 11.6%，前与北魏末期相仿，后与隋代类似。

隋代（即第十六期）士族占 67.0%，小姓占 15.7%，这个比例很接近各朝的平均数，可能是因为在时间上居七百年之中间，地区上又统合宇内之故。

唐代第十七期时值开国之际，似乎是士族与寒素的天下，小姓仅占 6.2%。第二代（即第十八期）小姓比例高达 22.4%，显然是从唐初第一代寒素开国功臣子弟中升上来者，第一代寒素占 29.0%。从第十九期以迄第二十七期唐亡，小姓的比例一直很低，最高只有 17.0%，最低仅 5.2%。然唐代阶层之间流动并没有像南朝梁代那么僵化，科举当然是重要因素，寒素小姓可借考试而做大官，累积一两代便可成为本文定义之士族，然这条通道（channel）并非非常广阔，拙文《唐代统治阶层社会变动》指出，每一代由小姓而士族者（即唐代新族）仅增加 2%。

（三）寒素之变动

士族、小姓都是在政治社会中有地位者，寒素才是平民，许多研究社会变动者将注意力集中在寒素阶层，当然寒素仍过于笼统，实际上包括各地区各种不同行业的自由民、半自由民，甚至非自由民。同时寒素在统治阶层所占比例的升降，亦最能反映战争、政潮、政变等之社会意义，在数据充分的情况之下，应有专文讨论之。本文仅就整个社会架构中的比重而论之。

第一期汉末建安时期，是士族仍未完全凝固而又逢天下大乱之际，寒素占 56.5%；第二期即曹魏初年，寒素仍然有 36.8%；这中间以文士为最多，本书第五篇《三国政权的社会基础》中将有细论；从第三期士族比例接近 50%，并继续稳定成为一种社会架构以后，寒素任官机会微小。第三至六期，约在 15%；第七期的 1.8% 及第八期的 6.1%，正是东晋后半段门第最森严的时期；东晋与宋政权交替，复有一个很好的机会，寒素比例竟占 27.1%；梁出现侯景之乱，亦是寒素凭军功出仕的机会，占27.3%，南朝其他各期大率在 20% 以下。

北魏开创期间寒素尚有 24.4%、22.2%，自此以降，北朝未再达 20%，中国北部胡姓尚武，汉士族尚文，寒素仕进机会逊于南朝。

隋代寒素占 17.2%，亦近各期之平均数。

唐代寒素占比有三个高潮，即开国时间（第十七期）的 29.0%、安史之乱（即第二十二期）的 28.4%，以及唐末天下大乱（即第二十七期）的 29.5%；这都是用兵之际，拙文《唐代统治阶层社会变动》中曾有细论。第十九期武后当政与第二十期玄宗前期，亦达 25.5% 与 24.5%，这就与科举及政潮有关了。第二十三期占 25.0%，这是安史之乱的延续。除第二十五、二十六期以外，似乎唐代寒素任官比例较魏晋南北朝时期略高。

后文将对第一、二、三期做个案研究[1]，对于唐代各期士族、小姓、寒素亦曾有系统讨论[2]；其实在上列二十七期之中的任何两期间的士族、小姓、寒素所占比例之升降，与当时政潮均有密切关联，都可做进一步逐期个案分析。

---

[1] 参见本书第五篇《三国政权的社会基础》。

[2] 参见拙文《唐代统治阶层社会变动》。

第三篇

中古家族之变动

一

客观的局势将大族引进了统治阶层，产生了一种特殊的政治现象——士族政治。有关士族在政治上保持其地位的主观及客观因素，拙著《两晋南北朝士族政治之研究》中曾提出初步的分析，但该书文不及隋唐，以致不能看到全豹。士族是中古政治社会的中坚力量，如前篇所示，自汉末至唐末士族长期位居统治阶层之绝对多数，也就是说整个中古时期社会架构无甚变化，然而这并不表示中古士族全然没有盛衰升降。事实上，各士族盛衰升降与当时政治社会有密切关联，同时也直接影响到当时政治社会的内容。就以家族为单位而言，有若干大家族在政治上绵延达二十几世，然社会毕竟是动的，有的家族只兴旺一两代，有的七八代；即令长达二十几世的家族，其间亦有盛衰起伏。问题是即令某些士族衰微，继之而为统治阶层者亦是士族，所以中古家族的变动从大处看属于框框内的变动，而非社会架构的变动。

政权需要社会势力为其基础，而社会势力是会变动的，这是变动的内在要素，形之于外则是家族的变动。且以士族与地方豪族两大基层叙述之。

（一）士　族

士族是已经被吸收进高级统治阶层的社会力量，随着时间的推移，有的会渐渐失去其社会性，有的增减其社会力量，有的转移社会力量之地盘，各家族因其特殊的主观客观条件而有不同的发展。当士族被吸收入统治阶层以后，其社会基础的变化如下。

其一，家族中某些人至中央或他州任官，其原籍仍保留族人及退休的族人，诚如艾伯华在其大著《征服者与统治者：中古中国的社会势力》中说[1]：

> 一个缙绅家族通常有一个乡村家和一个城市家。乡村家即家族田产所在地，那里居住一部分族人，管理经营其财产，如向佃农收租等，乡村家是家族经济的支持骨干。当其家族有足够的资金时，则聘请教师教育其子孙，使其子孙能从事官宦生涯。……
>
> 缙绅家族中受教育的分子常常搬进城市中居住，其生活较为安逸，他们有乡村家为其经济基础。……
>
> 缙绅在城市的支族的主要活动是政治性的，其家人千方百计谋求进入官僚群中，或做中央官或做地方官，或为文官或为武官。

这种在城市与乡村皆有基业的家族较为稳固，同书说：

> 社会的安定与权力的诀窍基于双重意义上；如果在中央的城市支族在权力争夺时失利，则该家族乡村部分仍能继续生存与维持，政局的转移很少能够同时影响到城市及乡村两地方的族人。当城市支族当权时，彼可保护并援助居住在乡村的支族。[2]

---

[1] Wolfram Eberhard, *Conquerors and Rulers: Social Forces in Medieval China*, E. J. Brill, 1965, pp. 44-45.

[2] Wolfram Eberhard, *Conquerors and Rulers: Social Forces in Medieval China*, p.46.

依社会势力的转变进而会影响其政治地位的理论而言，这种大家族很少因某一政局改变而影响其地位。

《四民月令》所述东汉博陵安平崔氏可作为这个类型的范本。又例如《隋书》卷四二《李德林传》云：

> 博陵安平人也。祖寿，湖州户曹从事。父敬族，历太学博士、镇远将军。……（德林）年十六，遭父艰，自驾灵舆，反葬故里。时正严冬，单衰跣足，州里人物由是敬慕之。博陵豪族有崔谌者，仆射之兄，因休假还乡，车服甚盛。将从其宅诣德林赴吊，相去十余里，从者数十骑，稍稍减留。比至德林门，才余五骑，云不得令李生怪人熏灼。

中古若干通朝大族大都属于此型，尤以北中国系统的士族为然，如赵郡平棘李氏、河南荥阳郑氏、太原王氏、弘农华阴杨氏、赵郡武城崔氏、范阳涿县卢氏等。

其二，支叶稀疏的家族，一旦加入统治阶层，常常举家迁入城市，久而久之，与其原籍断绝关系。这种家族渐渐丧失其原有的社会力量及社会性，其子孙仅能凭借才能干禄时主。若能延绵若干代，则仅为官僚家族而已，政局变动对政治地位影响至巨。最能彻底表现这种类型的是东晋南朝的侨姓，所谓侨姓当然指原籍非南方的士族（尤其是中原地区的士族），有的原本颇有声势，如琅琊临沂王氏、颍川颍阴荀氏、陈郡阳夏袁氏；有的薄具声名，如泰山平阳羊氏、沛国龙亢桓氏、陈郡阳夏谢氏、汝南安城周氏、河南阳翟褚氏、陈留尉氏阮氏等。以上所述诸士族，自随东晋司马睿侨迁南方以后，本籍似乎无甚人物出现，他们自东晋而南朝，渐渐步向官僚家族。

其三，有些家族由于其主要成员到其他州郡任官，久而久之，落籍于新住处。有的或因战乱之影响，整族迁往边区，如两晋南北朝时的凉州与东北之地，于是产生迁籍及分支现象。这种现象在隋唐时期亦甚普遍，大部分士族虽然迁移与分支，但仍然保留其原籍之称号，称之为"郡望"，于是在唐代常常出现"郡望"与居住之"籍贯"不能合一之现象[1]，在感情疏隔多世，再从兄弟当然比不上亲兄弟，同族的社会地位则以家谱维系着。这是大族社会势力之新增。有些较单薄的士族，若迁移他处，其原籍的社会领袖可能因此空虚，于是次一级的家族可能渐渐取代之，而成为该地区的新社会领袖。这是社会势力之移植与新生。

其四，异族酋豪因政治及军事因素迁入中国者，有的仅在中央任官，久而久之，失去其社会力量而成为官僚的一分子；有的在某地落籍，可能形成一个新的州郡豪族，这种大族地区性之消融，直接影响到社会势力的变化，这种例子在北朝系统颇为普遍，而宇文氏关中本位政策与本类型有着更显著的关系。

（二）地方豪族

地方上次一级的家族，常被人忽略，这些小姓见诸史册中的名称如地方酋豪、县姓、洞主、豪强等。其社会力量容或小于大士族，但在地方上仍拥有许多实力。一般而论，大士族对地方豪族之顾忌远胜过对平民之顾忌，因为这些小姓随时有取代大士族的实力与资格。由于地方豪族与中央政治力的联系远不及大士族与之的联系密切，因此当政局安定或中央政治力强大之时，地方豪族的作用显得不大。而自汉朝以来，大士族运用中央政治力来压抑地方豪族的例子屡见不鲜[2]，如拙文《从中正评品与官职之关系论魏晋南朝之社会架构》中所示，魏晋南朝九品官人法之演变，中

---

[1] 参见岑仲勉：《唐史余瀋》，上海中华书局，1960，页299"唐史中之望与贯"条，引列十条。又《十七史商榷》《抱经堂集》等书亦有类似见解。

[2] 参见许倬云：《西汉政权与社会势力的交互作用》，《"中央研究院"历史语言研究所集刊》35，1964。

正评品、族望与官职之间，都有层次性的相对关系。亦即门望高的士族，其中正评品为"门地二品"，任官由五、六、七品起家；低者依次递减。地方豪族则属"寒微士人"，至梁代别开一格，即由流外七班入官。地方豪族由低品官入仕，其上达颇受限制，士族与次一级的地方豪族间之冲突，构成中古统治阶层之中的主要事件。在魏晋南北朝门阀深严之秋，唯有政权更迭或出现大变故时，地方豪族的实力才显示出来，尤其是赤裸权力，例如永嘉之乱后，中原板荡，地方上坞堡大行其道[1]；梁末侯景之乱，陈霸先集团以南方小姓、酋豪、县姓为基础，而平乱建元[2]；至隋末有所谓"山东豪杰"者[3]，亦属此类。总之，在变乱之余，部分地方豪族才能上升，而达到社会势力与其政治地位间相应关系之新平衡。唐代科举制度使仕进稍具弹性，致部分地方豪族得以循和平方式而上达。

本书第十二篇《敦煌唐代氏族谱残卷之商榷》一文，考证今存藏于中国国家图书馆（原北京图书馆）的《敦煌唐写姓氏录残卷》及藏于英国伦敦大英博物馆的《新集天下姓望氏族谱》两者的时代，初步结论是：前者反映唐代前半期之氏族情况，而后者反映唐代后半期的氏族情况。这对于明了唐代氏族一般分布情形及唐代前后期这些氏族的改变有所帮助，唯这两种氏族谱残卷只有郡望与族名，故不能以此了解每族族内之详情；又残卷中之氏族虽包括本书所谓之士族与若干小姓，亦无法据而分析每族之类别与强弱。所以本篇以中古时期正史资料为主，全面观察家族之动态。

二

本节且以家族为单位，纵观士族之发展，自东汉至唐末，凡七百余

---

[1] 参见金发根：《永嘉乱后北方的豪族》，第一章。

[2] 参见拙文《五朝军权转移及其对政局之影响》。

[3] 陈寅恪：《论隋末唐初所谓"山东豪杰"》，《岭南学报》12（1），1952。

年。东汉为源流，三国是中古社会架构之上坡面[1]，依次展开分为四大阶段：①两晋南朝；②北朝；③隋至安史之乱前；④安史之乱至唐末。士族之标准仍以三世任官达五品者[2]为主，然中古时期达此项标准者为数甚多，本章取其最大或系最长之六十族，做成表3-1。表中各族之后的数字，表示该族五品以上之人数。东汉、三国、两晋南朝、北朝各期，系取材于《后汉书》《三国志》《晋书》《宋书》《南齐书》《梁书》《陈书》《魏书》《周书》《北齐书》等正史列传之人物。隋唐时期系混《隋书》《新唐书》《旧唐书》及隋唐墓志拓本而成。《新唐书·宰相世系表》有更多的人物，唯该表仅记载曾任宰相的家族，且即令有记载之家族其偏废亦不一，故表3-1不以《新唐书·宰相世系表》作为基本材料，以免详简不同，失去比例平衡。表3-1采正史与隋唐墓志拓本为主要材料，是一种最好的自然抽样。亦以此之故，表3-1所列之数字，与其看作绝对数目，不如看作一种相对的比例，如此对于各大族兴衰起伏，庶几才有正确的了解。除此之外，对表3-1附带说明如下：

· "△" 符号表示某时期是大族。

· "☆" 符号表示前期曾是王朝宗室。

· 刘、萧、高、杨、李各族之数字，未含宗室人物。

· "……" 符号表示汉代已有端倪。

· 表中数字，东汉为二千石以上，其他各朝为五品官以上。

· 东汉部分仅作参考，未在本文讨论范围之内。

· 本表上方部分，大都是某时期大族，亦即绵延不长之家族。

· 本表最后一栏（A+B+C+D）是通朝大族之总和。

---

[1] 参见本书第五篇《三国政权的社会基础》。

[2] 参见拙著《两晋南北朝士族政治之研究》，第一章；拙文《唐代统治阶层社会变动》。

三

表 3-1 中所示，自魏晋以迄唐末，延绵不绝一直维持强盛的士族，有十姓十三家，即京兆杜陵韦氏、河南开封郑氏、弘农华阴杨氏、博陵安平崔氏、赵郡武城崔氏、赵郡平棘李氏、陇西狄道李氏、太原晋阳王氏、琅琊临沂王氏、范阳涿县卢氏、渤海蓨县高氏、河东闻喜裴氏、彭城刘氏等，任官五品以上者在一百九十九人以下，一百一十六人以上。另河东解县柳氏、京兆杜陵杜氏、兰陵萧氏、河东汾阴薛氏、吴兴武康沈氏、吴郡吴县陆氏、陈郡阳夏袁氏等七姓亦属通世大族，唯任官人数略逊，在七十四人以下，四十五人以上，此二十家衣冠人物，相继不绝，凡七百年之久。还有扶风窦氏、洛阳长孙氏、洛阳于氏、洛阳源氏、渤海蓨县封氏、高阳新城许氏，外加曾为宗室的洛阳元氏、河内温县司马氏、洛阳宇文氏、颍川陈氏等，此十家列位统治阶层凡五百年之久。

再如：沛国龙亢桓氏、颍川颍阴荀氏、泰山平阳羊氏、陈郡阳夏谢氏、吴郡吴县张氏、吴郡吴县顾氏、汝南安城周氏、会稽山阴孔氏、庐江灊县何氏、河南阳翟褚氏、陈留尉氏阮氏、济阳考城江氏、陈郡长平殷氏、代郡穆氏、代郡陆氏、清河绎幕房氏、上谷沮阳张氏、陇西狄道辛氏、北秀容县尔朱氏、安定邓氏、代郡罗氏、清河武城张氏、陇西独孤氏、南阳张氏、燉煌令狐氏、乐安孙氏、并州文水武氏等家皆有二百年以上之人物。以上是中古政治社会中最重要的士族。

两汉虽不能被称为士族时期，然两汉给予以后士族早期萌芽与发展的时空条件，许多大士族在汉代已渐露曙光。表中所示，中古最兴旺悠长的二十姓，大都可推自汉代，如韦氏、郑氏、杨氏、崔氏（博陵）、崔氏（赵郡）、李氏（赵郡）、王氏（太原）、王氏（琅琊）、卢氏、高氏、裴氏、刘氏；李氏（陇西）、柳氏似乎在汉以后发展而成。其中韦氏、郑氏、杨氏、崔氏（博陵）等在东汉时期尚属较大的士族。大部分的中古

东　汉	三　国	A 两 晋 南 朝
		△陈郡长平　殷氏 15
		△济阳考城　江氏 18
	陈留尉氏　阮氏 ———	△陈留尉氏　阮氏 14
	河南阳翟　褚氏 ———	△河南阳翟　褚氏 19
	庐江灊县　何氏 ———	△庐江灊县　何氏 20
△南阳新野　邓氏 29 ·········	会稽山阴　孔氏 ———	△会稽山阴　孔氏 25
△扶风茂陵　窦氏 18	汝南安城　周氏 ———	△汝南安城　周氏 28
△扶风茂陵　马氏 17 ·········	吴郡吴县　顾氏 ———	△吴郡吴县　顾氏 16
△扶风平陵　耿氏 17	吴郡吴县　张氏 ———	△吴郡吴县　张氏 35
△安定乌氏　梁氏 12	陈郡阳夏　谢氏 ———	△陈郡阳夏　谢氏 55
泰山平阳　羊氏 8 ———	泰山平阳　羊氏	△泰山平阳　羊氏 17
颍川颍阴　荀氏 9 ———	颍川颍阴　荀氏	△颍川颍阴　荀氏 17
沛国龙亢　桓氏 7 ———	沛国龙亢　桓氏	△沛国龙亢　桓氏 25
京兆杜陵　韦氏 6 ———	京兆杜陵　韦氏	京兆杜陵　韦氏 10
河南开封　郑氏 5 ———	河南开封　郑氏	
弘农华阴　杨氏 10 ———	弘农华阴　杨氏	
博陵安平　崔氏 5 ———	博陵安平　崔氏	
	········· 赵郡武城　崔氏	
△汝南汝阳　袁氏 10 ·········	赵郡平棘　李氏	
△上谷昌平　寇氏 8	陇西狄道　李氏	
△琅琊东武　伏氏 8 ·········	太原晋阳　王氏	太原晋阳　王氏 26
△南阳湖阳　冯氏 8	琅琊临沂　王氏	琅琊临沂　王氏 133
△南阳新野　来氏 7 ·········	范阳涿县　卢氏	
△颍川阳翟　郭氏 7 ·········	渤海蓨县　高氏	
△汝南汝阳　周氏 6 ·········	河东闻喜　裴氏	河东闻喜　裴氏 27
△南阳新野　阴氏 6 ·········	彭　　城　刘氏	彭　　城　刘氏 28
△下邳淮浦　陈氏 5	河东解县　柳氏	河东解县　柳氏 11
△南阳棘阳　崔氏 5 ·········	京兆杜陵　杜氏	
△京兆长安　宋氏 5	兰　　陵　萧氏	兰　　陵　萧氏 18
△魏郡繁阳　冯氏 5 ·········	河东汾阴　薛氏	
△犍为武阳　张氏 5	吴兴武康　沈氏 ———	吴兴武康　沈氏 45
△汝南南顿　应氏 5 ·········	吴郡吴县　陆氏 ———	吴郡吴县　陆氏 33
	········· 陈郡阳夏　袁氏 ———	陈郡阳夏　袁氏 26

表 3-1　中古家族发展表

B 北朝		C 隋至安史之乱前		D 安史之乱至唐末		A+B+C+D
△代　郡	罗氏 13	△并州文水	武氏 13 ———	并州文水	武氏 2	
△安　定	邓氏 15	△乐　安	孙氏 5 ———	乐　安	孙氏 13	
△北秀容县	尔朱氏 15	△燉　煌	令狐氏 17 ———	燉　煌	令狐氏 1	
△陇西狄道	辛氏 21	△南　阳	张氏 16 ———	南　阳	张氏 5	
△上谷沮阳	张氏 22	△陇　西	独孤氏 18 ———	陇　西	独孤氏 7	
△清河绛幕	房氏 23	△太　原	郭氏 12 ———	太　原	郭氏 13	
△代　郡	陆氏 32	△巨　鹿	魏氏 20 ———	巨　鹿	魏氏 6	
△代　郡	穆氏 47	△陇西天水	赵氏 26 ———	陇西天水	赵氏 12	
☆河内温县	司马氏 38	△清河武城	张氏 39 ———	清河武城	张氏 6	
		☆颍　川	陈氏 14 ———	颍　川	陈氏 8	
		☆洛　阳	宇文氏 20 ———	洛　阳	宇文氏 2	
		☆洛　阳	元氏 44 ———	洛　阳	元氏 8	
京兆杜陵	韦氏 28 ———	京兆杜陵	韦氏 63 ———	京兆杜陵	韦氏 34	135
河南开封	郑氏 45 ———	河南开封	郑氏 42 ———	河南开封	郑氏 37	124
弘农华阴	杨氏 31 ———	弘农华阴	杨氏 74 ———	弘农华阴	杨氏 50	155
博陵安平	崔氏 43 ———	博陵安平	崔氏 49 ———	博陵安平	崔氏 43	135
赵郡武城	崔氏 63 ———	赵郡武城	崔氏 50 ———	赵郡武城	崔氏 55	168
赵郡平棘	李氏 87 ———	赵郡平棘	李氏 65 ———	赵郡平棘	李氏 27	179
陇西狄道	李氏 38 ———	陇西狄道	李氏 62 ———	陇西狄道	李氏 35	135
太原晋阳	王氏 28 ———	太原晋阳	王氏 45 ———	太原晋阳	王氏 17	116
琅琊临沂	王氏 6 ———	琅琊临沂	王氏 49 ———	琅琊临沂	王氏 11	199
范阳涿县	卢氏 34 ———	范阳涿县	卢氏 55 ———	范阳涿县	卢氏 38	127
渤海蓨县	高氏 70 ———	渤海蓨县	高氏 41 ———	渤海蓨县	高氏 17	128
河东闻喜	裴氏 46 ———	河东闻喜	裴氏 49 ———	河东闻喜	裴氏 29	151
彭　城	刘氏 21 ———	彭　城	刘氏 36 ———	彭　城	刘氏 33	118
河东解县	柳氏 20 ———	河东解县	柳氏 24 ———	河东解县	柳氏 15	70
京兆杜陵	杜氏 21 ———	京兆杜陵	杜氏 26 ———	京兆杜陵	杜氏 27	74
兰　陵	萧氏 14 ———	兰　陵	萧氏 23 ———	兰　陵	萧氏 17	72
河东汾阴	薛氏 47 ———	河东汾阴	薛氏 15 ———	河东汾阴	薛氏 10	72
吴兴武康	沈氏 3 ———	吴兴武康	沈氏 8 ———	吴兴武康	沈氏 3	59
吴郡吴县	陆氏 3 ———	吴郡吴县	陆氏 11 ———	吴郡吴县	陆氏 5	52
陈郡阳夏	袁氏 8 ———	陈郡阳夏	袁氏 9 ———	陈郡阳夏	袁氏 2	45
扶　风	窦氏 12	扶　风	窦氏 31 ———	扶　风	窦氏 13	56
代　郡	长孙氏 30	洛　阳	长孙氏 8 ———	洛　阳	长孙氏 6	44
代　郡	于氏 39 ———	洛　阳	于氏 14 ———	洛　阳	于氏 1	54
代　郡	源氏 10	洛　阳	源氏 24 ———	洛　阳	源氏 2	36
渤海蓨县	封氏 25 ———	渤海蓨县	封氏 6 ———	渤海蓨县	封氏 4	35
高阳新城	许氏 13 ———	高阳新城	许氏 8 ———	高阳新城	许氏 3	24

士族，在曹魏西晋时期（三世纪）已渐次凝成，与表 3-1 对照看，曹魏西晋正是士族社会架构的上坡面，自此以迄唐末，士族居统治阶层之绝对多数，历久而不衰。东汉末期（二世纪）的党锢之祸，加速强化士族的同类感，这种内在精神之养成与维持，陈寅恪与钱穆两位先生皆有深论，乃是使士族能够超越朝代更迭、政潮起伏的凝固力。这并不意味着追随这股精神的家族必然延绵不绝，一个家族欲长期高官厚禄，仍需具备许许多多主观客观因素，这需从个案研究中发现[1]。然而就其大趋势而言，大部分的大士族在这漫长的七百年之中，皆能维持其政治社会地位，已非偶然因素可以解释。

东汉较大的士族有南阳新野邓氏、扶风茂陵窦氏、扶风茂陵马氏、扶风平陵耿氏、安定乌氏梁氏。邓禹、马援、耿弇为开国元勋，窦融、梁统率河西之地归汉，时皆在东汉开创之际。他们在西汉时已非泛泛之辈，梁氏在西汉以赀千万徙茂陵[2]，耿氏在武帝时以吏二千石自巨鹿徙焉[3]，窦融七世祖广国乃汉孝文皇后之弟，封章武侯，融高祖父宣帝时以吏二千石自常山徙焉[4]。邓氏、马氏、窦氏、耿氏、梁氏在东汉复具外戚身份，与宗室关系甚为密切。除耿弇之父耿况曾"学《老子》于安丘先生"[5]，似有学，以及邓禹是太学生外，其余未闻在经学上有特殊声

---

[1] 竹田龙儿：《門閥としての弘農楊氏についての一考察》，《史学》31（1-4），1958。守屋美都雄：《六朝門閥の一研究——太原王氏系譜考》，《法制史研究》4，1951。矢野主税：《韋氏研究》，长崎大学学艺学部研究报告临时增刊号，1962。矢野主税：《鄭氏研究》，《社会科学论丛》8，1958。矢野主税：《裴氏研究》，《社会科学论丛》14，1965。本书第十篇《中古大士族之个案研究——琅琊王氏》。Ch'en Ch'i-yün, "The Rise and Decline of the Hsün Family (ca.100-300 A.D.): A Case Study of One of the Aristocratic Families in the Six Dynasties," *International Conference on Asian History,* University of Hong Kong, 1964.

[2]《后汉书》卷三四《梁统列传》。

[3]《后汉书》卷一九《耿弇列传》。

[4]《后汉书》卷二三《窦融列传》。

[5]《后汉书》卷一九《耿弇列传》。

名。故他们皆属官僚类型，可评为政治性家族，政治性家族随政局的变动而盛衰，脱离不了朝代更迭与政潮起伏之影响，故在魏晋以后已非大族矣！以经业闻名的袁、杨二族，袁氏自袁良、袁安习孟氏《易》[1]，至东汉后期有四世三公，汉魏之际与曹操争天下失败，自此衰落。另一支陈郡阳夏袁氏，盛兴于中古[2]。弘农华阴杨氏习欧阳《尚书》，杨震有"关西孔子"之称[3]，至唐不衰。京兆杜陵韦氏[4]、河南开封郑氏[5]、博陵安平崔氏[6]，亦属东汉大族，由北朝而隋唐，成中古名族。泰山平阳羊氏[7]、颍川颍阴荀氏[8]、沛国龙亢桓氏[9]，在东汉亦以经术传家，享盛名于魏晋，衰于南朝。

　　西晋司马氏政权对士族政治之完成，起到了关键作用。这又可以推溯到曹魏时期颍泗士族集团与谯沛地方豪族集团之斗争[10]，魏齐王芳嘉平元年（249）司马懿胜曹爽，稳替曹氏政权，是因为司马氏本身是士族之一，同时又得到士族支持之故，本书第五篇《三国政权的社会基础》将有讨论。

　　永嘉之乱，西晋中央政府破碎，司马睿在南方建立政权，是为东晋。东晋元帝原无实力，由大士族拥戴下而俨有半壁江山[11]，士族得到充分发

---

[1]《后汉书》卷四五《袁安列传》。

[2] 赵铁寒：《记袁安碑》，《大陆杂志》12（5-6），1956。谓汝南汝阳袁氏与陈郡阳夏袁氏并非一支。

[3]《后汉书》卷五四《杨震列传》。

[4]《汉书》卷七三《韦贤传》；《新唐书》卷七四上《宰相世系表四上》韦氏条。

[5]《汉书》卷五〇《郑当时传》；《新唐书》卷七五上《宰相世系表五上》郑氏条。

[6]《后汉书》卷五二《崔骃列传》；《新唐书》卷七二下《宰相世系表二下》崔氏条。

[7]《后汉书》卷三一《羊续列传》。

[8]《后汉书》卷六二《荀淑列传》。

[9]《后汉书》卷三七《桓荣列传》；《新唐书》卷七五上《宰相世系表五上》桓氏条。

[10] 参见万绳楠：《曹魏政治派别的分野及其升降》，《历史教学》1，1964。

[11] 参见拙文《五朝军权转移及其对政局之影响》。

展[1]，当时，其政权支柱为侨姓与吴姓。侨姓依地理之远近又有区别，大凡距离南方较近者，较易举宗南迁，此类如琅琊临沂王氏、兰陵萧氏、陈郡袁氏、陈郡阳夏谢氏、沛国龙亢桓氏、颍川颍阴荀氏、泰山平阳羊氏、汝南安城周氏、河南阳翟褚氏、陈留尉氏阮氏、济阳考城江氏、陈郡长平殷氏；这些士族的主要房支与南方政权密切结合，是东晋南朝政府中之重要人物。另一类距离南方较远，或房支甚多的大族，有一部分南奔，有一部分留在北方原籍，就该家族而言，形成南北二支平衡发展的现象，如京兆杜陵韦氏、太原晋阳王氏、河东闻喜裴氏、河东解县柳氏等。自晋室南渡，建康成为首府，三吴犹如三辅，吴郡吴县张氏、顾氏、陆氏，原本东南地望，甚少机会参与西晋中央政府[2]，如今在侨吴结合的政策之下[3]，成为中央级士族，其他环绕此枢纽地区的大族如吴兴武康沈氏、会稽山阴孔氏、庐江灊县何氏等，亦皆借地缘之影响力，盛行于东晋南朝朝中。东晋优渥士族，士族军权甚盛，皇室居于平衡地位[4]，士族间多次势力之平衡及平衡之破坏，使若干士族败亡与没落，桓氏、殷氏、褚氏、周氏，以及未见于表 3-1 的次级大族如太原祁县温氏、颍川鄢陵庾氏、高平金乡郗氏、义兴阳羡周氏等皆因与军权过于密切而卒致衰落。自此以后，南朝士族不喜军旅。宋、齐、梁、陈之军权大都掌握在皇帝与宗室手中[5]，大士族子弟以任文职官吏为主，集中在王、谢、袁、沈、张、顾、陆、孔氏之中。而其中尤以琅琊王氏一枝独秀，本书第十篇《中古大士族之个案研究——琅琊王氏》有专文讨论。

[1] 参见拙文《从中正评品与官职之关系论魏晋南朝之社会架构》，《"中央研究院"历史语言研究所集刊》46（4），1975。

[2] 参见何启民：《永嘉前后吴姓与侨姓关系之转变》，《政治大学学报》26，1972。

[3] 参考《晋书》卷六五《王导传》。

[4] 参见拙文《五朝军权转移及其对政局之影响》。

[5] 参见拙文《五朝军权转移及其对政局之影响》。

距离南方愈远，举宗南下愈为困难，此理甚明，故诸如赵郡武城崔氏、博陵安平崔氏、赵郡平棘李氏、陇西狄道李氏、范阳涿县卢氏、渤海蓨县高氏、河东汾阴薛氏、京兆杜陵杜氏等，皆在原籍谋求发展；太原晋阳王氏、京兆杜陵韦氏、河东闻喜裴氏、河东解县柳氏等，虽有一支南下，但大部分仍居原籍。而弘农华阴杨氏、河南开封郑氏，则是世代长居中原的重要家族。

在北魏安定中国北部之前，中原政局极为紊乱。失去保护的士族们只有聚坞集堡，以求自卫。拓跋氏统一北方，渐采与汉人合作之政策，然胡汉相处，涉及文化之差距，其困难远甚于侨姓吴姓之地域差异。北方士族之生存与成长，包含着许许多多血泪[1]。所以北方士族有其坚毅的生存力，表现在盘根错节的社会基础之上，这项因素是其与拓跋氏共同维系中原政治社会安定的最大资本。北朝较大的士族有：京兆杜陵韦氏、河南开封郑氏、弘农华阴杨氏、博陵安平崔氏、赵郡武城崔氏、赵郡平棘李氏、陇西狄道李氏、太原晋阳王氏、范阳涿县卢氏、渤海蓨县高氏、河东闻喜裴氏、彭城刘氏、河东解县柳氏、京兆杜陵杜氏、河东汾阴薛氏、河内温县司马氏、渤海蓨县封氏、高阳新城许氏、清河绎幕房氏、上谷沮阳张氏、陇西狄道辛氏、安定邓氏。胡姓亦甚多，其最盛者除元氏外，有：穆氏、陆氏、长孙氏、于氏、窦氏、源氏、尔朱氏、罗氏等。一般而论，北朝大族之数量较多，分布地域亦较广，西自陇西，东至渤海，北起代郡，南临彭城，皆平衡分布，此与拓跋氏吸收各地地方势力之政策有关。

北朝系统最后统一中国，建立隋唐帝国，奠定北方士族在统治阶层

---

[1] 如崔浩之死。崔浩死因之论说甚多，如陈寅恪：《崔浩与寇谦之》，《岭南学报》11（1），1950；王伊同：《崔浩国书狱释疑》，《清华学报》1（2），1957；孙同勋：《北魏初期政治的冲突与崔浩之狱》，《幼狮学志》3（1），1964；逯耀东：《从北魏前期的文化与政治形态论崔浩之死》，《新亚学报》7（2），1966，等等。

中占有较优势的地位。兴盛于南朝的陈郡阳夏谢氏、吴郡吴县张氏在隋唐两朝鲜有人物，更遑论沛国龙亢桓氏、颍川颍阴荀氏、泰山平阳羊氏、吴郡吴县顾氏、汝南安城周氏、会稽山阴孔氏、庐江灊县何氏、河南阳翟褚氏、陈留尉氏阮氏、济阳考城江氏、陈郡长平殷氏。然吴兴武康沈氏、吴郡吴县陆氏、陈郡阳夏袁氏虽趋衰微，仍有十余人任官五品以上，保持递减衰退速度。盛极一时的琅琊临沂王氏，在隋至安史乱前这两个世纪之中，略可与其他北朝大士族媲美，族望尚高，然至安史乱后以迄唐末，则急速下降而趋没落。南齐与梁代的宗室兰陵萧氏稍为幸运，在隋唐颇有人物，本书第十一篇《隋唐政权中的兰陵萧氏》有详细的分析。

有一个很明显的现象，即北朝胡姓大族至隋唐时急速衰微，如穆氏、陆氏、尔朱氏、罗氏等，甚少官宦；长孙氏、于氏亦急速衰落，然尚保有十余人居官五品以上；窦氏在隋唐全期颇为幸运；源氏在唐代前半期亦甚幸运，似乎颇为特殊；北朝的宗室元氏及宇文氏与源氏的情况很类似，在安史乱后一蹶不振。北朝关东、关中地区的士族在隋唐的盛况，远非南朝士族与北朝胡姓可比。京兆杜陵韦氏、河南开封郑氏、弘农华阴杨氏、博陵安平崔氏、赵郡武城崔氏、赵郡平棘李氏、陇西狄道李氏、太原晋阳王氏、范阳涿县卢氏、渤海蓚县高氏、河东闻喜裴氏、彭城刘氏、河东解县柳氏、京兆杜陵杜氏、河东汾阴薛氏等，此十五家是隋唐全期三百余年的宠儿，子孙有极高的任官率。

四

以上是以每个大士族为单位而观其盛衰。由于许多大士族源于两汉或魏晋，若干代以后，昭穆疏远，分支分房的现象常常发生，例如以王祥、王览为共同祖先的琅琊临沂王氏，至南朝初有所谓乌衣巷王氏及马粪巷王氏之分。及至唐代，各大士族分房分支现象更为普遍。然而，士族内部官宦形态是否像周朝"宗法式"现象？抑或是没有主系旁支之分，各房支在族内所享的机会平等？或者另有方式？这个问题的答案无法从有形的律令中获得。各房支的变动原因极多，各族的情况又不尽相同，故这是一个具有高度弹性的问题，需要完整的资料才能圆满地解释，本文仅能依现今所能看到的资料为基础，先观察各族内部官宦变化的通性，然后以典型的例子深入分析与讨论。

　　大士族随时会发生分房分支现象，有的房支因年久失宦，其地位亦随之下降，故多代失宦或多世低品的支系，其政治社会地位与主房的地位无法相比，《新唐书》卷九五《高俭传》中亦谓："每姓第其房望，虽一姓中，高下县隔。"本书第七篇《中古山东大族著房之研究》，就当时盛族五姓七望十家四十四子做详细讨论。至唐代时大士族房望高者往往不止一个，有的有十几个著房，从各族的例子观察，著房不一定是各族的长房，这一点与周朝"宗法式"有别，宗法制度下大宗（主支）占优势，所谓百世不迁，小宗（旁系）则逐代下降。从南北朝以迄唐代而观之，房支的兴衰与该支子孙官宦显赫与否有密切关系，而所谓官宦显赫实由许多偶然因素造成，没有一定的规则。因唐代大士族的著支不只有一个，故唐代大士族并非单一主系的官宦形态，各大族有许多主系并列，这些主系在社会政治上被共认门第地位，当然这些主系又复有盛衰之变化。从《新唐书·宰相世系表》看，这些主系的盛衰跳动不定。第一代若是甲主系兴盛，至第二代可能是另一主系兴盛，有时亦有轮换的现象。兹举《新唐书》卷七十一上《宰相世系表一上》裴氏为例，其著房有五，即西眷裴、洗马裴、南来吴裴、中眷裴、东眷裴。实际上其后南来吴裴又分为叔业支及令宝支；中眷裴又分为万虎、双虎、三虎、苞支；东眷又分出道护支。故唐代裴氏著房共有十个主支。若以上品（一、二、三品）为其兴盛的标记，则各主支盛衰变动如表3-2（未计者表示三品以下或未仕者）。

表3-2　唐代裴氏各主支盛衰表

裴氏各支	入唐一世	二世	三世	四世	五世	六世	七世	八世
西眷	2	1	1	0	2	0	0	0
洗马	1	2	3	0	0	1	4	2
南来吴叔业支	0	0	1	2	1	0	0	0
南来吴令宝支	2	1	3	3	0	0	2	0
中眷万虎支	0	0	0	0	0	1	0	0
中眷双虎支	2	2	2	0	1	2	0	0
中眷三虎支	0	0	0	1	2	1	1	0
中眷苞支	1	0	2	2	1	1	1	0
东眷	1	1	6	3	4	2	0	0
东眷道护支	1	2	2	1	1	3	1	0
合计	10	9	20	12	12	11	9	2

除第三世有二十人，第八世仅有两人以外，其他各世任官三品以上者在十人上下。这并非由一支构成，而是由十支合成，其形态是跳动的。

为了进一步说明这种现象的典型状况，且举唐代范阳涿县卢氏阳乌房为例（唐代著姓房支之一），并作世系表如下（《新唐书》卷七三上《宰相世系表三上》范阳卢氏阳乌房条）：

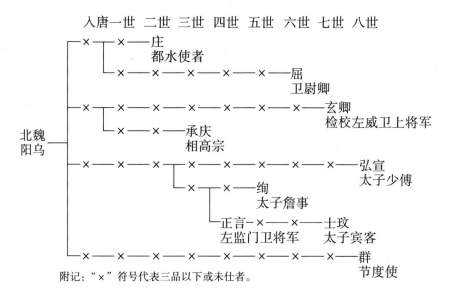

附记："×"符号代表三品以下或未仕者。

若将该房视为一个整体，则其各世居官三品以上者统计为：

表3-3　范阳卢氏阳乌房唐代居官三品以上者统计表

范阳卢氏阳乌房	入唐一世	二世	三世	四世	五世	六世	七世	八世
三品以上人数	0	1	1	1	1	1	2	2

由上表可知居官三品以上者每世平均一人以上。以阳乌房的例子而言，虽然每代皆有一人官拜上品，但没有两人是父子关系，只是从父或再从父的关系。入唐第二世卢庄，第三世的卢承庆是其二从侄。第四世的卢正言是卢承庆的四从侄。第五世的卢绚是卢正言的二从侄。第六世的卢屈是卢绚的六从侄。第七世的卢玄卿是卢屈的六从侄；另一位卢士玫是卢屈的七从侄。第八世的卢弘宣是卢士玫的五从侄，另一位卢群则是卢士玫的六从侄。唐代并非没有父子相袭为上品官者，但为例不多，至于能沿袭三四世为三品者，更属罕见。

若以两晋南北朝时朝与唐代做一比较，前者似乎有主干房支的形态，例如两晋南朝琅琊临沂王氏各房支之中最显赫的一支，其世系 [1] 为：

导————洽————珣————昙首——僧绰————俭——暕——训
丞相　中书令　卫将军　侍中　侍中　侍中 尚书左仆射 侍中
一品　三品　二品　三品　三品　三品　三品　三品

这种现象在唐代各著姓中从未出现过，而两晋南北朝累世数代居官上品者比比皆是。

在亲疏关系上，再从当然不如父子叔侄，但地域也有影响，河北重视同宗，"三二十世，犹呼为从伯从叔" [2]。亲疏关系在两晋南北朝时对

[1] 参见本书第十篇《中古大士族之个案研究——琅琊王氏》。
[2]《颜氏家训》卷二《风操篇》。

任官影响较大，因为九品官人法士族化以后，主支子孙的起家官及升迁机会可能较优，于是有类似循环现象。隋代废九品官人法，士族由中品官起家的特权不复出现。唐代除举行科举以外，仕出多途，大士族子弟任官由低品入仕，至于能否升至上品，要靠其他因素配合。族望在唐代对于仕进由绝对因素变成相对因素。士族在政治社会中有两大支柱——官宦与婚姻，官宦特权虽然被冲淡，但其对婚嫁关系仍然努力维护。唐代族谱已非吏部按谱任官之簿牒，其作用显然是维护阶级婚姻[1]，同族同宗感仍然强烈，尤其是著姓盛支，因为他们不但企图在社会上保有其高等地位，又可以社会领袖的地位与皇室分庭抗礼，如《新唐书》卷一七二《杜兼传·附杜中立传》云：

> 开成初，文宗欲以真源、临真二公主降士族，谓宰相曰："民间修昏姻，不计官品而上阀阅。我家二百年天子，顾不及崔、卢耶？"诏宗正卿取世家子以闻。

时已唐代末叶矣！

维持社会地位及维系疏远昭穆的法宝，是各士族的谱牒，唐末乱起，许多士族损毁家谱与丧失生命[2]同具社会意义。

---

[1] 参见本书第十二篇《敦煌唐代氏族谱残卷之商榷》。

[2] 参见孙国栋：《唐宋之际社会门第之消融》，《新亚学报》4（1），1959。

第四篇

中古士族性质之演变

一

　　秦汉统一宇内，置全国于一个政权之下，筑驰道，开关梁，最受惠者是商贾，他们在广大地域上周流，交通有无，往返取利，设若从事铁的开采（铁是汉代农工制造工具的主要原料），或盐的制销（盐是民生必需品之一），所谓"冶铸鬻盐"，资产可累积千万[1]，《史记·货殖列传》里记载有三十几种商业，每种收益皆可比美食邑千户的封君[2]。这种现象引起统治者不满，"（汉）高祖乃令贾人不得衣丝乘车，重税租以困辱之"[3]，这都是消极的做法，并不能止住商贾的发展；武帝征伐匈奴，国

---

[1]《汉书》卷二四下《食货志四下》："而富商贾……冶铸鬻盐，财或累万金。"

[2]《史记》卷一二九《货殖列传》序："酤一岁千酿，醯酱千瓨，浆千甔，屠牛羊彘千皮，贩谷粜千钟，薪稿千车，船长千丈，木千章，竹竿万个，其轺车百乘，牛车千两，木器髹者千枚，铜器千钧，素木铁器若卮茜千石，马蹄躈千，牛千足，羊彘千双，僮手指千，筋角丹沙千斤，其帛絮细布千钧，文采千匹，榻布皮革千石，漆千斗，糱曲盐豉千答，鲐鮆千斤，鲰千石，鲍千钧，枣栗千石者三之，狐貂裘千皮，羔羊裘千石，旃席千具，佗果菜千钟，子贷金钱千贯。"按此处"千"字是不定数，形容极多。

[3]《汉书》卷二四下《食货志四下》及同书卷一下《高帝纪下》，八年三月令。

家所费甚巨，在大司农桑弘羊"民（指农民）不益赋，而天下用饶"的政策之下，政府进一步向商贾聚敛，实施新税[1]，征收算缗钱[2]，又有告缗令，没收商贾财产，商人中产以上破产者甚多[3]。汉政府打击商贾的最严厉办法，是盐铁专卖及均输平准等法。前者遏止商贾从生产工具及民生必需品中牟利；后者以国家的财力做生意，与商人竞争，取代商人"通有无"的功能，平抑物价[4]。总之，以农业为主的时代，农为本，商为末，政权最后选择重农轻商，乃极自然之举。故在西汉前期的重农主义[5]及汉武帝国有政策之下，虽有万里江山可供其周流，复有高、惠、吕、文、景长期太平盛世以供养其孳息，但在政治力不断的压抑之下，商人徘徊在被控制与被利用的曲折道路上[6]，所以自昭、宣以降，论者涉及经济社会问题时，对于土地问题的疾呼，愈来愈盛。土地问题成为社会问题的关键，它不但意味着商贾、官僚日渐加入土地兼并的阵营，并且使以地主（地主亦兼营定量商业，如《四民月令》中所载）为主的豪族，在中国社会架构上发展出特定的地位。

　　土地兼并，起因于民可自由买卖土地[7]，一般认为始于秦商鞅废井田[8]，汉前期经济政策是抑商路线，已如上述，其赋税政策利于拥有土地

---

[1]《汉书》卷二四下《食货志四下》："商贾人轺车二算，船五丈以上一算。"

[2]《汉书》卷二四下《食货志四下》："诸贾人末作贳贷卖买，居邑贮积诸物，及商以取利者，虽无市籍，各以其物自占，率缗钱二千而算一。诸作有租及铸，率缗钱四千算一。"

[3]《汉书》卷二四下《食货志四下》："杨可告缗遍天下，中家以上大氐皆遇告。……于是商贾中家以上大氐破。"

[4]《汉书》卷二四下《食货志四下》。

[5] 参见韩复智：《两汉的经济思想》，学术著作奖助委员会，1969。

[6] 参见杨联陞：《传统中国政府对城市商人之统制》，《清华学报》8（1–2），1970。

[7] 土地可自由买卖，问题颇不简单。按陈槃师《漫谈地券》，《大陆杂志》2（6），1951，战国时中原国家似已有地券。

[8]《汉书》卷二四上《食货志四上》："秦……用商鞅之法，改帝王之制，除井田，民得卖买，富者田连仟伯，贫者亡立锥之地。"据秦统一中国，毁各国史籍，六国经济发展，未必迟于秦，可参见前注7。

者，按汉初土地税三十而一（3.3%），比商税少半，其原意是减轻农民负担，但直接受惠者是大地主，因为地租通常什税五（50%）[1]。官税与地租之间的差额，便是地主的净利。以人畜力为主的初级农业生产方式，其净利有一定的限制，不如商贾累积之速，豪族想获得高净利，必须大量兼并土地，并大量役使佃农或奴婢。两者是中古农业经济获利的基础，也是豪族争夺的焦点，如《汉书》卷九○《酷吏传·宁成传》：

> 乃贳贷陂田千余顷，假贫民，役使数千家。……致产数千万。

《汉书》卷五九《张汤传·附张安世传》：

> 家童七百人，皆有手技作事，内治产业，累积纤微，是以能殖其货。

又如西汉末期南阳樊氏，《后汉书》卷三二《樊宏列传》：

> 其营理产业，物无所弃，课役童隶，各得其宜，故能上下勠力，财利岁倍，至乃开广田土三百余顷。其所起庐舍，皆有重堂高阁，陂渠灌注，又池鱼牧畜，有求必给。尝欲作器物，先种梓漆，时人嗤之，然积以岁月，皆得其用，向之笑者咸求假焉。

在中古自然经济优势状态下，豪族在经济上以自给自足为目标，这就需要将土地与人力做有组织的安排，一方面使田地、佃农、奴婢得到充分的利用，另一方面可因此获得各类物品，从田地上的种植，到食物加工、民生手工艺品、衣着、生产工具、药品、武器、屋舍等，有时也做些有限度的物品交易，务使家族本身成为一个完整的生产和消费体系，

---

[1]《汉书》卷二四上《食货志四上》："汉氏减轻田租，三十而税一，常有更赋，罢癃咸出，而豪民侵陵，分田劫假，厥名三十，实什税五也。"

所谓“闭门成市”的境界。上述南阳樊氏，“营理产业，物无所弃，课役童隶，各得其宜”，是指田地与奴婢的利用；而“起庐舍，皆有重堂高阁，陂渠灌注，又池鱼牧畜”，则是为了“有求必给”的目标，樊氏的记载，虽能见其规模，然语焉未详。东汉中期崔寔著《四民月令》，则有较详细记载，可视为研究豪族内在经济体系与性质的重要资料[1]，该文陈述崔氏家族全年按月经营生产项目，其农业生产品类极多，有瓜、瓠、葵、䪥、韭、芥、大小葱、蒜、苜蓿、杂蒜、蓼、春麦、蚕豆、冬蓝、大豆、胡豆、胡麻、稙禾、苴麻、姜、黍穄、粳稻、禾、黍、小豆、芜菁、芥、葶苈、冬葵、莨菪子、小蒜、乾葵、椹麦、牧宿子、胡葱、豆藿，树木有竹、漆、桐、梓、松、柏，果树有杏、桃、枣；农产品加工有酿春酒、麯酱、肉酱、清酱、鲖鱼酱、藏瓜、碎豆作末都等。又有缮治檠锄、合耦田器；及张弛角弓弩、竹木弓弩、正缚铠弦、缮五兵等；又合诸膏、小草续命丸、法药。生产者当然是崔家的佃农、奴仆，豪族对人力物力的运用，有其经营程序及组织系统，如正月，农事未起，命女红趣织布。二月，蚕事未起，命缝人浣冬衣，彻复为袷，其有羸帛，遂为秋制。六月，命女红织缣缚，可烧灰染青绀杂色。七月，浣故制新，作袷薄以备始寒。八月，趣练缣帛，染彩色，擘绵治絮，制新浣故。十月，析麻，趣绩布缕，作白履、不借。崔氏起于西汉昭帝时，屡有官宦，至东汉中期崔寔时，已有二百多年历史，经过长期的发展，其经济自给自足的体系已较完整，其他豪族容或在规模上有大小之别，其类型甚为相似。

豪族在初期发展及其后的扩张中，兼并土地的方式极多，且大部分是长期的、渐进的进行，正史对于这方面的变动殊少专卷记载，及至侵犯统治者的利益或大量危害平民生计时，才有人呼吁，所以这方面的具体资料甚难找寻，我们暂以爬梳所得，归纳出下列几种扩张土地的方式。

---

[1] 参考邱汉生:《从“四民月令”看东汉大地主的田庄》,《历史教学》11，1959。

其一，战国末期开放土地自由买卖，当是土地私有制的关键，尽管在中古时有许多人提出防止兼并的观点，然土地自由买卖，兼并现象亦必相应而生。拥有少量土地的自耕农，在正常的年头，其辛勤收获扣除生活及赋税以外净剩余极低，若遇天灾人祸，不得不向豪族举债，甚或卖出自己田地，正如晁错所说："水旱之灾，急政暴赋，赋敛不时。……于是有卖田宅鬻子孙以偿责者矣。"[1]

其二，是"豪民侵陵，分田劫假"[2]。分田劫假的意义是政府计口假与贫民的口分田，实际上都被豪强劫夺去了[3]，《汉书》卷七二《贡禹传》：

> 贫民虽赐之田，犹贱卖以贾。

实际上汉政府对商贾购买土地有形式上的限制，农民失去的土地大部分皆落入地方豪族之手。

其三，是迁徙或开辟新的肥沃之区，获得比以前更大更好的土地。《华阳国志》卷三《蜀志》总叙：

> 然秦惠文、始皇克定六国，辄徙其豪侠于蜀，资我丰土，家有盐铜之利，户专山川之材，居给人足，以富相尚。故工商致结驷连骑，豪族服王侯美衣……若卓王孙家僮千数，程郑各八百人；而郪公从禽，巷无行人。箫鼓歌吹，击钟肆悬，富侔公室，豪过田文，汉家食货，以为称首。盖亦地沃土丰，奢侈不期而至也。

一般而论，豪族迁徙或开辟新的区域，以边地为多，但当中原一带田地，因特殊原因而有某种程度的荒芜时，通常政府皆将其列为公田，

---

[1]《汉书》卷二四上《食货志四上》，文帝时晁错之言。

[2]《汉书》卷二四上《食货志四上》，王莽时令。

[3] 贺昌群：《汉唐间封建土地所有制形式研究》，页30。

当此时也，亦是豪族发展良机。《后汉书》载仲长统有见于豪族自取荒地可耕者，曾有下列呼吁，《后汉书》卷四九《仲长统传》中《损益篇》：

> 今者土广民稀，中地未垦；虽然，犹当限以大家，勿令过制。其地有草者，尽日官田，力堪农事，乃听受之。若听其自取，后必为奸也。

在豪族的形成过程之中，由于中古去上古未远，宗法制度的影响还很深。豪族建立一个以血缘为基础的单位，是很自然的发展。据芮逸夫先生[1]及许倬云师[2]对汉代家庭的研究，主干家庭（Stem family）盛行于汉世，以"同居共财"的标准论，主干家庭只容约一个已婚儿子与父母同居，其余已婚及成年的儿子分出居住。对一般平民而言[3]，此论甚是，然资料所示，汉朝豪族颇有直系家庭（Lineal family）的实例，直系家庭包括同父的已婚诸子。汉代是否以尊长在世为已婚诸子同居共财的要件，则无明确的证据。总之，像魏晋以后那样的大家族，似乎在汉代正在发展中。直系家庭是豪族伦理体系的基本单位[4]，以此为核心，宗族亲戚有层次的联系。如崔寔《四民月令》中记载（石汉声校注本）：

> 正月之旦，是谓正日，躬率妻孥，洁礼祖祢。……及祀日，进酒降神，毕，乃家室尊卑，无小无大，以次列坐于先祖之前，子妇曾孙，各上椒酒于其家长，称觞举寿，欣欣如也（二月、六月、十一月亦有祀祖）。

---

[1] 参见芮逸夫：《递变的中国家族结构》，《台湾大学考古人类学刊》17—18 合刊，1961。

[2] 参见许倬云：《汉代家庭的大小》，《清华学报（庆祝李济先生七十岁论文集）》下册，1967。

[3] 许倬云：《汉代家庭的大小》，《清华学报（庆祝李济先生七十岁论文集）》下册，页 799，所举四个例子，可作为大族代表。

[4] 许倬云：《汉代家庭的大小》，《清华学报（庆祝李济先生七十岁论文集）》下册。

以核心家庭的祭祖及和睦作为起点，推衍到"九族"的联系，《四民月令》记载：

> 三月……冬谷或尽，楮麦未熟；乃顺阳布德，振赡匮乏，务施九族，自亲者始。

> 九月……存问九族：孤、寡、老、病不能自存者。分厚彻重，以救其寒。

又推及同宗，同书记载：

> 十月……五谷既登，家储蓄积；乃顺时令，敕丧纪。同宗有贫窭久丧不堪葬者，则纠合宗人，共兴举之。以亲疏贫富为差，正心平敛，毋或逾越；务先自竭，以率不随。

再推及宗族、婚姻、宾旅、君师等，同书记载：

> 十二月……请召宗、亲、婚姻、宾旅，讲好和礼，以笃恩纪。

> 十一月，冬至之日……进酒尊长，及修刺谒贺君、师、耆老，如正月。

这种由直系家庭推及九族、同宗、宗族、婚姻、宾旅、君师、耆老的方式，正是承继周朝宗法制度，以及儒家亲疏有等思想的具体实践。

豪族如果仅以血缘为其范围，在人数及财富上都有很大的限制。豪族在扩张其社会影响力的过程中，有两件事应予重视，其一是婚姻，其二是部曲奴婢。婚姻是一种平行的社会联系，豪族因婚嫁关系使两者关系拉得亲近，社会上同等财富的豪族相互通婚的现象，非常自然和普遍。这种横面牵连常常构成很大的势力网。当然，以婚姻为联系力量并不能保证两族间必然会采取同一态度，在以男性为中心的社会里，婚姻关系通常较同宗同族松懈。但是当他们之间有共同利害时，由于婚姻关系的存在，豪族间可以迅速地结合起来，而构成一个共同的对外势力。刘秀起兵，母党樊氏、妻党阴氏、姊夫邓氏等，皆举族响应[1]，《汉书》卷九九下《王莽传》载地皇四年（23）王莽诏有云："刘伯升（刘縯，刘秀之兄）与其族人婚姻党与，妄流言惑众，悖畔天命。"

部曲奴婢是一种上下关系的社会联系。奴婢姑且不论，因自古被视为私产，是主人直接控制的人。部曲者，杨中一认为在汉末三国时期，已从士卒队伍转化为私兵的身份[2]，金发根先生认为在东汉初年就有转变为私兵的迹象，并举铜马等各领部曲，及李宝被杀后其弟收李宝之部曲报仇为例[3]，金说甚是。宾客、门生亦流行于两汉，其地位亦渐渐下降[4]。部曲、宾客、门生等身份之低落趋向，与豪族势力上升趋向恰好呈反向演进，渐渐地演变成在政府与人民之间多出一个社会阶层——豪族。我们知道农业社会里，大部分都是安分守己的农民，其中常常分化出一小部分人，或因家中人多地少，或因生性不喜务农，或因其他缘由，这一小部分人与城市里分化出的游手好闲之徒常常殊途同归，成为社会中的寄生者，此辈很容易被豪富吸收，成为部曲、宾客等，原本仅为个别的游离体，如今结合在一个个豪族的家门中，成为豪族的爪牙。此外，替豪族耕地的佃农，在法律上是自由民，理论上与豪族的关系是纳田租，然而中古力役地租的形态并未完全脱去[5]，佃农除缴纳田租以外，每常为豪族做些力役杂事，这些人实际上在人身与经济上受豪族的双重约束，当政治社会有变乱时，他们也很自然地成为豪强势力的一分子。

---

[1] 参见《后汉书》卷三二《阴识列传》、卷一五《邓晨列传》、卷三二《樊宏列传》等。

[2] 参见杨中一：《部曲沿革略考》，《食货》1（3），1935。

[3] 参见金发根：《永嘉乱后北方的家族》，页25。

[4] 参见金发根：《永嘉乱后北方的家族》，第二章第二节《东汉门生故吏部曲宾客地位的改变》，页16—26。

[5] 参见《四民月令》。

豪族所拥有的势力，与皇帝所掌握的政治力，常常徘徊在冲突与妥协之间。例如，《汉书》卷九〇《酷吏传》记载：

济南瞷氏宗人三百余家，豪猾，二千石莫能制，于是景帝拜（郅）都为济南守。至则诛瞷氏首恶，余皆股栗。

（周阳）由居二千石中最为暴酷骄恣。……所居郡，必夷其豪。

（义纵）迁为长陵及长安令，直法行治，不避贵戚。……迁为河内都尉。至则族灭其豪穰氏之属。

又如《后汉纪》卷四《光武皇帝纪》建武四年（28）记载：

鬲县五姓反，逐其守长，诸将曰："朝击鬲，暮可拔也。"（吴）汉怒曰："敢至鬲下者斩，使鬲反者守长罪。"移檄告郡牧，〔收〕守长欲斩之。诸将皆窃言："不击五姓，反欲斩守长乎？"汉乃使人谓五姓曰："守长无状，复取五姓财物，与寇掠无异，今已收系斩之矣。"五姓大喜相率而降。[1]

综合以上所述，初期地方豪族有以下三个特点。其一，经济性：其社会地位的建立，起初在于获得比一般人多的财富，而从土地上获利是最普遍的现象。除此以外，还有若干人从工商业中获得财富，在人数上没有大地主多，但有时也显得很活跃。地方豪族是当时社会上财富竞争的胜利者，他们所重视的是如何保持现有的财富，并企望进一步增加其财富，政治、文化等活动是达成这项目标的手段，经济是最原始的目的，如东汉光武帝刘秀起兵时，姻亲樊宏从征，樊氏其他亲友认为家财已足，不必如此冒险，是很明显的心理写照。其二，区域社会性：以土地为根本的豪族，势必将局限于一定的区域之中，因各地物产环境不

---

[1] 按《后汉书》卷一八《吴汉列传》注曰："五姓，盖当土强宗豪右也。"

同，而又具有不同的地方性色彩。豪族以宗亲血缘为联系力，表明其社会性的特质。其三，武质团体：在平时是自卫团体，在乱时是战斗单位。如东汉开国时大族参与光武集团[1]；曹操南征北伐，亦以地方豪族为从征骨干[2]。

二

两汉士族凝成，乃由于社会势力之存在，掌握政治权力的皇帝为增强其社会基础计，自西汉昭、宣以降，采取吸收社会势力参与政权的办法[3]而启其端。以农业生产为主的社会中，拥有土地者常常又是拥有社会势力者，故地方豪族成为被吸收的对象。一端是代表政治力的皇帝，一端是代表社会势力的地方豪族；二者间的结合需要通过某些媒介，而这些媒介的存在，又必须在政治社会领域中实现重要的功能，才能长久。官僚与士大夫是居于这两端之间的媒介人物，在两汉三百年来大致安定的政治社会中，他们一直承担着中间角色的功能，长期的发展，使这些中间人构成了一个特殊的团体与社会阶层，地方豪族之士大夫化，以及士大夫之家族化，走向了中古士族之道路。

地方豪族之士大夫化，可由下列例子看出。

《汉书》卷七八《萧望之传》：

> 家世以田为业，至望之，好学，治《齐诗》，事同县后仓且十年。以令诣太常受业……（后为左冯翊、大鸿胪）。

---

[1] 参见余英时：《东汉政权之建立与士族大姓之关系》，《新亚学报》1（2），1956。
[2] 参见本书第五篇《三国政权的社会基础》。
[3] 参见许倬云：《西汉政权与社会势力的交互作用》，《"中央研究院"历史语言研究所集刊》35，1964。

《汉书》卷七一《平当传》：

> 祖父以訾百万，自下邑徙平陵。当少为大行治礼丞，功次补大鸿胪文学，察廉为顺阳长，栒邑令，以明经为博士。

《汉书》卷七七《郑崇传》：

> 本高密大族，世与王家相嫁娶。祖父以訾徙平陵。父宾明法令，为御史。……崇少为郡文学史，至丞相大车属。

《华阳国志》卷四《南中志》牂柯郡条：

> 公孙述据三蜀（牂柯郡），大姓龙、傅、尹、董氏……奉贡汉朝。明章之世，毋敛人尹珍，字道真，以生遐裔，未渐庠序，乃远从汝南许叔重受五经，又师事应世叔学图纬，通三材，还以教授，于是南域始有学焉。珍以经术选用，历尚书丞郎、荆州刺史，而世叔为司隶校尉，师生并显。

《汉书》卷八一《张禹传》：

> 河内轵人也，至禹父徙家莲勺。……卜者……谓禹父："是儿多知，可令学经。"及禹壮，至长安学，从沛郡施雠受《易》，琅琊王阳、胶东庸生问《论语》，既皆明习，有徒众，举为郡文学。……代王商为丞相。……家以田为业。及富贵，多买田至四百顷，皆泾、渭溉灌，极膏腴上贾（师古曰："贾读曰价。"）。

两汉士大夫阶层之养成是经过一段长时期的，而扮演改变其性质的养成所，首推太学与公私立教授。太学创设于汉武帝，原提案人是董仲舒，《汉书》卷五六《董仲舒传》云：

（董仲舒对策曰）养士……莫大乎太学；太学者，贤士之所关也，教化之本原也。……臣愿陛下兴太学，置明师，以养天下之士，数考问以尽其材，则英俊宜可得矣。……立学校之官……皆自仲舒发之。

按初置五经博士，博士弟子在汉武帝元朔五年（前124）仅五十人而已，此后发展神速。《汉书》卷八八《儒林传》载：

昭帝时举贤良文学，增博士弟子员满百人，宣帝末增倍之。元帝好儒，能通一经者皆复。数年，以用度不足，更为设员千人。郡国置五经百石卒史。成帝末，或言孔子布衣养徒三千人，今天子太学弟子少，于是增弟子员三千人。岁余，复如故。

又《前汉纪》卷三〇载，汉平帝元始四年（4），王莽"为学者筑舍万区"云。太学生每代以等比级数增加，至少在推进经学方面，有巨大的社会功能。学成士大夫并非最终目标，通经能被任用为官吏，这是很诱惑人的，汉元帝以后"通一经者皆复"，所谓利禄所在，趋之若鹜，《汉书》卷七三《韦贤传》记载，当时邹鲁流行谚语"遗子黄金满籯，不如一经"。郡国有学官，始于文翁（《汉书》卷八九），汉元帝更令郡国置五经百石卒史。私学亦颇有人，如云敞、疏广、朱博、翟方进、珪孟；后汉有王良、刘昆、夏恭、刘茂、索卢放、伏湛、承宫；分见于《汉书》个人本传或《后汉书》《儒林列传》《文苑列传》《独行列传》。接受教育成为时尚，文化的培养又成为各种人物结合融合的大熔炉。博士弟子的社会成分大都已不可考，然而一般平民（大部分是农民）的子弟无钱无闲于获得教育（极少数例外），能够获得受教育机会的必定家颇富于财，前文所举便是明证。地方豪族子弟走进士大夫阶层是一拨拨的改造与推进。地居中原一带的豪族，比较容易获得受公私教育的机会，而边区地带则较困难。所以并非所有的地方豪族都在变，他们因时、因地、因人的差异，而有种种程度之别，机缘最好的地方豪族，如居颍泗、山阳之地者，不但接受了教育，并且跻身为官僚阶层，于是身兼官吏、士大夫、地方豪族的身份。亦有仅游学于京师，一直以官吏候选人的身份存在于京师与地方之间者。然而，大部分的豪族，在两汉三百年来，或多或少都受到儒家的影响，这种影响使得原本武质的地方豪族兼备了文儒的性质。

地方豪族的转变除利禄的诱惑以外，政治的压力也产生了推动作用，尤其是当强而有力的皇帝主政时，这种推动更加明显，从刺史所赋予的权责观察，自汉武帝元封五年（前106）初分十三州刺史，在西汉一朝皆主地方政府监察之任，《汉书》卷一九上《百官公卿表上》注引《汉官典职仪》：

> 以六条问事，非条所问，即不省。一条，强宗豪右田宅逾制，以强凌弱，以众暴寡。二条，二千石不奉诏书遵承典制，倍公向私，旁诏守利，侵渔百姓，聚敛为奸。三条，二千石不恤疑狱，风厉杀人，怒则任刑，喜则淫赏，烦扰刻暴，剥截黎元，为百姓所疾，山崩石裂，祅祥讹言。四条，二千石选署不平，苟阿所爱，蔽贤宠顽。五条，二千石子弟恃怙荣势，请托所监。六条，二千石违公下比，阿附豪强，通行货赂，割损正令也。

其中第一条与第六条是针对地方豪族的，由刺史促令郡太守负责。《汉书·酷吏传》《后汉书·酷吏列传》中的人物，负责推行中央政令，其中记载着许多镇压地方豪族的事迹。而《汉书·循吏传》《后汉书·循吏列传》中的人物，其主要功绩则在于推广教化。两汉政府软硬兼施的两面手法，起到了加速改变地方豪族的作用。这并非意味着所有豪族都因而改变性质，一方面是两汉政府没有如此巨大的行政能力，另一方面是地方豪族遍布全国各个角落。能够获得士族化的地方豪族，由经济性的特质进而兼具学业文化的特质；而那些边陲地区的地方豪族，则仍然保持其土皇帝的嘴脸 [1]，介于此两端者，便有种种不同程度的排列。

三

地方豪族另一项性质上的重大改变，厥为由区域性变为中央性。地方豪族演变成士族，需要具备学业、品德，有的甚至兼具官吏资格；这并非每一地方豪族都能有的机会，所以除部分脱颖而出者外，大部分豪族仍然留在各地方，继续为地方领袖。《华阳国志》是现存记载较详的古地方志，对于巴、汉中、蜀、南中诸郡的地方豪族均有提及，如该书卷一《巴志·巴郡临江县》："枳东四百里，接朐忍。有盐官在监涂二溪，一郡所仰，其豪门亦家有盐井，又严、甘、文、杨、杜为大姓。"又卷三《蜀志·蜀郡成都县》："大姓有柳、杜、张、赵、郭、杨氏；豪富先有程郑、郄公，后有郭子平；奢豪杨伯侯兄弟。"又卷三《蜀志·蜀郡广都县》："郡西三十里，元朔二年置，有盐井渔田之饶，大豪冯氏有鱼池盐井。"一方面，"豪门""大姓""豪富""奢豪""大豪"等名词亦反映出社会性、经济性、武质特点，这些都是县级地方豪强，从魏晋南北朝史书观察，绝大部分都未进入士族，他们是地方领袖。另一方面，至东汉末叶士族之凝成，孕育出了另一种社会领袖。党锢成为重要的转折点，这个事件加速了士大夫间的交流，交接之风，无代无之，其对于政治社会产生之影响大小，则应视参与人物的社会势力强弱而定，而交接频率增加，则又可以加速和扩大其对社会的影响力。东汉末叶交接之风甚炽，正如徐幹《中论》卷下《谴交篇》所说：

---

[1] 参见《三国志》卷五二《吴书·步骘传》。

桓灵之世，其甚者也。自公卿大夫、州牧郡守，王事不恤，宾客为务，冠盖填门，儒服塞道，饥不暇餐，倦不获已，殷殷沄沄，俾夜作昼；下及小司、列城墨绶，莫不相商以得人，自矜以下士；星言夙驾，送往迎来，亭传常满，吏卒传问，炬火夜行，阍寺不闭。

专制政体时代，交接被统治者视为坏事，因为交接在传播工具不发达的社会里，是主要的人际沟通方式，也就是朋党形成的先决条件，其功能甚为巨大。党锢事件以前，京师太学成为士大夫交接中心，实包罗全国各主要州郡之人物，据金发根先生《东汉党锢人物的分析》一文胪列的党锢人物籍贯所示[1]，其地理分布非常广泛，如下。

司隶：河南郡三人，河内郡一人，弘农郡三人，京兆五人，右扶风一人。

豫州：颍川郡二十一人，汝南郡十七人，梁国一人，沛国五人，陈国三人，鲁国四人。

冀州：魏郡二人，中山郡二人，河间郡三人，清河郡一人，渤海郡五人。

兖州：陈留郡十五人，东郡二人，东平郡二人，任城郡一人，泰山郡一人，山阳郡二十八人。

徐州：东海郡一人，琅琊郡一人，彭城郡一人，下邳郡一人。

青州：平原郡二人，北海郡一人，东莱郡一人。

荆州：南阳郡六人，南郡二人，江夏郡二人，桂阳郡一人。

扬州：庐江郡二人，会稽郡二人，吴郡一人，豫章郡一人。

益州：汉中郡二人，巴郡一人，蜀郡二人，犍为郡一人。

凉州：安定郡一人，敦煌郡二人。

---

[1] 金发根：《东汉党锢人物的分析》，《"中央研究院"历史语言研究所集刊》34下册，1963。

并州：上党郡一人，太原郡八人。

幽州：渔阳郡一人。

交州：无。

另八人未详。

按以上分析，党锢士大夫以豫州的颖川、汝南，及兖州的山阳最多，但全国除交州以外，皆有人物。故此次运动（太学生对抗宦官）是范围极广的运动。《世说新语》虽是二百年后刘宋时临川王刘义庆所作，实记载党锢后常被士大夫所传闻的逸闻佚事，从《世说新语》中所得二十三条人物间交接事例来看[1]，士大夫似已超越地域的界线。这些例子大部分列入上卷《德行篇》，所谓德行实际上很难提出具体的表现，士大夫间除了相互捧场外，最值得重视的是对交接本身大赞特赞，如"陈太丘（寔）诣荀朗陵（淑），贫俭无仆役，乃使元方（纪，寔长子）将车，季方持杖从后，长文（群）尚小，载著车中。既至，荀使叔慈应门，慈明行酒，余六龙下食，文若亦小，坐著膝前。于时太史奏：'真人东行。'（檀道鸾《续晋阳秋》曰：'陈仲弓从诸子侄造荀父子，于时德星聚，太史奏：五百里内贤人聚。'）"[2]。士大夫超越地域界线，而构成一体的现象，亦可由张俭逃亡事件中发现，《后汉书》卷六七《张俭传》：

> 赵王张耳之后也。父成，江夏太守。……结仇（侯览等）。乡人朱并，素性佞邪，为俭所弃，并怀怨恚，遂上书告俭与同郡二十四人为党，于是刊章讨捕。俭得亡命，困迫遁走，望门投止，莫不重其名行，破家相容。后流转东莱，止李笃家。外黄令毛钦操兵到门，笃引钦谓曰："张俭知名天下，而亡非其罪。纵俭可得，宁忍执之乎？"……钦叹息而去。笃因缘送俭出塞（《集解》惠栋曰："袁纪、

---

[1] 参见《世说新语》上卷各篇。

[2] 参见《世说新语》上卷《德行篇》。

笃导俭经北海戏子然家，遂入渔阳出塞。"），以故得免。其所经历，
伏重诛者以十数，宗亲并皆殄灭，郡县为之残破。

　　这些士大夫似已成为全国性的大社会领袖，其后袁绍去董卓东奔，
亦甚类似。党锢事件，促使士大夫结合在一起，最后超越了地域，而其
成为大社会领袖，又可从他们之间互捧的赞语中看出区域性已经升华了，
如下 [1]。

天下忠诚窦游平（武）　　天下德弘刘仲承（淑）

天下义府陈仲举（蕃）

以上三君。

天下模楷李元礼（膺）　　天下英秀王叔茂（畅）

天下良辅杜周甫（密）　　天下冰凌朱季陵（寓）

天下忠贞魏少英（朗）　　天下好交荀伯条（翌）

天下稽古刘伯祖（祐）　　天下才英赵仲经（典）

以上八俊。

天下和雍郭林宗（泰）　　天下慕恃夏子治（馥）

天下英藩尹伯元（勋）　　天下清苦羊嗣祖（陟）

天下琀金刘叔林（儒）　　天下雅志蔡孟喜（衍）

天下卧虎巴恭祖（肃）　　天下通儒宗孝初（慈）

以上八顾。

海内贵珍陈子鳞（翔）　　海内忠烈张元节（俭）

海内謇谔范孟博（滂）　　海内通士檀文有（敷）

海内才珍孔世元（昱）　　海内彬彬范仲真（康）

海内珍好岑公孝（晊）　　海内所称刘景升（表）

以上八及。

---

[1] 陶潜：《群辅录》，《汉魏丛书》第三十六册。

海内贤智王伯义（商）　　海内修整蕃嘉景（响）

海内贞良秦平王（周）　　海内珍奇胡毋季皮（班）

海内光光刘子相（翊）　　海内依怙王文祖（考）

海内严恪张孟卓（邈）　　海内清明度博平（尚）

以上八厨。

所谓"天下""海内"者，其内心已认为全国为一大社会的意识甚明。不独此也，从史书中发现他们所注意的事情，亦以学业品德[1]及全国性利益为多，例如《世说新语》卷上《德行篇》首段"陈仲举（蕃）言为士则，行为世范，登车揽辔，有澄清天下之志"。以天下为己任的思想，本是儒家修、齐、治、平的一贯理论，并非汉末士大夫的唯一特色，然而汉末士大夫在一定程度上的强调，足以看出部分地方豪族在其凝结成士族的过程中，从区域性的小社会扩大到全国性的大社会领域。

四

综前所述，经两汉三百年渐次演变，暨政治力与社会势力相互融合，产生了一个新的社会阶层——士族；这个社会阶层在东汉末年党锢之祸以后，由于同舟共济、密集交往，渐形凝固，发生了一连串外在改变，最后又引起了性质的改变。这一时期士族性质的演变方向是：由武质团体而兼及文章世家，由地方性人物而变为中央性人物，由社会性而兼具政治性，由经济性而形而上。

陈寅恪先生与钱穆先生对士族内在精神都曾有精辟的看法，似亦注意到士族初凝成阶段的特性所在。钱穆先生在《略论魏晋南北朝学术文化与当时门第之关系》中说：

---

[1] 参见《世说新语》及《后汉书》《三国志》《晋书》，尤其列传之赞语。

今再汇纳上面各项叙述而重加以一番综合的说明，则可谓当时门第传统共同理想所希望于门第中人，上自贤父兄，下至佳子弟，不外两大要目：一则希望其能具孝友之内行，一则希望其能有经籍文史学业之修养，此两种希望，并合成为当时共同之家教。其前一项之表现，则成为家风，后一项之表现，则成为家学。

略言之，士族之家风与家学成为其主要特性矣！陈寅恪先生《唐代政治史述论稿》中篇《政治革命及党派分野》亦云：

> 夫士族之特点既在其门风之优美，不同于凡庶，而优美之门风，实基于学业之因袭，故士族家世相传之学业乃与当时之政治社会有极重要之影响。

学业之中，更以经学为重，钱穆先生曾分析当时士大夫所作的典籍，云"若以著作数量作为当时对经学中某一部分重视与否之衡量标准，则此时代之经学最重《礼》，次《春秋》，《易》居第三位"[1]。一方面，礼的实践，在个人与家族方面，表现于对孝行的重视，孝成为团结家族的法宝。另一方面，陈寅恪先生又云"然其与政治之关锁仍循其东汉以来通经义励名行以致从政之一贯轨辙"。一言以蔽之，经学是沟通个人、家族、国家的方法，经可以指导人在三者之间如何扮演角色。经大部分是儒家定出的法则，礼是儒家理想的实践方式，虽不可以说儒家的精义尽在于此，但至少当时人对于礼的实践非常卖力，尤其在孝行方面，表面上近乎彻底。总之，士族以经作为内涵要件，成为其主要的特质。无怪乎钱穆先生云"门第即来自士族，血缘本于儒家，苟儒家精神一旦消失，则门第亦将不复存在"[2]，此言已指出初期士族性质之主流。

---

[1] 陈寅恪：《唐代政治史述论稿》，中篇《政治革命及党派分野》，页 27。

[2] 陈寅恪：《唐代政治史述论稿》，中篇《政治革命及党派分野》，页 38。

　　士族中央化过程——从地方而中央，汉末时已表现得很明朗，但最重要的还是思想上从区域性进入全国性，这是地方豪族蜕变成士族的关键，也是中古士族的特性之一。中央化可以使士族获得更多的机会在中央或州郡任官，但并非指全部可以任官，许多人物享誉朝野，而并不具备官吏身份。有一点要特别强调的是，士族子弟在这一时期虽然出任官吏，但并没有脱离其社会性，这与纯官僚有极大的差别。自永嘉乱后，士族分散各地，有的甚至到边陲地带，如河西、辽东、岭南等地。要之，这一类人在精神上已经结成一体，含有同类感，成为一个特殊社会阶层，他们在思想与言行方面，与其说与同地区地方人物相同，毋宁说与他郡士族较近[1]。这群人所具有的超地区的想法与行为法则，实是中央化以后无法再抹去的士族特性之一。

　　侨姓南迁以后，远离原籍，虽累世坚持原籍地望，可实际上已是可望而不可即，遍立侨州侨郡形式上满足了他们的心理要求。就社会意义而言，他们居住于南方，与南方政权之间发生特定的社会联系，长期失去原籍的社会基础，在南方一直无法像吴姓一般盘根错节，于是他们愈来愈依赖中央政府，也就是说，原本兼具社会及政治性的侨姓人物，渐渐走向单一的政治方向，步入官僚系统，依赖中央。这在南朝时更加明显，《颜氏家训》卷四《涉务篇》：

　　　　江南朝士，因晋中兴，南渡江，卒为羁旅，至今八九世，未有力田，悉资俸禄而食耳。假令有者，皆信僮仆为之，未尝目观起一垄土，耘一株苗，不知几月当下，几月当收。

　　这与《四民月令》中的记述有很大差异，有的侨姓在南方亦建有大庄园，然这与原籍的庄园性质不同，其在南方所建立者似乎专供挥霍享

---

[1] 参见本书第五篇《三国政权的社会基础》末段。

乐之用[1]，侨姓大都居住在京师附近。

侨姓与三吴会稽文质士族之间[2]，纵有差异，就其大处衡量，仍属大同小异。因三吴会稽文质士族原本亦是崇尚经学的世家，如陆氏、虞氏、姚氏，其与中原一带世家大族崇尚经学原出一辙，所以当侨姓、吴姓文质士族相接触之时，吾人看不出在思想学术上有多大的冲突，在初期相处阶段，地域观念的差异远胜过文化上的小别。这一点从王导对地域界线所采取的政策可以发现[3]，地域差异的互容与文化因素的共同感，是东晋立国的重要凝固力；从另外的角度看，侨姓与三吴会稽文质士族在性质转变上亦有若干共同的倾向，此点后文再予细论。

上文曾述，南方人物有其复杂性，除三吴会稽文质士族以外，武大姓是另一类重要人物，他们的性质与三吴人物有异，东晋南朝政权对他们的重视程度，不亚于对三吴会稽文质士族的重视程度。拙著《两晋南北朝士族政治之研究》统计吴兴武康沈氏在东晋南朝仅次于琅琊临沂王氏、陈郡阳夏谢氏，而居官人数共达四十五人。按沈氏可作为南方武大姓的代表，且以其为例，可观察武大姓性质之演变。

据《新唐书》卷七四上《宰相世系表四上》云：吴兴武康沈氏系后汉光禄勋沈戎之后。戎子酆，零陵太守；酆子景，河间相。《姓纂》卷七：景子产；产子规。以上皆无事迹可查，入晋以来，以沈充首见于列传，《晋书》卷九八《王敦传·附沈充传》云："少好兵书，颇以雄豪闻于乡里。敦引为参军。"为部将吴儒所杀。《晋书》卷八九《忠义传》云"（充子劲）竟杀仇人"，亦以义勇闻，后为慕容氏所害。《宋书》卷六三《沈演之传》："高祖充，晋车骑将军，吴国内史。[4] 曾祖劲，冠军

[1] 如《宋书》卷六七《谢灵运传》所述的田园。
[2] 参见何启民：《永嘉前后吴姓与侨姓关系之转变》，《政治大学学报》26，1972。
[3] 《晋书》卷六五《王导传》。
[4] 按《晋书》卷九八《王敦传·附沈充传》注引《晋阳秋》曰："敦克京邑，以充为车骑将军，领吴国内史。"

陈祐长史，戍金墉城，为鲜卑慕容恪所陷，不屈节见杀，追赠东阳太守。祖赤黔，廷尉卿。父叔任……以平蜀全涪之功，封宁新县男，食邑四百四十户。出为建威将军、益州刺史。……家世为将，而演之折节好学，读《老子》日百遍，以义理业尚知名。……（子）勃好为文章，善弹琴，能围棋，而轻薄逐利。历尚书殿中郎。太宗泰始中，为太子右卫率，加给事中。时欲北讨，使勃还乡里募人，多受货贿。上怒，下诏曰：'沈勃琴书艺业，口有美称，而轻躁耽酒，幼多罪愆。比奢淫过度，妓女数十，声酣放纵，无复剂限。自恃吴兴土豪，比门义故，胁说士庶，告索无已。又辄听募将，委役还私，托注病叛，遂有数百。周旋门生，竞受财货，少者至万，多者千金，考计赃物，二百余万，便宜明罚救法，以正典刑……'复为司徒左长史，为废帝所诛。"沈怀文从父兄沈昙庆，《宋书》卷五四《沈昙庆传》载："（宋）大明元年，督徐兖二州及梁郡诸军事、辅国将军、徐州刺史。……明年……领本州大中正。三年，迁祠部尚书。……世以长者称之。"《宋书》卷八二《沈怀文传》谓："怀文少好玄理，善为文章，尝为楚昭王二妃诗，见称于世。……何尚之设祖道，文义之士毕集，为连句诗，怀文所作尤美，辞高一座。……大明二年，迁尚书吏部郎。……入为侍中。……弟怀远……撰《南越志》及《怀文文集》，并传于世。"

另一房沈庆之，《宋书》卷七七《沈庆之传》载："少有志力。孙恩之乱也，遣人寇武康，庆之未冠，随乡族击之，由是以勇闻。"其后转战各地，官拜太尉，后赐死。沈庆之子文叔。沈文叔子昭明，亦自杀。沈庆之第三子文耀，文耀子五兵尚书毅，毅子梁左民尚书僧晏，僧晏子梁东阳太守巡。似以文质传家矣！尤其沈巡子君理，据《陈书》卷二三《沈君理传》载："（君理）美风仪，博涉经史，有识鉴。……（太建）五年，迁尚书右仆射，领吏部，侍中。……君理第六弟君高……八年，诏授持节、都督广等十八州诸军事、宁远将军、平越中郎将、广州刺史。岭南俚、獠世相攻伐，君高本文史，无武干，推心抚御，甚得民和。"其他诸房支在梁陈以降，亦多文士。如《陈书》卷一八《沈众传》云："好学，颇有文词。"《陈书》卷一九《沈炯传》云："少有俊才，为当时所重。……荆州陷，为西魏所虏，魏人甚礼之。"《陈书》卷三三《儒林传》载，沈峻及其子文阿，沈休稚及其子山卿、其孙洙，皆通五经章句文史之士。

《宋书》卷一〇〇沈约《自序》中的这一房，名将沈林子以前，其功业大都是武职，自此以后，文事日盛。

从吴兴沈氏主要人物事迹观察，这个家族的特质，已逐渐从武而文。如义兴阳羡周氏，曾显赫一时，这类武大姓若不及时改变为文质士族，很容易与其他政治势力相冲突，而覆灭。

在东晋南朝时期，就士族整体而言，也有偃武就文的倾向。汉末曹魏西晋之际，士族虽以经学家风为其内涵，但为官为宦，甚多文武兼备，如汉末大族袁氏，有袁绍、袁术；琅琊诸葛氏之诞、亮、瑾，分仕魏、蜀、吴，皆曾掌大军；河内司马氏之懿、昭、师，曾转战各地，掌兵权，最后卒以此篡魏；颍川钟会以平蜀闻于世；泰山羊祜镇守南界，有名于魏、吴之间；琅琊王敦在永嘉乱时为扬州刺史、左将军、都督征讨诸军事，假节，成为东晋立国的主要军力；又如汝南周馥、周访，范阳祖逖，高平郗鉴等。著者曾依吴廷燮《历代方镇年表》，统计都督及刺史任期，观察宗室、士族、小姓、寒素等社会阶层在东晋、宋、齐、梁、陈时期军权之消长 [1]。

在东晋的四个阶段中，士族掌兵权的比例在 70%～94% 之间，宋、齐降为三分之一；梁又降至四分之一；陈则落入六分之一，显示出士族急速退出军事舞台。如果以"族"为单位，从士族子弟是否出现于某时期，观察其退出与加入军事舞台的比例，亦可发现变动频率甚大，而主

---

[1] 参见拙文《五朝军权转移及其对政局之影响》。

要的趋向是士族退出者多，加入者少。加入者比例逐渐变小，正表示该文所示三十四大士族渐渐退出军事舞台之痕迹。

表 4-1　主要士族退出和加入军事舞台频率表

期间[1]	士族总数变迁	退出士族		加入士族		变动频率百分比
		N	%	N	%	
1~2	15—19	2	9.5	6	28.6	38.1
2~3	19—12	9	42.9	2	9.5	52.4
3~4	12—17	1	5.6	6	33.3	38.9
4~5	17—17	8	32.0	8	32.0	64.0
5~6	17—16	7	30.4	6	26.1	56.5
6~7	16—12	7	36.8	3	15.8	52.6
7~8	12—12	3	20.0	3	20.0	40.0
8~9	12—6	6	50.0	0	0	50.0
9~10	6—2	4	66.7	0	0	66.7

士族逐渐退出军事舞台的原因甚多，以东晋南朝而论，南方空间结构与朝廷中士族的地位，一直处于权力竞争与维持均衡的局面之下，每一次均衡之破坏，皆引起若干参与其中的大士族消亡，所以大士族父兄皆喜子弟尚文，如《晋书》卷六五《王导传》载：

> 导六子：悦、恬……悦字长豫，弱冠有高名……少侍讲东官。……恬字敬豫。少好武，不为公门所重。导见悦辄喜，见恬便有怒色。

《颜氏家训》卷五辟有《诫兵篇》，陈述颜氏祖先崇武者"皆罹祸败"，"此皆陷身灭族之本也，诫之哉！诫之哉"。所以南朝至梁世，士大夫皆不尚武，如《颜氏家训·涉务篇》中所形容：

---

[1] 此处分期系按拙文《五朝军权转移及其对政局之影响》中所定标准。

> 梁世士大夫，皆尚褒衣博带，大冠高履，出则车舆，入则扶侍，郊郭之内，无乘马者。周弘正为宣城王所爱，给一果下马，常服御之，举朝以为放达。至乃尚书郎乘马，则纠劾之。及侯景之乱，肤脆骨柔，不堪行步，体羸气弱，不耐寒暑，坐死仓猝者，往往而然。建康令王复性既儒雅，未尝乘骑，见马嘶喷陆梁，莫不震慑，乃谓人曰："正是虎，何故名为马乎？"其风俗至此。

五

北方汉姓士族，其性质上是郡级地方豪族，自北魏吸收他们加入政权以后，他们从社会领袖跨越而成政治领袖。然而，其并非立即放弃原有的社会势力，有见于永嘉乱后北方长期紊乱，只有聚宗自卫才能度过灾难，士族一直将其原籍引为重要的根基；北魏吸收他们加入政权，亦因为要借助他们的地方声望。这种觉悟也促使他们重视同宗[1]。胡汉之间的关系，虽然经双方努力得以改善，但不能不承认其间甚为微妙，拓跋氏一方面希望借助他们的社会地位以稳定社会，一方面雅不欲地方势力过于强大，造成尾大不掉的局面。如《世说新语》中卷《雅量篇》引《祖约别传》：

> 约字士少，范阳道人。累迁平西将军、豫州刺史，镇寿阳。与苏峻反，峻败，约投石勒。约本幽州冠族，宾客填门，勒登高望见车骑，大惊。又使占夺乡里先人田地，地主多恨。勒恶之，遂诛约。

事虽发生在石勒时，而北魏有崔浩之祸，其理甚近。

如以中原汉姓士族而言，北魏时显已大量兼具政治领袖的身份，并没有完全走入官僚体系。与南方士族相比较，北朝士族似乎大部分都是

---

[1]《颜氏家训》卷二《风操篇》。

"城市乡村之双家形态" [1]。

孝文帝时始有百官俸禄，对于士族中央化有促进作用，有些士族或士族中的某些房支，已有官僚化的倾向，然此时北魏已过一百年，所剩仅五十年。再者地方声望之消失，要经过数代时间；房支之间的疏远，亦需多代之后。所以吾人只能说，在北魏后半期，汉姓士族中央化已有开始的痕迹，本书第八篇《从士族籍贯迁移看唐代士族之中央化》曾做分析，大部分汉姓士族兼具中央与地方势力。

北魏政权之中，胡姓士族由社会性转变为政治性，由地方性转变为中央化的趋向，比汉姓士族更为明显。缘因北魏胡姓的三十六国九十九姓，原为朔土旧部落大人，是游牧民族的部落单位，地方性与社会性明显。待拓跋氏建立政权，这一批部落成为环绕于元氏周围的政治性势力。初都代郡时他们被称为代人，孝文帝南迁洛阳，大部分随至洛阳，又被称为洛阳人，随着北魏政治领袖的强化，社会领袖由部落酋豪变成宗主督护，再由宗主督护而演变为三长。对胡姓部落而言，一方面，此表示其社会势力之日渐减弱，而与编户无异；另一方面，孝文帝厉行汉化以后，百官有禄，将部落大人后裔 [2] 定出姓族，而成为官吏候选人。就社会意义而言，胡姓与汉姓不同，胡姓由代郡而洛阳，数代依附中央，部落解散，已无基本社会势力，当此时也，他们走进了政治圈即意味着变成官僚体系的一部分，也就是本文所谓的中央化了。

然而，胡姓仍有居住在北方沿边者，迁都洛阳以后，与中央愈来愈隔绝。如《北齐书》卷二三《魏兰根传》：

> 尚书令李崇为本郡都督，率众讨茹茹，以兰根为长史。因说崇曰："缘边诸镇，控摄长远。昔时初置，地广人稀，或征发中原强宗

[1] Wolfram Eberhard, *Conquerors and Rulers: Social Forces in Medieval China.*
[2]《魏书》卷一一三《官氏志》。

子弟，或国之肺腑，寄以爪牙。中年以来，有司乖实，号曰府户，役同厮养，官婚班齿，致失清流。而本宗旧类，各各荣显，顾瞻彼此，理当愤怨。"

这些边缘的地方势力，断绝了中央化，与洛阳政治中心相隔，最后导致"六镇之叛"，魏分东、西。西魏宇文氏当政，由劣势变为优势，正如上篇所示，因为宇文氏的府兵制度能结合地方势力，并使地方势力中央化，宇文氏关中本位政策包罗了胡汉两族，其社会势力政治化、地方势力中央化更为普。这一时期崛起的胡汉士族，成为西魏、北周、隋及初唐统治阶层的主体[1]。其性质之演变，在隋唐部分论之。

士族文武性质之转变，在北朝胡姓中表现比较明显。拓跋魏及其随同入主中原之部落，善弓马骑射，原以武勇而有天下，然而，治理国家时，文治胜于武功。此所以拓跋氏自始即吸引汉姓士族参与统治。同时，胡姓亦开始学文，这是汉化的重要部分，至孝文帝时，由于孝文帝积极推展，以及北魏积百年来风气已成，所以州郡乡里都弥漫着一派学术气氛，赵翼《廿二史札记》卷一五《北朝经学》载，北方经学比南方尤盛，当指孝文帝以后，在这种潮流之中，许多胡姓亦倾向于学术，其中变迁，并非一朝一夕可成。要之，有关一个家族性质的转变，要以代（Generation）为单位来观察，因为在中古时期，一般社会的变动速度并不是很大，要接受一种较为生疏而又涉及性质的改变时，似乎要通过孩童时期的教育，所以转变是缓慢的。就北魏胡姓士族而论，他们虽然吸收汉文化且日趋于文质，但由于种族关系，他们并没有立刻抛弃其武质，因为军权乃胡人政权的基石。就北魏政权核心家族而论，其文质倾向的变动速度，并不一定快于他族，其一是因为北魏需要他们掌兵权；其二

[1] 陈寅恪所创名词，参见《隋唐制度渊源略论稿》《唐代政治史述论稿》。

是他们是政权的核心，地位获得较易，并不太渴望从文入仕。许多年轻的子弟继任父兄的爵位兵权，作为北魏政权第一级爪牙，或东征北伐，或戍守重要地区。例如，于氏，《魏书》卷三一《于栗䃅传》：

> 代人也。能左右驰射，武艺过人。……袭慕容宝于中山。……及赵魏平定，太祖置酒高会，谓栗䃅曰："卿即吾之黥彭。"……转虎牢镇大将，加督河内军。寻迁使持节、都督充相二州诸军事、镇南将军、枋头都将。……子洛拔，袭爵。……出为使持节、散骑常侍、宁东将军、和龙镇都大将、营州刺史。

于氏子孙以军功居高位者甚多，详见《魏书》各本传。

长孙氏，《魏书》卷二五《长孙嵩传》略云：太祖时来归，以为南部大人，累有战功。太宗时都督山东诸军事，刘裕北伐，长孙嵩与其对抗于关中，世祖时为左辅，爵北平王，迁太尉，加柱国大将军。其子长孙颓，善骑射，袭爵，加侍中、征南大将军。长孙颓子敦，敦子道，皆袭爵而为将军。长孙嵩从子道生，亦赠太尉，世祖时重要人物，曾从征蠕蠕，并与宋将鏖战于南方，子抗早卒。长孙抗子观，观子冀归，幼承家业，高祖以后皆是掌兵权人物。长孙冀归，魏太傅、录尚书事、上党王。长孙冀归子绍远，绍远弟澄，兼具文武。绍远"雅好坟籍，聪慧过人"（《西魏书》卷一五），然这已是北魏末期、西魏初期了。

有的胡姓由武而文的转变较快，尤其在北魏后期。如：

陆氏，《魏书》卷四〇《陆俟传》略云：世领部落，曾祖干、祖引、父突，皆有战功。陆俟长子馛是干吏。陆馛子琇，"雅好读书"。陆琇弟凯，好学，年十五为"中书学生"，以功臣子孙曾任文官。子昕与恭之，并有时誉，有文章。陆馛弟丽，高宗时领太子太傅，好学爱士，常以讲习为业，其所待者皆笃行之流，士多称之，至孝过礼。……自陆丽以降，如子叡，叡子希道。陆氏兼具文武，尤以文才闻。

穆氏，在北魏政权中地位甚为重要。《魏书》卷二七《穆崇传》云：
"其先世效节于神元、桓、穆之时。"元穆二族交往甚密，穆氏尚公主者
最多，如次[1]：

表 4-2　北朝士族尚公主者统计表

穆	卢	司马	李	陆	崔	郑	裴	杜	合计
11	3	3	2	2	1	1	1	1	25

且以《魏书》卷二七《穆崇传》中的世系表为例，以观察该家族文
武性质之动态：

表 4-3　穆崇家族世系表

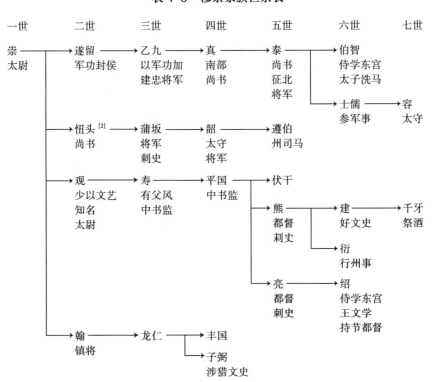

---

[1] 参见拙著《两晋南北朝士族政治之研究》。

[2] 忸头，《魏书》中为乙九弟，遂留子。

穆氏与元氏关系密切，是其进入官僚体系的主因，在各族之中，穆氏为高级官吏者甚多。又自穆崇以降，穆氏大都兼具文武官职，愈到后世，家族中善文史者愈多。

元氏。北魏皇室急速趋向于文学，又表现于武将的锐减，孙同勋《拓拔氏的汉化》一书统计元氏历代武将人数占全体宗室比例如下：

表4-4　元氏历代武将占全体宗室比例表

帝号	太祖	太宗	世祖	高宗	显祖	高祖	高祖后
武将所占百分比	54.0	51.5	61.5	47.2	38.7	26.7	38.0

六

关中、山东、南方，由于地区环境不同，政治社会形势不同，所以其中士大夫阶层的组合与发展也不尽相同。在南北朝末期，颜之推在其《颜氏家训》中对南北士大夫的差异点，偶有陈述。颜之推系琅琊临沂人，九世祖含，从晋元帝东渡，官至侍中、右光禄大夫、西平侯。父颜勰，梁湘东王萧绎镇西府谘议参军。颜之推初仕梁朝，任镇西府墨曹参军，经侯景之乱，又为梁散骑侍郎，奏舍人事。后梁为北周军所破，入周；偷奔北齐，为奉朝请，官至黄门侍郎。齐亡，又入周，大象末为御史上士，隋开皇中为太子学士（详见《北齐书》卷四五《颜之推传》）。以其家世与经历，他所做的比较应属可信。兹摘录于下，《颜氏家训》卷一《后娶篇》：

> 江左不讳庶孽，丧室之后，多以妾媵终家事；疥癣蚊虻，或未能免，限以大分，故稀斗阅之耻。河北鄙于侧出，不预人流，是以必须重娶，至于三四，母年有少于子者。后母之弟，与前妇之兄，

衣服饮食，爰及婚宦，至于士庶贵贱之隔，俗以为常。身没之后，辞讼盈公门，谤辱彰道路，子诬母为妾，弟黜兄为佣，播扬先人之辞迹，暴露祖考之长短，以求直己者，往往而有。

同书卷一《治家篇》：

今北土风俗，率能躬俭节用，以赡衣食；江南奢侈，多不逮焉。

同书卷一《治家篇》：

江东妇女，略无交游。其婚姻之家，或十数年间未相识者，惟以信命赠遗，致殷勤焉。邺下风俗，专以妇持门户。争讼曲直，造请逢迎，车乘填街衢，绮罗盈府寺，代子求官，为夫诉屈。此乃恒、代之遗风乎？

同书卷一《治家篇》：

南间贫素，皆事外饰，车乘衣服，必贵整齐，家人妻子，不免饥寒。河北人事，多由内政：绮罗金翠，不可废阙；羸马悴奴，仅充而已；倡和之礼，或尔汝之。

同书卷一《风操篇》：

江南人事不获已，须言阀阅，必以文翰，罕有面论者。北人无何便尔话说，及相访问。

同书卷二《风操篇》：

凡宗亲世数，有从父，有从祖，有族祖。江南风俗，自兹已往，高秩者，通呼为尊，同昭穆者，虽百世犹称兄弟；若对他人称之，皆云族人。河北士人，虽三二十世，犹呼为从伯从叔。

　　颜之推以南方士大夫与北方士大夫做比较，实则尚可细分，如南方有侨姓、吴姓，在东晋时颇有分野，南朝以降，其性质上大致趋一；北朝始则有胡汉士族之分，自魏分东西以后，亦另成一系，而表现出独特性质。故唐朝人论士族异同时，视北周宇文氏关中本位政策之人物为另一单元，有四分之说，《新唐书》卷一九九《儒学传·柳冲传》云：

　　　　山东之人质，故尚婚娅，其信可与也；江左之人文，故尚人物，其智可与也；关中之人雄，故尚冠冕，其达可与也；代北之人武，故尚贵戚，其泰可与也。及其弊，则尚婚娅者先外族、后本宗，尚人物者进庶孽、退嫡长，尚冠冕者略伉俪、慕荣华，尚贵戚者徇势利、亡礼教。

　　"质"者，朴实也。由此发展，则重视婚娅，如上文引《颜氏家训》之《后娶篇》《治家篇》《风操篇》所示，重视正侧。推而广之，则对于同姓同宗的同类感较深，所谓"虽三二十世，犹呼为从伯从叔"者也。《南史》卷二五《王懿传》：

　　　　北土重同姓，并谓之骨肉，有远来相投者，莫不竭力营赡。……仲德（王懿）闻王愉在江南贵盛，是太原人，乃远来归愉。愉接过甚薄，因至姑孰投桓玄。

　　江左之人文，"文"者，华饰也。如《颜氏家训》云，其风俗重视"外饰"，对人物评判则首重文采，如《梁书》卷三三《王筠传》云：

　　　　史传称安平崔氏及汝南应氏，并累世有文才，所以范蔚宗云崔氏"世擅雕龙"。然不过父子两三世耳；非有七叶之中，名德重光，爵位相继，人人有集，如吾门世者也。沈少傅约语人云："吾少好百家之言，身为四代之史，自开辟以来，未有爵位蝉联，文才相继，如王氏（琅琊临沂）之盛者也。"

关中之人雄，"雄"者，勇壮也。关中自宇文氏结合胡汉士族以来，另发展出一种特性，《周书》卷一六《侯莫陈凯传》末：

> 初，魏孝庄帝以尔朱荣有翊戴之功，拜荣柱国大将军，位在丞相上。荣败后，此官遂废。大统三年，魏文帝复以太祖建中兴之业，始命为之。其后功参佐命，望实俱重者，亦居此职。自大统十六年以前，任者凡有八人。太祖位总百揆，督中外军。魏广陵王欣，元氏懿戚，从容禁闱而已。此外六人，各督二大将军，分掌禁旅，当爪牙御侮之寄。当时荣盛，莫与为比，故今之称门阀者，咸推八柱国家云。

故关中集团门阀地位之高低，以政治地位高下为依归，其人以冠冕为重，下列例子，亦可见其一斑。

《旧唐书》卷六一《窦威传》：

> 扶风平陵人也，太穆皇后从父兄也。父炽，隋太傅。威家世勋贵，诸昆弟并尚武艺，而威耽玩文史，介然自守，诸兄哂之，谓为"书痴"。隋内史令李德林举秀异，射策甲科，拜秘书郎。秩满当迁，而固守不调，在秘书十余岁，其学业益广。时诸兄并以军功致仕通显，交结豪贵，宾客盈门，而威职掌闲散。诸兄更谓威曰："昔孔丘积学成圣，犹狼狈当时，栖迟若此，汝效此道，复欲何求？名位不达，固其宜矣。"

代北之人，原指拓跋魏初入中原时的胡姓，经北魏一百五十年后，大部分同化，一如汉姓；另一部分随宇文氏入关中，尚保留胡风，降至隋唐，代北之人已无独特的团体。柳冲所指，当为北魏时的情况。"雄"

与"武","冠冕"与"贵戚",其性质甚近,殊难严格分野。

综上所述,关中、山东、南方三大区域因形势不同而发展出不同性质,实则士族乃综合性的社会领袖,其性质是多方面的,魏晋南北朝隋唐士族皆重视婚嫁、人物才华、冠冕、贵戚,因各地区独特的客观因素,遂使其对某一项或数项比较重视,循此发展,遂成风气。隋唐统一全国,定于一,各地区人物汇聚一堂,于是自永嘉乱后各自发展的特质有了比较的机会,同时也呈现出各地区人物间之竞争,此事另文论之。

从社会科学的角度而观之,以上各地区人物之差异,乃事物之表象。各地区士族本身性质之转变,是由于其由地方性而中央化,由社会性而政治性,由武而文的变化。一切流风习俗是士族性质转变后的外在表现,例如总论第三篇所述,侨姓南渡,与吴姓在南方共同建立东晋,至隋统一全国,一直离本籍而侨居江南。侨姓本身已失去社会基业,从此成为依附中央政权的官僚人物。以功能主义而言,他们所能贡献出的力量,是以文才干禄。其尚文之风亦宜矣!官僚型的人物,首重政治阶层中的关系。而北方胡人当政,汉姓士族之被重视,因其有充分的地方势力,可助统治者安定社会,故北方的特殊环境,养成了士族地方性与中央性、社会性与政治性兼顾的性质,其同族关系深厚,表现在累世同堂[1];而婚嫁又是联系其他士族的最佳方法[2],故重视婚嫁。关中自宇文泰当政以后,以府兵制度结合胡汉在社会上的势力,大族高位,小族低位,纳入政治体系中,其以冠冕相尚,亦符合其社会地位,表现出特有性质。

如陈寅恪先生所言,李唐初建国时的统治集团,乃西魏、北周、杨隋以来的人物,其性质当与关中士族相同,此点可由李唐皇室对"礼仪"

---

[1] 如《旧唐书》卷一八八《张公艺传》:"郓州寿张人……九代同居。"卷一八八《刘君良传》:"瀛州饶阳人也,累代义居,兄弟虽至四从,皆如同气。"又卷一八八《宋兴贵传》:"雍州万年人,累世同居。"

[2] 逯耀东:《拓拔氏与中原士族的婚姻关系》,《新亚学报》7(1),1965。

标准，远不如士族重视 [1] 看出。唐太宗令修《氏族志》，高士廉辈初定稿列崔干为第一，不合唐太宗意，唐太宗的士族排列标准，据《旧唐书》卷六五《高士廉传》载：

> 太宗曰："我与山东崔、卢、李、郑，旧既无嫌，为其世代衰微，全无冠盖，犹自云士大夫，婚姻之间，则多邀钱币。才识凡下，而偃仰自高，贩鬻松槚，依托富贵。我不解人间何为重之？只缘齐家惟据河北，梁、陈僻在江南，当时虽有人物，偏僻小国，不足可贵，至今犹以崔、卢、王、谢为重。我平定四海，天下一家，凡在朝士，皆功效显著，或忠孝可称，或学艺通博，所以擢用。见居三品以上，欲共衰代旧门为亲，纵多输钱帛，犹被偃仰。我今特定族姓者，欲崇重今朝冠冕，何因崔干犹为第一等？昔汉高祖止是山东一匹夫，以其平定天下，主尊臣贵。卿等读书，见其行迹，至今以为美谈，心怀敬重。卿等不贵我官爵耶？不须论数世以前，止取今日官爵高下作等级。"遂以崔干为第三等。

《资治通鉴》卷一九五，贞观十二年（638）：

> 上曰……乃更命刊定，专以今朝品秩为高下，于是以皇族为首，外戚次之，降崔民干为第三。

关于这一点，本书第七篇《中古山东大族著房之研究》有详论。而唐太宗"欲崇重今朝冠冕""止取今日官爵高下作等级""专以今朝品秩为高下"等思想，乃承袭关中集团对士族的一贯看法。然而，山东士族仍有雄厚的势力，论者认为武曌时期，以关中集团为核心的势力衰退，山东士族之优势建立。但是，由于政治制度、社会环境不断在变，武周

---

[1] 参见《统治阶级之氏族及其升降》,《唐代政治史述论稿》上篇。

以后加入统治阶层的新士族，有另外一种性质，而旧士族不论其来自关中、山东还是南方，都面临着这种变化，有一部分亦在转变，有一部分不变，故在中唐、晚唐之时，士族性质之转变，又有一番新的内容。

七

隋朝废除九品官人法，去州郡大小中正官，至少在形式上已打破按门第高下胪列官吏候选人的选举法，寒素入仕的可能性增加。然而，若将唐代官吏依其社会成分分类统计[1]，其结果如下：

表 4-5　唐代官吏社会成分统计表

士族		小姓		寒素		合计
N	%	N	%	N	%	
2233	66.2	414	12.3	724	21.5	3371

士族仍然占官吏人数三分之二弱。唐代与魏晋南北朝之间的差别之一，是唐代已有若干比例的寒素入仕，且入仕的寒素亦有能升至士族者，所以唐代的社会变动（social mobility），除个人的升降变动之外，还包含着家族的升降，有的魏晋旧族萎缩或退出政治统治阶层，有的寒素由小姓而升为士族。所以在唐代士族官吏所占 66.2% 的比例中，有一部分是唐代新进的士族，称为唐代新士族。

按拙文《唐代统治阶层社会变动》之分类，唐代新族者，系指新进士族、新进士族之后裔、蕃族等。换言之，士族阶层中除魏晋南北朝以来的旧族以外，盖称唐代新族，下列为旧士族与新士族在各期中占官吏

---

[1] 参见拙文《唐代统治阶层社会变动》。

数量之百分比统计表：

表 4-6　唐代旧士族与新士族统计表

期别	皇帝	旧士族	新士族	唐士族
一	高祖、太宗	61.5	3.3	64.8
二	高宗	57.9	4.8	62.7
三	武周	51.5	11.8	63.3
四	玄宗	58.9	8.6	67.5
五	玄宗	63.0	7.6	70.6
六	肃宗、代宗	44.1	12.1	56.2
七	德宗	45.5	14.9	60.4
八	顺宗、宪宗、穆宗、敬宗	41.2	22.1	63.3
九	文宗、武宗	57.6	17.9	75.5
十	宣宗、懿宗	64.2	24.5	88.7
十一	僖宗、昭宗	39.3	26.0	65.3
	唐代总比例	53.2	14.0	67.2

　　旧士族强调家风家学，钱穆先生及陈寅恪先生对此皆有论及，引为士族之重要特质；然而隋唐以科举取士，崇尚诗词，尤以进士科为甚，此涉及中古时期士大夫阶层贤能标准之争与党派之争，拙文《唐代统治阶层社会变动》中已有论及，将有另文细论[1]。经学派与诗词派之争，影响所及，不仅是表面上人物之升降，而且意味着士族性质的改变。在旧士族中本有一些人喜词藻，故有一些旧族跟随时代的变迁，加之对诗词歌赋的喜好，贤能观念亦有所转变。隋唐新兴士族以及许多魏晋旧族已转变成诗词派者，其内在性质与魏晋以来所谓旧族家风家学者，已有重大不同。

_____

[1] 参见拙文《中国中古贤能观念之研究——任官标准之观察》，《"中央研究院"历史语言研究所集刊》48（3），1977。

八

实施府兵制度的关中集团，原本即结合政治力与社会势力，用意是使地方力量走向中央化；隋唐承袭传统，中央化更加明显，中军统率十二军、十二卫，这是中央集权的具体表现。然而，自隋统一中国以后，对全国（关中、山东、南方）人物最具影响的政策，厥为废九品中正，将官吏任用权（包括州郡长吏）皆集中在吏部，《隋书》卷二八《百官志下》：

> （开皇）三年四月……旧周、齐州郡县职，自州都、郡县正已下，皆州郡将县令至而调用，理时事。至是不知时事，直谓之乡官。别置品官，皆吏部除授，每岁考殿最。

《通典》卷一四《选举二·历代制中》云：

> 隋文帝……自是，海内一命以上之官，州郡无复辟署矣。

这项措施是剥削士族霸占州郡"上纲"[1]任官特权，使大小官品皆由中央政府吏部主之。造成士族子弟集中中央政府所在地，营钻求官。

《通典》卷一七《选举五·杂论议中》亦云：

> 隋氏罢中正，举选不本乡曲，故里闾无豪族，井邑无衣冠，人不土著，萃处京畿。

士族中央化趋势，在南北朝末期已经开始，至隋愈为明显。"中央研究院"傅斯年图书馆有唐代墓志铭拓本七千余张，显示大部分的士族子

---

[1] 参见严耕望：《中国地方行政制度史》上编卷中，"中央研究院"历史语言研究所专刊之四十五，台湾商务印书馆，1963，页397。

弟死后埋葬在长安与洛阳附近。本书第八篇《从士族籍贯迁移看唐代士族之中央化》将做详细讨论。《白居易集》卷七〇《唐故虢州刺史赠礼部尚书崔公墓志铭并序》云：

> 自天宝已还，山东士人，皆改葬两京，利于便近，唯吾一族，至今不迁。我殁，宜归全于滏阳先茔。

士族多世居住两京，加以分房分支，渐与原籍隔离，遂失去其地方性，谱牒成为联系的重要之物，而为官吏是士族子弟追求的目标，是故唐代士族除居住于两京以外，则有随任官地而居者，造成郡望与居住地分离现象，郡望成为头衔，钱大昕《十驾斋养新录》卷一二《郡望》：

> 自魏晋以门第取士，单寒之家，屏弃不齿，而士大夫始以郡望自衒。唐宋重进士科，士皆投牒就试，无流品之分，而唐世犹尚氏族，奉敕第其甲乙，勒为成书。五季之乱，谱牒散失，至宋而私谱盛行，朝廷不复过而问焉。士既贵显，多寄居它乡，不知有郡望者盖五六百年矣！

从社会史的观点而言，至此士族已脱离地方而趋中央，由社会势力而变成官僚体系之一员了。拥有社会势力者较不易受政权变动的影响，官僚人物常随朝代兴衰而浮沉。此所以同样历经乱世，五胡入华之时，士族稳立不移；而五代十国之时，士族逐渐退出历史舞台。

分

论

第五篇

三国政权的社会基础

一、前　言

　　党锢事件，士大夫受制于内廷；黄巾乱起，亦未能推翻汉室。事虽失败，皆表露出政治社会已至不得不变的程度。曾几何时，袁绍尽杀宦官，董卓入京，结束了多年来统治阶层间纠缠不清的权力斗争，也瓦解了中央统御地方的体系。自此以降，军人、官吏、士大夫、平民等，都被卷入了一个新的时代。从社会史观点而言，这是一个社会发展过程中的过渡时期；由两汉俯视，这一时期政治社会问题丛生，汉法已不足救其弊，何去何从，没有先例叫循，居于这段时期的人们（尤其是士大夫）皆感到非常迷惘，由两晋南北朝上溯，这一时期是孕育士族社会的源头。中央控制力瓦解，群雄并起，战乱连年，中国曾有五人势力集团，即董卓、袁绍、曹操、孙氏、刘备各势力集团是也。各集团如何扩大其社会基础，增强其竞争实力，是其成功的关键。最后曹魏、孙吴、刘蜀三个政权鼎足而立，分析其统治阶层之社会成分，观察各类人物如何建立其新的组合，是进一步研究社会变动的基础。本文所谓社会势力，是指力量源于社会上何类人物；所谓社会成分，是指身份背景属于社会上何类人物。前者势力大小不能以数量度之，静态的多数不一定能比动态的少数在一定的时空内产生更大的力量，故以分析法为主；后者社会成分的研究，系当政权业已建立，需要有庞大的官吏群为其推行政令，这一套架构中的每个官吏都足以影响政权的性质，量化官吏的社会成分，可以获得较清晰的社会轮廓。通过三个政权时间、空间上的综合比较，追索社会变动的脉络，这是本文研究的主要目标。

二、汉末群雄之社会势力

（一）董卓集团之社会势力

董卓是瓦解汉中央政权的关键人物，也是其后若干英雄的原型[1]。有关董卓的记载，参见《后汉书》卷七二《董卓列传》（《三国志》卷六《魏书六·董卓传》略同）：

> 董卓字仲颖，陇西临洮人也。性粗猛有谋。少尝游羌中，尽与豪帅相结。后归耕于野，诸豪帅有来从之者，卓为杀耕牛与共宴乐，

---

[1] 出自董卓麾下的群雄如下所示，皆成为董卓作风的化身。

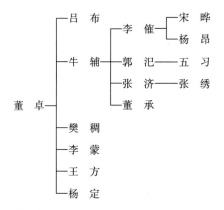

参见宫川尚志：《六朝史研究：政治·社会篇》，日本学术振兴会，1956，页15。

豪帅感其意，归相敛得杂畜千余头以遗之，由是以健侠知名。为州兵马掾，常徼守塞下。卓膂力过人，双带两鞬，左右驰射，为羌胡所畏。桓帝末，以六郡良家子为羽林郎，从中郎将张奂为军司马，共击汉阳叛羌，破之，拜郎中，赐缣九千匹。卓曰："为者则己，有者则士。"乃悉分与吏兵，无所留。稍迁西域戊己校尉，坐事免。后为并州刺史、河东太守。中平元年，拜东中郎将，持节，代卢植击张角于下曲阳，军败抵罪。……（随张温击边章、韩遂，随皇甫嵩击王国。）征卓为少府，不肯就。……朝廷不能制，颇以为虑。及灵帝寝疾，玺书拜卓为并州牧。……于是驻兵河东，以观时变。及帝崩，大将军何进、司隶校尉袁绍谋诛阉宦，而太后不许，乃私呼卓将兵入朝，以胁太后。卓得召，即时就道。……闻少帝在北芒，因往奉迎。

董卓是陇西人，凉州一带在后汉时期以劲旅闻名[1]。董卓显然是后汉末叶凉州军的首领，深得其部属的拥戴，《三国志》卷四六《吴书一·孙破虏讨逆传》中记载：

中平三年，遣司空张温行车骑将军，西讨（边）章等。……温以诏书召卓，卓良久乃诣温。温责让卓，卓应对不顺。坚时在坐，前耳语谓温曰："卓不怖罪而鸱张大语，宜以召不时至，陈军法斩之。"温曰："卓素著威名于陇蜀之间，今日杀之，西行无依。"

其势力以凉州军旅为骨干。董卓死后，其部将李傕、郭汜、樊稠、张济等横行于洛阳、长安一带，与董卓扮演同一类型的角色。这个集团在凉州一带有其社会基础，及驻军两京，犹如无根之花，凭其赤裸武力，

---

[1]《后汉书》卷七〇《郑太列传》，郑太曰："关西诸郡，颇习兵事，自顷以来，数与羌战，妇女犹戴戟操矛，挟弓负矢，况其壮勇之士，以当妄战之人乎？"

威震域内，十足典型军阀。至废弘农王而立献帝时，董卓与袁绍等闹翻，自此更与中原人士势成水火。实际上，董卓在初入京时，亦颇想拉拢中原士大夫，《后汉书》卷七二《董卓列传》（《三国志》卷六《魏书六·董卓传》、卷三八《蜀书八·许靖传》等略同）：

> 卓素闻天下同疾阉官诛杀忠良，及其在事，虽行无道，而犹忍性矫情，擢用群士。乃任吏部尚书汉阳周珌、侍中汝南伍琼、尚书郑公业、长史何颙等。以处士荀爽为司空。其染党锢者陈纪、韩融之徒，皆为列卿。幽滞之士，多所显拔。以尚书韩馥为冀州刺史，侍中刘岱为兖州刺史，陈留孔伷为豫州刺史，颍川张咨为南阳太守。卓所亲爱，并不处显职，但将校而已。初平元年，馥等到官，与袁绍之徒十余人，各兴义兵，同盟讨卓，而伍琼、周珌阴为内主。[1]

同卷董卓斩周珌、伍琼时曾云：

> "卓初入朝，二子劝用善士，故相从，而诸君到官，举兵相图。此二君卖卓，卓何用相负！"遂斩琼、珌。……卓既杀琼、珌，旋亦悔之。

《后汉书》卷七四上《袁绍列传》（《三国志》卷六《魏书六·袁绍传》略同）记载董、袁二人决裂的经过：

> 卓议欲废立（按：立陈留王）。……绍曰："今上富于春秋，未有不善宣于天下。若公违礼任情，废嫡立庶，恐众议未安。"卓案剑叱绍曰："竖子敢然！天下之事，岂不在我？我欲为之，谁敢不从！"绍诡对曰："此国之大事，请出与太傅[2]议之。"卓复言"刘

---

[1]《魏书》云："以为惄（按：珌）、琼等通情卖己，皆斩之。"

[2] 是时袁绍叔父袁隗为太傅。

氏种不足复遗"。绍勃然曰:"天下健者,岂惟董公!"横刀长揖径出。悬节于上东门,而奔冀州。董卓购募求绍。时侍中周珌、城门校尉伍琼为卓所信待,琼等阴为绍说卓曰:"夫废立大事,非常人所及。袁绍不达大体,恐惧出奔,非有它志。今急购之,势必为变。袁氏树恩四世,门生故吏遍于天下,若收豪杰以聚徒众,英雄因之而起,则山东非公之有也。不如赦之,拜一郡守,绍喜于免罪,必无患矣。"卓以为然,乃遣授绍勃海太守,封邟乡侯。……初平元年,绍遂以勃海起兵,与从弟后将军术、冀州牧韩馥、豫州刺史孔伷、兖州刺史刘岱、陈留太守张邈、广陵太守张超、河内太守王匡、山阳太守袁遗、东郡太守桥瑁、济北相鲍信等同时俱起,众各数万,以讨卓为名。……董卓闻绍起山东,乃诛绍叔父隗,及宗族在京师者,尽灭之。……是时豪杰既多附绍,且感其家祸,人思为报,州郡蜂起,莫不以袁氏为名。

上段伍琼云"袁氏树恩四世,门生故吏遍于天下,若收豪杰以聚徒众,英雄因之而起,则山东非公之有也",与前引《三国志·吴书一·孙破虏讨逆传》中张温不杀董卓时语"卓素著威名于陇蜀之间,今日杀之,西行无依",充分反映出董卓集团与袁绍集团社会势力之所在。董卓势力出于凉州,由于拉拢中原士大夫失败,二者遂至决裂,于是董卓表露出其本质,一副军阀作风,对中原百姓毫无爱惜之心,《三国志》卷六《魏书六·董卓传》云:

> 尝遣军到阳城。时适二月社,民各在其社下,悉就断其男子头,驾其车牛,载其妇女财物,以所断头系车辕轴,连轸而还洛,云攻贼大获,称万岁。入开阳城门,焚烧其头,以妇女与甲兵为婢妾。至于奸乱宫人公主。其凶逆如此。

其结果是使中原残破，两都遭劫，亦因此之故，董卓在中原完全没有建立社会基础，一直保留着凉州军阀特性，使自己在中原陷于孤立状态，其内心是空虚的。他怕中原人报复，在长安附近筑郿坞，可见其当时处境，《三国志》卷六《魏书六·董卓传》云：

> 卓以山东豪杰并起，恐惧不宁。初平元年二月，乃徙天子都长安。焚烧洛阳宫室，悉发掘陵墓，取宝物。卓至西京，为太师，号曰尚父。……卓弟旻为左将军，封鄠侯；兄子璜为侍中中军校尉典兵；宗族内外并列朝廷。……筑郿坞，高与长安城埒，积谷为三十年储，云事成，雄据天下，不成，守此足以毕老。

董卓外受中原人的压力，自洛阳而至长安；内遭王允等计谋政变，结束其生命。其部属李催、郭汜等，亦是与董卓同一类型的军阀集团，在中原无社会基础，但掌握兵权，在乱世中扮演破坏者的角色。

（二）袁绍集团之社会势力

袁绍集团拥有的社会势力，可与董卓做鲜明对比。袁绍是东汉典型的名士，祖先显赫，气质高贵，《三国志》卷六《魏书六·袁绍传》（《后汉书》卷七四上《袁绍列传》略同）：

> 高祖父安，为汉司徒。自安以下四世居三公位，由是势倾天下。绍有姿貌威容，能折节下士，士多附之。

当董卓私议废立，与袁绍闹翻以后，袁绍纠合关东人士征讨董卓，被推为盟主，正如其谋士从事沮授所说，《三国志》卷六《魏书六·袁绍传》云：

> 将军弱冠登朝，则播名海内；值废立之际，则忠义奋发；单骑

出奔，则董卓怀怖；济河而北，则勃海稽首。振一郡之卒，撮冀州之众，威震河朔，名重天下。

及董卓诛袁绍宗族及太傅袁隗等，当时豪杰多附袁绍，皆思为之报，州郡蜂起，莫不假其名，如豫州刺史孔伷、兖州刺史刘岱、陈留太守张邈、广陵太守张超、河内太守王匡、山阳太守袁遗、东郡太守桥瑁、济北相鲍信等，类皆官僚及士大夫阶层，又如《三国志》卷一四《魏书十四·郭嘉传》注引《傅子》，郭嘉向曹操分析敌我优劣之对答文：

绍外宽内忌，用人而疑之，所任唯亲戚子弟。……绍因累世之资，高议揖让以收名誉，士之好言饰外者多归之。

《后汉书》卷七四上《袁绍列传》亦云：

绍有姿貌威容，爱士养名。既累世台司，宾客所归，加倾心折节，莫不争赴其庭，士无贵贱，与之抗礼。

时中原士大夫，以汝颍为盛，由党锢人物[1]及《世说新语》中所载人物看，该地区人士获得全国性声誉者，为数最多，故为争夺天下的野心家吸收士大夫的重要地区。曹操曾云"汝颍多奇士"，袁绍本身既有士大夫气质与身份，亦当倾力招纳汝颍人物，《三国志》卷二三《魏书二十三·和洽传》云：

袁绍在冀州，遣使迎汝南士大夫。洽独以"冀州土平民强，英桀所利，四战之地，本初（袁绍字）乘资，虽能强大，然雄豪方起，全未可必也。……"

---

[1] 金发根在《东汉党锢人物的分析》一文中指出，以汝南、颍州、山阳三郡人物最多。刊于《"中央研究院"历史语言研究所集刊》34下册，1963。

郭嘉、荀彧、董昭等名士，皆曾为袁绍谋士；荀彧后虽入曹操阵营，家族仍有许多留在河北。然袁绍优渥士大夫，获得士大夫与官僚的赞誉，似未能进一步扩大其社会基础；在声势上高人一等，但在战阵方面并不突出，此士大夫阶层之弱点，亦因此袁绍未能翦灭董卓于先，而又败于曹操于后。

（三）曹操集团初期之社会势力

曹操之父是曹嵩，曹嵩之养父是汉桓帝宦官曹腾。宦官在东汉末叶与士大夫对立甚剧，曹操既涉及宦官家庭，故其身世极不足道。曹操初年曾想跻身于名士，《三国志》卷一《魏书一·武帝纪》建安十五年（210）注引《魏武故事》载：

> 公十二月已亥令曰：孤始举孝廉，年少，自以本非岩穴知名之士，恐为海内人之所见凡愚，欲为一郡守，好作政教，以建立名誉，使世士明知之；故在济南，始除残去秽，平心选举，违迕诸常侍。以为强豪所忿，恐致家祸，故以病还。

只落得许劭"君清平之奸贼，乱世之英雄"评语（《后汉书》卷六八《许劭列传》）。然曹操父曹嵩既官拜太尉，当非贫寒之辈，从史籍中看曹氏家族，可列为地方豪族无疑。例如《三国志》卷九《魏书九·曹仁传》裴注引《英雄记》曰：

> （曹）纯字子和。年十四而丧父，与同产兄仁别居。承父业，富于财，僮仆人客以百数。

已发掘出的曹操宗族墓更可证明这一点[1]。当曹操"至陈留，散家

---

[1] 田昌五：《读曹操宗族墓砖刻辞》，《文物》8，1978。

财，合义兵，将以诛卓"(《三国志》卷一《魏书一·武帝纪》)之时，曹氏家族纷纷参加，《三国志》卷九《魏书九·曹仁传》云：

> 曹仁字子孝，太祖从弟也。少好弓马弋猎。后豪杰并起，仁亦阴结少年，得千余人，周旋淮、泗之间，遂从太祖为别部司马。

《三国志》卷九《魏书九·曹真传》亦云：

> 曹真字子丹，太祖族子也。太祖起兵，真父邵募徒众，为州郡所杀。

袁绍与董卓破裂东归时，关东士大夫及州郡皆同情袁绍，并欢迎之。此与曹操和董卓破裂东归时之情况，形成强烈对比，《三国志》卷一《魏书一·武帝纪》云：

> 太祖乃变易姓名，间行东归。出关，过中牟，为亭长所疑，执诣县，邑中或窃识之，为请得解。

其风声鹤唳之情景，更可由下列一则故事衬托出来，同卷《魏书一·武帝纪》云：

> 太祖以卓终必覆败，遂不就拜（骁骑校尉），逃归乡里。从数骑过故人成皋吕伯奢；伯奢不在，其子与宾客共劫太祖，取马及物，太祖手刃击杀数人。

但同卷引《世语》云：

> 太祖过伯奢。伯奢出行，五子皆在，备宾主礼。太祖自以背卓命，疑其图己，手剑夜杀八人而去。

同卷引孙盛《杂记》更云：

> 太祖闻其食器声，以为图己，遂夜杀之。既而凄怆曰："宁我负人，毋人负我！"遂行。

由此观之，至少说明曹操在州郡官吏及士大夫心中的地位，不可与袁绍相比，故可知其初期拥护者并非官僚士大夫。然则曹操初期势力的基础为何？在其屡踣屡起的记载中，发现每于败退势蹙之时，除曹氏宗族以外，他深得若干地方豪族的拥戴。例如，当曹操回陈留，散家财，合义兵，讨董卓时，《三国志》卷一《魏书一·武帝纪》注引《世语》文曰：

> 陈留孝廉卫兹以家财资太祖，使起兵，众有五千人。

是时中平六年（189），这部分兵力成为曹操初次起兵的重要力量。及曹操与董卓将徐荣战，不利，士卒死伤甚多，卫兹战死荥阳，曹操为流矢所中，仅以身免，以兵少至扬州募兵，族人曹洪用力最大。《三国志》卷九《魏书九·曹洪传》云：

> （曹操）为卓将徐荣所败。……还奔谯。扬州刺史陈温素与洪善，洪将家兵千余人，就温募兵，得庐江上甲二千人，东到丹杨复得数千人，与太祖会龙亢。

汉献帝初平年间，是曹操与群雄鏖战最紧张的时期，复有李乾、李典来归，《三国志》卷一八《魏书十八·李典传》云：

> 典从父乾，有雄气，合宾客数千家在乘氏。初平中，以众随太祖。

《三国志》卷一六《魏书十六·任峻传》亦云：

> 会太祖起关东，入中牟界，众不知所从，峻独与同郡张奋议，举郡以归太祖。峻又别收宗族及宾客家兵数百人，愿从太祖。太祖

大悦，表峻为骑都尉，妻以从妹，甚见亲信。

《三国志》卷一八《魏书十八·许褚传》云：

> 许褚字仲康，谯国谯人也。……汉末，聚少年及宗族数千家，共坚壁以御寇。……太祖徇淮、汝，褚以众归太祖。太祖见而壮之曰："此吾樊哙也。"即日拜都尉，引入宿卫。诸从褚侠客，皆以为虎士。从征张绣，先登，斩首万计，迁校尉。从讨袁绍于官渡。

建安初来归者如《三国志》卷一八《魏书十八·李通传》云：

> （通）以侠闻于江、汝之间。……（并周直）众二千余家。……建安初，通举众诣太祖于许。拜通振威中郎将，屯汝南西界。太祖讨张绣，刘表遣兵以助绣，太祖军不利。通将兵夜诣太祖，太祖得以复战，通为先登，大破绣军。拜裨将军，封建功侯。分汝南二县，以通为阳安都尉。……太祖与袁绍相拒于官渡。绍遣使拜通征南将军，刘表亦阴招之，通皆拒焉。通亲戚部曲流涕曰："今孤危独守，以失大援，亡可立而待也，不如亟从绍。"通按剑以叱之曰："曹公明哲，必定天下。绍虽强盛，而任使无方，终为之虏耳。吾以死不贰。"即斩绍使，送印绶诣太祖。又击郡贼瞿恭、江宫、沈成等，皆破残其众，送其首。遂定淮、汝之地。改封都亭侯，拜汝南太守。……病薨。……文帝践阼……诏曰："昔袁绍之难，自许、蔡以南，人怀异心。通秉义不顾，使携贰率服，朕甚嘉之。……"

官渡战时，除上述之例外，李典率宗族加入，《三国志》卷一八《魏书十八·李典传》云：

> 时太祖与袁绍相拒官渡，典率宗族及部曲输谷帛供军。

　　故每当曹操危急之时，常有地方豪族举宗来奔，增强曹操势力，曹操初期势力亦以此辈为主[1]。随着势力的扩张，曹操不但在军队方面收编降兵，同时也成功跳出单一武装集团的小圈圈，吸收了当时社会中的一类重要人物——士大夫阶级。荀彧是关键性的人物，当其去袁就曹，曹操大悦曰："吾之子房也。"曹操之所以如此重视荀彧，除荀彧本身具有才华以外，最重要的是借其打开与士大夫阶级结合之通道[2]。荀彧是汝颍士大夫的重要领袖，德高望重，《三国志》卷一〇《魏书十·荀彧传》末注引《荀彧别传》曰：

　　　　彧德行周备，非正道不用心，名重天下，莫不以为仪表，海内英俊咸宗焉。司马宣王（懿）常称书传远事，吾自耳目所从闻见，逮百数十年间，贤才未有及荀令君者也。

《三国志》卷一〇《魏书十·荀彧传》云：

　　　　太祖以彧为知人，诸所进达皆称职。

《三国志》卷一〇《魏书十·荀彧传》末注引《荀彧别传》举出许多

---

[1] 据五井直弘《曹操政権の性格について》所引川胜义雄《曹操軍団の構成について》，川胜义雄谓曹操军团的构成有：（1）招募及征发亡户；（2）自愿投靠的武力集团；（3）改编投降军团。川胜义雄原文刊于《京大人文科学研究所创立二十五周年纪念论文集》，1954。滨口重国《秦漢隋唐史の研究》（东京大学出版社，1966）页 326—335 谓曹操军团的构成有：（1）招抚流贼如初平二年（191）的黑山贼、初平三年（192）的青州黄巾等；（2）征编亡户；（3）改编降兵，如建安四年（199）破张绣、官渡战后得袁氏众等；（4）各地来投靠的私兵（宗族、亲党、私客、流民）等。依本文所举例子，曹操初期尤其是初平二年破青州黄巾以前，实得力于地方豪族之来归。

[2] Ch'en Ch'i-yün, "The Rise and Decline of the Hsün Family (ca.100-300A. D.): A Case Study of One of the Aristocratic Families in the Six Dynasties, " *International Conference on Asian History*, University of Hong Kong, 1964. 该文对荀氏做了详细研究，特别是讨论了荀彧与曹操的关系。文中谓汝颍士大夫自从遭受党锢打击以后，走向两条路：其一是教授门徒，如李膺有门徒千余人；其二是与地方长官暗通款曲，互增声势，如杜密。作者按：荀彧与曹操结合，并推荐许多士大夫加入许昌政权，乃士大夫初步成为中央级官吏，是合则两利的结合情况。

荀彧推荐的人物，如下：

> 前后所举者，命世大才，邦邑则荀攸、钟繇、陈群，海内则司马
> 宣王，及引致当世知名郗虑、华歆、王朗、荀悦、杜袭、辛毗、赵俨
> 之俦，终为卿相，以十数人。取士不以一揆，戏志才、郭嘉等有负俗
> 之讥，杜畿简傲少文，皆以智策举之，终各显名。荀攸后为魏尚书令，
> 亦推贤进士。太祖曰："二荀令之论人，久而益信，吾没世不忘。"

士大夫阶层加入曹操集团，扩大了其社会基础，自此以后，以地方
豪族为主的军人与以士大夫为主体的文士，成为曹魏政权的两大支柱[1]，
同时也埋下了曹魏中期两大派别倾轧的隐患。然在曹操有生之年，力能
驾驭地方豪族与士大夫，这两类人物是中古社会势力的主派，曹氏能较
有弹性地扩张其社会基础，是其自群雄中脱颖而出的重要原因之一。

（四）孙氏集团初期之社会势力

孙坚的出身，《三国志》卷四六《吴书一·孙破虏讨逆传》云："盖
孙武之后也。"郑苏年认为这是疑词，同卷裴注《吴志》曰："坚世仕吴，
家于富春。"故富春孙氏在吴地州郡为吏，已有若干世，至孙坚亦为县
吏，以勇气闻，同卷中记载：

> 少为县吏。年十七，与父共载船至钱唐，会海贼胡玉等从匏里
> 上掠取贾人财物，方于岸上分之，行旅皆住，船不敢进。坚谓父曰：
> "此贼可击，请讨之。"父曰："非尔所图也。"坚行操刀上岸，以手
> 东西指麾，若分部人兵以罗遮贼状。贼望见，以为官兵捕之，即委
> 财物散走。坚追，斩得一级以还；父大惊。由是显闻，府召署假尉。
> 会稽妖贼许昌起于句章，自称阳明皇帝，与其子诏扇动诸县，众以

---

[1] 万绳楠：《曹魏政治派别的分野及其升降》，《历史教学》1，1964。

万数。坚以郡司马募召精勇，得千余人，与州郡合讨破之。

同卷裴注引《江表传》又称：

> 坚历佐三县，所在有称，吏民亲附。乡里知旧，好事少年，往来者常数百人，坚接抚待养，有若子弟焉。

孙氏既世代仕吴地，亦有一个庞大的宗族，《三国志》卷五一《吴书六·孙静传》云：

> 孙静字幼台，坚季弟也。坚始举事，静纠合乡曲及宗室五六百人以为保障，众咸附焉。

川胜义雄认为富春是汉民族向南发展与山越交界处，故人民剽悍[1]，孙坚复得"淮泗劲旅"，这些都是孙氏初期力量的主力，《三国志》卷四六《吴书一·孙破虏讨逆传》云：

> 汉遣车骑将军皇甫嵩、中郎将朱儁将兵讨击之（黄巾）。儁表请坚为佐军司马，乡里少年随在下邳者皆愿从。坚又募诸商旅及淮、泗精兵，合千许人，与儁并力奋击，所向无前。

当时东方诸侯联兵讨董卓，董卓独畏孙坚，同卷裴注引《山阳公载记》曰：

> 卓谓长史刘艾曰："关东军败数矣，皆畏孤，无能为也。惟孙坚小戆，颇能用人，当语诸将，使知忌之。"

孙坚是一个标准军人，招募乡里少年及淮、泗精兵为其爪牙，转战

---

[1] 川胜义雄：《貴族制社会と孫吴政権下の江南》，《中国中世史研究》，1970，页148—149。

中原，与汉末士大夫原无来往，甚至地方豪族亦甚少附随。孙坚早卒，子孙策继父业，《三国志》卷四六《吴书一·孙破虏讨逆传》裴注引《吴历》云：

> 初策在江都时，张纮有母丧。策数诣纮，咨以世务，曰："……先君与袁氏共破董卓，功业未遂，卒为黄祖所害。策虽暗稚，窃有微志，欲从袁扬州（术）求先君余兵，就舅氏于丹杨，收合流散，东据吴会，报仇雪耻，为朝廷外藩。君以为何如？"

《三国志》卷五三《吴书八·张纮传》云：

> 张纮字子纲，广陵人。游学京都，还本郡，举茂才，公府辟，皆不就，避难江东。孙策创业，遂委质焉。表为正议校尉，从讨丹杨。

又《三国志》卷五二《吴书七·张昭传》云：

> 张昭字子布，彭城人也。少好学，善隶书，从白侯子安受《左氏春秋》，博览众书，与琅邪赵昱、东海王朗俱发名友善。弱冠察孝廉，不就，与朗共论旧君讳事，州里才士陈琳等皆称善之。……汉末大乱，徐方士民多避难扬土，昭皆南渡江。孙策创业，命昭为长史、抚军中郎将，升堂拜母，如比肩之旧，文武之事，一以委昭。

这是孙策初度与士大夫接近，同书卷五三《吴书八·张纮传》引《吴书》曰："纮与张昭并与参谋，常令一人居守，一人从征讨。"而孙策得周瑜之助，使得孙氏与士大夫间的关系迈进了一大步。按庐江周氏是东汉时期的大士族之一，《三国志》卷五四《吴书九·周瑜传》云：

> 从祖父景，景子忠，皆为汉太尉。……瑜从父尚为丹杨太守。

故《三国志》卷四六《吴书一·孙破虏讨逆传》云："（孙策）与周

瑜相友，收合士大夫，江、淮间人咸向之。"孙策虽有文武全才的大士族子弟周瑜为其征战，复有张昭、张纮、秦松、陈端等文士为其计谋，但仍未能脱离武人气质，是故当孙策临终呼弟孙权佩以印绶时曰："举江东之众，决机于两阵之间，与天下争衡，卿不如我；举贤任能，各尽其心，以保江东，我不如卿。"（《三国志·吴书一·孙破虏讨逆传》）孙氏自孙坚至孙策，由孙策至孙权，其人物组合的趋向，充分表露出孙氏初期社会势力扩张的痕迹。

（五）刘备集团初期之社会势力

据《三国志·蜀书》记载，刘备集团初期主要人物的出身皆极微下。《三国志》卷三二《蜀书二·先主传》虽谓刘备是"汉景帝子中山靖王胜之后也"，但至备时已"少孤，与母贩履织席为业"，得二商人之助，略有徒众[1]。关羽、张飞的记载见《三国志》卷三六《蜀书六·关羽传》云："亡命奔涿郡。先主于乡里合徒众，而羽与张飞为之御侮。"他们是由若干武夫结合而成的一股小势力，先后依公孙瓒、陶谦、袁绍、曹操，在群雄夹缝中生存，如皮球一般被人踢来踢去，虽有英雄之名，实无久安长策之计。在移入荆州以前，追随刘备的地方豪族可能只有麋竺，两者结为姻亲，《三国志》卷三八《蜀书八·麋竺传》云：

> 麋竺字子仲，东海朐人也。祖世货殖，僮客万人，赀产巨亿。后徐州牧陶谦辟为别驾从事。谦卒，竺奉谦遗命，迎先主于小沛。建安元年，吕布乘先主之出拒袁术，袭下邳，虏先主妻子。先主转军广陵海西，竺于是进妹于先主为夫人，奴客二千，金银货币以助军资；于时困匮，赖此复振。

---

[1]《三国志》卷三二《蜀书二·先主传》云："好交结豪侠，年少争附之。中山大商张世平、苏双等赀累千金，贩马周旋于涿郡，见而异之，乃多与之金财。先主由是得用合徒众。"

至于士大夫来归者则未见，《后汉书》卷七〇《孔融列传》中有一段记载：

> （北海相孔融）为贼管亥所围。融逼急，乃遣东莱太史慈求救于平原相刘备。备惊曰："孔北海乃复知天下有刘备邪？"即遣兵三千救之，贼乃散走。

故刘备对文士之需要，如倒悬之急，屈意求贤，三顾茅庐，迎出诸葛亮为其谋士。刘备后退入荆州，荆州本是刘表地盘，刘表是东汉末年"八及"之一，士大夫领袖，许多士大夫避乱南下依附之，人才盛极一时，有所谓荆州学派[1]。刘表卒后，继起无人。刘备在荆州乘机吸收人才，荆州豪杰[2]及荆楚群士[3]先后加入其阵营者甚多，例如庞统、蒋琬、董允、杨仪、费祎、刘敏、向朗、伊籍、马良等，大部分成为其后蜀汉政权的重要分子。自荆州入蜀，有以部曲相随者，如魏延；有刘表部属率众来归者，如霍峻。刘备自从开始吸收士大夫加入阵营，引起与原本武人集团格格不入的现象，例如《三国志》卷三五《蜀书五·诸葛亮传》云：

> 于是（刘备）与亮情好日密。关羽、张飞等不悦，先主解之曰："孤之有孔明，犹鱼之有水也。愿诸君勿复言。"羽、飞乃止。

又《三国志》卷三九《蜀书九·刘巴传》裴注引《零陵先贤传》云：

> 张飞尝就巴宿，巴不与语，飞遂忿恚。诸葛亮谓巴曰："张飞虽

---

[1] 参见牟润孙：《论魏晋以来之崇尚谈辩及其影响》第五节《荆州学派》，香港中文大学，1966，页 18；汤用彤：《魏晋玄学论稿》，人民出版社，1957，页 86。

[2] 刘表生前已有豪杰来附刘备，《三国志》卷三二《蜀书二·先主传》云："荆州豪杰归先主者日益多。"

[3] 刘表卒后群士归刘备者甚众，《三国志》卷三九《蜀书九·刘巴传》云："表卒，曹公征荆州。先主奔江南，荆、楚群士从之如云。"

实武人，敬慕足下。主公今方收合文武，以定大事；足下虽天素高亮，宜少降意也。"巴曰："大丈夫处世，当交四海英雄，如何与兵子共语乎？"

按刘巴是汉末名士，与吴之张昭、魏之陈群善。由此观之，亦可见刘备集团初期的本质及其扩大社会势力的努力。

三、三国统治阶层之社会成分

从一股势力的发展过程观察，其初期性质单纯，即由某一类人组成其主干。然而，随着势力范围的扩张，它必须广泛地吸收社会上各类人的参与，尤其是社会上主要的人群；反言之，亦唯有兼容并纳，方能成其大。如果不能成功地吸收社会上主要的人群参与，自身不但难以扩大，并且会渐渐地萎缩。魏、蜀、吴初期的发展，暗合了上述的原则。曹操立足中原，孙氏在长江中下游发展，刘备栖身于汉中四川；鼎足之势已成，三者展开更复杂的竞争。承袭上节社会势力的分析，本节进一步讨论政权成立以后统治阶层内的组合。

（一）曹魏统治阶层之社会成分

魏居中原地带，官吏与人民皆属本土，故其重点在于如何获得本土力量的支持。前言曹操初期势力颇得地方豪族（尤其是谯沛地区）的支持，与士大夫阶层并无太多交往，自得荀彧以后，经荀彧引荐，许多士族子弟和士大夫参加曹操之阵营。然终曹操一生，一直与士大夫格格不入，祢衡受辱，杨修、孔融被杀，荀彧自杀，论者或认为曹操有意压制士大夫，使其在曹氏政权中不至于过度发展，或认为此乃曹操与士大夫的作风和理想迥异的结果。自曹操卒后，这种情势有了改变，曹操之二子曹丕、曹植与士大夫交往颇深。曹丕当政，旋即采纳吏部尚书陈群建议，制九品官人法。陈群祖父寔，父纪，叔父谌，皆汉末名士，故陈群属士族子弟。观乎九品中正之标准"其有言行修著，则升进之……倘或道义亏缺，则降下之"，其所持品德优先的价值观念，与汉末士大夫完全一致，即中正官之设，系汉末品藻人物风气的制度化而已 [1]。若以九品中正之标准与魏武三令 [2] 比较，可以发现两代间的差异如何巨大。这个差异充分彰显了曹魏政权吸收人物的新方针。缘因汉末天下大乱，士大夫四方流窜，失其原籍者甚多，为承继两汉乡举里选之遗意，用原籍在中央任官的人士，任本州郡大小中正官，用以评定本州郡人物 [3]，这完全是为士大夫着想的选举制度，一般农工商庶民，甚至地方豪族，不会有中央官注意他们。故九品官人法初意或非为士族而设 [4]，然其标准与方式皆适合于汉末渐次发展成熟的士族，曹丕采纳陈群的建议，反映了曹魏政权组成分子将趋向于士族子弟。姑将曹氏政权分为三期（代），以分析其社会成分的变动。

第一期：汉献帝建安元年至二十四年（196—219），曹操虽未篡位，然为实际政治的推行者，自《三国志·魏书》中获得建安年间的人物有一百三十一人，名属汉室，实则魏臣。曹氏政权有实无名。

第二期：魏文帝、明帝（220—239），共有二十年。曹氏政权有名有实。

第三期：魏齐王芳至魏亡（240—265），共有二十六年。曹爽被杀后，司马氏相继土政，改朝换代仅是时间问题。曹氏政权有名无实。

社会阶层的划分，有士族、小姓、寒素三大级（详见本书第二篇）。

士族阶层的定义：（1）州郡级著姓；（2）父、祖、曾祖辈三世之中有两世任刺史太守或二千石官吏者。

---

[1] 唐长孺：《九品中正制度试释》，《魏晋南北朝史论丛》，三联书店，1955。

[2]《三国志》卷一《魏书一·武帝纪》，建安十五年（210）春、建安十九年（214）十二月乙未、建安二十二年（217）八月令。

[3] 拙著《两晋南北朝士族政治之研究》，页100。

[4] 拙著《两晋南北朝士族政治之研究》，第四章。

小姓阶层的定义：（1）县级大姓及地方豪族；（2）父祖辈曾任州郡掾属或千石以下官吏者；（3）父祖辈之一曾任刺史太守或二千石官吏者。

寒素阶层的定义：父祖辈皆未曾任大小官吏者。

三国时期门第社会正在形成，本文结论另有详论，以上社会阶层之划分系按当时社会现象而定。士族与小姓之间，小姓与寒素之间，已渐次阶层化，但没有像两晋南北朝时期那样僵化。

表5-1　曹魏统治阶层社会成分统计表

	士族		小姓		寒素		合计
	N	%	N	%	N	%	
第一期曹操当政，196—219	38	29.0	19	14.5	74	56.5	131
第二期魏文帝、明帝，220—239	60	38.7	38	24.5	57	36.8	155
第三期魏齐王至魏亡，240—265	74	47.1	59	37.6	24	15.3	157

第一期曹操当政时期，其人物大都是初期依附曹操者。寒素官吏的比例占56.5%。寒素官吏共计七十四人：文士出身者三十五人，占寒素官吏的47.3%；吏出身者十五人，占寒素官吏的20.3%；兵出身者二人；侠盗出身者三人；未详者十九人。文士几占寒素官吏的半数。在文士之中，虽有魏武三令公然宣称不拘污行，或不仁不孝，唯才是举，实际上仅见《三国志》卷一〇《魏书十·荀彧传》注引《荀彧别传》云："戏志才、郭嘉等有负俗之讥……皆以智策举之，终各显名。"反之，在三十五个文士出身的寒素官吏之中，有许多人与党锢人物有关系[1]。曹操

---

[1] 与党锢人物或直接或间接有关系的文士出身寒素官吏者，如国渊（《三国志》卷一一，后同）、管宁（卷一一）、邴原（卷一一）、王修（卷一一）、华歆（卷一三）、孙资（卷一四）、阮瑀（卷二一）、路粹（卷二一）、卫觊（卷二一）、严干（卷二三）、杨俊（卷二三）；又所谓"名士"，也是汉末士大夫所惯用的名称。

也用名士[1]，即以上列戏志才、郭嘉而论，戏志才无列传，郭嘉有传，但没有具体污行记载，两人皆颍川人，亦皆荀彧推荐，恐亦非十恶不赦之徒。具有浓厚刑名色彩的曹操，在思想与价值标准上与士大夫有极大的差异，在实际用人方面，却很重视这股汉末士大夫势力。

第一期士族官吏占29.0%，很多出自汝颍一带[2]，与党锢人物更有关联。小姓官吏占14.5%，其中包括初期随曹操起兵的地方豪族，及父祖辈有一人任官的官家子弟。士族加小姓合计占43.5%，以人数而论，似乎不及寒素官吏多，后者占56.5%。但士族与小姓大都有部曲或宗族团体，每一个官吏代表着一个单位力量，在初期打天下阶段，比单士的力量重要，此在上一节已有分析，在政权刚建立，士族、小姓尚未完全官僚化之前，需对士族、小姓的部曲或宗族力量进行实质的分析才能获得正确的认识。政权稳固、官僚体系成立、士族小姓官僚化之后，分类计算官僚架构之中各社会成分的比例，渐渐有了重要的意义。

士族官吏第一期至第二期，自第二期至第三期，每期以大约10%的比例增加；小姓官吏自第一期至第二期，自第二期至第三期，每期亦大约以10%的比例增加；平民官吏自第一期至第二期，自第二期至第三期，每期以大约20%的比例减少。这是很有趣的增减级数。这种趋向每常是新王朝成立后的普遍现象。但曹魏政权中发生的两件大事，影响了统治阶层人物的转移，使统治阶层的变动有别于纯粹功臣子孙充塞官吏，而进入另一条轨道，此所以上述增减级数的现象，包含有新的意义。第一

---

[1] 参见《三国志》卷一四《魏书十四·刘晔传》注引《傅子》："太祖征晔及蒋济、胡质等五人，皆扬州名士。"同书卷二三《魏书二十三·常林传》："刺史梁习荐州界名士林及杨俊、王凌、王象、荀纬，太祖皆以为县长。"

[2] 如颍川荀氏的荀彧与荀攸、颍川陈氏的陈群、颍川杜氏的杜袭、汝南应氏的应场、山阳王氏的王粲、颍川钟氏的钟繇，其他如河内司马氏、鲁国孔氏的孔融、弘农杨氏的杨修、陈郡袁氏的袁涣、太山鲍氏的鲍勋与鲍邵、南阳韩氏的韩暨、京兆韦氏的韦诞、京兆杜氏的杜畿、扶风苏氏的苏则、河东裴氏的裴潜、河东贾氏的贾逵、太原郭氏的郭淮等。

件大事发生于第二期的魏文帝时代，吏部尚书陈群创九品官人法，现在已无法从残缺的史书中获知其初期实施的成效与反应，然而显然的是，九品官人法已打破功臣子孙嗣官袭位的方式，而为一群较为扩大的圈内人所代替。汉末士大夫（尤其是与党锢有关的士大夫）成为统治阶层的候选人群，这并非立刻排除现任官吏，事实上，现任官吏只要接受士大夫的价值标准，其下一代极易进入此大熔炉之中（下一节另文讨论）。第二件大事发生在第三期魏齐王芳嘉平元年（249），司马懿在一次政变中诛杀曹爽，取得实际政权。此明显表示曹氏宗亲及谯沛功臣子孙之消退，及以河内司马氏为首的士大夫集团取得绝对优势。第三期士族官吏占47.1%，几近半数，自此以后，以迄唐末，士族在统治阶层中恒在半数以上[1]。如果我们以此将汉末至唐末这七百年视为社会史上的一个架构，则曹魏期间的演变，正是这个架构形成的上坡面[2]。

（二）孙吴统治阶层之社会成分

三国之际，东吴领域内有三类人，孙氏政权之安定与否，有赖于如何安置这三类人。第一类是汉末以前中原人士南迁而居江东者，孙氏本身

---

[1] 参见拙著《两晋南北朝士族政治之研究》、拙文《唐代统治阶层社会变动》及孙国栋《唐宋之际社会门第之消融》[《新亚学报》4（1），1959]。

[2] 宇都宫清吉在《冈崎文夫博士著「南北朝に於ける社會經濟制度」を讀む》[《东洋史研究》1（3），1935]一文中提出士族始于西汉。川胜义雄在《ツナ中世贵族政治の成立について》[《史林》33（4），1950]一文中指出士族始于东汉末叶清流士大夫集团。五井直弘在《曹操政権の性格について》(《历史学研究》195，1956)中论及两晋南北朝士族依其血缘仅可溯及曹魏时期。作者按：若以社会架构而论，士族延续不断地占统治阶层之多数，始于曹魏。所以曹魏时期是门第社会架构的上坡面。中古型门第社会虽然甚为闭塞，家族间盛衰亦屡有变易，但这种现象属于架构内个别家族的变动，与整个社会架构变动性质不同，本文认为中古型门第社会始于曹魏，结论虽与五井直弘相同，但并非按其血缘推论获得的结果，实是与门第社会架构上坡面切合。士族可溯源于西汉，虽然当时并未发展成士族社会。又矢野主税对于这个社会架构之成立亦有详细论说，参见矢野主税：《門閥社會成立史》，国书刊行会，1976。

亦属此类，上一节已有论及。大臣如吴郡顾氏（《三国志》卷五二）、吴郡朱氏（卷五六、卷五七）、吴郡张氏（卷五七）、吴郡陆氏（卷五七、卷五八）、吴郡全氏（卷六〇）、会稽贺氏（卷六〇）、会稽钟离氏（卷六〇）、会稽虞氏（卷五七）等。孙氏政权，尤其自孙权当政以后，与这些大士族关系极为密切，彼此间屡有婚嫁，孙权的宰辅亦大部分出于这一类人物[1]。江东大族以吴郡朱、张、顾、陆为最重要[2]。孙氏与四大姓一直维持着良好的关系，基本上他们属于同一类人，孙氏未当权以前，朱、张、顾、陆在江东的地位远在富春孙氏之上，依孙氏建国过程的史实观察，他们的合作远胜过矛盾[3]。例如《三国志》卷五二《吴书七·顾雍传》：

> 孙权领会稽太守，不之郡，以雍为丞，行太守事，讨除寇贼，郡界宁静，吏民归服。

又《三国志》卷五六《吴书十一·朱桓传》：

> 朱桓字休穆，吴郡吴人也。孙权为将军，桓给事幕府，除余姚长。往遇疫疠，谷食荒贵，桓分部良吏，隐亲医药，餐粥相继，士民感戴之。迁荡寇校尉，授兵二千人，使部伍吴、会二郡，鸠合遗散，期年之间，得万余人。

第二类是汉末天下大乱时南迁者，寄身吴会，这一类人与孙氏颇为

---

[1] 顾雍于黄武四年（225）代孙邵为丞相，至赤乌六年（243）卒，为相共十九年；陆逊于赤乌七年（244）继顾雍为相，赤乌九年（246）才由步骘代陆逊为相，已是孙权的末期。孙氏与吴郡四姓嫁娶关系参见何启民：《中古南方门第——吴郡朱张顾陆四姓之比较研究》，《政治大学学报》27，1973。

[2] 参考何启民《中古南方门第——吴郡朱张顾陆四姓之比较研究》一文，尤对朱氏有独到的看法。

[3] 宫川尚志：《六朝史研究：政治·社会篇》，页243。冈崎文夫：《魏晋南北朝通史》（弘文堂书房，1932）谓孙权移都秣陵是吴郡四姓的压力所致，但并无强有力的证据，恐系猜测之言。

合作，也很受重用，例如张昭[1]、步骘[2]、张纮[3]、严畯[4]、程秉[5]、薛综[6]、鲁肃[7]、吕蒙[8]、吕岱[9]、是仪[10]、胡综[11]、诸葛瑾[12]、滕胤[13]、濮阳兴[14]等。

---

[1]《三国志》卷五二《吴书七·张昭传》："张昭字子布，彭城人也。……汉末大乱，徐方士民多避难扬土，昭皆南渡江。孙策创业，命昭为长史、抚军中郎将，升堂拜母，如比肩之旧，文武之事，一以委昭。……策临亡，以弟权托昭，昭率群僚立而辅之。"

[2]《三国志》卷五二《吴书七·步骘传》："步骘字子山，临淮淮阴人也。世乱，避难江东，单身穷困，与广陵卫旌同年相善，俱以种瓜自给，昼勤四体，夜诵经传。……孙权为讨虏将军，召骘为主记。……赤乌九年，代陆逊为丞相。"

[3]《三国志》卷五三《吴书八·张纮传》："张纮字子纲，广陵人。游学京都，还本郡，举茂才，公府辟，皆不就，避难江东。孙策创业，遂委质焉。"

[4]《三国志》卷五三《吴书八·严畯传》："严畯字曼才，彭城人也。少耽学，善《诗》《书》《三礼》，又好《说文》。避乱江东，与诸葛瑾、步骘齐名友善。性质直纯厚，其于人物，忠告善道，志存补益。张昭进之于孙权。……为尚书令。"

[5]《三国志》卷五三《吴书八·程秉传》："程秉字德枢，汝南南顿人也。逮事郑玄，后避乱交州，与刘熙考论大义，遂博通五经。士燮命为长史。权闻其名儒，以礼征秉，既到，拜太子太傅。"

[6]《三国志》卷五三《吴书八·薛综传》："薛综字敬文，沛郡竹邑人也。少依族人避地交州，从刘熙学。士燮既附孙权，召综为五官中郎将。……赤乌三年徙选曹尚书。"

[7]《三国志》卷五四《吴书九·鲁肃传》："鲁肃字子敬，临淮东城人也。……家富于财，性好施与。尔时天下已乱，肃不治家事，大散财货，摽卖田地，以赈穷弊结士为务，甚得乡邑欢心。周瑜为居巢长，将数百人故过候肃，并求资粮。肃家有两囷米，各三千斛，肃乃指一囷与周瑜，瑜益知其奇也，遂相亲结，定侨、札之分。……乃携老弱将轻侠少年百余人，南到居巢就瑜。瑜之东渡，因与同行。"

[8]《三国志》卷五四《吴书九·吕蒙传》："吕蒙字子明，汝南富陂人也。少南渡，依姊夫邓当。当为孙策将。"后定荆州，"以蒙为南郡太守，封孱陵侯"。

[9]《三国志》卷六〇《吴书十五·吕岱传》："吕岱字定公，广陵海陵人也，为郡县吏，避乱南渡。孙权统事，岱诣幕府，出守吴丞。……拜大司马。"

[10]《三国志》卷六二《吴书十七·是仪传》："是仪字子羽，北海营陵人也。……避乱江东。……孙权承摄大业，优文征仪。到见亲任，专典机密，拜骑都尉。……后拜尚书仆射。"

[11]《三国志》卷六二《吴书十七·胡综传》："胡综字伟则，汝南固始人也。少孤，母将避难江东。孙策领会稽太守，综年十四，为门下循行，留吴与孙权共读书。"

[12]《三国志》卷五二《吴书七·诸葛瑾传》："诸葛瑾字子瑜，琅邪阳都人也。汉末避乱江东。值孙策卒，孙权姊婿曲阿弘咨见而异之，荐之于权，与鲁肃等并见宾待。……拜大将军、左都护，领豫州牧。"

[13]《三国志》卷六四《吴书十九·滕胤传》："滕胤字承嗣，北海剧人也。伯父耽，父胄，与刘繇州里通家，以世扰乱，渡江依繇。孙权为车骑将军，拜耽右司马。……弱冠尚公主。年三十，起家为丹杨太守，徙吴郡、会稽，所在见称。"

[14]《三国志》卷六四《吴书十九·濮阳兴传》："濮阳兴字子元，陈留人也。父逸，汉末避乱江东，官至长沙太守。……兴为太常卫将军、平军国事，封外黄侯。"

以上两类人有的在孙策时代已加入孙氏政权，然大部分都是孙权当政以后引进并获重用的，故孙权当政以后的人物结合有一番新的气象，使孙坚、孙策的武人集团性质有了重大的改变。当然，孙氏政权并无大政潮发生，政权性质的改变是通过大量引入第一类汉末以前已来江东的大族，及第二类汉末天下大乱时南迁的宗族团体和个人。早年随孙坚征伐的武人如韩当[1]、程普[2]、黄盖[3]，和追随孙策开拓江南的蒋钦[4]、周泰[5]、陈武[6]、凌操[7]等，仍然在孙权时代继续获得重用，尤以军功闻名。然而，孙氏实施世兵制，这批功臣后裔渐次士族化。

　　第三类是南方土著——山越，山越到底是另一种种族，抑或其中大部分是汉人，许多学者仍在争论。无论如何，他们并没有像第一类、第

---

[1]《三国志》卷五五《吴书十·韩当传》："韩当字义公，辽西令支人也。以便弓马，有臂力，幸于孙坚，从征伐周旋，数犯危难，陷敌擒虏，为别部司马。及孙策东渡，从讨三郡……山越畏服。……黄武二年，封石城侯，迁昭武将军，领冠军太守，后又加都督之号。……病卒，子综袭侯领兵。"

[2]《三国志》卷五五《吴书十·程普传》："程普字德谋，右北平土垠人也。初为州郡吏，有容貌计略，善于应对。从孙坚征伐，讨黄巾……破董卓……复随孙策……与张昭等共辅孙权……与周瑜为左右督，破曹公于乌林。……卒。权称尊号，追论普功，封子咨为亭侯。"

[3]《三国志》卷五五《吴书十·黄盖传》："黄盖字公覆，零陵泉陵人也。初为郡吏，察孝廉，辟公府。孙坚举义兵，盖从之。南破山贼，北走董卓，拜盖别部司马。坚薨，盖随策及权。……追论其功，赐子柄爵关内侯。"

[4]《三国志》卷五五《吴书十·蒋钦传》："蒋钦字公奕，九江寿春人也。孙策之袭袁术，钦随从给事。及策东渡，拜别部司马，授兵。……权讨关羽，钦督水军入沔，还，道病卒。……子壹封宣城侯。……卒。壹无子，弟休领兵。"

[5]《三国志》卷五五《吴书十·周泰传》："周泰字幼平，九江下蔡人也。与蒋钦随孙策为左右，服事恭敬，数战有功。……督濡须，拜平虏将军。……封陵阳侯。黄武中卒。子邵以骑都尉领兵。……黄龙二年卒。弟承领兵袭侯。"

[6]《三国志》卷五五《吴书十·陈武传》："陈武字子烈，庐江松滋人。孙策在寿春，武往脩谒，时年十八，长七尺七寸，因从渡江，征讨有功，拜别部司马。策破刘勋，多得庐江人，料其精锐，乃以武为督，所向无前。及权统事，转督五校。"

[7]《三国志》卷五五《吴书十·凌统传》："凌统字公绩，吴郡余杭人也。父操，轻侠有胆气，孙策初兴，每从征伐，常冠军履锋。……及权统军，从讨江夏。……中流矢死。统年十五，左右多称述者，权亦以操死国事，拜统别部司马，行破贼都尉，使摄父兵。"

二类人那样加入孙氏政权，孙氏政权与他们处于对立状态，这一点从
《三国志·吴书》传记中许多人因平定山越民帅而封侯赐爵可知[1]。

　　《三国志·吴书》中所寻得的官吏，按其社会成分统计见表5-2。

表5-2　孙吴统治阶层社会成分统计表

	士族		小姓		寒素		合计
	N	%	N	%	N	%	
前期（开国至赤乌八年陆逊丞相卒，222—245）	31	38.3	19	23.4	31	38.3	81
后期（孙权赤乌九年至吴亡，246—280）	58	54.2	31	29.0	18	16.8	107

　　孙氏政权前期之中，士族官吏加小姓官吏占61.8%，寒素官吏占
38.3%，表示其开国之始，政权具有浓厚的贵族色彩。正如上文分析，孙
氏立基南方，极力拉拢江东大族参加政权，早年功臣如庐江大士族周瑜、
临淮地方富豪鲁肃、吴郡四大姓朱张顾陆、会稽经学世家虞氏谢氏等，
尤以顾雍为相十九年及陆逊继之为最明显，在北来避乱的人士之中，亦
有大族子弟，如琅琊诸葛氏。

　　寒素官吏比例虽低，但并未被排斥于统治阶层之外，在前期三十一
位寒素官吏之中，文士占十一人，大都是上文所引自中原南奔者。其中
步骘在赤乌九年（246）继陆逊为丞相。前期以吏出身者有六人，兵出身
者七人，农出身者一人，道出身者二人，未详者四人，加文士十一人，
共计寒素官吏三十一人。机会虽不多，但并未完全闭塞。

　　后期士族官吏的比例一跃而达54.2%，小姓官吏略升为29.0%，寒素
官吏落至16.8%，表示其士族化之继续。孙吴似乎也有九品官人法，《三

---

[1] 参见高亚伟：《孙吴开辟蛮越考》，《大陆杂志》7（7-8），1953。

国志》卷六一《吴书十六·潘濬传》末注引《襄阳记》曰：

> 襄阳习温为荆州大公平。大公平，今之州都[1]。秘过辞于温，问
> 曰："先君昔日君侯当为州里议主，今果如其言，不审州里谁当复相
> 代者？"温曰："无过于君也。"后秘为尚书仆射，代温为公平，甚
> 得州里之誉。

　　九品官人法可能在末期于部分地区实施，详细办法已无记载可考。
然从《三国志·吴书》诸传记的记载中发现，子孙袭爵领父兵者，又有
奉邑制[2]，孙氏政权封建意味最浓。这种发展，自有其特殊因素，孙氏
初期立基江东，唯有五郡[3]。一方面，经孙权锐意经营，本文上述汉末
以前定居江东的吴郡会稽大姓，以及汉末时南奔的中原人士，大都加入
其政权；而南方土著山越、地方民帅等，一直与孙氏处于对立状态。滨
口重国谓，孙氏有奉邑制、世兵制等，因孙氏除北有强敌曹操、西有强
敌刘蜀以外，境内山越不宁。孙氏无法负担庞大的军事费用，故有类似
封建制的办法出现，使大族能自行供养世兵部曲[4]。另一方面，江南下
层阶级中农民依财富分化出上下层次来[5]，演变成与上层社会同一方向
的平行发展，门第社会是一套极具层次化的社会，江东的发展已刻画出
概略的模型，这便是东晋朝门第社会的温床。

---

[1] 潘眉注《三国志》曰：为作大公平，今之州都中正；周寿昌曰：晋承其制，遂有大中正
之设。

[2] 参见《中国中世史研究》中川胜义雄《貴族制社会と孫吴政権下の江南》一文，及滨口
重国《秦漢隋唐史の研究》第十一章《吴蜀の兵制と兵户制》。

[3] 参见滨口重国：《秦漢隋唐史の研究》。

[4] 《三国志》卷四七《吴书二·吴主传》建安五年（200）："是时惟有会稽、吴郡、丹杨、
豫章、庐陵，然深险之地犹未尽从，而天下英豪布在州郡，宾旅寄寓之士以安危去就为意，
未有君臣之固。……分部诸将，镇抚山越，讨不从命。"

[5] 唐长孺：《孙吴统治期间农民封建化的迅速发展》，《三至六世纪江南大土地所有制的发
展》，上海人民出版社，1957。

（三）刘蜀统治阶层之社会成分

自汉室失去统御的力量，州牧拥兵自立，各自为政，刘焉、刘璋雄踞四川，亦一方之霸。然以四川人而言，刘焉、刘璋是外来的统治者，不幸刘氏与蜀郡人关系并不融洽，刘焉曾"托他事杀州中豪强王咸、李权等十余人，以立威刑"[1]，于是蜀郡人[2]"犍为太守任岐及贾龙由此反攻焉，焉击杀岐、龙"[3]。刘焉之克任岐、贾龙，得力于东州兵[4]。东州兵者，是"南阳、三辅人流入益州数万家，收以为兵，名曰东州兵"[5]。东州兵与刘焉都是外来者，又助刘焉平定蜀郡人，故受优容，至刘璋时尤甚，可能是侵犯到四川大族的利益，遂引起了一次重大的冲突，《三国志》卷三一《蜀书一·刘二牧传》裴注引《英雄记》云：

> 璋性宽柔，无威略，东州人侵暴旧民，璋不能禁，政令多阙，益州颇怨。赵韪素得人心，璋委任之。韪因民怨谋叛，乃厚赂荆州请和，阴结州中大姓，与俱起兵，还击璋。蜀郡、广汉、犍为皆应韪。璋驰入成都城守，东州人畏威（韪），咸同心并力助璋，皆殊死战，遂破反者，追攻韪于江州。韪将庞乐、李异反杀韪军，斩韪。

按官职与事迹对照，《英雄记》中赵韪可能即《华阳国志》中的安汉赵颖[6]。安汉县有大姓陈、范、阎、赵[7]，故赵韪本人亦属大姓，又"阴

---

[1]《三国志》卷三一《蜀书一·刘二牧传》。

[2]《三国志》卷三一《蜀书一·刘二牧传》裴注引《英雄记》云："岐、龙等皆蜀郡人。"

[3]《三国志》卷三一《蜀书一·刘二牧传》。

[4]《华阳国志》云："汉献帝初平二年，犍为太守任岐与贾龙恶焉之阴图异计也，举兵攻焉，烧成都邑下。焉御之，东州人多为致力，遂克岐、龙。"

[5]《三国志》卷三一《蜀书一·刘二牧传》裴注引《英雄记》语。

[6]《华阳国志》卷一《巴志》："献帝兴平元年，征东中郎将安汉赵颖建议分巴为二郡，颖欲得巴旧名……"《三国志》卷三一《蜀书一·刘二牧传》末"以韪为征东中郎将"，《三国志》卷三一《蜀书一·刘璋传》赵一清注曰："《续郡国志》巴郡注引谯周《巴记》曰：初平六年，赵韪分巴为二郡，欲得巴旧名……"事迹与官职皆同，故赵韪可能是安汉赵颖。时间差异见上条注引全祖望考证。

[7]《华阳国志》卷一《巴志》巴西郡安汉县条："号出人士。大姓陈范阎赵。"

结州中大姓，与俱起兵"，外来者刘璋及东州兵背水一战，才战胜四川大姓，是时建安六年（201）。这次事件，使刘璋与四川大姓关系破裂。刘备应邀入川在建安十六年（211），十七年（212）刘璋、刘备不和，十九年（214）刘璋降。似乎并不见四川大姓助刘璋的记载。

以四川人而言，刘备也是外来的统治者，狩野直祯统计《三国志·蜀书》自《诸葛亮传》至《杨戏传》得五十六列传，其籍贯分配为：荆州二十二人，益州十八人，司隶五人，徐、幽、凉、豫各二人，冀、青、兖各一人[1]。刘备同样遭遇了刘焉、刘璋遇到的难题，诸葛亮处理这个难题的方式为：中央级官吏如录尚书事、平尚书事、尚书令、尚书仆射等以非益州人为主体；丞相府的主簿、参军等，非益州人与益州县大姓参半；地方级官吏如治中从事、别驾从事、议曹从事、督军从事、部郡从事等，用益州县大姓[2]。在诸葛亮严刑、公平的治理之下[3]，似乎没有发生冲突现象。然刘备政权的这种用人方式，将使人才枯竭，尤其是中央官吏和武将，且将《三国志·蜀书》的人物，按其社会成分统计于下：

---

[1] 参见狩野直祯：《蜀漢政権の構造》，《史林》42（4），1959。

[2] 参见狩野直祯：《蜀漢政権の構造》。

[3]《三国志》卷三五《蜀书五·诸葛亮传》裴注引《蜀记》云："亮刑法峻急，刻剥百姓，自君子小人咸怀怨叹，法正谏曰：'昔高祖入关，约法三章，秦民知德，今君假借威力，跨据一州，初有其国，未垂惠抚；且客主之义，宜相降下，愿缓刑弛禁，以慰其望。'亮答曰：'君知其一，未知其二。秦以无道，政苛民怨，匹夫大呼，天下土崩，高祖因之，可以弘济。刘璋暗弱，自焉以来有累世之恩，文法羁縻，互相承奉，德政不举，威刑不肃。蜀土人士，专权自恣，君臣之道，渐以陵替；宠之以位，位极则贱，顺之以恩，恩竭则慢。所以致弊，实由于此。吾今威之以法，法行则知恩，限之以爵，爵加则知荣；荣恩并济，上下有节。为治之要，于斯而著。'"

表 5-3　刘蜀统治阶层社会成分统计表

	士族		小姓		寒素		合计
	N	%	N	%	N	%	
前期（黄皓当政以前，220—245）	14	19.7	10	14.1	47	66.2	71
后期（黄皓当政至蜀亡，246—263）	19	40.4	21	44.7	7	14.9	47

前期寒素官吏占 66.2%，几近三分之二，士族官吏与小姓官吏比例甚低。正如上一节分析，刘备虽托汉裔之名，实则甚少大士族、官僚、地方豪族归附。寒素官吏的出身又可统计于表 5-4。

表 5-4　刘蜀政权寒素官吏成分统计表

	文士	吏	兵	未详	合计
N	20	5	5	17	47
%	42.6	10.6	10.6	36.2	100

单身之士，大都是在荆州时所得，随刘备入川。

后期即黄皓当政至蜀亡，《三国志·蜀书》上共得四十七个官吏，其中十一人为由第一期任官而延续至第二期者，寒素占七人，嗣侯袭官者有十六人，另有十人亦可能以父为官，其他三人未详。嗣侯袭官及以父为官的现象是刘备政权后期的普遍现象，意味着已经参加政权者其子孙有高度的保障，使统治阶层局限于一个小圈圈内。人才的枯竭自诸葛亮时已经出现[1]，至后期更加严重。

---

[1]《三国志》卷三五《蜀书五·诸葛亮传》裴注引《汉晋春秋》（即《后出师表》）曰："自臣到汉中，中间期年耳，然丧赵云、阳群、马玉、阎芝、丁立、白寿、刘郃、邓铜等及曲长屯将七十余人，突将无前。賨、叟、青羌散骑、武骑一千余人，此皆数十年之内所纠合四方之精锐，非一州之所有，若复数年，则损三分之二也，当何以图敌？此臣之未解五也。"

（四）三国统治阶层社会成分之比较

表5-5 三国统治阶层社会成分统计表

（单位：%）

		士族	小姓	寒素
曹魏	第一期	29.0	14.5	56.5
	第二期	38.7	24.5	36.8
	第三期	47.1	37.6	15.3
孙吴	前期	38.3	23.4	38.3
	后期	54.2	29.0	16.8
刘蜀	前期	19.7	14.1	66.2
	后期	40.4	44.7	14.9

比较魏、吴、蜀三国政权的社会成分，发现孙吴第一期与曹魏第二期、孙吴第二期与曹魏第三期的比例极相似。这表示孙吴政权从其立国之始，已高度贵族化。而曹魏与孙吴政权不但走向同一条历史轨道，且属同一速率。刘蜀第一期与曹魏第一期较类似，说明两个政权初期性质相似，只是前者型小，后者型大；前者有一州，后者居于中原。刘蜀第二期已发展成高度的士族化，如前文所述，其政权基础已囿于既定的统治阶层，强烈排斥新血液加入。曹魏亦朝士族化推进，九品官人法演变的结果是日趋士族化，其本身属于一种圈圈内选择的选举制度，但曹魏有时间、空间两方面的优越条件。所谓空间优越条件，指曹魏境内是当时中国开发程度最高的地区，文化水平高，士子众多，九品官人法之初意，亦在于收纳因战乱而散失的人才，士子众多则表示圈圈内候选人多，维持着圈内竞争与流动的形态，此所以九品官人法不等于世袭制度也；所谓时间优越条件，指曹魏有较充裕的时间，由功臣世袭形态转移

到九品中正的新制度上。所以曹魏无人才枯竭现象。自汉朝选举制度
弊端丛生、汉末政局紊乱以来，魏文帝时吏部尚书陈群所创的九品官人
法，是无法之中的办法，比较魏、蜀、吴三个政权，曹魏的制度似乎略
胜一筹。

四、结论——三国时期之社会变动

（一）士

余英时先生在《汉晋之际士之新自觉与新思潮》一文中指出，"东汉
中叶以前，士大夫之成长过程较为和平，故与其他社会阶层之殊异，至
少就其主观自觉言，虽存在而尚不甚显著。中叶以后，士大夫集团与外
戚宦官之势力日处于激烈争斗之中，士之群体自觉意识，遂亦随之而日
趋明确"[1]。按士与社会上其他人物较之，原本有其特立独行的外在表现
与内在观念，经与宦官、外戚冲突激发之共同利害，很自然地形成自我
团体，党锢事件中士受害最烈，也是士互相奥援、急速交流的高潮。两
汉已发展出若干士族，论者多矣！然尚未有如两晋南北朝般的门第社会。
公、私立教育盛行，社会上亦有许许多多单士，《后汉书·党锢列传》中
有许多人是未曾任官的"处士"，跟随这次运动的主要后援队——太学
生，仅是官吏候选人，亦属"处士"。这些人物之中，有许多人是寒素
出身，至少在东汉末叶士族与单士的界线并不明晰。也就是说，当时职
业间的阶层意识较浓，同职业中地位高下的意识较淡[2]。卷入党锢事件的
士，纷返故里，他们有的是社会领袖，有的是社会势力。党锢者，禁锢

---

[1] 参见余英时：《汉晋之际士之新自觉与新思潮》，《新亚学报》4（1），1959，页26。
[2] 例如，黄宪世贫穷，父为牛医，颍川荀淑及汝南同郡陈蕃、周举皆对黄宪甚尊敬，语见
《后汉书》卷五三《黄宪列传》。

终身不得为仕之意，在学而优则仕的时代，是严厉的处罚。汉政府既已无门而入，他们就等待其他机会。三国之际，天下大乱，群雄并起，各方争相吸收社会势力，以为争天下的资本；士遂流入各势力集团之中，从下列统计中，可发现在魏、蜀、吴初期政权中，单士在寒素出身的官吏中所占比例甚高。

表 5-6　三国政权寒素官吏成分统计表

	文士		未详		其他		寒素官吏总数
	N	%	N	%	N	%	
曹魏初期	35	47.3	19	25.7	20	27.0	74
孙吴初期	11	35.5	4	12.9	16	51.6	31
刘蜀初期	20	42.6	10	21.3	17	36.2	47

党锢事件促使士的自我团体形成强大凝聚力，他们散居各方，仍维持往来。如受孙氏重用的张昭“与琅邪赵昱、东海王朗俱发名友善……昭每得北方士大夫书疏”[1]；张纮“建安四年，策遣纮奉章至许宫，留为侍御史。少府孔融等皆与亲善”[2]，“纮至，与在朝公卿及知旧述策材略绝异”[3]；吴国会稽余姚虞翻与孔融书信往返，讨论经学[4]。刘蜀尹默与荆州士大夫交往颇深[5]；另一位刘巴“交四海英雄”，拒“与兵子（张飞）共语”[6]，刘巴所谓四海英雄是指张昭、陈群等。刘蜀政权中许靖亦未脱离与中原士大夫交往[7]。空间与时间都能维持久远，有赖于内在因素，《世

[1]《三国志》卷五二《吴书七·张昭传》。

[2]《三国志》卷五三《吴书八·张纮传》。

[3]《三国志》卷五三《吴书八·张纮传》裴注引《吴书》。

[4]《三国志》卷五七《吴书十二·虞翻传》。

[5]《三国志》卷四二《蜀书十二·尹默传》。

[6]《三国志》卷三九《蜀书九·刘巴传》裴注引《零陵先贤传》。

[7]《三国志》卷三八《蜀书八·许靖传》。

说新语》中记载的汉晋间士大夫的逸闻，充分表露出他们蕴含着一股精神，亦即陈寅恪、钱穆先生所强调的学术品德[1]。

单士之成为士族、士族之继续发展，其主流仍应从曹魏政权中探索，五井直弘从中古士族血缘来观察，后汉与曹魏之间有断层现象，而两晋以降的士族大都源于曹操"辟召"的人物[2]；应从另一角度解释这批人物，两晋南北朝士族从学术文化背景看，其脉络应上溯党锢人物，当时他们多数是在野身份。曹操势力初期以谯沛地方豪族为主体，得荀彧以后，经荀彧之推荐遂有大量士大夫加入。对曹操而言，是政权基础的扩大；对士大夫而言，随着许昌政权的稳定，原本在汉朝未能求得的名位终于得以实现，也就是说他们由在野步入从政，由社会领袖的身份兼具政治领袖的身份，这是单士的上升，亦是士族的继续发展。嘉平年间司马懿胜曹爽的政潮，代表着传统王朝功臣嗣袭方式的挫折，具有学术文化精神的士大夫进一步发展，单士成为官僚，再成为士族。往昔他们的自我意识，今日又可在排外的做法上表现出来，此九品官人法是也。

（二）地方豪族

曹操集团初期势力之形成，深得地方豪族之助，地方豪族亦成为曹魏政权中的重要支柱，前文已有论及。汉末天下大乱，中原作为四战之地受祸最烈，单士较易于四散避难[3]，地方豪族大都以田地产为基业，迁徙困难，然兵燹可怕，安危可虑，如颍川荀氏在本文分类中虽列为士族，但其迁移宗族的记载，可作地方豪族的写照，《三国志》卷一〇《魏书十·荀彧传》曰：

---

[1] 参见陈寅恪《隋唐制度渊源略论稿》《唐代政治史述论稿》。钱穆：《略论魏晋南北朝学术文化与当时门第之关系》，《新亚学报》5（2），1963。

[2] 五井直弘：《曹操政権の性格について》，《历史学研究》195，1956。

[3] 参见庞圣伟：《论三国时代之大族》第五章，《新亚学报》6（1），1964。

（或）谓父老曰："颍川，四战之地也，天下有变，常为兵冲……"独将宗族至冀州（从韩馥。留者后多为董卓将李傕所杀略焉）。

《三国志》卷三八《蜀书八·麋竺传》亦云：

麋竺字子仲，东海朐人也。祖世货殖，僮客万人，赀产巨亿。[1]

刘备势力极蹙，愿依附其的地方豪族远不如曹操的多，此在上一节已有细论。然淮、泗之地，地近江东，南方沃野万里，少战争，南下依孙氏者众多。鲁肃的想法可代表其心声，《三国志》卷五四《吴书九·鲁肃传》裴注引《吴书》云：

肃乃命其属曰："中国失纲，寇贼横暴，淮、泗间非遗种之地，吾闻江东沃野万里，民富兵强，可以避害。……"……肃渡江往见策。

历代新王朝之建立，若经战争而有天下者，常有这一类的地方豪族来依附，成为后来的开国功臣，封侯赐爵，传绵若干世。以地方豪族而论，这是家族地位之上升，一跃而成为士族。这类人虽升为士族，但与经术传家而来的士族稍有差别，两者仍有冲突，曹魏政权中谯沛集团与颍汝集团间的政争，即其例也；当然，谯沛集团之失势，并非表示这一类的士族完全被排除于统治阶层之外，事实上，有一部分仍在两晋南北朝扮演次级士族的角色，如曹氏、夏侯氏。然而，能够继续留在统治阶层中的士族（由地方豪族晋升的士族），必须随着这个时代的潮流士族化、官僚化，而失去其原来的性格。

---

[1]《拾遗记》曰："竺叹曰：'人生财运有限，不得盈溢，惧为身之患害。'时三国交锋，军用万倍，乃输其宝物车服，以助先主：黄金一亿斤，锦绣毡罽积如丘垄，骏马万匹。"

（三）其　他

以吏的身份上升者，曹魏第一期得十五人，占寒素官吏 20.3%；孙吴前期得六人，占寒素官吏 19.4%；刘蜀前期得五人，占寒素官吏 10.6%。儒吏之辞，屡见于汉朝的言论中，本文不做讨论。然自儒家兴起，吏的机会日减。以兵的身份上升者，曹魏第一期得二人，占寒素官吏 2.7%；孙吴前期得七人，占寒素官吏 22.6%；刘蜀前期得五人，占寒素官吏 10.6%。其他侠盗共得三人，道得二人，农得一人。凡此皆开国之际上升者。

综上所述，三国时期单士与地方豪族的动态，可由下图示之：

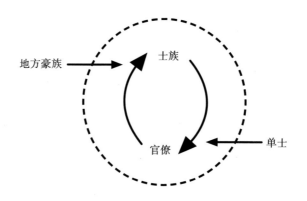

图 5-1　三国时期单士与地方豪族动态图

士族与官僚互转，融合成中古社会的统治阶层，这个核心的外壳（虚线）越变越硬，三国以后的单士与地方豪族渐渐无法打入其中，门第社会于焉成立，而三国时期是中古七百年门第社会的上坡面。

第六篇

两晋南北朝主要文官士族成分的
统计分析与比较

一、前　言

《晋书》卷九二《文苑传·王沈传》：

（王沈）少有俊才，出于寒素，不能随俗沉浮，为时豪所抑。仕郡文学掾，郁郁不得志，乃作《释时论》。其辞曰：……百辟君子，奕世相生，公门有公，卿门有卿。指秃腐骨，不简蚩偄。多士丰于贵族，爵命不出闺庭。四门穆穆，绮襦是盈，仍叔之子，皆为老成。贱有常辱，贵有常荣，肉食继踵于华屋，疏饭袭迹于耨耕。

王沈或许因为在当时极不得意，说出上面的话，但也不是无病呻吟无的放矢。因为士族[1]的酝酿，到东汉时开始转盛。建安年间，曹操为

---

[1] 两晋南北朝正史，以及后来学者对该时期累世官宦家族之称呼，共得二十七种：曰高门；曰门户；曰门地；曰门第；曰门望；曰膏腴；曰膏粱；曰甲族；曰华侪；曰贵游；曰势族；曰势家；曰贵势；曰世家；曰世胄；曰门胄；曰金张世族；曰世族；曰著姓；曰右姓；曰门阀；曰阀阅；曰名族；曰高族；曰高门大族；曰士流；曰士族。上列二十七种称呼，所指意义小异而大同，由于各人对同一事实所着重之点不同，遂有名词上的差异。且观乎《新唐书》卷一九九《柳冲传》："魏氏立九品，置中正，尊世胄，卑寒士，权归右姓。其州大中正、主簿，郡中正、功曹，皆取著姓士族为之，以定门胄，品藻人物。……郡姓者，以中国士人差第阀阅为之制。"短短数言之中，接连应用"世胄""右姓""著姓""士族""门胄""阀阅"等六名词，所指事物则一。本文为便利起见，权且以"士族"一词作为代表。

了平定中原，立法用人，或有不利于士族子弟处。这种现象，随魏文帝曹丕登基而转变，他采纳吏部尚书陈群的建议，订立九品中正为用人取士的制度。九品中正的精神，是想恢复古代乡举里选的遗意，所以朝廷任命官吏，特别重视乡评 [1]。因此，九品中正起初并不是为士族而设立，然而这个制度渐渐士族化 [2]，成为士族把持政治地位的有力工具，加上高门大族在经济上的特权，教育重心聚集于家族，以及门第婚姻和社会观念等因素，推波助澜之下，这一现象越演越烈。从西晋东晋的优借士族 [3]，相沿到宋、南齐、梁、陈而无法更改。拓跋元氏入主中国北方，为政权能够保持长久计，学习中原的文物，模仿中原的社会制度，尤其自孝文帝迁都洛阳以后，几乎完全接受中原汉族的门第观念，所以在变胡姓为汉姓之后，门第阶层顺理成章地渐渐替代了种族阶层，于是评定四海士族 [4]，作为铨量选举百官的准则。事实上，不论南朝还是北朝，士族子弟都是当时官吏的主要候选人。在私天下时代，父祖辈不问自己子孙贤能与否，而用尽一切方法与手段，想使后代高位厚禄，长保富贵，此乃人之常情。可以说"公门有公，卿门有卿"的现象历代皆有，所不同的只是程度差别而已。但是，正如索罗金（Pitirim A. Sorokin）在其《社会和文化变动论》一书中所说 [5]：

> 世界上几乎可以说没有一个社会，其阶级变动完全闭塞。

百分之百的阶级社会并不存在。因此，士族在当时究竟占多少比例，便值得研究了。本文的主旨，想用清晰的数字与比例，表明士族在两晋

[1]《廿二史札记》卷八《九品中正》。
[2] 参见宫崎市定：《九品官人法の研究》，东洋史研究会，1956，页 168，"九品官人法の貴族化"条。
[3]《颜氏家训》卷四《涉务篇》。
[4]《魏书》卷六三《宋弁传》。
[5] Pitirim A. Sorokin, *Social and Cultural Mobility*, 1927, p. 161, Paperback 1964.

南北朝时各种主要官吏中所占的比例，借此分析与比较当时政治社会的现象。在行文之前，先简述士族标准的划分及取材的方法。

士族、小姓、寒素标准的划分

两晋南北朝的士族，门第有高低大小之分。南朝以王、谢为首，北朝以崔、卢为大。各姓的政治社会地位，随族望的不同而有差异，这点在两晋南北朝史书里随处可见。族望的高低差别，全是相对的。如有一士族，比上不足，比下有余。这个士族相对于较高士族而言，将被称为寒族；然而相对于较低的士族而言，其俨然又以膏粱自居了。例如，北朝崔氏有两大支，一支是清河崔氏，一支是博陵崔氏。前者门望比后者高，后者每受前者轻视。《北齐书》卷二三《崔㥄传》说：

> 㥄每以籍地自矜，谓卢元明曰："天下盛门，唯我与尔，博崔、赵李，何事者哉！"崔暹（博陵崔氏）闻而衔之。

甚至有人将博陵崔氏视为寒族。《魏书》卷二一上《高阳王雍传》说：

> （高阳王雍）元妃卢氏薨后，更纳博陵崔显妹，甚有色宠，欲以为妃。世宗初以（博陵）崔氏世号"东崔"，地寒望劣，难之，久乃听许。

其实，博陵安平的崔氏也是北方大族。《北齐书》卷三〇《崔暹传》中说：

> （崔暹）博陵安平人，汉尚书寔之后也，世为北州著姓。

博陵崔氏在与清河崔氏比较之下，被称为东崔，被视为"地寒望劣"，这并非说博陵崔氏真正属于寒劣之族，而是与清河崔氏相形之下不如后者罢了，这都是在相对的情况下所产生的高族与寒族的称呼。所以在研究士族时，需要排除这种高低大小之分，而建立一个较为客观的具体标准。士族的主要标准，实指累世官宦、门阀显耀及经学传家等诸方面而言，而尤其以是否在官宦上显达为士族主要的高低标准。所以"世二千石""累世公卿"等名词，常见于史册，而父祖高官崇职，亦被子孙们视为家族门第高的象征。然而累官几代，居官几品以上，方为士族的最低标准呢？这是亟须先予解决的问题。诚如琅琊临沂王氏，"七叶之中，名德重光，爵位相继"（《梁书》卷三三《王筠传》），及弘农杨氏"自震至彪，四世太尉……为东京名族"（《后汉书》卷五四《杨震列传·附杨彪传》），若以这两族的累官世数及居官品位作为士族的最低标准，则两晋南北朝几百年间没有几个士族了。所以过严或过宽的标准，都将不合于当时社会的实情。本文暂定两个判断是否为士族的标准，作为研究的基础。即三代之中有两代居官五品以上，同时合于这两个条件者，视为士族。理由申述于下。

以三代作为标准的理由有二。

其一，依据《新唐书》卷一九九《柳冲传》中说：

> 郡姓者，以中国士人差第阀阅为之制，凡三世有三公者曰"膏粱"，有令、仆者曰"华腴"，尚书、领、护而上者为"甲姓"，九卿若方伯者为"乙姓"，散骑常侍、太中大夫者为"丙姓"，吏部正员郎为"丁姓"。凡得入者，谓之"四姓"。

又《魏书》卷一一三《官氏志》中说：

> 原出朔土，旧为部落大人，而自皇始已来，有三世官在给事已上，及州刺史、镇大将，及品登王公者为姓。若本非大人，而皇始已来，职官三世尚书已上，及品登王公而中间不降官绪，亦为姓。诸部落大人之后，而皇始已来官不及前列，而有三世为中散、

监已上，外为太守、子都，品登子男者为族。若本非大人，而皇始已来，三世有令已上，外为副将、子都、太守，品登侯已上者，亦为族。

由上列的例子，知当时认定门第，以三代任官作为标准。而且元魏分定族姓，含有认定门第的意思，亦以三代官宦为依据。

南朝官方从未认定门第，但有见于《新唐书·柳冲传》中北朝所行的办法，必定与当时社会上所共认的事实相类似，方可行得通，这极易推想得到。然而北朝"中国士人"，其阀阅与南朝门第都滥觞于西晋，所以南朝社会对士族的认定标准，当与北朝相去不远。唯元魏之膏粱、华腴和甲乙丙丁四姓实乃士族之佼佼者，而本文将三代之中有两代居官五品以上者称为士族，故本文士族定义实较中古时期门第定义略宽。

其二，资料不足的理由。两晋南北朝各正史记载人物出身时，大率只录父祖名号与官职，或及曾祖，述及高祖之例则其少。有的可以继续考证索寻，有的已无从查得。如若局限四代或五代方可称为士族，则这些因没有记载曾祖、高祖以上任官的人物，都将被排除于士族以外，显然不甚合理。所以取三代作为标准，也因资料的限制所致。

居官五品以上的理由有三。

其一，五品以上的品级，已将主要的官吏包罗殆尽。依据《通典》《历代职官表》中所列，晋、宋、南齐、梁、陈、北魏、东魏、西魏、北齐、北周各朝的官职品位，虽然不尽相同，屡有升降，但大体上下列几种主要官吏的品位，各朝都列在五品或五品以上（梁行十八班制，班大为大；北周行九命制，命大为大；都是九品制的变化）。

司徒府自司徒左长史以上。

尚书省自吏部郎以上。

中书省自中书侍郎以上。

门下省自给事黄门侍郎以上。

太子府属官自太子中庶子以上。

散官自散骑侍郎以上。

地方官自太守以上。

其二，北魏差第阀阅，分膏粱，华腴，甲、乙、丙、丁四姓。如以五品为士族的标准，可以包括四姓。见表 6-1。

表 6-1　北魏士族表

姓第	三世有官	后令品
膏粱	三公	正一品
华腴	尚书令 尚书仆射	正二品 从二品
甲姓	尚书 领军、护军	正三品 正三品
乙姓	九卿 方伯	正三品 正三品
丙姓	散骑常侍 太中大夫	从三品 从三品
丁姓	吏部郎中 正员郎	正四品上 正五品上

附记：1. 本表根据《新唐书》卷一九九《柳冲传》所作。
　　　2. 本表之品位依据《魏书》卷一一三《官氏志》太和后令之品位。

唯本书士族包括所有三世之中两世居官五品以上者，较丁姓之正员郎定义尚宽。

其三，资料之理由。两晋南北朝各朝史书的列传，皆取官大者记载之。大约五品以下的官吏而有记载者甚少。五品作为标准，可包罗绝大部分列传所载的官吏。是资料限制以五品作为标准也。

与士族相对的名词为寒素，寒素的定义，当时人言之甚详。《晋书》

卷四六《李重传》中荀组尝曰："寒素者，当谓门寒身素，无世祚之资。"至于介于士族与寒素之间，即稍有门资，父祖之一任官，而又未达士族标准者，特以小姓称之，以与前两者区别。

为使士族、小姓、寒素三者间界线更为清晰，又有下列几点补充。

（1）所谓父祖，包括从父、从祖。

（2）从其他证据中确知其为士族，但其父祖已不可考者，仍归类于士族。

（3）父祖皆为六品或七品者，列为小姓。

（4）父祖有一代为五品以上者，列为小姓。

（5）超过三代以上远祖为士族，但该族已趋衰微，间仕间歇者，列为小姓。

以三代之中有两代居官五品以上之条件作为士族的标准，本文从《晋书》《宋书》《南齐书》《梁书》《陈书》《魏书》《西魏书》《北齐书》《周书》中收罗可以寻觅得到的官吏，得各朝代官吏人数如下：

晋　　　　　　836 人

宋　　　　　　423 人

南齐　　　　　197 人

梁　　　　　　308 人

陈　　　　　　153 人

北魏　　　　　1434 人

东魏、北齐　　289 人

西魏　　　　　178 人

北周　　　　　319 人

总计　　　　　4137 人（其中有仕两朝者）

判断以上四千一百三十七人之中，何人属于士族类，何人属于小姓类，何人属于寒素类；再将各个官吏所历任的主要官职，悉数列出。兹举例说明各类的判断，及官职的登载。

例一，《晋书》卷七七《诸葛恢传》：

> 诸葛恢字道明，琅邪阳都人也。祖诞，魏司空（按一品官），为文帝所诛。父靓，奔吴，为大司马[1]。

又据吴士鉴及刘承干《晋书斠注》引《太平御览》卷四七〇《晋中兴书》曰，司空诞名盖海内，为天下盛族。是可判断诸葛恢属于士族类。

诸葛恢的历官如下：试守即丘长、临沂令（七品）、安东主簿（七品）、江宁令（七品）、镇东参军（七品）、镇东从事中郎（六品）、尚书郎（六品）、会稽太守（五品）、秩中二千石（四品）、中书令（三品）、丹杨尹（三品）、侍中（三品）、后将军会稽内史（三品）、左民尚书（三品）、武陵王师（三品）、吏部尚书（三品）、尚书右仆射加散骑常侍银青光禄大夫领选本州大中正（三品）、尚书令（三品）。

例二，《晋书》卷六六《陶侃传》：

> 陶侃字士行，本鄱阳人也。吴平，徙家庐江之寻阳。父丹，吴扬武将军。……伏波将军孙秀以亡国支庶，府望不显，中华人士耻为掾属，以侃寒宦，召为舍人。

按陶侃既不及士族标准，然亦非寒素，应列为小姓类。

陶侃的历官如下：领枞阳令（七八品）、庐江郡主簿（七品）、除郎中（七品）、舍人（七品）、武冈令（七品）、郡小中正、南蛮长史（六品）、江夏太守加鹰扬将军（五品）、参东海王军事（五品）、扬武将军（四品）、龙骧将军武昌太守（三品）、使持节宁远将军南蛮校尉荆州刺史（三品）、平南将军加都督交州军事领江州刺史（二品）、征南大将军开府

---

[1] 按吴国无中正制，但大司马相当于九品中之一品官。

仪同三司（一品）、侍中太尉（一品）。

例三，《晋书》卷四四《石鉴传》：

> 石鉴字林伯，乐陵厌次人也。出自寒素。

石鉴的历官如下：魏时历尚书郎侍御史（六品）、尚书左丞（五品）、御史中丞（四品）、并州刺史假节护匈奴中郎将（四品）、司隶校尉（三品）、尚书（三品）、镇南将军豫州刺史（三品）、光禄勋（三品）、特进（二品）、右光禄大夫开府领司徒（一品）、司空（一品）。

当我们要研究某一官职中士族占多少比例、小姓占多少比例、寒素占多少比例时，仅需将所有历任该官职的官吏找出统计之。以这种统计的结果作为基础，然后观察当时政治社会的现象。

但是，两晋南北朝时期的官职名目非常多，如每一种都加以讨论，必然会非常琐碎。将主要的官吏加以研究，也足够观察当时的社会了。依照两晋南北朝的政治制度，兹选出十六种主要官职，作为本文研究士族成分的抽样。即：司徒府的司徒及司徒左长史；尚书省的尚书令、尚书仆射与列曹、吏部尚书、尚书郎丞、尚书吏部郎；中书省的中书监令、中书侍郎；门下省的侍中、（给事）黄门侍郎；诸卿的九卿、御史中丞；主持选举推荐的中正；地方官的刺史、太守。这十六种官职包括决策官、执行官、监察官、选举官及地方官，覆盖了政府中的主要职能。兹先分别讨论，最后综合比较。有一点需申明于前，即司徒、尚书令、中书监令、侍中、中正官，因为有特别的意义，所以分类列举人名。其他官职，不一一列举官吏人名，一方面是因为这些官吏的个人重要性并不太大，一方面是因为人数过多，如刺史、太守等，皆有千名以上，此非篇幅所能容纳得下，所以只统计数字。

二、统计分析

（一）司　徒

《文献通考》卷四八《职官考二·司徒》称：

> 秦置丞相，省司徒。汉初因之。哀帝元寿二年，罢丞相，置大
> 司徒。后汉大司徒主徒众，教以礼义。凡国有大疑大事，与太尉同
> （议）。建武二十七年，去"大"，为司徒公。建安末为相国。魏黄初
> 元年，改为司徒。晋司徒与丞相通职，更置迭废，未尝并立；永嘉
> 元年，始两置焉。宋制：司徒金章紫绶……亦与丞相并置。齐司徒
> 之府，领天下州郡名数、户口簿籍。梁罢丞相，置司徒。历代皆有。
> 至后周，以司徒为地官，谓之大司徒卿。

司徒的权限历代有很大的变化，在西汉时总理万机，东汉时则"教
以礼义。凡国有大疑大事，与太尉同"。到晋武帝即位，"八公并置，盖
皆台司之职，然特假以名号，不必尽知国政"[1]。"宋制：司徒……掌治民
事……凡四方功课，岁尽则奏其殿最而行赏罚，亦与丞相并置。齐司徒
之府，领天下州郡名数、户口簿籍。……后周……谓之大司徒卿，掌邦
教，职如《周礼》。"[2] 除此以外，司徒至少在选举事务上有相当的权力。
例如，司徒对中正官有任命之权。《晋书》卷六〇《李含传》中称：

> 司徒选含领始平中正。

又《魏书》卷四五《裴询传》中称：

> 时本邑中正缺，司徒召询为之。询族叔昞自陈情愿此官，询遂让焉。

---

[1]《历代职官表》卷二《内阁》。
[2]《通典》卷二〇《职官二·司徒》。

又《晋书》卷四五《刘毅传》中称：

> 司徒举毅为青州大中正，尚书以毅悬车致仕，不宜劳以碎务。……于是青州自二品已上光禄勋石鉴等共奏曰："……前被司徒符，当参举州大中正。金以光禄大夫毅，纯孝至素，著在乡间。"

司徒对中正所评定的品级，有审核之权。《廿二史札记》卷八《九品中正》中称：

> 魏文帝初定九品中正之法，郡邑设小中正，州设大中正，由小中正品第人才，以上大中正，大中正核实，以上司徒，司徒再核，然后付尚书选用。

因此，司徒在各朝名称虽屡次变更，但均有存在；职权虽不如往昔（指西汉的丞相），然在列公之中，仍较具有权力与代表性。今将各朝的司徒分列于下。

西晋：

何曾："父夔，魏太仆、阳武亭侯。……（曾）咸熙初，拜司徒。……武帝袭王位，以曾为晋丞相。……（晋武帝）践阼，拜太尉。……泰始初，诏曰：'……以曾为太保，侍中如故。'久之，以本官领司徒。"（《晋书》卷三二《何曾传》）"（夔）曾祖父熙，汉安帝时冒全车骑将军。"裴注引《魏书》曰："夔从父衡为尚书。"（《三国志》卷一二《魏书·何夔传》）——士族。

石苞："（苞）县召为吏，给农司马。……（谒者郭）玄信谓二人（苞与邓艾）曰：'子后并当至卿相。'苞曰：'御隶也，何卿相乎？'……（晋武帝）以苞为司徒。"（《晋书》卷三三《石苞传》）——寒素。

荀颛："魏太尉彧之第六子也（按荀氏为魏晋间大士族）。……（晋）武帝践阼……其以颛为司徒。"（《晋书》卷三九《荀颛传》）——士族。

魏舒："少孤，为外家甯氏所养。……及山涛薨（晋武帝时），以舒领司徒，有顷即真。"（《晋书》卷四一《魏舒传》）——寒素。

李憙："父佺，汉大鸿胪。……及魏帝告禅于晋，憙以本官（司隶校尉）行司徒事。"（《晋书》卷四一《李憙传》）——小姓。

王浑："父昶，魏司空（按：浑为太原晋阳王氏，为魏晋时大士族）。……太熙初，迁司徒。"（《晋书》卷四二《王浑传》）——士族。

山涛："父曜，宛句令。涛早孤，居贫。……（永宁）后拜司徒。"（《晋书》卷四三《山涛传》）——寒素。

王戎："琅邪临沂人也。祖雄，幽州刺史。父浑，凉州刺史、贞陵亭侯。……拜司徒。"（《晋书》卷四三《王戎传》）《晋书斠注》引《书钞》卷五二、《艺文类聚》卷四七王隐《晋书》曰："王戎代王浑（按太原晋阳王氏）为司徒。"——士族。

王衍："（王戎从弟）衍……成都王颖以衍为中军师，累迁尚书仆射，领吏部，后拜尚书令、司空、司徒。"（《晋书》卷四三《王戎传·附王衍传》）——士族。

李胤："祖敏，汉河内太守，去官还乡里，辽东太守公孙度欲强用之，敏乘轻舟浮沧海，莫知所终。胤父信追求积年（不仕）。……（晋武帝时）诏以胤为司徒。"（《晋书》卷四四《李胤传》）《晋书斠注》引《太平御览》卷二〇八荀勖答诏曰："咸宁四年，司徒何曾迁太宰，诏问勖司徒……谁可也，勖表（李胤）。……在位五年。"——小姓。

石鉴："出自寒素。……（晋武帝时）稍加特进，迁右光禄大夫、开府，领司徒。"（《晋书》卷四四《石鉴传》）《晋书斠注》引《读史举正》曰："案本纪自平吴后至太康末，李胤、山涛、魏舒、王浑，相继为司徒，不见有鉴。纪又云以右光禄大夫石鉴为司空，然则鉴无领司徒事。"《石鉴传》云太康末拜司空，是否两职均拜过，今已不可考。——寒素。

温羡："祖恢，魏扬州刺史。父恭，济南太守。……怀帝即位，迁左光禄大夫、开府，领司徒。……在位未几，病卒。"（《晋书》卷四四《温羡传》）——士族。

傅祗："父嘏，魏太常。（从祖父燮，汉汉阳太守。）……时太傅东海王越辅政……（祗）迁司徒。……及洛阳陷没，遂共建行台，推祗为盟主，以司徒、持节、大都督诸军事传檄四方。"（《晋书》卷四七《傅玄传·附傅祗传》）——士族。

何劭：何曾之子。"永康初，迁司徒。"（《晋书》卷三三《何曾传·附何劭传》）——士族。

东晋：

荀组：颍川荀氏。"及西都不守，组乃遣使移檄天下共劝进。（晋元）帝欲以组为司徒，以问太常贺循。循曰：'组旧望清重，忠勤显著，迁训五品，实允众望。'于是拜组为司徒。"（《晋书》卷三九《荀勖传·附荀组传》）——士族。

王导：琅琊临沂王氏。"及明帝即位，导受遗诏辅政，解扬州，迁司徒。"（《晋书》卷六五《王导传》）——士族。

王谧：王导之孙。"（桓）玄以为中书令、领军将军、吏部尚书，迁中书监，加散骑常侍，领司徒。"（《晋书》卷六五《王导传·附王谧传》）——士族。

蔡谟："世为著姓。曾祖睦，魏尚书。祖德，乐平太守。……康帝即位，征拜（谟）左光禄大夫、开府仪同三司，领司徒。"（《晋书》卷七七《蔡谟传》）——士族。

宋：

徐羡之："东海郯人也。祖宁，尚书吏部郎、江州刺史，未拜，卒。父祚之，上虞令。……太祖即阼，进羡之司徒。"（《宋书》卷四三《徐羡之传》）——小姓。

王弘：琅琊临沂王氏。"（徐）羡之等诛，征弘为侍中、司徒、扬州刺史，录尚书。"（《宋书》卷四二《王弘传》）——士族。

袁粲：陈郡阳夏袁氏。"顺帝即位，迁中书监，司徒、侍中如故。"（《宋书》卷八九《袁粲传》）——士族。

南齐：

褚渊："河南阳翟人也。祖秀之，宋太常。父湛之，骠骑将军，尚宋武帝女始安哀公主。……建元元年，进位司徒，侍中、中书监如故。"（《南齐书》卷二三《褚渊传》）——士族。

梁：

谢朏："陈郡阳夏人也。祖弘微，宋太常卿。父庄，右光禄大夫。……高祖践阼……改授中书监、司徒、卫将军，并固让不受。遣谒者敦授，乃拜受焉。"（《梁书》卷一五《谢朏传》）——士族。

王僧辩："右卫将军神念之子也（太原祁人）。……世祖即帝位，以僧辩功，进授镇卫将军、司徒。"（《梁书》卷四五《王僧辩传》）——小姓。

陈霸先："汉太丘长陈寔之后也。世居颍川。寔玄孙准，晋太尉。……（怀安令）咏生安成太守猛，猛生太常卿道巨，道巨生皇考文赞。……（绍泰二年）七月景子，诏授高祖中书监、司徒、扬州刺史。"（《陈书》卷一《高祖本纪》）——士族。

陈：

陈无异姓司徒者。

北魏：

长孙嵩："代人也，太祖赐名焉。父仁，昭成时为南部大人。……（嵩）历侍中、司徒、相州刺史，封南平公。"（《魏书》卷二五《长孙嵩传》）——按长孙氏是七族之一。

长孙稚："庄帝初……迁司徒公，加侍中。"（《魏书》卷二五《长孙道生传·附长孙稚传》）

长孙翰："世祖征赫连昌，道生与司徒长孙翰、宗正娥青为前驱，遂

平其国。"(《魏书》卷二五《长孙道生传》)

古弼："世祖崩，吴王立，以弼为司徒。"(《魏书》卷二八《古弼传》)——寒素。

刘尼："本姓独孤氏。……高宗末，迁司徒。"(《魏书》卷三〇《刘尼传》)——按独孤氏改姓刘，为诸部大人之一。

陈建："代人也。祖浑，太祖末为右卫将军。父阳，尚书。……高祖嘉之。迁司徒、征西大将军。"(《魏书》卷三四《陈建传》)——士族。

崔浩："清河人也，白马公玄伯之长子。"(《魏书》卷三五《崔浩传》)"(世祖太平真君)五年……司徒、东郡公崔浩……辅太子以决庶政。"(《魏书》卷四下《世祖纪》)——士族。

陆丽：代人也，世领部落。"(高宗时)丽寻迁侍中、抚军大将军、司徒公。"(《魏书》卷四〇《陆俟传·附陆丽传》)——为诸部大人之一。

尉元："代人也。世为豪宗。(太和)十三年进位司徒。"(《魏书》卷五〇《尉元传》)——为部落大人。

杨椿：弘农华阴人。"建义元年，迁司徒公。"(《魏书》卷五八《杨播传·附杨椿传》)——士族。

崔光："东清河鄃人也。祖旷……仕刘义隆为乐陵太守。父灵延，刘骏龙骧将军、长广太守。……(正光二年)夏四月，以光为司徒。"(《魏书》卷六七《崔光传》)——士族。

萧赞：祖萧鸾，父宝卷。"建义初……转司徒，迁太尉，尚(庄)帝姊寿阳长公主。"(《魏书》卷五九《萧宝夤传·附萧赞传》)——士族。

尔朱彦伯："荣从弟也。祖侯真，高祖时并安二州刺史、始昌侯。父买珍，世宗时武卫将军，出为华州刺史。……(废帝时)又迁司徒。"(《魏书》卷七五《尔朱彦伯传》)——士族。

冯诞：父熙，侍中、太师。祖朗，秦雍二州刺史。"(高祖太和)十六年，以诞为司徒。"(《魏书》卷八三上《外戚传·冯诞传》)——士族。

高肇：渤海蓚人。"父飏，字法修。高祖初……拜厉威将军、河间子。……（肇）延昌初，迁司徒。"（《魏书》卷八三下《外戚传·高肇传》）——小姓。

胡国珍："安定临泾人也。祖略，姚兴渤海公姚遘平北府咨议参军。父渊，赫连屈丐给事黄门侍郎。……熙平初……迁司徒公，侍中如故。"（《魏书》卷八三下《外戚传·胡国珍传》）——士族。

李延寔："陇西人。尚书仆射冲之长子（按冲乃敦煌公宝之子）。……（庄帝时）寻转司徒公。"（《魏书》卷八三下《外戚传·李延寔传》）——士族。

贺拔允："贺拔允，字可泥，神武尖山人也。祖尔头，父度拔，俱见魏史。……魏中兴初，转司徒，领尚书令。"（《北齐书》卷一九《贺拔允传》）"祖尔逗……显祖赐爵龙城男，为本镇军主。父度拔，袭爵。"（《魏书》卷八〇《贺拔胜传》）——士族。

东魏、北齐：

尉粲：父景，随神武起兵，历位太保、太傅。"粲袭爵。位司徒、太傅。"（《北齐书》卷一五《尉景传·附尉粲传》）——小姓。

娄昭："祖父提，雄杰有识度。……魏太武时，以功封真定侯。父内干，有武力，未仕而卒。……（神武时，昭）迁司徒。"（《北齐书》卷一五《娄昭传》）——士族。

娄睿："昭兄子睿……大宁元年，进位司空。平高归彦于冀州，还拜司徒。"（《北齐书》卷一五《娄昭传·附娄睿传》）——士族。

韩轨："（神武帝时）历位中书令、司徒。"（《北齐书》卷一五《韩轨传》）——寒素。

潘乐："广宁石门人也，本广宗大族。……父永，有技艺，袭爵广宗男。……齐受禅，乐进玺绶，进封河东郡王，迁司徒。"（《北齐书》卷一五《潘乐传》）——士族。

斛律光：斛律金之子。"（河清三年）三月，（光）迁司徒。"（《北齐书》卷一七《斛律光传》）"斛律金，字阿六敦，朔州敕勒部人也。……祖幡地斤，殿中尚书。父大那瑰，光禄大夫、第一领民酋长。……（显祖时）进位右丞相，食齐州干，迁左丞相。"（《北齐书》卷一七《斛律金传》）——士族。

孙腾："祖通，仕沮渠氏为中书舍人。……（高祖）天平初……又除司徒。"（《北齐书》卷一八《孙腾传》）——小姓。

高隆之："本姓徐氏，云出自高平金乡。父干，魏白水郡守，为姑婿高氏所养，因从其姓。……高祖命为从弟，仍云渤海蓨人。……（东魏孝静帝时）进位司徒公。"（《北齐书》卷一八《高隆之传》）——士族。

高昂："昂字敖曹，乾第三弟。……天平初，除侍中、司空公。昂以兄乾薨于此位，固辞不拜，转司徒公。"（《北齐书》卷二一《高乾传·附高昂传》）高昂父翼，字次同，"祐（魏宋王傅、光禄大夫）从父弟次同，永安末，抚军将军、定州刺史"（《魏书》卷五七《高祐传》）。——士族。

赵彦深："高祖父难，为清河太守。……父奉伯，仕魏位中书舍人、行洛阳令。……（武平）四年征为司空，转司徒。"（《北齐书》卷三八《赵彦深传》）——寒素。

西魏：

李弼："祖贵丑，平州刺史。父永，太中大夫。……（废帝时）六官建，拜太傅、大司徒。"（《周书》卷一五《李弼传》）——士族。

王盟："祖珍，魏黄门侍郎。……父黑，伏波将军。……（大统）三年，征拜司空，寻转司徒。"（《周书》卷二〇《王盟传》）——士族。

万俟洛："大统元年命为司空，七月迁司徒。"（《西魏书》卷二三）父普，"其先匈奴之别种也。……高祖躬自迎接。……累迁太尉"（《北齐书》卷二七《万俟普传》）。——小姓。

将以上所举各朝司徒分类统计，见表6-2。

表 6-2　两晋南北朝司徒社会成分统计表

	士族	小姓	寒素	合计
西晋	8	2	4	14
东晋	4	0	0	4
宋	2	1	0	3
南齐	1	0	0	1
梁	2	1	0	3
陈	0	0	0	0
北魏	16	1	1	18
东魏、北齐	6	3	1	10
西魏	2	1	0	3
总计	41	9	6	56
百分比	73.2	16.1	10.7	100

附记：本统计表不包括宗室任司徒的人数。

依表 6-2 所示，寒素在西晋时有四人官拜司徒，北魏有一人，东魏、北齐有一人；东晋、宋、南齐、梁、陈、西魏等朝没有寒素任司徒者，且这几朝小姓任司徒者亦极少。以全期而论，在五十六个异姓司徒之中，士族约占四分之三，寒素占十分之一强，小姓占六分之一弱。这至少可代表列公的士族成分。

（二）司徒左长史

司徒府中最主要的属官是司徒左长史，这是因为司徒左长史的职权是协助司徒主持选举事务。主持选举事务是司徒权职萎缩后所剩余的重要权力。司徒左长史可参与选事，见《文献通考》卷四八《职官考二·总叙三公三师以下官属》称：

> 泰始三年……司徒加置左长史，掌差次九品，铨衡人伦。

又《通典》卷一四《选举二·历代制中》说：

> 晋依魏氏九品之制，内官吏部尚书、司徒左长史，外官州有大中正，郡国有小中正，皆掌选举。

从列传的行文中，也可发现司徒左长史参与选事。如《晋书》卷七八《孔愉传》称：

> 初，愉为司徒长史，以平南将军温峤母亡遭乱不葬，乃不过其品。

又《晋书》卷四六《李重传》也说：

> 时燕国中正刘沈举霍原为寒素，司徒府不从，沈又抗诣中书奏原，而中书复下司徒参论。司徒左长史荀组以为：寒素者，当谓门寒身素，无世祚之资。

且将司徒左长史依类统计，见表6-3。

表6-3　两晋南北朝司徒左长史社会成分统计表

	士族	小姓	寒素	合计
晋	20	2	2	24
宋	14	0	0	14
南齐	10	1	0	11
梁	10	1	1	12
陈	7	0	0	7
北魏	8	5	0	13
东魏、北齐	4	1	1	6
西魏	3	0	0	3
总计	76	10	4	90
百分比	84.4	11.1	4.4	100

这一时期，寒素能担任司徒左长史者，寥若晨星，宋、南齐、陈、北魏、西魏等朝则不见有寒素任此官职者。即以小姓而论，亦只约占全期的九分之一而已。九十个司徒左长史之中，士族有七十六个之多。

（三）尚书令

尚书的权职，从东汉起便逐渐扩大。《通典》卷二二《职官四·尚书令》中说：

> 后汉众务，悉归尚书，三公但受成事而已。尚书令主赞奏事，总领纪纲，无所不统。

魏晋重中书，所以尚书权稍减，但这是一种相对的说法。尚书在两晋南北朝时虽不如在东汉时权重，但仍极华贵。如《宋书》卷六《孝武帝纪》中说：

> 尚书百官之元本，庶绩之枢机。

又《南齐书》卷三《武帝纪》也说：

> 尚书中是职务根本，悉委王晏、徐孝嗣。

又《陈书》卷二七《江总传》中说：

> 昔晋武帝策荀公（勖）曾曰："周之冢宰，今之尚书令也。"

无论是在决策还是执行方面，尚书省仍有很大的权力。尚书令在中央官吏之中，其地位仍然是主要的。今将各朝尚书令列举于下：

晋：（士族）裴秀、王沈、王浚、荀勖、荀藩、王戎、王衍、华廙、和郁、王导、刁协、桓谦、王述、王彪之、陆玩、陆纳、何充、诸葛恢、谢石、顾和。

（小姓）卫瓘、贾充、高光、李胤、乐广、郗鉴、卞壸。

（寒素）杨珧。

宋：（士族）王僧虔、王敬弘、何尚之、袁粲、柳元景、褚渊、傅亮。

（小姓）徐羡之。

南齐：（士族）王俭、柳世隆、王晏、徐孝嗣。

梁：（士族）沈约、谢朓、王亮、王莹、袁昂、谢举、何敬容。

（小姓）王僧辩。

陈：（士族）江总。

北魏：（士族）穆亮、穆绍、叔孙邻、长孙稚、尉元、于洛拔、于忠、
陆叡、陆隽、源思礼、杨津、萧宝夤、王肃、尔朱荣、尔朱仲
远、尔朱度律、尔朱天光、尔朱世隆、贺拔允、王叡、嵇根。

（小姓）刘洁、韩茂、高肇。

（寒素）李崇、古弼。

东魏、北齐：（士族）斛斯孝卿、高隆之、胡长仁。

（小姓）司马子如、杨愔、徐子才、高阿那肱、綦连猛、孙腾。

（寒素）唐邕、赵彦深、皮景和、和士开。

西魏：（士族）斛斯椿、长孙子彦、独孤信。

将上列所举尚书令分类统计，见表6-4。

表6-4　两晋南北朝尚书令社会成分统计表

	士族	小姓	寒素	合计
晋	20	7	1	28
宋	7	1	0	8
南齐	4	0	0	4
梁	7	1	0	8
陈	1	0	0	1

（续表 6-4）

	士族	小姓	寒素	合计
北魏	21	3	2	26
东魏、北齐	3	6	4	13
西魏	3	0	0	3
总计	66	18	7	91
百分比	72.5	19.8	7.7	100

宋、南齐、梁、陈南朝四代及西魏皆无寒素居尚书令者。晋有一名寒素居尚书令，北魏有两名，东魏、北齐稍多。以小姓而言，南朝亦寥寥无几。以全期而论，士族约占十分之七，小姓约占五分之一，寒素则仅约占百分之七。尚书令的士族成分，无论以各朝看，还是以全期看，与司徒的士族成分颇有相似之处。

（四）尚书仆射与列曹

所谓尚书仆射，乃指尚书仆射、尚书左仆射、尚书右仆射。如《通典》卷二二《职官四·仆射》中所说：

> 经魏至晋，迄于江左，省置无恒。置二，则为左右仆射；或不两置，但曰尚书仆射。……后魏二仆射，左居上，右居下。北齐仆射，职为执法，置二则为左右仆射。

而列曹尚书，即《通典》卷二二《职官四·历代尚书》所说：

> 晋初有吏部、三公、客曹、驾部、屯田、度支六曹。太康有吏部、殿中、五兵、田曹、度支、左民为六曹尚书。及渡江，有吏部、祠部、五兵、左民、度支五尚书。宋有吏部、祠部、度支、左民、都官、五兵六尚书。齐梁与宋同，亦别有起部，而不常置也。陈与

梁同。后魏初有殿中、乐部、驾部、南部、北部五尚书，其后亦有
吏部、兵部、都官、度支、七兵、祠部、民曹等尚书。又有金部、
库部、虞曹、仪曹、右民、宰官、都牧、牧曹、右曹、太仓、太官、
祈曹、神都、仪同曹等尚书。北齐有吏部、殿中、祠部、五兵、都
官、度支六尚书。后周无尚书。

尚书仆射，"本副尚书令"[1]，"位副朝端"[2]。各部尚书至魏晋南北朝时
已蚕食九卿的权职，而成为中央的主要执行官。将其士族成分分类统计，
见表6-5。

表6-5　两晋南北朝尚书仆射社会成分统计表

	士族	小姓	寒素	合计
晋	86	26	10	122
宋	66	9	2	77
南齐	28	8	3	39
梁	37	8	8	53
陈	24	2	2	28
北魏	105	53	21	179
东魏、北齐	23	12	8	43
西魏	23	5	7	35
总计	392	123	61	576
百分比	68.0	21.4	10.6	100

晋及南朝比北朝的士族成分稍高。以全期而言，士族占三分之二强，
小姓占五分之一强，寒素占十分之一强。

---

[1]《通典》卷二二《职官四·仆射》。

[2]《宋书》卷四二《王弘传》。

各曹尚书中，吏部的地位较高[1]，有时任尚书仆射以后再迁吏部尚书，因为吏部尚书主管选举用人。《陈书》卷二六《徐陵传》中称：

> 自古吏部尚书者，品藻人伦，简其才能，寻其门胄，逐其大小，量其官爵。

有时吏部尚书在尚书省中，表现出独立的权职，选事仅与录尚书事（录吏部者）商议。如《宋书》卷八五《谢庄传》中说：

> （宋孝武诏曰）吏部尚书由来与录共选，良以一人之识，不辨洽通，兼与夺威权，不宜专一故也。

又《宋书》卷五七《蔡廓传》中说：

> （蔡廓）征为吏部尚书。廓因北地傅隆问亮："选事若悉以见付，不论；不然，不能拜也。"亮以语录尚书徐羡之，羡之曰："黄门郎以下，悉以委蔡，吾徒不复厝怀；自此以上，故宜共参同异。"廓曰："我不能为徐干木署纸尾也。"遂不拜。干木，羡之小字也。选案黄纸，录尚书与吏部尚书连名，故廓云"署纸尾"也。

又如《魏书》卷一九中《任城王云传·附元顺传》说：

> （元顺）后除吏部尚书，兼右仆射。……时三公曹令史朱晖，素事录尚书、高阳王雍，雍欲以为廷尉评，频请托顺，顺不为用。雍遂下命用之，顺投之于地。雍闻之，大怒……曰："身为丞相、录尚书，如何不得用一人为官？"顺曰："……未闻有别旨，令殿下参选事。"

吏部尚书因其特别的重要性，故单独提出研究之。统计如表6-6。

---

[1]《通典》卷二二《职官四·历代尚书》："历代吏部尚书及侍郎，品秩悉高于诸曹。"

表 6-6　两晋南北朝吏部尚书社会成分统计表

	士族	小姓	寒素	合计
晋	23	10	3	36
宋	33	1	0	34
南齐	13	1	1	15
梁	18	2	3	23
陈	9	2	2	13
北魏	22	10	8	40
东魏、北齐	10	0	1	11
西魏、北周	5	0	2	7
总计	133	26	20	179
百分比	74.3	14.5	11.2	100

在各项权力之中，用人权是主要权力之一。无论君主、士族，还是其他人物，都希望获得或控制此项权力。吏部尚书主管选举用人事务，当然是各方争取的焦点。从上面吏部尚书社会成分统计表中，我们且研究选举任用权归属的动向。刘宋三十四个吏部尚书之中，寒素独缺，小姓仅一人，士族有三十三人。士族的比例甚高，这不仅不利于小姓与寒素，且对君主构成了威胁，所以宋帝分吏部尚书为二，以轻其任。如《宋书》卷八四《孔觊传》中称：

世祖不欲威权在下，其后分吏部尚书置二人，以轻其任。

又《宋书》卷八五《谢庄传》中说：

上（孝武帝）时亲览朝政，常虑权移臣下，以吏部尚书选举所由，欲轻其势力。……于是置吏部尚书二人。

北魏君主争取吏部尚书的方法另外有二。其一为任令宗室居此职，所以该朝宗室任吏部尚书者有八人之多。其二为任令宦官或近幸之人居此职。北魏八个寒素吏部尚书之中，赵黑、王遇、苻承祖、王质四人系宦官。董绍乃兼吏部尚书；甄深为吏部尚书，未几又除；古弼及皮豹子皆北魏建国初期世祖时的吏部尚书。四个宦官出身者，都是以恩幸而居位，他们除协助君主以外，已无为子孙而徇私选举的可能。除此之外，两晋南北朝又常有录尚书事，若分录吏部事，则亦寓有分权之意。总之，选举任用权在两晋南北朝时期，似乎是君主与士族之间的争衡，寒素与小姓很少能够参与其中。

（五）尚书郎丞

在尚书省中，直接执行各种职务的有尚书丞及尚书郎，尚书丞分左右，尚书郎的数目各朝不一，据《通典》卷二二《职官四·历代郎官》：

> 晋尚书郎选极清美，号为大臣之副。武帝时，有三十四曹。后又置运曹，为三十五曹。置郎中二十三人，更相统摄。或为三十六曹。……东晋有十五曹，自过江之后，官资小减。……宋高祖时，有十九曹。……后魏三十六曹。至西魏十二年，改为十二部。北齐有二十八曹。其吏部、三公各二人，余并一人，凡三十郎中。

在两晋南北朝正史里，共找出五百七十八人，分类统计，见表6-7。

表 6-7　两晋南北朝尚书郎丞社会成分统计表

	士族	小姓	寒素	合计
晋	69	27	14	110
宋	57	11	4	72
南齐	21	17	10	48
梁	50	20	14	84

（续表 6-7）

	士族	小姓	寒素	合计
陈	20	8	2	30
北魏	134	36	5	175
东魏、北齐	31	7	2	40
西魏、北周	12	4	3	19
总计	394	130	54	578
百分比	68.2	22.5	9.3	100

尚书郎丞一职士族、小姓、寒素三者间的比例，和尚书仆射与列曹的比例相似。士族占三分之二强，小姓占五分之一强，寒素占十分之一弱。同样的原因，在各曹尚书郎中，以尚书吏部郎较华贵。《唐六典》卷二《吏部郎中》中称：

> 其吏部郎历代品秩皆高于诸曹郎。魏、晋、宋、齐吏部郎品第五，诸曹郎第六。梁吏部郎品第四、班第十一，诸曹郎班第十[1]。陈因梁。后魏、北齐吏部郎品正第四上，诸曹郎品正第六上。

所以士族子弟聚集在尚书吏部郎这一职位上。今自尚书郎中抽出吏部郎研究之，可知其比例。

表 6-8　两晋南北朝吏部郎社会成分统计表

	士族	小姓	寒素	合计
晋	31	11	3	45
宋	34	1	0	35
南齐	12	3	1	16

---

[1] 梁班大者为大。

（续表6-8）

	士族	小姓	寒素	合计
梁	22	4	3	29
陈	4	2	0	6
北魏	23	4	2	29
东魏、北齐	11	3	1	15
西魏、北周	7	2	4	13
总计	144	30	14	188
百分比	76.6	16.0	7.4	100

吏部郎中士族占四分之三强，显然较尚书郎丞的三分之二的比例为大。《晋书》卷七五《王湛传·附王国宝传》中也说：

> 国宝少无士操，不修廉隅。妇父谢安恶其倾侧，每抑而不用。除尚书郎。国宝以中兴膏腴之族，惟作吏部，不为余曹郎，甚怨望，固辞不拜。

（六）中书监令

两晋南北朝的另一个权力机构，为中书省。其长官中书监令，有时权重如宰相。《通典》卷二二《职官四·尚书省》中说：

> 魏置中书省，有监令，遂掌机衡之任，而尚书之权渐减矣。

《通典》卷二一《职官三·中书省》中说：

> 魏晋以来，中书监令掌赞诏命，记会时事，典作文书。以其地在枢近，多承宠任，是以人固其位，谓之凤凰池焉。

今寻出各朝中书监令，分类列举于下。

晋：（士族）裴楷、荀勖、荀组、王戎、王衍、卢志、卢谌、华廙、
和峤、傅祇、潘尼、王导、王洽、王珉、王谧、桓胤、王坦之、
王国宝、王绥、何充、诸葛恢、谢安、谢混、王献之、袁湛、
王恭、王敦、温峤、庾亮、庾冰、何劭、和郁。

（小姓）张华、庾纯、缪播、卞粹。

（寒素）虞松、孙秀、陈准、李暅 [1]。

宋：（士族）王弘、傅亮、谢晦、褚湛之、王球、殷景仁、何尚之、
徐湛之、王僧达、谢庄、袁粲、褚渊、袁湛、王僧虔。

（小姓）萧思话。

南齐：（士族）褚渊、王俭、王延之、张绪、王亮、王志。

（小姓）江祐。

梁：（士族）沈约、谢朓、王志、蔡撙、袁昂、王僧辩、王劢、谢览。

（小姓）殷不害。

陈：（士族）王劢、沈众、谢哲、谢嘏、张种、王固、孔奂、王场、
徐陵、蔡征、沈君理。

北魏：（士族）穆寿、穆平国、穆罴、穆绍、李敷、王琼、李神儁、
陆子彰、高允、李冲、高闾、游肇、刘芳、崔光、裴延儁、尔
朱菩提、山伟、胡国珍、胡祥、胡僧洗、李彧、魏兰根、卢鲁
元、李崇、裴粲、刘仁之、源子恭、羊深。

（小姓）刘昶、李平、袁翻、冯熙、仇洛齐、高猛。

（寒素）屈遵、郑俨、胡延之。

东魏、北齐：（士族）段孝言、李元忠、杜弼、崔劼、何胤、邢劭、
元晖业、李騊駼、元文遥、魏收。

---

[1] 李暅，《晋书·愍帝纪》作李昕，《晋书》卷三九《王浚传》及《资治通鉴》卷八七作李组，参见《晋书》卷六〇校勘记〔八〕。

（小姓）李元康、王琳、赵彦深、阳休之。

（寒素）韩轨、白建、张景仁。

西魏：（士族）苏亮、薛寘、卢柔。

（寒素）周惠达、乙弗绘。

将上列所举中书监令分类统计，见表6-9。

表6-9　两晋南北朝中书监令社会成分统计表

	士族	小姓	寒素	合计
晋	32	4	4	40
宋	14	1	0	15
南齐	6	1	0	7
梁	8	1	0	9
陈	11	0	0	11
北魏	28	6	3	37
东魏、北齐	10	4	3	17
西魏	3	0	2	5
总计	112	17	12	141
百分比	79.4	12.1	8.5	100

有一个很明显的现象，即宋、南齐、梁、陈四朝不见寒素任中书监令者；以小姓而论，除晋有四位小姓中书监令以外，宋、南齐、梁三朝每朝只有一人，陈无；似乎北朝的中书监令士族成分略低。以全期而论，士族约占五分之四，寒素约占十二分之一。

（七）中书侍郎

中书省的主要属官是中书侍郎。除协助监令以外，其任务为入直从驾。《通典》卷二一《职官三·中书令》中说：

晋置四员，及江左初，又改为通事郎，寻复为中书侍郎。其职副掌王言，更入直省五日，从驾则正直从，次直守。……齐、梁皆四人。……后魏、北齐置四员。

从各正史中寻找出中书侍郎二百八十八人，分类统计，见表6-10。

表6-10　两晋南北朝中书侍郎社会成分统计表

	士族	小姓	寒素	合计
晋	33	22	6	61
宋	28	8	2	38
南齐	23	7	2	32
梁	35	6	6	47
陈	11	1	3	15
北魏	55	20	3	78
东魏、北齐	10	2	1	13
西魏	4	0	0	4
总计	199	66	23	288
百分比	69.1	22.9	8.0	100

（八）侍　中

继中书省而起的重要中央机构是门下省，其长官称为侍中。《唐六典》卷八《侍中》：

初，秦、汉置侍中曹，无台省之名，自晋始有门下省。

又《文献通考》卷五〇《职官考四·门下省》：

东晋以来，天子以侍中常在左右，多与之议政事，不专任中书，于是又有门下，而中书权始分矣。降及南北朝，大体皆循此制。

侍中的名额，各朝都有定数。《通典》卷二一《职官三·侍中》：

> 魏晋以来置四人，别加官者则非数。……及江左兴宁四年，桓温奏省二人。后复旧。……后魏置六人，加官在其数。……北齐侍中亦六人。

由于晋南朝的侍中有本官与加官之别，数目不定，人数稍多，今已无法分开，故一并计入，因就其对中央政治的影响力而言，加官与本官无甚区别。兹依各朝分类于下。

晋：（士族）王祥、何曾、何劭、何遵、何绥、陈骞、陈舆、裴頠、裴楷、裴宪、卫瓘、荀勖、荀藩、荀邃、荀闿、荀组、荀奕、冯纨、王戎、王浑、王济、华峤、华廙、华混、丁潭、李式、傅祇、阮孚、庾珉、江彪、索綝、周谟、周馥、王谧、王荟、纪瞻、周闵、甘卓、庾纯、庾冰、桓冲、桓谦、桓石生、王国宝、王坦之、王浚、荀崧、王胡之、王彪之、王彬、顾荣、顾众、顾和、虞潭、虞啸父、陆晔、陆玩、陆始、蔡廓、蔡谟、诸葛恢、孔安国、孔愉、孔汪、孔坦、孔琳之、谢安、谢琰、谢邈、王祯之、王操之、袁猷、庾楷、颜含、羊玄之、褚秀之、褚裒、褚翜、王敦、刘弘、孔季恭、王敬弘、卢钦、和峤、潘尼、戴邈、王导、王珣、王珉、王朗、王练、王雅、王少卿、王羲之、张茂、刘沈、王爽、刘粹。

（小姓）石崇、贾充、贾模、贾谧、贾混、山涛、山简、乐广、郑球、李胤、向雄、庾峻、缪播、陶侃、温峤、刘隗、刘劭、熊远、高崧、庾蔑、嵇绍、邓攸、郑鲜之、江逌、张华、任恺、王恂、杨济、刘暾、武茂、刘毅、周浚、郗鉴、卞粹、张闿、辛勉、邹湛、伏系之。

（寒素）石苞、杨骏、刘寔、侯史光、钟雅、祖台之、车胤、魏

允、臧焘、冯怀、程咸、魏舒、刘智、孔恂、吴奋、甄德、第
五猗、宋敞、苟晞、程延、韩伯、卜耽、爰瑜、秦准、檀道济。

宋：（士族）王弘、王孺、王练、谢晦、张悦、褚淡之、褚湛之、张
永、陆仲元、庾炳之、谢方明、江夷、孔季恭、孔士山、孔灵
符、谢弘微、王球、殷冲、张畅、范泰、范晏、王韶之、王华、
王昙首、殷景仁、殷恒、沈演之、何尚之、何偃、何悠之、徐
湛之、江湛、张茂度、王僧绰、颜竣、柳元景、颜师伯、沈文
秀、沈庆之、沈文叔、萧惠开、萧惠基、萧斌、刘湛、刘延孙、
顾琛、沈怀文、周淳、袁顗、谢庄、王蕴、刘勔、袁粲、袁湛、
王悦、阮万龄、褚渊、柳世隆、何戢、阮韬、王僧虔、张绪、
王奂、王准之、王敬弘、王景文、谢灵运。

（小姓）蔡兴宗、萧思话。

（寒素）程道惠、何勖。

南齐：（士族）褚渊、褚贲、褚澄、王瞻、王俭、江谧、柳世隆、王
琨、褚炫、王广之、王伦之、萧颖胄、王僧虔、沈冲、虞悰、
王晏、江敩、何昌寓、谢瀹、王思远、沈昭略、柳忱、王秀之、
王慈、袁彖、王缋、谢朓、王莹、张充、张岱、沈文季、蔡撙、
崔慧景。

（小姓）张敬儿、李安民、江祏、江祀、徐孝嗣、夏侯亶。

（寒素）王敬则、陈显达、夏侯详。

梁：（士族）萧颖达、柳憕、王亮、王莹、王峻、王训、王份、柳
恽、江蒨、徐勉、萧琛、裴之高、袁昂、谢举、元法僧、元景
隆、元树、元愿达、羊侃、王褒、王承、褚翔、萧介、刘孝先、
王僧辩、王劢、王场、谢朓、王瞻、王暕、王泰、周舍、徐勉、
殷钧、张缵、张绾、萧子显、萧子云、何敬容、元景仲、到溉、
刘孺、王颙、王冲、王通、王茂、柳庆远。

（寒素）曹景宗、夏侯详、范云、徐世谱、萧缅、胡僧祐、阴子春。

陈：（士族）吴明彻、袁枢、袁泌、谢嘏、谢俨、王固、王宽、孔奂、王瑜、陆缮、孙场、徐陵、江总、张种、侯安都、侯瑱、王通、王劢、到仲举、王场、毛喜、樊毅。

（小姓）淳于量、章昭达。

（寒素）黄法氍、杜棱、胡颖、徐度、沈恪、萧济。

北魏：（士族）长孙嵩、长孙抗、长孙颓、长孙道生、长孙冀归、穆寿、穆平国、穆乙九、穆真、穆怄头、穆建、穆罴、穆绍、穆亮、穆吐、奚拔、安原、李韶、陆丽、李诉、萧正表、尔朱世承、尔朱度律、胡祥、胡僧洗、高隆之、贺拔允、尉眷、楼毅、刘尼、于洛拔、于忠、崔光、高各拔、冯诞、卢鲁元、陈建、司马楚之、司马金龙、司马天助、刁雍、李宝、李神儁、陆定国、陆子彰、陆叡、陆隽、源怀、源子恭、罗结、罗斤、乙瑰、乙乾归、荷颓、费穆、裴询、尉元、尉羽、杨椿、杨昱、杨津、刘昶、萧宝夤、张彝、崔亮、李平、李冲、尔朱菩提、尔朱兆、尔朱彦伯、尔朱仲远、尔朱世隆、尔朱天光、杨侃、卢同、叱列延庆、斛斯椿、樊子鹄、贺拔胜、贺拔岳、李琰之、冯修、高猛、于子晖、胡国珍、李彧、李延寔、邢子才、游肇。

（小姓）韩茂、窦泰、谷浑、皮喜、孔昭、郭祚、李崇、贾思同、甄琛、李神、朱瑞、辛雄、杜凤皇、冯熙、李惠、高显。

（寒素）周纥、古弼、张黎、奚眷、屈垣、屈道赐、和其奴、皮豹子、间毗、陆定、侯刚、王叡、王显、宇文泰。

东魏、北齐：（士族）司马子如、高乾、封隆之、冯之琮、李祖勋、段深、段孝言、斛律孝卿、刘世清、叱列长叉、高昂、裴英起、崔悛、元坦、魏收、元文遥、崔季舒、元景安、阳休之、胡长粲。

（小姓）窦泰、韩凤、孙腾、任延敬、赵起、高德政、王琳、徐
子才、杨愔、祖珽。

（寒素）张亮、唐邕、白建、和士开、王峻、燕子献、赵思贤、
张景仁、张雕。

西魏：（士族）刘亮、杨忠、王盟、王懋、蔡祐、申徽、柳敏、库狄
峙、韩褒、卢光、斛斯椿、长孙子彦、樊子鹄、娄宝、寇洛、
若干惠、宇文导、徐招、苏亮、高慎、柳仲礼。

（小姓）梁御、贺兰祥、梁台、史宁、高琳、王康。

（寒素）王罴、赫连达、李穆、耿豪、王德、王思政、乙弗绘、
郭崇。

将上列所举侍中分类统计，见表6-11。

表6-11　两晋南北朝侍中社会成分统计表

	士族	小姓	寒素	合计
晋	98	38	25	161
宋	67	2	2	71
南齐	33	6	3	42
梁	47	0	7	54
陈	22	2	6	30
北魏	89	16	14	119
东魏、北齐	20	10	9	39
西魏	21	6	8	35
总计	397	80	74	551
百分比	72.1	14.5	13.4	100

晋与北魏士族任侍中者较多。全期士族占十分之七强，寒素仅占十
分之一强。

（九）黄门侍郎

门下省的主要属官是黄门侍郎，职掌与侍中同，地位仅次于侍中，号称小门下。如《通典》卷二一《职官三·侍中》中谓：

> 魏晋以来，给事黄门侍郎并为侍卫之官，员四人。宋……多以中书侍郎为之。齐亦管知诏令，呼为小门下。梁增品第，与侍中同掌侍从，傧相威仪，尽规献纳，纠正违阙，监合尝御药，封玺书。陈制亦然。后魏亦有。北齐置六人，所掌与侍中同。

黄门侍郎的出身，可见表6-12。

表6-12 两晋南北朝黄门侍郎社会成分统计表

	士族	小姓	寒素	合计
晋	50	20	4	74
宋	54	5	2	61
南齐	22	10	12	44
梁	35	9	6	50
陈	16	3	2	21
北魏	58	19	8	85
东魏、北齐	20	6	3	29
西魏	19	1	5	25
总计	274	73	42	389
百分比	70.4	18.8	10.8	100

（十）九 卿

从各朝正史中收集得到四百六十三个卿，即《通典》卷二五《职官七·总论诸卿》所述：

汉以太常、光禄勋、卫尉、太仆、廷尉、大鸿胪、宗正、大司农、少府谓之九寺大卿。……晋以太常等九卿（即汉九卿）兼将作大匠、太后三卿、大长秋皆为列卿。……宋、齐及梁初，皆因旧制。梁武帝天监七年，以太常为太常卿，加置宗正卿，以大司农为司农卿，三卿是为春卿。加置太府卿，以少府为少府卿，加置太仆卿，三卿是为夏卿。以卫尉为卫尉卿，廷尉为廷尉卿，将作大匠为大匠卿，三卿是为秋卿。以光禄勋为光禄卿，大鸿胪为鸿胪卿，都水使者为大舟卿，三卿是为冬卿。凡十二卿，皆置丞及功曹、主簿。后魏又以太常、光禄勋、卫尉谓之三卿。太仆、廷尉、大鸿胪、宗正、大司农、少府为六卿，各有少卿。北齐以太常、光禄、卫尉、宗正、太仆、大理、鸿胪、司农、太府是为九寺。

将上述诸卿都归在一类，统计如表6-13。

表6-13　两晋南北朝九卿社会成分统计表

	士族	小姓	寒素	合计
晋	68	35	15	118
宋	22	3	5	30
南齐	9	2	5	16
梁	18	15	8	41
陈	18	6	4	28
北魏	106	29	37	172
东魏、北齐	21	12	6	39
西魏	14	4	1	19
总计	276	106	81	463
百分比	59.6	22.9	17.5	100

（十一）御史中丞

监察群司百官的责任，在两晋南北朝时期，大都由御史中丞来承担。正如《通典》卷二四《职官六·中丞》中称：

> 晋亦因汉，以中丞为台主，与司隶分督百僚。自皇太子以下，无所不纠。初不得纠尚书，后亦纠之。……（宋）孝武帝孝建二年制，中丞与尚书令分道，虽丞、郎下朝相值，亦得断之，余内外众官，皆受停驻。齐中丞职无不察，专道而行，骖辐禁呵，加以声色，武将相逢，辄致侵犯，若有卤簿，至相殴击。梁国初建，又置御史大夫。天监元年，复曰中丞。中丞一人，掌督司百僚。皇太子以下，其在宫门行马内违法者，皆纠弹之。虽在行马外而监司不纠，亦得奏之。专道而行，逢尚书丞郎，亦得停驻。……陈因梁制。……后魏为御史中尉，督司百僚，其出入，千步清道，与皇太子分路，王公百辟，咸使逊避，其余百僚下马弛车止路傍，其违缓者，以棒棒之。……自东魏徙邺，无复此制。北齐武成以其子琅琊王俨兼为御史中丞，欲雄宠之，复兴旧制。俨出北宫，凡京畿之步骑，领军之官属，中丞之威仪，司徒之卤簿，莫不毕备。

在一百五十三个实例之中，其分类比例如表6-14。

表6-14　两晋南北朝御史中丞社会成分统计表

	士族	小姓	寒素	合计
晋	21	15	6	42
宋	21	3	0	24
南齐	10	4	2	16
梁	16	10	3	29
陈	8	1	1	10

（续表 6-14）

	士族	小姓	寒素	合计
北魏	9	4	7	20
东魏、北齐	5	4	2	11
西魏	1	0	0	1
总计	91	41	21	153
百分比	59.5	26.8	13.7	100

宋、南齐、梁、陈四朝的御史中丞，寒素的比例较低，约占十分之一而已。晋及北朝寒素御史中丞较多。以全期而论，士族比例略低于五分之三，与上节诸卿的比例相似。

（十二）中　正

依选举的程序而言，有推荐与任用两阶段。两汉时公府辟掾属，州郡选曹僚，都是由自己荐举而后自己任用；魏晋南北朝行九品官人法，推荐与任用各有主管。如马端临《文献通考》卷二八《选举考一·举士》中说：

> 按：魏、晋以来，虽立九品中正之法，然仕进之门则与两汉一而已。或公府辟召，或郡国荐举，或由曹掾积累而升，或由世胄承袭而用，大率不外此三四涂辙。然诸贤之说，多欲废九品罢中正，何也？盖乡举里选者，采毁誉于众多之论，而九品中正者，寄雌黄于一人之口。且两汉如公府辟掾属，州郡选曹僚，皆自荐举而自试用之。……至中正之法行，则评论者自是一人，擢用者自是一人。

推荐人物的职责，文官委诸中正，武官委诸护军。《通典》卷一四《选举二·历代制中》中说：

（魏）延康元年，吏部尚书陈群以天朝选用不尽人才，乃立九品官人之法，州郡皆置中正，以定其选，择州郡之贤有识鉴者为之，区别人物，第其高下。又制：郡口十万以上，岁察一人，其有秀异，不拘户口。其武官之选，俾护军主之。

《文献通考》卷二八《选举考一·举士》亦说：

州、郡、县俱置大小中正，各取本处人任诸府公卿及台省郎吏有德充才盛者为之，区别所管人物，定为九等。其有言行修著则升进之，或以五升四，以六升五；倘或道义亏缺则降下之，或自五退六，自六退七矣。

在"台阁选举，涂塞耳目，九品访人，唯问中正"[1]的制度之下，中正的地位显然非常重要。人都有某些感情偏好，绝对的公平仍属理想，如果"九品所取大概多以世家为主"为因，则"其起自单族匹士而显贵者，盖所罕见"[2]为果，当是顺理成章的逻辑推论。且将正史中寻找得到的三百二十七名中正依其成分分类于下。

晋：（士族）华恒、刘毅、傅咸、庾珉、华谭、刁协、王述、王峤、范汪、张闿、顾众、陆晔、陆玩、陆纳、何充、诸葛恢、丁谭、徐广、江逌、颜含、徐邈、何澄、王蕴、袁湛、褚秀之、江夷、王准之、王济、傅祇、王坦之、刘颂。

（小姓）胡毋辅之、陈寿、李重、陶侃。

（寒素）魏舒、刘沉、伏滔、何攀、孔毓、夏侯骏、张辅、李含、王式、乐谟、韩伯、盛彦。

---

[1]《晋书》卷四八《段灼传》。
[2]《文献通考》卷三四《选举考七·任子》。

宋：（士族）张茂度、张永、庾炳之、孔季恭、沈昙庆、徐广、孔琳
　　之、蔡兴宗、王球、王韶之、荀伯子、沈演之、裴松之、刘湛、
　　江湛、柳元景、刘延孙、顾琛、顾觊之、邓琬、袁颢、孔觊、
　　王镇之、崔祖思、王敬弘、张绪、谢庄、沈文秀。

　　（小姓）萧思话。

　　（寒素）檀道济、檀韶。

南齐：（士族）王俭、刘怀珍、垣荣祖、王琨、王延之、张绪、虞玩
　　之、庾杲之、虞悰、陆澄、王晏、江敩、徐孝嗣、蔡约、袁彖、
　　孔稚珪、王奂、臧未甄、顾宪之、谢瀹、柳世隆。

　　（小姓）周奉叔、胡谐之、丘灵鞠、刘怀慰。

　　（寒素）吕安国。

梁：（士族）柳庆远、郑绍叔、沈约、王份、周舍、傅昭、萧琛、陆
　　杲、陆倕、陆襄、袁昂、江革、萧子云、何敬容、何佟之、丘
　　迟、沈众、江蒨。

　　（小姓）范岫、刘之遴、夏侯亶、庾黔娄、庾于陵、庾肩吾。

　　（寒素）乐蔼、明山宾、范云。

陈：（士族）王通、袁敬、袁泌、虞荔、谢哲、谢嘏、张种、王固、
　　孔奂、陆缮、周弘正、徐陵、江总、陆琼。

　　（小姓）司马嵩、沈洙。

　　（寒素）宗元饶。

北魏：（士族）崔钟、张伦、崔僧渊、长孙嵩、穆亮、穆绍、于忠、
　　于昕、崔隆宗、封回、封轨、王宪、张灵符、谷纂、李先、贾
　　秀、李宪、李骞、李秀林、李景义、李暟、司马纂、刁整、王
　　慧龙、王琼、李韶、李彦、李虔、陆琇、源思礼、源子雍、源
　　纂、房坚、房景先、宇文福、费穆、韦儁、韦崇、裴宣、裴晒、
　　柳崇、柳庆和、柳楷、柳永、柳范、许琰、许玑、卢渊、卢道

裕、卢道虔、卢道约、卢昶、卢元明、卢洪、李瑾、李凭、李宣茂、崔合、慕容契、游肇、刘芳、刘怿、刘瞖、刘筠、郑道昭、郑敬叔、崔挺、崔孝芬、崔勉、杨昕、杨俭、杨宽、薛承华、毕祖朽、毕义畅、李谐、崔亮、崔光、崔励、崔鸿、崔长文、崔休、裴延儁、裴良、裴植、裴粲、裴炯、房诠、房超、尔朱世隆、卢同、辛珍之、綦洪寔、祖莹、袁聿修、窦瑗、崔浩、王肃、王衍、宋弁、张彝、邢峦、邢晏、李元忠、高肇、封津、郭祚。

（小姓）毕闻慰、李平、李崇、袁翻、李神、夏侯夫、贾思同、路景略、朱元旭、宋翻、辛雄、辛纂、樊子鹄、张伟、温子昇、裴佗、刘灵助、王仲兴、茹皓、侯详、平季、朱瑞、贾显度、高显、赵邕、房亮。

（寒素）甄琛、阳尼、李叔虎、寇猛、侯刚、孙惠蔚、赵怡。

东魏、北齐：（士族）段深、刘元孙、高季式、高永乐、魏明朗、崔悛、崔瞻、阳休之、袁聿修、李稚廉、羊烈、源彪、暴显、陆卬、崔劼、魏收。

（小姓）刘贵、张遵业、赵彦深、唐邕、许惇。

（寒素）王峻、王松年、马敬德。

西魏：（士族）阎庆、辛威、崔猷、苏亮、李昶、泉元礼、泉仲遵、樊子鹄。

（小姓）梁台、权景宣、韩雄、柳僧习。

（寒素）张轨、陈欣、冀儁。

将上列所举中正做表统计，见表6-15。

表 6-15　两晋南北朝中正社会成分统计表

	士族		小姓		寒素		合计
	N	%	N	%	N	%	
晋	31	66.0	4	8.5	12	25.5	47
宋	28	90.3	1	3.2	2	6.5	31
南齐	21	80.8	4	15.4	1	3.8	26
梁	18	66.7	6	22.2	3	11.1	27
陈	14	82.4	2	11.8	1	5.9	17
北魏	107	76.4	26	18.6	7	5.0	140
东魏、北齐	16	66.7	5	20.8	3	12.5	24
西魏	8	53.3	4	26.7	3	20.0	15
总计	243	74.3	52	15.9	32	9.8	327

　　表 6-15 中，已将各朝中正社会成分的百分比算出，南朝宋士族占的比例最高，达十分之九强；陈、南齐次之，亦在五分之四以上；北魏占四分之三强；东魏、北齐与梁、晋又次之；西魏三分之二弱。以全期而论，中正官中士族占四分之三弱，小姓约占二十分之三，寒素约占十分之一。正如本节初所云，文官的推荐官是中正，如果我们认为推荐官对用人有影响的话，士族占中正官的四分之三弱这一事实，就值得注意了。

（十三）刺　史

　　严耕望先生在其《中国地方行政制度史》上编卷中《魏晋南北朝地方行政制度》上册的第一章中指出：

　　　　魏晋南朝之地方行政，通常认为是州、郡、县三级制。实则州之上尚有更大之行政区域曰都督区，州刺史之上尚有更具权力之统制机构曰都督府。

又同书引言中说：

> 就地方行政制度言，此一时代既非典型时代，而为秦汉型演化
> 为隋唐型之过渡时代，故其特征在变迁、在演化，常见其纷乱而复
> 杂。北魏以异族入主，立政作制，时参胡俗，更增加制度之复杂性。

制度在过渡时期的特点是权职不定，尤其是都督与刺史的关系。都
督因军事需要而设立，蚕食刺史的权职，正如刺史由监察官变成地方行
政官一样，都督有地方行政官的雏形，但其军事意义似乎还大于行政意
义，都督其时虽有其制，但尚未能完全视为地方官。且根据严先生书中
寻录的各区都督，似乎王室子弟占了绝大部分，所以对于都督的分类，
缺而勿论。又县令长从正史中所得无几，故地方官的士族成分，且以刺
史及太守为代表。今从正史中得刺史一千二百九十七人，分类统计，见
表 6-16。

表 6-16　两晋南北朝刺史社会成分统计表

	士族		小姓		寒素		合计
	N	%	N	%	N	%	
西晋	23	46.0	16	32.0	11	22.0	50
东晋	116	62.0	37	19.8	34	18.2	187
宋	70	61.4	22	19.3	22	19.3	114
南齐	23	47.9	12	25.0	13	27.1	48
梁	32	39.0	19	23.2	31	37.8	82
陈	19	39.6	10	20.8	19	39.6	48
北魏	332	62.2	119	22.3	83	15.5	534
东魏、北齐	73	52.9	34	24.6	31	22.5	138
西魏、北周	55	57.3	23	24.0	18	18.8	96
总计	743	57.3	292	22.5	262	20.2	1297

如表6-16中所示，东晋及宋的刺史中士族所占比例最大，自南齐始渐渐下降，至梁、陈达到最低点。最值得注意的是梁、陈二朝的刺史，其士族与寒素的比例大致相等，士族、小姓、寒素三者间的比例亦相当，然士族成分之低，为各种主要官吏之最。北朝则以北魏的士族刺史比例为最高，比例与东晋及宋相当；东魏、北齐及西魏、北周次之。北朝自北魏以后各朝刺史虽亚于北魏，但其差异并不及南朝下降之骤。兹对各朝刺史的变化略予讨论之。

西晋初年，"内官重，外官轻"[1]，所以人皆喜欢任朝官，不喜欢任地方官。《晋书》卷四〇《贾充传》中谓贾充曾千方百计以摆脱持节、都督刺史，如下：

> （侍中任）恺因进说，请充镇关中。乃下诏曰："……以充为使持节、都督秦凉二州诸军事，侍中、车骑将军如故，假羽葆、鼓吹，给第一驸马。"朝之贤良欲进忠规献替者，皆幸充此举，望隆惟新之化。充既外出，自以为失职，深衔任恺，计无所从。将之镇，百僚饯于夕阳亭，荀勖私焉。充以忧告，勖曰："公，国之宰辅，而为一夫所制，不亦鄙乎！然是行也，辞之实难。独有结婚太子，不顿驾而自留矣。"充曰："然。孰可寄怀？"对曰："勖请言之。"俄而侍宴，论太子婚姻事，勖因言充女才质令淑，宜配储宫。而杨皇后及荀颢亦并称之。帝纳其言。会京师大雪，平地二尺，军不得发。既而皇储当婚，遂不西行。诏充居本职。

再者，刺史的品位不高，司隶校尉只第三品，刺史有的四品有的五品，仅及朝官的黄门中书侍郎等官而已。

永嘉之乱时，京师连年交战，怀、愍二帝被掳，朝中公卿大臣常虑

---

[1]《晋书》卷四六《李重传》。

危殆。当中央控制力微衰的时候，拥有地方实力的长官日见重要。当时北方豪族甚多筑坞堡以自保，何况刺史为地方最高长官，自然为士族们谋求的对象，《晋书》卷四三《王戎传·附王衍传》中称：

> 衍虽居宰辅之重，不以经国为念，而思自全之计。说东海王越曰："中国已乱，当赖方伯，宜得文武兼资以任之。"乃以弟澄为荆州，族弟敦为青州。因谓澄、敦曰："荆州有江汉之固，青州有负海之险，卿二人在外，而吾留此，足以为三窟矣。"

而东晋元帝系由一百八十个地方官劝进[1]，表面上为优容地方官（尤其刺史），实际上东晋甚难控制地方官，尤其荆州及扬州的刺史，已对中央政府构成威胁。这当然是该二州与其他州地位极不均衡所致。以扬州而论，东晋定都建康，扬州无异于汉之司隶，而三吴（丹阳、会稽、吴郡）则为建康的藏府。如《晋书》卷七七《诸葛恢传》中说：

> （元帝）调（诸葛恢）为会稽太守。临行，帝为置酒，谓曰："今之会稽，昔之关中，足食足兵，在于良守。以君有莅任之方，是以相屈。"

荆州户口百万，荆州刺史又常兼督梁、益、宁、交、广五州军事，地居西陲，与扬州同为东晋、南朝的重镇。江州居荆、扬之间，亦甚重要。这几州过于强大，有"藩伯强盛，宰相权弱"[2]之感。所以自东晋以来，士族常居刺史，尤以荆、扬、江为最。如：

王敦既进位丞相、都督中外诸军事、录尚书事，又领江州牧。（《晋书》卷六《元帝纪》及卷九八《王敦传》）

王敦并以乃兄含为荆州刺史，屯武昌。（《晋书》卷九八《王敦传》）

---

[1]《晋书》卷六《元帝纪》，建武元年（317）。

[2]《晋书》卷八四《王恭传》。

桓温既位大司马、都督中外诸军事、录尚书事，而又以荆州刺史，遥领扬州牧，镇姑孰。(《晋书》卷九八《桓温传》)

庾亮为征西将军、都督江荆豫益梁雍六州诸军事，领江荆豫三州刺史，镇武昌。(《晋书》卷七三《庾亮传》)

谢安以中书监、骠骑将军、录尚书事，领扬州刺史。(《晋书》卷七九《谢安传》)

庾冰以中书监、扬州刺史、都督扬豫兖三州诸军事、征虏将军、假节。既又进车骑将军、都督江荆宁益梁交广七州豫州之四郡诸军事，领江州刺史、假节，镇武昌。(《晋书》卷七三《庾亮传·附庾冰传》)

桓玄以后将军、都督荆江司雍秦梁宁益八州诸军事、荆州刺史、假节，镇江陵。既又进位都督中外诸军事、假黄钺、录尚书事、扬州牧，领徐州刺史，镇姑孰。(《晋书》卷九九《桓玄传》)

以上仅列举几个大士族任荆、扬、江刺史，而又对中央政治具有相当影响者。这说明士族在东晋时对刺史的兴趣，较西晋时浓厚些。

东晋士族既聚集于中央官吏，复控制地方行政，对皇室自有不良的影响，所以自宋高祖始，皇室采取一项政策，即重要州刺史以宗室子弟任之，如《宋书》卷六六《何尚之传》末史臣曰：

> 晋世幼主在位，政归辅臣，荆、扬司牧，事同二陕。宋室受命，权不能移，二州之重，咸归密戚。

自宋以来，士族子弟渐渐不做实际事务，专尚清职，刺史一则需主持地方行政，再则当时刺史大都带兵，渐非士族所喜，这种风气，至梁时达到顶点。"梁世士大夫，皆尚褒衣博带，大冠高履，出则车舆，入则扶侍"[1]。梁、陈之际，南方战事频起，军人任刺史者日多，士族似乎已

---

[1]《颜氏家训》卷四《涉务篇》。

渐渐不能控制地方了。梁、陈刺史的出身中，士族与寒素相当，正是这个事实之数字表现。

北魏刺史的士族成分，与东晋及宋相似，这是因为鲜卑族的"世为部落大人"辈常常任地方长官。但自尔朱氏乱起，魏分东西，双方屡有战争，给予寒素武人兴起的机会。州牧之任，寒素遂增，所以东魏、北齐与西魏、北周刺史的士族比例下降。正如《北齐书》卷四三《羊烈传》中称：

> 近日刺史，皆是疆场之上彼此而得。

北朝的鲜卑士族虽然亦渐趋文事[1]，但毕竟未若南朝士大夫闻马鸣而认为虎啸者，此北朝刺史的士族比例稍高于南朝的原因所在。

（十四）太　守

在一千五百四十九个太守中，其社会成分分类见表6-17。

表6-17　两晋南北朝太守社会成分统计表

	士族		小姓		寒素		合计
	N	%	N	%	N	%	
晋	252	62.4	81	20.0	71	17.6	404
宋	170	66.4	46	18.0	40	15.6	256
南齐	64	52.9	28	23.1	29	24.0	121
梁	80	54.4	29	19.7	38	25.9	147
陈	25	43.9	10	17.5	22	38.6	57
北魏	317	67.2	104	22.0	51	10.8	472

---

[1] 参见孙同勋：《拓拔氏的汉化》，台湾大学文史丛刊，1962，页74，北魏历代悍将人数及所占全体宗室百分比表。

（续表 6-17）

	士族		小姓		寒素		合计
	N	%	N	%	N	%	
东魏、北齐	38	70.4	7	13.0	9	16.7	54
西魏、北周	21	55.3	5	13.2	12	31.6	38
总计	967	62.4	310	20.0	272	17.6	1549

　　太守的社会成分在各朝的变迁曲线，与刺史颇有相似之处，在此不再重复。

三、综合比较

　　以上着重于分朝比较各种主要官吏，今将两晋南北朝视为一个整体，将各种主要官吏综合比较之，兹做总表如表 6-18。

表 6-18　两晋南北朝主要官吏社会成分统计总表

	士族		小姓		寒素		合计
	N	%	N	%	N	%	
司徒	41	73.2	9	16.1	6	10.7	56
司徒左长史	76	84.4	10	11.1	4	4.4	90
尚书令	66	72.5	18	19.8	7	7.7	91
尚书仆射与列曹	392	68.0	123	21.4	61	10.6	576
吏部尚书	133	74.3	26	14.5	20	11.2	179
尚书郎丞	394	68.2	130	22.5	54	9.3	578
尚书吏部郎	144	76.6	30	16.0	14	7.4	188
中书监令	112	79.4	17	12.1	12	8.5	141
中书侍郎	199	69.1	66	22.9	23	8.0	288
侍中	397	72.1	80	14.5	74	13.4	551

（续表 6–18）

	士族		小姓		寒素		合计
	N	%	N	%	N	%	
（给事）黄门侍郎	274	70.4	73	18.8	42	10.8	389
九卿	276	59.6	106	22.9	81	17.5	463
御史中丞（尉）	91	59.5	41	26.8	21	13.7	153
中正	243	74.3	52	15.9	32	9.8	327
刺史（尹）	743	57.3	292	22.5	262	20.2	1297
太守（内史、相）	967	62.4	310	20.0	272	17.6	1549

比较表中各种官吏士族、小姓、寒素所占的百分比，得下列几点看法。

（一）群相的士族成分高。

何谓群相？要解释这个问题，必须先将两晋南北朝时期的制度略予陈述。西汉的相权属于丞相一人，丞相仅在皇帝之下，总理万机。自东汉以后，相权开始演变；尚书省的尚书令，中书省的中书监令，门下省的侍中，相继而起，相权归属一人的现象不复存在。如《文献通考》卷四九《职官考三·宰相》陈述其演变的痕迹称：

> 按：自后汉时，虽置三公，而事归台阁，尚书始为机衡之任。然当时尚书，不过预闻国政，未尝尽夺三公之权也。至魏、晋以来，中书、尚书之官始真为宰相，而三公遂为具员。其故何也？盖汉之典事尚书、中书者，号为天子之私人；及叔季之世，则奸雄之谋篡夺者，亦以其私人居是官。而所谓三公者，古有其官，虽鼎命将迁之时，大权一出于私门，然三公未容遽废也，故必择其老病不任事、依违不侵权者居之。东汉之末，曹公为丞相，而三公则杨彪、赵温，尚书令、中书监则二荀、华歆、刘放、孙资之徒也。魏之末，司马师、昭为丞相，而三公则王祥、郑冲，尚书令、中书监则贾充、荀勖、钟会之徒也。盖是时，凡任中书者，皆运筹帷幄、佐命移祚之

人；凡任三公者，皆备员高位、畏权远势之人。而三公之失权任，中书之秉机要，自此判矣。

又《文献通考》卷五〇《职官考四·门下省》亦说：

> 谨按西汉以丞相总百官，而九卿分治天下之事。光武中兴，身亲庶务，事归台阁，尚书始重，而西汉公卿稍以失职矣。及魏武佐汉，初建魏国，置秘书令典尚书奏事。文帝受禅，改秘书为中书，有令，有监，而亦不废尚书。然中书亲近，而尚书疏外矣。东晋以来，天子以侍中常在左右，多与之议政事，不专任中书，于是又有门下，而中书权始分矣。降及南北朝，大体皆循此制。

从西汉的单一丞相至唐朝的三省分权，魏晋南北朝的中央政制呈现出过渡时期的特色。严格地说，在制度上权职没有固定，司徒、尚书令、中书监令、侍中权限的大小，完全视皇帝对任职者个人的信任程度而定。司徒权限虽被三省所侵，但司徒地位崇高，在名义上是宰相，王导任司徒十余年，从任何观点而论，不能认为司徒权限已被剥夺无遗。而尚书令、中书监令、侍中也并不存在某一官职兴起代替前一官职的现象。制度在变迁时，人的影响力变大，这几种官吏都是当时中央的首要人物，对中央政治都有巨大的影响，称其为群相，是基于当时事实，并非基于当时制度。晋朝张华曾说："威柄不一，而可以安乎？"（《晋书》卷三六《张华传》）宋王华亦说："宰相顿有数人，天下何由得治？"（《宋书》卷六三《王华传》）此正可以说明当时的群相现象。这些群相的士族成分如下：司徒 73.2%；尚书令 72.5%；中书监令 79.4%；侍中 72.1%。而寒素仅在 7.7%～13.4% 之间。易言之，两晋南北朝中央政治决策的首脑人物，士族占四分之三以上，而寒素在十分之一以下（此项比例，已排除宗室的名额）。与其他官吏比较，群相中士族成分显然较高。

（二）三省长官的士族成分，较其主要属官为高。

依表 6-18 中显示，得：

尚书令的士族成分，较尚书仆射与列曹、尚书郎丞高 4.4% 左右。

中书监令的士族成分，较中书侍郎高 10.3%。

侍中的士族成分，较（给事）黄门侍郎高 1.7%。

（三）三省与司徒府的士族成分，显然较九卿为高。

三省与司徒府中士族成分最高的是司徒左长史，比九卿的比例高出 24.8%；三省与司徒府中士族成分最低的是尚书郎丞，亦比九卿的比例高出 8.6%。士族不喜九卿之位的原因，是司徒府与三省位居枢机，且有实权，而九卿已成为制度上的"盲肠"。《太平御览》卷二〇三《职官部·总叙》中说：

> 古以九卿综事，不专尚书……今事归内台，则九卿为虚设之位。

（四）三省与司徒府的士族成分，比御史中丞为高。

御史中丞掌纠察大权，但不为士族所喜，士族成分之低，一如九卿。《通典》卷二四《职官六·中丞》中也说：

> 江左中丞虽亦一时髦彦，然膏粱名士犹不乐。

杜佑又引实例说：

> 宋颜延之为御史中丞，何尚之与延之书曰："绛骑清路，白简深刻，取之仲容，或有亏耶？"王球甚矜曹地，遇从弟僧朗除御史中丞，球谓曰："汝为此官，不复成膏粱矣。"齐王僧虔迁御史中丞，甲族由来多不居宪职，王氏分枝居乌衣者，为官微减，僧虔为此官，乃曰："此是乌衣诸郎坐处，我亦可试为耳。"

此语与上表 6-18 中所显示的比例相符合。

（五）中央官的士族成分高于地方官。

刺史的士族成分，较所有上列主要中央官为低。太守的士族成分除稍高于九卿与御史中丞以外，亦较其他中央官为低。若将表 6-18 中所有中央官与地方官士族所占比例的平均数做一比较，则中央官与地方官士族成分分别为 69% 与 62%。

（六）选举官的士族成分较高。

主持选举的官吏，可以分为两类：一类是推荐官，即大小中正；一类是任用官，即司徒、司徒左长史、尚书令、吏部尚书、尚书吏部郎、录尚书事（录尚书事因不知是否录吏部事，故从缺不计）。从推荐到任用其所经过的官吏程序如下：

访问→郡邑小中正→州大中正→司徒（司徒左长史）→尚书令→吏部尚书→尚书吏部郎→各机关。

而其中负责推荐的中正之中，士族占 74.3%，小姓占 15.9%，寒素占 9.8%。任用官之中，士族比例最高者为司徒左长史的 84.4%，最低者为尚书令，亦有 72.5%。所有任用官的士族成分平均数为 76.2%，小姓占 15.5%，寒素占 8.3%。推荐官与任用官的士族比例极为相似。

从选举程序及选举官士族成分推测当时选举可能产生的现象，或可了解士族占据政治地位的一因。

（七）表 6-18 中所列的主要官吏，按其士族所占比例高低排列如下：

第一：司徒左长史　　　第二：中书监令

第三：尚书吏部郎　　　第四：中正

第五：吏部尚书　　　　第六：司徒

第七：尚书令　　　　　第八：侍中

第九：（给事）黄门侍郎　第十：中书侍郎

第十一：尚书郎丞　　　第十二：尚书仆射与列曹

第十三：太守　　　　　第十四：九卿

第十五：御史中丞　　　第十六：刺史

在"官以人清"的风气之下，士族所喜爱的官职，顿成为清要官，其地位因此提高。中书监令、司徒等固不论矣；即以司徒左长史与尚书吏部郎而言，因被士族所喜，在当时引为第一等的清要官，有时且可以超迁[1]。两者之间，由吏部郎迁为司徒左长史的情况较多。似乎司徒左长史较吏部郎更清些。此正吻合司徒左长史士族成分的统计。

（八）以上各种官吏士族成分孰多孰少的论述，仅为一种比较的说法。一般而论，各种主要官吏中士族均占绝对多数。士族、小姓、寒素三者的比例，最高为84.4：11.1：4.4，最低为57.3：22.5：20.2，主要官吏的平均比例约为70：18.7：11.3。

简而言之，在两晋南北朝时期，主要官吏的社会成分比例大约为：

士族：小姓：寒素＝7：2：1

---

[1] 参见宫崎市定：《九品官人法の研究》，页208。

第七篇

中古山东大族著房之研究

——唐代禁婚家与姓族谱

一、前言——五姓四十四子禁婚家之意义

中古士族崛起于两汉，至魏晋时期取得政治社会的主导地位，自二世纪末至九世纪末历魏晋南北朝隋唐诸朝为其兴盛时期，凡七百余年。以个别家族而论，如魏晋时期出现的士族，至唐初亦有四百年，延绵不断达十余世之久，其子孙众多，枝丫茂盛，已非魏晋时期单纯的直系家庭。唐代所谓姓氏郡望，已是大圈圈的界限，在政治社会中具有实质意义的是郡望之内的房支，由于正史列传大都仅载录郡望，致使研究房支极为困难，本义尝试从禁婚家与姓族谱角度入手，探寻中古时期山东大族之著房著支。

《文苑英华》卷九○○《唐赠太子少师崔公神道碑》(《全唐文》卷三一八同)[1]：

> 神龙中，申明旧诏，著之甲令：以五姓婚媾，冠冕天下，物恶

---

[1]《文苑英华》北宋太宗时编，本文据台湾华文书局影印明隆庆元年刻本。《全唐文》据清嘉庆十九年刻本。

大盛，禁相为姻。陇西李宝之六子，太原王琼之四子，荣阳郑温之三子，范阳卢子迁之四子、卢辅之六子，公（清河崔景晊）之八代祖元孙之二子，博陵崔懿之八子，赵郡李楷之四子，士望四十四人之后，同降明诏，斯可谓美宗族人物而表冠冕矣！……惟肃宗亦以赵国锡崔公（圆），今上（代宗）以少师赠先公（景晊）……又转尚书右仆射。（大历）四年某月日，龟筮叶吉，奉少师荣阳夫人（郑氏）之丧，合祔于东京河南邙山之某原，礼也。世传清白，子孝臣忠，山东士大夫以五姓婚姻为第一，朝廷衣冠以尚书端揆为贵仕，惟公兼之。

碑文撰者是李华，立碑时间是唐代宗大历四年（769）[1]。按禁婚之事由于李义府为子求婚不得而奏请，时在唐高宗显庆四年（659），史书多记载此事[2]，兹引数则。《新唐书》卷九五《高俭传》载：

诏后魏陇西李宝，太原王琼，荣阳郑温，范阳卢子迁、卢浑、卢辅，清河崔宗伯、崔元孙，前燕博陵崔懿，晋赵郡李楷，凡七姓十家，不得自为昏。

《资治通鉴》卷二〇〇《唐纪十六》显庆四年冬十月壬戌，诏：

后魏陇西李宝，太原王琼，荣阳郑温，范阳卢子迁、卢浑、卢辅，清河崔宗伯、崔元孙，前燕博陵崔懿，晋赵郡李楷等子孙，不得自为婚姻。

《太平广记》卷一八四《贡举七·氏族·七姓》引《国史异纂》：

[1] 碑文中"四年"未冠建元年号，查《旧唐书》卷一一《代宗本纪》："（永泰二年，即大历元年）六月戊戌，以淮南节度使崔圆检校尚书右仆射。……（大历三年六月）庚子……赵国公崔圆卒。"
[2] 其他记载如《唐会要》卷八三《嫁娶》、《玉海》卷五〇《唐姓氏录》，唯《唐会要》误卢子迁为卢子选，《玉海》误卢子迁为卢子仪、误卢浑为卢潭。

　　高宗朝以太原王、范阳卢、荥阳郑、清河博陵二崔、赵郡陇西二李等七姓，其族望耻与诸姓为婚，乃禁其自相姻娶。于是不敢复行婚礼，密装饰其女以送夫家。

　　《唐赠太子少师崔公神道碑》与《新唐书》《资治通鉴》《太平广记》等书之间的异同，将于后文说明，此处指出《唐赠太子少师崔公神道碑》中之独特资料——四十四子。上述资料有五姓、七姓[1]、十家[2]、四十四子，实际上就是姓、望、房、支。虽然每个大士族的发展并不尽相同，但中国中古时期族大而逐渐分支的现象，似乎是大士族共同的趋势。支、房、望、姓一方面表示血缘由亲而疏的层次，另一方面也表示荣辱关系由近而远的层次，此在源远流长并枝丫繁茂的大族中更为明显。例如，当我们读《魏书》卷三五《崔浩传》"真君十一年六月诛浩，清河崔氏无远近，范阳卢氏、太原郭氏、河东柳氏，皆浩之姻亲，尽夷其族"时，不可解释为清河崔氏整族覆灭，而实际上是崔浩近支受到影响[3]。正史列传记载人物家世时，叙述其姓与望，以及父、祖或曾祖之名字、官职，并不记载房支，如果该族已经分房分支，则知道其房支比知道其姓望更能标出该人物在政治社会中之地位。幸而《新唐书·宰相世系表》有重要大族若干著房著支的世系，有部分正史列传人物可借此串联，但既称《宰相世系表》，难免有政治立场的成分；《唐赠太子少师崔公神道碑》中四十四子禁婚家乃社会上著房著支的代表，这两种资料是本文建立架构的主要资料。

　　唐代不行九品官人法，官方修撰姓族谱这类的书籍，其主要目的已

---

[1] 上述《新唐书》《资治通鉴》《太平广记》等书中提及李、王、郑、卢、崔等五姓，李姓有二望，崔姓亦有二望，故就郡望而言则称"七望"，就姓氏而言则称"七姓"。

[2]《唐赠太子少师崔公神道碑》不载卢浑、崔宗伯二家。

[3] 有关清河崔氏，见后文清河崔氏诸房之分析。

非直接为了"选举"，修谱可能有社会意义及政治目的。就社会意义而言，修谱"使识嫁娶之序，务合礼典"[1]；就政治目的而言，可借此提高唐君臣的地位，此皆关联大族著房。《贞观氏族志》是唐代首部婚娶谱牒，一方面，影响到唐代其他姓族谱的修撰，另一方面，它又是唐之前士大夫婚姻圈的法制化。由于唐初人物以北朝人物后裔为主，所以分析唐之前人物时，必须细论北魏、东魏北齐、西魏北周、隋诸朝的各族著房，本文五姓四十四子禁婚家便是发展中的各名族著房的代表，这是本篇第二节之研究内容。自《贞观氏族志》开始，有唐一代曾多次修撰姓族谱，大部头的谱牒大都是官方颁修，代表官方立场的皇帝、外戚、权臣，其主张的修谱标准屡屡不同于民间士大夫，产生一连串的争执与妥协，不但可以由此研究政治与社会之间的关系，且可以从中探讨著房著支的实态，这是本篇第三节之研究内容。《新唐书·宰相世系表》中大士族大都有"定著房"的记载，以此与五姓四十四子做一比较，可使禁婚家有具体的世系，也使得依《新唐书·宰相世系表》理出的著房著支层面，泛称郡望或冒称郡望者将极易与著房著支分别，这是本篇第四节之研究内容。

　　本篇以五姓四十四子禁婚家为骨干，辅以唐代姓族谱之资料（《新唐书·宰相世系表》亦属姓族谱之一种）；研究的时间范围以唐代为主，但因为要明了若干著房著支之早期发展，讨论时常常上溯北魏，所以实际论述时间上起五世纪中叶，下迄九世纪中叶，共计四百年。

二、论《贞观氏族志》修撰前之大族著房

　　中古时期，崔、卢、李三大族之中的若干著房常因时因地而各有领先，本节以此三姓的著房作为讨论的焦点。而在中古史书记载之中，以

---

[1]《贞观政要》卷七《论礼乐》。

《贞观氏族志》初奏本评定崔干为第一这件事最为具体，兹由此而论及《贞观氏族志》修撰前之大族著房。

（一）《贞观氏族志》与崔干之地位

《资治通鉴》卷一九五《唐纪十一》太宗贞观十二年（638）春正月：

> 吏部尚书高士廉、黄门侍郎韦挺、礼部侍郎令狐德棻、中书侍郎岑文本撰《氏族志》成，上之。先是，山东人士崔、卢、李、郑诸族，好自矜地望，虽累叶陵夷，苟他族欲与为昏姻，必多责财币，或舍其乡里而妄称名族，或兄弟齐列而更以妻族相陵。上恶之，命士廉等遍责天下谱谍，质诸史籍，考其真伪，辩其昭穆，第其甲乙，褒进忠贤，贬退奸逆，分为九等。士廉等以黄门侍郎崔民干为第一。上曰："汉高祖与萧、曹、樊、灌皆起间阎布衣，卿辈至今推仰，以为英贤，岂在世禄乎！高氏偏据山东，梁、陈僻在江南，虽有人物，盖何足言！况其子孙才行衰薄，官爵陵替，而犹印然以门地自负，贩鬻松槚，依托富贵，弃廉忘耻，不知世人何为贵之！今三品以上，或以德行，或以勋劳，或以文学，致位贵显。彼衰世旧门，诚何足慕！而求与为昏，虽多输金帛，犹为彼所偃蹇，我不知其解何也！今欲厘正讹谬，舍名取实，而卿曹犹以崔民干为第一，是轻我官爵而徇流俗之情也。"乃更命刊定，专以今朝品秩为高下，于是以皇族为首，外戚次之，降崔民干为第三。凡二百九十三姓，千六百五十一家，颁于天下。

上述这件事在《贞观政要》卷七、《旧唐书》卷六五《高士廉传》、《新唐书》卷九五《高俭传》、《唐会要》卷三六《氏族》、《玉海》卷五〇《唐氏族志》、《册府元龟》卷五六〇《谱谍》等书中皆有记载，但各书文字繁简不尽相同，遣辞表意亦有差异，本文将在适当的地方加以推敲。

上引文值得注意的是"以黄门侍郎崔民干为第一"一句，按崔民干其他版本作崔干，系因避唐太宗之讳，不予赘述；但崔民干之官衔黄门侍郎仅《资治通鉴》有记载，他书皆失载。在《贞观氏族志》的编纂过程中，初稿将崔民干列为族望第一，定稿时将崔民干降为第三，这是《贞观氏族志》标准争执的唯一实例，由这个例子可以推测《贞观氏族志》评定族望标准之改变，以及崔民干家族的地位。因此，崔民干既是关键性的人物，就应当确实肯定其人，方可进一步推论或研究其有关问题。按唐人同名同姓者甚多，此在《新唐书·宰相世系表》中屡见不鲜，故要肯定一个人物时，除了姓名相同以外，至少需有另一项因素相同，譬如父祖或子孙姓名、字号、官职等。《资治通鉴》记载"黄门侍郎崔民干"，在史料甄别时具有重要性。

查崔民干（或崔干）在《新唐书》《旧唐书》中无传，二书其他崔氏列传中亦没有提及崔民干者，又《隋书》《周书》《北齐书》《魏书》《北史》等书中亦无其人。唯《新唐书》卷七二下《宰相世系表二下》博陵崔氏有"干字道贞，黄门侍郎、博陵元公"者，应与上述《资治通鉴》所载"黄门侍郎崔民干"为同一人。崔干之谱系如图7-1。

《新唐书·宰相世系表》博陵崔氏大房条载：

> 大房崔氏：骃少子寔，字子真，后汉尚书，生皓。皓生质。质生赞。赞生洪，字良夫，晋大司农，生廓。廓生遄。遄生懿，字世茂，五子：连、琨、格、邈、殊；又三子：怡、豹、侃，为一房，号"六房"。连字景遇，巨鹿令，号"大房"。……第二房崔氏：琨字景龙，饶阳令，行本郡太守，二子：经、郁。经生辩，字神通，后魏武邑太守、饶阳侯，谥曰恭，二子：逸、楷。……郁，后魏濮阳太守，生挺。[1]

---

[1] 以下见图7-1。

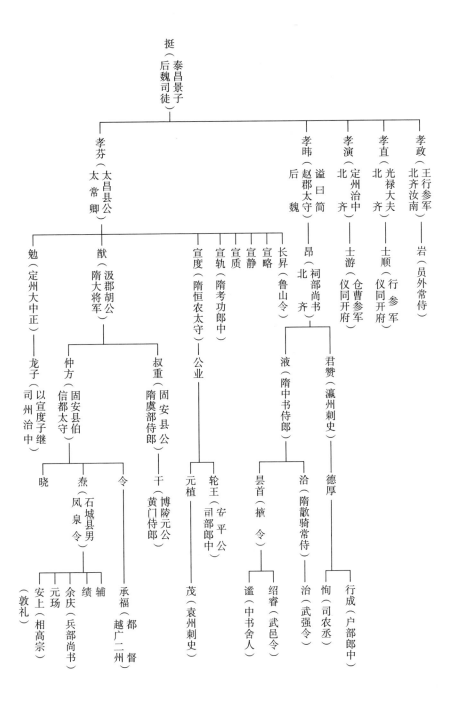

图 7-1　博陵崔氏第二房挺支谱系图

附记：1. 上图以《新唐书·宰相世系表》为底本，孝演、孝直、孝政、士游、士顺、岩等
人则从《魏书》卷五七《崔挺传》及《北史》卷三二《崔挺传》补入。士顺，《北
史》位太府卿，与《魏书》异。

2. 上图世系取自崔挺至崔安上（字敦礼），因敦礼在贞观十六年（642）已拜兵部侍
郎（见《唐仆尚丞郎表》，页228），与修纂《贞观氏族志》为同一时期。

3. 据《魏书》卷五七、《北史》卷三二《崔挺传》，北海王详为司徒、录尚书事，以
崔挺为司马，卒，赠辅国将军、幽州刺史，谥曰景。《新唐书·宰相世系表》谓
"后魏司徒"，恐有误。

4. 据《周书》卷三五《崔猷传》及《北史》卷三二《崔猷传》，崔猷爵汲郡公，谥曰
明。《新唐书·宰相世系表》谓崔猷汲郡公，"胡"字恐有误。

5. 据《隋书》卷六〇《崔仲方传》及《北史》卷三二《崔仲方传》，崔仲方之末任
虽为信都太守，但在隋已拜大将军、民部尚书（《北史》作户部）、礼部尚书。又
《隋书》卷六〇《崔仲方传》谓崔仲方子民寿，官至定陶令；《北史》卷三二《崔
仲方传》谓崔仲方子崔焘，位定陶令。

6. 据《旧唐书》卷八一《崔敦礼传》谓："敦礼以老疾屡陈乞请退。……敕召其子定
襄都督府司马余庆使侍其疾。……子余庆，官至兵部尚书。"《新唐书》卷一〇六
《崔敦礼传》则谓："以久疾，自言不任事奉两宫……弟余庆，时为定襄都督府司
马，召使侍疾。……余庆位亦至兵部尚书。"查《唐仆尚丞郎表》页233，崔余庆
于总章二年（669）为兵部尚书，即崔敦礼卒后十六年（崔敦礼卒年六十一），崔
余庆为崔敦礼之弟较为合理。

（二）博陵崔氏之分析

1. 博陵崔氏第二房挺支

崔挺最主要的官历为中书侍郎、光州刺史、北海王详之司马，在
北魏名族子弟的任官之中，这些并不算很高的官职，但《魏书》卷五七
及《北史》卷三二《崔挺传》中对崔挺之品德与才学颇为赞美，如：推
人爱士，州闾亲附，三世同居，推让田产，惟守墓田，受敕书文明太后
父燕宣王碑，任光州刺史，风化大行，知人识才，等等。崔挺六子之
中，长子崔孝芬最得魏帝赏识，官至车骑大将军、吏部尚书，在文武两
途上皆颇为活跃，唯于北魏末叶高欢与宇文泰相争的时代，因出帝西入
长安，而被高欢诛于洛阳，《北齐书》卷二《神武纪》谓"诛其贰也"。
这一事件对博陵崔氏这一房影响很大，崔孝芬子崔猷因此间行入关，在

西魏、北周谋取发展，《周书》卷三五《崔猷传》及《北史》卷三二《崔挺传·附崔猷传》皆称崔猷"有军国筹略"，又因家难而来奔宇文泰，忠诚无疑，这在当时宇文氏草创国家之时甚为需要，其在文武两途上皆有具体贡献，如"禽窦泰，复弘农，破沙苑，猷常以本官从军典文翰"，又"与卢辩等创修六官"。崔猷又都督梁州刺史，又军援信州，在始、利、沙、兴诸州叛变，信、合、开、楚诸州动摇之际，使梁、信二州获全。在议定侯景事件及陈将华皎来附事件上，崔猷有独特看法，事虽未按其建议处置，但充分表现出他对西魏、北周集团之向心，这个集团亦即陈寅恪先生所谓关中本位集团，其核心是八柱国家。崔猷虽未能列入其最核心圈内，但从其"赐姓宇文氏"及宇文护"养猷第三女为己女，封富平公主"看，已经相当接近集团核心了。崔猷子崔仲方，自幼与北周、隋皇室生活在一起，《隋书》卷六〇《崔仲方传》及《北史》卷三二《崔挺传·附崔仲方传》载："仲方少好读书，有文武才干。年十五，周太祖见而异之，令与诸子同就学。时（隋）高祖亦在其中，由是与高祖少相款密。"崔仲方与斛斯徵、柳敏等同修礼律，又与赵芬删定格式；献灭齐之策；劝隋文帝受禅，上书论取陈之策；受命发丁十万筑城防胡；授会州总管，击诸羌，平紫祖、四邻、望方、涉题、千碉、小铁围山、白男王、弱水等诸部；又代周罗睺破汉王余党；进位大将军，历户部、礼部尚书。崔猷之另一子崔叔重，列传不载，《新唐书·宰相世系表》谓其为隋虞部（工部）侍郎、固安县公，具体事迹不详。崔叔重之子崔干，亦不见于列传，《新唐书·宰相世系表》谓其为黄门侍郎、博陵元公，亦即《贞观氏族志》初奏本被列为族望第一者，乃唐初人物，其人具体事迹亦不详。在武德及贞观之初，崔氏这一房还有崔安上（即敦礼），为崔干之侄，崔仲方之孙，《旧唐书》卷八一《崔敦礼传》（《新唐书》卷一〇六《崔敦礼传》略同）："雍州咸阳人，隋礼部尚书仲方孙也。其先本居博陵，世为山东著姓，魏末徙关中。……贞观元年，擢拜中书舍人，迁兵部侍郎……征为兵部尚书。"

崔挺子孙西入关中者，以上述这一支人物最兴盛，可能在诸房之中亦较为特出，例如崔挺任本州大中正，挺子孝芬亦为定州大中正（本州），孝芬子勉亦为定州大中正，此为北魏时期。西迁之后，崔孝芬次子猷亦为定州大中正。隋废九品官人法，故不再有此职。按中正官（尤其是州大中正）负责评定该州人物等级，于选举入仕关系至大，是各方注目之职，大都为大士族子弟所把持[1]，在大士族之中由何族担任，以及同族之中由何房担任，恐与其门望颇有关系。又中正官之性质虽以地缘因素为基础，但由于魏晋南北朝人物播散甚剧，亦有属人主义性质[2]，西迁之博陵崔氏，籍贯虽改为关中，郡望仍属博陵，故为定州大中正，仍掌其本州播迁关中之人物评定。

以爵位而论，崔挺为泰昌景子，挺子孝芬为太昌县公，孝芬子猷为汲郡公，猷子仲方为固安县伯，猷另一子叔重为固安县公，叔重子干为博陵元公（"元"为谥号）。

第二房崔氏之中，崔挺之孙、孝昞之子，有崔昂者，在东魏任尚书左丞兼度支尚书。博陵崔氏在东魏者，似无在西魏者显赫。

2. 博陵崔氏第二房楷支（图7-2）

第二房崔氏还有一支在西魏、北周、隋朝系统中颇为兴盛，《新唐书》卷七二下《宰相世系表二下》博陵崔氏条载："第二房崔氏：琨……二子经、郁。经生辩，字神通，后魏武邑太守、饶阳侯，谥曰恭。二子：逸、楷。"

崔楷拒葛荣之战，苦守殷州，与长子士元皆死王事，事载于《魏书》卷五六《崔辩传·附崔楷传》（《北史》卷三二《崔辩传·附崔楷传》较

---

[1] 见拙著《两晋南北朝士族政治之研究》第十章第十二节《中正》。
[2] 著者将魏晋南北朝时大小中正身居中央而又评断本郡人物比拟为"属人主义"。

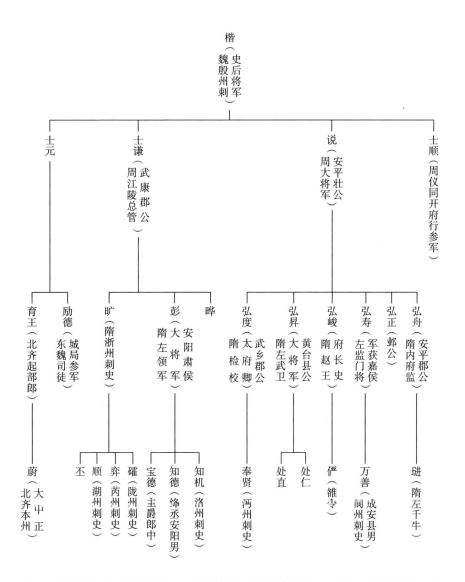

附记：崔励德官职据《魏书》卷五六《崔辩传·附崔楷传》补入。崔育王在《唐书宰相世
系表订伪》中为育生。

图 7-2　博陵崔氏第二房楷支谱系图

简略）。崔楷子士谦、士约（说）后入关中，楷幼子士顺（孝直子亦名士顺，官职亦同，未详）。崔士谦及说自洛奔梁，最后入西魏，皆有军功，皆赐姓宇文氏（《周书》卷三五《崔谦传》）。崔士谦子彭在隋朝颇有文武功绩，事见《隋书》卷五四《崔彭传》（《北史》卷三二《崔辩传·附崔彭传》略同）。崔说子弘度、弘昇在隋极贵盛，甚有军功，隋文帝纳弘度妹为秦孝王妃，复以弘昇女为河南王妃，一门二妃，事见《隋书》卷七四《酷吏列传·崔弘度崔弘昇传》（《北史》卷三二《崔辩传·附崔弘度崔弘昇传》略同）。

崔氏第二房楷支在西魏、北周时，任定州大中正者有士谦及说。该支直至隋朝还高爵蝉联，如士谦为武康郡公、说为安平县公、彭为安阳县公、弘度为武乡郡公、弘昇为黄台县公、弘舟为安平郡公、弘寿为获嘉侯等（弘舟、弘寿据《新唐书·宰相世系表》补，其他据列传）。

但是，崔楷支子孙自从弘度忧愤卒及弘昇在辽东之役败绩发病卒后，隋末唐初之际其最高官职无过刺史、郎中，爵位则降为县男。

3. 博陵崔氏第三房

按《唐赠太子少师崔公神道碑》中之禁婚名家有博陵崔懿之八子，前引《新唐书·高俭传》《资治通鉴》《太平广记》等有前燕博陵崔懿，亦未言几子；而《新唐书》卷七二下《宰相世系表二下》博陵崔氏条载：懿"五子：连、琨、格、邈、殊；又三子：怡、豹、侃，为一房，号'六房'"。实际上，列有世系者在崔懿八子之中仅得大房、二房、三房，余皆失载。崔氏第二房自崔孝芬被高欢诛后，主要人物皆西入关中，前文已有分析。崔氏大房崔伯谦因"弟仲让为北豫州司马，与高慎同叛，坐免官。……以弟仲让在关中，不复居内任"[1]。崔氏第三房之中，较富盛名的一支是：崔格→蕃→天护→穆→暹，虽仍是"世为北州著姓"，但

---

[1]《北史》卷三二《崔鉴传·附崔伯谦传》。

崔格至崔穆间四世官宦不显，不过崔暹官位甚高，"从文襄（高澄）镇抚邺都，加散骑常侍，迁左丞、吏部郎，领定州大中正，主议麟趾格。暹亲遇日隆，好荐人士……迁御史中尉。……神武崩……文襄以暹为度支尚书，监国史，兼右仆射，委以心腹之寄……迁中书监"[1]。清河崔悛自矜门望而不崇博陵崔氏、赵郡李氏两族，是在高欢统治东魏政权时期，当时同朝为官的博陵崔暹闻而衔之，详见下文。

（三）清河崔氏诸房之分析

清河崔氏实不亚于博陵崔氏。

北魏末叶分裂为东魏与西魏，山东大族著房大都在东魏系统内发展，其景象与西魏以降的关中本位集团不同，大士族的官宦盛衰亦不尽相同。约在东魏时期[2]，有一段有关门望高低的故事，《北齐书》卷二三《崔悛传》（《北史》卷二四《崔逞传·附崔悛传》略同）：

> 崔悛，字长孺，清河东武城人也。父休，魏七兵尚书，赠仆射。……悛每以籍地自矜，谓卢元明曰："天下盛门，唯我与尔，博崔、赵李，何事者哉！"崔暹闻而衔之。

按《新唐书》卷七二下《宰相世系表二下》崔氏世系之末载，崔氏定著十房。属于清河郡望者有：郑州房、南祖、鄢陵房、清河大房、清河小房、清河青州房等六房。崔悛系出清河大房。《新唐书》卷七二下《宰相世系表二下》载：

> 清河大房：逞少子谊，宋青、冀二州刺史。生灵和，宋员外散

---

[1]《北齐书》卷三〇《崔暹传》中语。《北史》卷三二《崔挺传·附崔暹传》同。

[2]《北齐书》卷二三《崔悛传》及《北史》卷二四《崔逞传·附崔悛传》中，这段史事皆插在东魏天平与北齐天保之间。

骑常侍。生后魏赠清河太守宗伯。生休、寅。休号大房。（寅号小房）

《北史》卷二四《崔逞传》载：

> 崔逞……魏中尉琰之五世孙也。曾祖谅，晋中书令。祖遇，仕
> 石氏，为特进。父瑜，黄门郎。逞……仕慕容暐。……暐灭，苻坚以
> 为齐郡太守。坚败，仕晋，历清河、平原二郡太守。为翟辽所虏，
> 以为中书令。慕容垂灭翟钊，以为秘书监。慕容宝东走和龙，为留
> 台吏部尚书。及慕容驎立，逞携妻子归魏。……（其后）帝怒其失
> 旨……遂赐逞死。……逞子𪩘、谭、祎、严、颐。……颐……少子
> 𪟝以交通境外，伏诛。自逞之死，至𪟝之诛，三世，积五十余年，
> 在北一门尽矣。……
>
> 休……曾祖谭，仕宋位青、冀二州刺史。祖灵和，宋员外散骑侍
> 郎。父宗伯，始还魏，追赠清河太守。……（休）为度支、七兵、殿
> 中三尚书。休久在台阁……卒，赠尚书右仆射，谥曰文贞。……子悛。

根据《新唐书·宰相世系表》崔氏世系及上述记载，整理得出清河
崔氏之清河大房、清河小房、清河青州房之关系，如图7-3。

崔逞死后，其子崔颐至崔𪟝之诛，三世，积五十余年，在北一门尽
矣。但崔逞另一子崔谭南仕刘宋，谭子灵和亦仕宋，至灵和子宗伯始还
北魏。崔宗伯北还之确切年代不详，但应在魏孝文帝太和年间评定诸州
士族之前。《资治通鉴》卷一四〇《齐纪六》明帝建武三年（即北魏孝文
帝太和二十年，496）：

> 魏主雅重门族，以范阳卢敏、清河崔宗伯、荥阳郑羲、太原王
> 琼四姓，衣冠所推，咸纳其女以充后宫。陇西李冲以才识见任，当
> 朝贵重，所结姻连，莫非清望；帝亦以其女为夫人。诏黄门郎、司
> 徒左长史宋弁定诸州士族，多所升降。

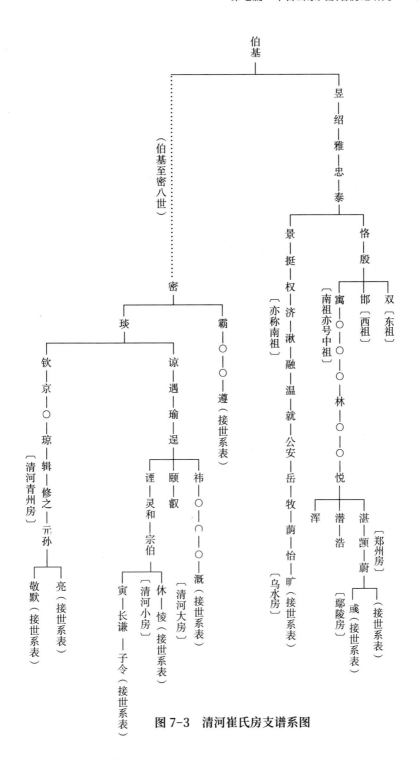

图 7-3　清河崔氏房支谱系图

附记：1. 崔浩据《魏书》卷三五《崔浩传》补入。

　　　 2. 崔颐据《北史》卷二四《崔逞传·附崔颐传》补入。据鼎文书局新校本《北史》卷
二四校勘记（二）载："颐字太冲。按崔颐，此及《魏书》卷三十二本传、《魏书》
卷二十四《崔模传》、卷三十五《崔浩传》、本书（指《北史》，下同）卷九十六
及《魏书》卷一百一《氏传》并作'颐'。本书卷二《太武纪》及《魏书》卷四
上《世祖纪》延和二年九月、本书卷三十三及《魏书》卷五十三《李孝伯传》并
作'颐'。据颐字太冲，'冲''颐'义近，似作'颐'是。但《（汉魏南北朝）墓
志集释》（卷二，肃宗充华）《卢令媛墓志》（正光三年四月三十日）图版三十七又
作'颐'，今各仍其旧。"

　　卢敏乃卢子迁次子，号称第二房卢氏。郑羲字幼骥[1]，《新唐书》卷
七五上《宰相世系表五上》郑氏条载："温四子：涛、晔、简、恬。涛居
陇西。晔，后魏建威将军、南阳公，为北祖。简为南祖。恬为中祖。晔
生中书博士茂，一名小白，七子：白麟、胤伯、叔夜、洞林、归藏、连
山、幼麟，因号'七房郑氏'。"李冲乃李宝之子，《新唐书》卷七二上
《宰相世系表二上》陇西李氏条："宝七子：承、茂、辅、佐、公业、冲、
仁宗。"[2]上述卢敏、郑羲、王琼、李冲等皆禁婚名族之著房人物，清河
崔宗伯自应属衣冠所推之名族著房。

　　按《资治通鉴》卷二〇〇《唐纪十六》显庆四年（659）、《新唐书》
卷九五《高俭传》、《玉海》卷五〇《唐姓氏录》等载七姓十家不得自为
婚姻，皆有清河崔宗伯。而《唐赠太子少师崔公神道碑》中却无崔宗伯，
清河崔氏仅载碑主（崔景晊）之八代祖元孙之二子。由上段记载分析，
《资治通鉴》《新唐书》《玉海》等为是。

　　崔宗伯长子休，号清河大房；次子寅，号清河小房。崔宗伯确定为
禁婚家，则《新唐书·宰相世系表》所载清河崔氏定著六房之中，清河
大房、清河小房、清河青州房元孙之二子，凡三房四子是禁婚名家。

---

[1]《魏书》卷五六《郑羲传》。《新唐书》卷七五上《宰相世系表五上》郑氏条作幼麟。

[2]《魏书》卷五三《李冲传》："李冲，字思顺，陇西人，敦煌公宝少子也。"

清河大房、清河小房、清河青州房等三者之共祖为曹魏时的崔琰，官尚书，所以这三房血缘比较近。在北魏太武帝时，清河崔氏之名人有崔颐（宗伯之伯祖）、崔模（崔琰兄霸之后裔）、崔浩（据《新唐书·宰相世系表》载与崔琰之共祖为西汉之崔业，字伯基）。据《魏书》卷三五《崔浩传》(《魏书》卷二四《崔玄伯传·附崔模传》、《北史》卷二四《崔逞传·附崔颐崔模传》略同)：

> 始浩与冀州刺史颐、荥阳太守模等年皆相次，浩为长，次模，次颐。三人别祖，而模、颐为亲。浩恃其家世魏晋公卿，常侮模、颐。模谓人曰："桃简正可欺我，何合轻我家周儿也。"浩小名桃简，颐小名周儿。世祖颇闻之，故诛浩时，二家获免。

似乎在北魏太武帝时，清河崔氏之中以崔玄伯、崔浩父子一系较盛，但太平真君十一年（450）崔浩被诛，该支颇受打击。

崔宗伯子休，号清河大房，休在北魏末期孝明帝时任度支、七兵、殿中尚书，冀州大中正[1]。休长子悛，史书载"悛一门婚嫁，皆是衣冠之美，吉凶仪范，为当时所称"[2]，但崔悛以籍地自矜，谓卢元明曰："天下盛门，唯我与尔，博崔、赵李，何事者哉！"乃自我标榜之词，不可据此认定其门望必然高过博陵崔氏、赵郡李氏。

（四）范阳卢氏之分析

按卢氏只有范阳一个地望显赫当时，但范阳卢氏有若干著房著支，《唐赠太子少师崔公神道碑》中禁婚家属于范阳卢氏者，有卢子迁之四子、卢辅之六子及卢浑，参见本篇前言。

---

[1]《魏书》卷六九《崔休传》、《北史》卷二四《崔逞传·附崔休传》。
[2]《北齐书》卷二三《崔悛传》。

卢元明者，卢子迁第三子卢昶（即第三房卢氏）之子，《魏书》卷四七《卢玄传·附卢元明传》（《北史》卷三〇《卢玄传·附卢元明传》同）载："元明凡三娶，次妻郑氏与元明兄子士启淫污，元明不能离绝。又好以世地自矜，时论以此贬之。"似乎崔悛与卢元明皆有自矜的性格，他们诚然是当时名族著房，但若说必然高于其他名族或同姓中之其他房支，尚难以此肯定。前引《资治通鉴》卷一四〇《齐纪六》明帝建武三年（即北魏孝文帝太和二十年）谓魏主雅重门族，以范阳卢敏等四姓，衣冠所推，咸纳其女以充后宫。卢敏乃卢子迁次子，即第二房卢氏，因此卢子迁之四子乃当时重要著房著支之说，甚为合理（《玉海》作卢子仪，恐有误）。在《新唐书》卷七三上《宰相世系表三上》卢氏条载有"四房卢氏"之世系，但在卢氏世系条末，未言"卢氏定著某某房"字样，此与其他大士族世系之末之通例不合，是否暗示除四房卢氏以外，还有著房著支但在唐代未见拜相者？上引《唐赠太子少师崔公神道碑》《资治通鉴》《新唐书·高俭传》《玉海》等记载之卢辅者，该房在北魏至隋亦人物辈出，兹从正史资料中绘出卢辅世系，如图7-4。

《唐赠太子少师崔公神道碑》谓卢辅有六子，今正史中仅获四子，另二子失载。该房人物在正史中有专传者有：《魏书》卷七六《卢同传》、《魏书》卷八四《卢景裕传》、《周书》卷四五《卢光传》、《周书》卷二四《卢辩传》、《北齐书》卷二二《卢勇传》、《北齐书》卷四七《卢斐传》、《隋书》卷三八《卢贲传》等。

（五）赵郡李氏东祖三支之分析

《唐赠太子少师崔公神道碑》禁婚名家中有赵郡李楷之四子，按《新唐书》卷七二上《宰相世系表二上》赵郡李氏条载：

（楷）五子：辑、晃、芬、劲、睿。睿子勖，兄弟居巷东；劲子

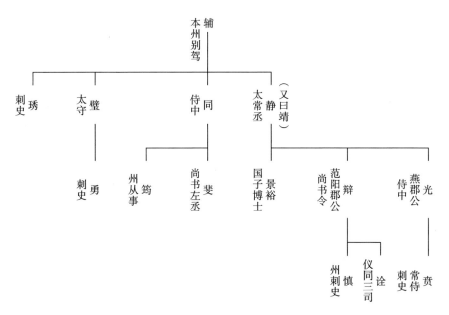

附记：本图根据《魏书》卷七六《卢同传》、《魏书》卷八四《卢景裕传》、《周书》卷
　　　四五《卢光传》、《周书》卷二四《卢辩传》、《北齐书》卷二二《卢勇传》、《北齐书》
　　　卷四七《卢斐传》、《北史》卷三〇《卢同传·附卢斐卢辩传》、《隋书》卷三八《卢
　　　贲传》。

图7-4　卢辅世系图

盛，兄弟居巷西。故叡为东祖，芬与弟劲共称西祖，辑与弟晃共称
南祖。自楷徙居平棘南，通号平棘李氏。辑字护宗，高密太守，子
慎敦，居柏仁，子孙甚微。

《唐赠太子少师崔公神道碑》谓李楷四子，可能不计子孙甚微的李
辑支。从正史列传及《新唐书·宰相世系表》赵郡李氏世系观之，以东
祖最盛。《新唐书·宰相世系表》载："东祖叡，字幼黄，高平太守、江
陵宁公。生勔，字景贤，顿丘太守、大中正。生颐，字彦祖，高阳太守、
武安公。四子：勰、系、奉、曾。"《新唐书·宰相世系表》对于勰、系、
曾三支之世系记载甚详（缺奉支），正史列传中赵郡李氏人物亦大都源于

这三支。

在北魏太武帝、南安王、文成帝时期，有罴支的李灵、李均，系支的李顺，曾支的李孝伯、李祥。李灵乃神麚年征天下才俊人物之一，文成帝时官至平南将军、洛州刺史，赠巨鹿公，谥曰简[1]。李顺筹划从征蠕蠕、赫连昌，拜使持节，都督秦雍梁益四州诸军事、宁西将军、开府、长安镇都大将，爵高平公，征为四部尚书[2]。李孝伯在太武帝时委以军国机密，为比部尚书，有频从征伐规略之功；文成帝时为使持节、平西将军、秦州刺史，自崔浩诛后，军国之谋，咸出孝伯，言人所长，不隐人姓名以为己善，故衣冠之士，服其雅正，谥曰文昭公[3]。在北魏孝文帝、宣武帝、孝明帝时期，有罴支的李璨，系支的李敷、李式、李宪，曾支的李安世，等等。李璨有定徐州之功，赐爵始丰侯，加建武将军[4]。李敷为李顺之子，孝文帝宠遇之[5]，为南部尚书、中书监，爵高平公，敷见待二世，兄弟亲戚在朝者十有余人，兄弟敦崇孝义，家门有礼，为北州所称美[6]。李安世即孝文帝时建议立均田制者，均田之制起于此，位至安平将军、相州刺史、假节，赵郡公[7]。在北魏孝庄帝至东魏、北齐时期，有罴支的李元忠、李浑、李绘、李纬，有系支的李希宗、李希骞、李祖昇等。李元忠乃帮助高氏建国的功臣之一，曾任太常卿、殷州大中正、骠骑大将军、仪同三司[8]。李希宗为中军大将军、金紫光禄大夫，齐王纳其

[1]《魏书》卷四九《李灵传》、《北史》卷三三《李灵传》。

[2]《魏书》卷三六《李顺传》、《北史》卷三三《李顺传》。

[3]《魏书》卷五三《李孝伯传》、《北史》卷三三《李孝伯传》。

[4]《魏书》卷四九《李灵传·附李璨传》、《北史》卷三三《李灵传·附李璨传》。

[5] 按李敷为文成帝宠遇，后为献文帝所杀，不及孝文世。——编注

[6]《魏书》卷三六《李顺传·附李敷传》。

[7]《魏书》卷五三《李孝伯传·附李安世传》、《北史》卷三三《李孝伯传·附李安世传》略同。

[8]《北史》卷三三《李灵传·附李元忠传》、《魏书》卷四九《李灵传·附李元忠传》略同。

第二女，希宗以人望兼美，深见礼遇，出行上党太守[1]。李希宗子李祖昇，北齐显祖李皇后之长兄，仪容瑰丽，垂手过膝，睦姻好施，文学足以自通，仕至齐州刺史[2]。以上仅举部分较为突出者，实际人物事迹可寻者数倍于此，详见正史各传。

《资治通鉴》卷一四〇《齐纪六》明帝建武三年载：

> 时赵郡诸李，人物尤多，各盛家风，故世之言高华者，以五姓为首。（胡三省注曰：卢、崔、郑、王并李为五姓。赵郡诸李，北人谓之赵李；李灵、李顺、李孝伯群从子侄，皆赵李也。）

赵郡李氏是第一级高华大族，尤其在太武帝至孝文帝之世，更为兴盛。在东魏时期，与清河崔㥄同时的赵郡李氏子孙，有李勰支的李浑，据《北齐书》卷二三《崔㥄传》记载：

> 赵郡李浑尝宴聚名辈，诗酒正欢哗，㥄后到，一坐无复谈话者。郑伯猷叹曰："身长八尺，面如刻画，謦欬为洪钟响，胸中贮千卷书，使人那得不畏服！"

崔㥄的个人条件很合于当时士族子弟的品质标准，亦可能因此在心理上将自己族望抬高一等，赵郡李氏在东魏时也没有像太武帝至孝文帝之世兴旺。

（六）陇西李氏（李宝——李冲）之分析

崔㥄籍地自矜，谓"博崔、赵李，何事者哉"，只有范阳卢氏可与他相提并论，陇西李氏未见提及，甚为奇怪。按《新唐书》卷九五《高

---

[1]《魏书》卷三六《李顺传·附李希宗传》、《北史》卷三三《李顺传·附李希宗传》略同。
[2]《北齐书》卷四八《外戚传·李祖昇传》。

俭传》载：

> 先是，后魏太和中，定四海望族，以（陇西李）宝等为冠。

以陇西李宝等为冠，也可以解释为除陇西李氏以外还有其他族，但独以陇西李氏领衔，应当有其理由。

按北魏太武帝神麚四年（431）下诏求名士，皆冠冕之胄，有范阳卢氏、博陵崔氏、赵郡李氏等四十二人，无清河崔氏及陇西李氏人物[1]。清河崔玄伯原属慕容宝，北魏"太祖征慕容宝，次于常山，玄伯弃郡，东走海滨。太祖素闻其名，遣骑追求，执送于军门，引见与语，悦之，以为黄门侍郎，与张衮对总机要，草创制度"[2]。神麚年间，崔玄伯长子崔浩正权倾朝野[3]；清河崔氏另一支崔模"为刘裕荥阳太守，戍虎牢。神麚中，平滑台，模归降（北魏）"[4]；清河崔逞支前文已论及。

神麚四年征令中没有陇西李氏，乃因为陇西李氏主支尚未归顺拓跋氏。北魏言陇西李氏者必提李宝。《魏书》卷三九《李宝传》（《北史》卷一〇〇序传略同）载：

> 李宝……陇西狄道人，私署凉王暠之孙也。父翻……私署骁骑将军，祁连、酒泉、晋昌三郡太守。宝沉雅有度量，骁勇善抚接。伯父歆为沮渠蒙逊所灭，宝徙于姑臧。岁余，随舅唐契北奔伊吾，臣于蠕蠕。其遗民归附者稍至二千。宝倾身礼接，甚得其心，众皆乐为用，每希报雪。属世祖（太武帝）遣将讨沮渠无讳于敦煌，无讳捐城遁走。宝自伊吾南归敦煌，遂修缮城府，规复先业。遣弟怀

---

[1]《魏书》卷四八《高允传》。
[2]《魏书》卷二四《崔玄伯传》。
[3]《魏书》卷三五《崔浩传》。
[4]《魏书》卷二四《崔玄伯传·附崔模传》。

达奉表归诚。世祖嘉其忠款，拜怀达散骑常侍、敦煌太守，别遣使授宝使持节、侍中、都督西垂诸军事、镇西大将军、开府仪同三司、领护西戎校尉、沙州牧、敦煌公，仍镇敦煌，四品以下听承制假授。

据《魏书》卷四下《世祖纪下》，太平真君三年（442）夏四月：

（沮渠）无讳走渡流沙，据鄯善。李暠孙宝据敦煌，遣使内附。

神䴥四年之十二年后乃太平真君三年。时北魏于西北方面无法控制，连年征战，未能开疆拓土，李宝之归顺对拓跋氏政权的意义重大，此在《魏书·世祖纪》中甚易看出，所以李宝本人及其子孙在北魏甚为兴盛。

《唐赠太子少师崔公神道碑》禁婚家有陇西李宝之六子，《魏书》卷三九《李宝传》亦谓："有六子：承、茂、辅、佐、公业、冲。"《北史》卷一〇〇序传与《魏书》同云李宝有六子。唯《新唐书》卷七二上《宰相世系表二上》陇西李氏姑臧大房条载："宝七子：承、茂、辅、佐、公业、冲、仁宗。"据《魏书》卷五三《李冲传》载："李冲……敦煌公宝少子也。……冲兄弟六人，四母所出。"《北史》卷一〇〇序传载："冲……承少弟也。"在《北史》序传中除公业早卒无传外，兄弟皆有传，并按长幼次序排列，其兄弟次序与《新唐书·宰相世系表》同，所以《新唐书·宰相世系表》在李冲之后列有李仁宗，甚不可解。李宝六子之说较为合理。

李宝六子之中，以李冲名望及官位最高，其官宦时期约与孝文帝太和时期相始终，《魏书》卷五三《李冲传》：

李冲，字思顺，陇西人，敦煌公宝少子也。少孤，为长兄荥阳太守承所携训。承常言："此儿器量非恒，方为门户所寄。"冲沉雅有大量，随兄至官。是时牧守子弟多侵乱民庶，轻有乞夺，冲与承长子韶独清简皎然，无所求取，时人美焉。……高祖初……典禁中文事，以修整敏惠，渐见宠待。……创三长之制而上之。文明太后览而称善。……遂立三长……迁中书令。……冲为文明太后所幸，恩宠日盛……进爵陇西公。……文明太后崩后……高祖亦深相伏信，亲敬弥甚，君臣之间，情义莫二。及改置百司，开建五等，以冲参定典式。……车驾南伐，以冲兼左仆射。……冲机敏有巧思，北京明堂、圆丘、太庙，及洛都初基，安处郊兆，新起堂寝，皆资于冲。……然显贵门族，务益六姻，兄弟子侄，皆有爵官，一家岁禄，万匹有余，是其亲者，虽复痴聋，无不超越官次。时论亦以此少之。

孝文帝幼年即位，实际上是文明太后专政，太和十四年（490）太后崩，孝文帝亲政[1]。李冲在文明太后及孝文帝之世皆极受重用，进而其门望亦随之见重，前引《资治通鉴》卷一四〇《齐纪六》明帝建武三年：

> 魏主雅重门族，以范阳卢敏、清河崔宗伯、荥阳郑羲、太原王琼四姓，衣冠所推，咸纳其女以充后宫。陇西李冲以才识见任，当朝贵重，所结姻连，莫非清望；帝亦以其女为夫人。诏黄门郎、司徒左长史宋弁定诸州士族，多所升降。

谓四姓乃衣冠所推，似指社会上士大夫阶级推崇之意。论及陇西李冲则侧重于政治地位及姻连清望。所以就士大夫观点而言，陇西李氏虽然是高门之一，但恐非首席高门。然若加上政治地位及姻连清望，复由"诏"令评定诸州士族，陇西李氏便领衔诸族了。由此而观之，前文引《新唐书·高俭传》语："后魏太和中，定四海望族，以（陇西李）宝等为冠。"虽以社会地位为其鹄的，亦多少考虑当时当权者的政治地位，此在官方主持评定工作时更为明显。

时至东魏时期，陇西李氏虽仍官宦不绝，但已无孝文帝时代那样显

---

[1] 参见《魏书》卷一三《文成文明皇后冯氏传》。

赫，亦无李冲这样当权的尚书左仆射，崔悛之语似是士大夫间的评判，除崔悛自身族望暂且不论外，崔悛口中族望之次序应该是：范阳卢氏、博陵崔氏、赵郡李氏，陇西李氏似在这些著族之后。这样排列与事实相去不远，则陇西李氏若不考虑李冲时的政治影响，才是其真正的社会地位，亦即应在崔、卢之后。

（七）小结：《贞观氏族志》初奏本评定崔干为第一之原因

拙文在《从士族籍贯迁移看唐代士族之中央化》中，曾对著房著支籍贯之迁移及迁移时间做比较研究，在清河崔氏七个著房著支、博陵崔氏八个著房著支、范阳卢氏八个著房著支、赵郡李氏九个著房著支之中，唯博陵崔氏第二房孝芬支及楷支在北魏末及北周之际迁入关中长安地区，征诸上文所述，该二支在北魏末叶东魏、西魏分裂之际，就在西魏系统下发展情况来看，与史实颇合。一方面，东魏、西魏分裂之初期，宇文泰之声势实不及高欢，孝芬与楷之子孙对关中政权之立国与抗敌皆有巨大贡献，他们虽不能与关中集团之八柱国家相比，但已相当接近该集团的核心圈了。另一方面，西魏、北周之际，孝芬与楷之子孙多人担任定州大中正，负责播迁者之人物品第（隋废中正官），仍未失山东大士族之声望。这种双重身份的优势，复因北周灭北齐、隋并梁陈而水涨船高。所以在隋朝及唐朝初期，新来乍到的其他大士族著房著支，其政治社会地位就无法与具有双重地位的孝芬支、楷支相比了。

宇文氏篡西魏、杨氏篡北周、李氏取代隋，是关中统治集团内部之更迭，并非政治社会阶级之消融，此陈寅恪先生关中集团本位政策之精义，所以论唐初之人物（尤其是士族阶层）必须追索西魏、北周、隋之背景，此理甚明。贞观六年（632）[1]，唐太宗诏令撰《氏族志》，吏部

[1]《贞观政要》卷七《论礼乐》。

尚书高士廉、御史大夫韦挺、礼部侍郎令狐德棻、中书侍郎岑文本等负责撰修，他们都是朝廷官员，又是奉诏而行，应属官修性质。高士廉等"于是普责天下谱谍，仍凭据史传考其真伪"[1]，所以《氏族志》初稿又以社会上谱牒为基本资料，这是一部兼顾官方与民间的书志。书成，将崔（民）干列为第一。时在贞观十二年（638），由于《氏族志》是评定族望之高下，并非评定个人才德之优劣，因此崔干第一即代表博陵崔氏第二房为第一等名族著房。至于《氏族志》是以房为单位，抑或是以细分至房以下的支为单位，如今已无从知晓。如果以房以下的支为单位，则崔干就代表博陵崔氏第二房孝芬支了，第二房楷支不包括在内。贞观初年，博陵崔氏第二房的人物有黄门侍郎崔干及中书舍人崔敦礼，黄门侍郎与中书舍人皆极清要之职，前者正四品上阶，后者正五品上阶；又崔干爵位为博陵元公，当时崔敦礼似未有爵位；最重要的一点是，崔干是敦礼之堂叔，所以崔干虽无列传载其行谊事迹，但在贞观初确是博陵崔氏第二房孝芬支之代表人物。第二房楷支子孙在唐初官职不过刺史、员外郎，爵位则为县男，如果以房为评定单位，其中也没有能超过崔干者。

高士廉等为顾全官方与民间立场，要找出一个名族居于诸族之首，一方面既能满足关中集团，另一方面又能满足山东士人。博陵崔氏第二房既属关中集团，又是山东名族，最为适当，崔干初评被定为第一，并非撰者之偏爱所致。

但是，唐太宗对于《氏族志》初奏本并不满意，这是因为唐太宗的立场与修《氏族志》诸人的立场不同。此点本书第十二篇《敦煌唐代氏族谱残卷之商榷》将有论及，但该文主要论点不在于此，所以虽然提及这方面，却并未深入探讨。兹按本文研究方向细予分析。

---

[1]《旧唐书》卷六五《高士廉传》。

三、唐代官方与民间修谱标准之争执

（一）

《贞观政要》卷七《论礼乐》载，当高士廉等进定士族等第，以崔干为第一等时，唐太宗的反应是：

> 太宗谓曰："我与山东崔、卢、李、郑，旧既无嫌，为其世代衰微，全无官宦，犹自云士大夫。婚姻之际，则多索财物。或才识庸下，而偃仰自高，贩鬻松槚，依托富贵，我不解人间何为重之？且士大夫有能立德立功，爵位崇重，善事君父，忠孝可称；或道义清素，学艺通博，此亦足为门户，可谓天下士大夫。今崔、卢之属，唯矜远叶衣冠，宁比当朝之贵？公卿已下，何暇多输钱物，兼与他气势，向声背实，以得为荣。我今定氏族者，诚欲崇树今朝冠冕，何因崔干犹为第一等，只看卿等不贵我官爵耶？不须论数代已前，止取今日官品、人才作等级，宜一量定，用为永则。"遂以崔干为第三等。
>
> 至十二年书成，凡百卷，颁天下。又诏曰："氏族之美，实系于冠冕；婚姻之道，莫先于仁义。自有魏失御，齐氏云亡，市朝既迁，风俗陵替。燕、赵古姓，多失衣冠之绪；齐、韩旧族，或乖礼义之风。名不著于州间，身未免于仆贱，自号高门之胄，不敦匹嫡之仪，问名唯在于窃资，结缡必归于富室。乃有新官之辈，丰财之家，慕其祖宗，竞结婚姻，多纳货贿，有如贩鬻。或自贬家门，受辱于姻娅；或矜其旧望，行无礼于舅姑。积习成俗，迄今未已，既紊人伦，实亏名教。朕夙夜兢惕，忧勤政道，往代蠹害，咸已惩革，唯此弊风，未能尽变。自今以后，明加告示，使识嫁娶之序，务合礼典，称朕意焉。"

这段记载与前文引《资治通鉴》卷一九五《唐纪十一》，太宗贞观十二年春正月的记载内容大致相同，但对于唐太宗诏修《氏族志》的目的、唐太宗对修订《氏族志》的标准，以及唐太宗对高门大族的心态等，均有较详细的描述，所以本文不厌其烦地全文引出。

（二）

唐以前官方修谱以选举之用为其直接目的，私家修谱则以婚姻之用为重要因素，《通志》卷二五《氏族略·氏族序》载：

> 自隋、唐而上，官有簿状，家有谱系。官之选举必由于簿状，家之婚姻必由于谱系。历代并有图谱局，置郎、令史以掌之，仍用博古通今之儒知撰谱事。凡百官族姓之有家状者则上之，官为考定详实，藏于秘阁，副在左户。

九品官人法士族化及"门地二品"出现后[1]，谱牒作为选举之用的现象更为显著。时在东晋之末，《玉海》卷五〇《谱牒》载：

> 晋太元中，贾弼笃好簿状，广集众家，大搜群族，撰十八州一百十六郡，合七百十二卷。凡诸大品，略无遗阙。刘湛为选曹，始撰《百家》以助铨序，伤于寡略。……魏太和时，诏诸郡中正，各列本土姓族次第[2]为选举格，名曰方司格，人到于今称之。

《通志》卷二五《氏族略·氏族序》又载：

> 魏立九品，置中正，州大中正主簿，郡中正功曹，各有簿状，以备选举。晋、宋、齐、梁因之。故晋……贾弼、宋……王洪、齐……

---

[1] 参见拙文《从中正评品与官职之关系论魏晋南朝之社会架构》，《"中央研究院"历史语言研究所集刊》46（4），1975。
[2]《隋书》卷三三《经籍志》，有《魏孝文列姓族牒》一卷。

> 王俭、梁……王僧孺之徒，各有《百家谱》，徐勉又有《百官谱》。宋
> 何承天撰《姓苑》，与后魏《河南官氏志》，此二书尤为姓氏家所宗。

以"宦"为主要目的之编撰，引起的争执当然很大，但两晋南北朝修谱似乎以郡为单位，列举各郡之望族，以供选举之用，所以争执发生在同郡中以争高下，如宋弁与郭祚争太原郡望[1]，又如薛宗起争列为河东茂族[2]。当九品官人法渐渐士族化时[3]，族望高下又反映在"中正评品"上[4]，所以政治社会中直接争夺战聚焦在"中正评品"上，两晋南朝似乎很礼貌地将"中正评品"的第一品让给宗室子弟[5]，士大夫最高的"中正评品"为第二品，高门大族子弟则为"门地二品"。如果修撰谱牒牵涉"婚娶之序"，编撰者[6]就得以社会地位作为优先考虑，高门大族的社会地位大多经过许多世代发展而成，并非出自当代帝王之任命[7]，婚姻圈则是同一社会阶层的具体界限，所谓五姓四十四子禁婚家便是山东大族婚

---

[1]《魏书》卷六三《宋弁传》："弁性好矜伐，自许膏腴。高祖以郭祚晋魏名门，从容谓弁曰：'卿固应推郭祚之门也。'弁笑曰：'臣家未肯推祚。'高祖曰：'卿自汉魏以来，既无高官，又无俊秀，何得不推？'弁曰：'臣清素自立，要尔不推。'侍臣出后，高祖谓彭城王勰曰：'弁人身良自不恶，乃复欲以门户自矜，殊为可怪。'"

[2]《资治通鉴》卷一四〇《齐纪六》明帝建武三年（即太和二十年，496）："众议以薛氏为河东茂族。帝曰：'薛氏，蜀也，岂可入郡姓！'直阁薛宗起执戟在殿下，出次对曰：'臣之先人，汉末仕蜀，二世复归河东，今六世相袭，非蜀人也。伏以陛下黄帝之胤，受封北土，岂可亦谓之胡邪！今不预郡姓，何以生为！'乃碎戟于地。帝徐曰：'然则朕甲、卿乙乎？'乃入郡姓，仍曰：'卿非宗起，乃起宗也！'"

[3] 参见拙著《两晋南北朝士族政治之研究》第四章。

[4] 参见拙文《从中正评品与官职之关系论魏晋南朝之社会架构》。

[5] 史籍中尚未发现何人被评为中正评品第一的明确记载。宫崎市定从司马炎的事迹与初仕官观察，认为可能是中正评品第一，参见《九品官人法的研究》，页111。

[6] 布目潮沨在《唐初の貴族》中，谓《贞观氏族志》之编撰者高士廉为北朝系汉人官僚人物、韦挺为南北朝旧贵族著姓人物、岑文本为南朝系统人物、令狐德棻出身燉煌或疏勒、龟兹，是蛮族代表，所以《贞观氏族志》之编撰网罗了各方的代表。

[7] 这类事件例子甚多，最典型之例为《南史》卷三六《江敩传》所载，纪僧真乞作士大夫，武帝令诣江敩，敩却之。僧真谓梁武帝曰："士大夫故非天子所命！"

姻圈的代表。

　　唐太宗明言为"嫁娶之序"而诏修《氏族志》，编撰者很自然地将社会上的婚姻圈官书化，将大士族列为第一等而罔顾皇室、外戚等族，这当然不符合唐太宗诏修《氏族志》的原意。

（三）

　　再者，唐太宗之心态也需重视。唐太宗是雄才大略之君，也是统一局面的皇帝，其表面理由是要改革社会上的陋习，即士大夫"每嫁女他族，必广索聘财，以多为贵，论数定约，同于市贾，甚损风俗，有紊礼经。既轻重失宜，理须改革"，据他自己认为"往代蠹害，咸已惩革，唯此弊风，未能尽变"[1]，实则因为唐太宗在政治方面力加整顿以后，已能诸端兴革，掌握局势，故思进一步整顿社会，掌握社会，最低限度是要让社会领袖——士大夫——承认其统治阶层亦属于社会阶层之上层，所以"今定氏族者，诚欲崇树今朝冠冕"，这才是唐太宗的真正意图。在今朝冠冕之中，当然以皇室与外戚为重要，故他在看见《氏族志》初稿将崔干列为第一时，当然不悦，于是大笔一挥。据《资治通鉴》卷一九五《唐纪十一》太宗贞观十二年春正月载："于是以皇族为首，外戚次之，降崔民干为第三。"唐太宗与山东士大夫原本有心理距离[2]，这样安排是他的容忍极限。

　　如果《氏族志》是一部选举册，皇族、外戚居前自无异议，正如同"中正评品"第一品让给宗室子弟，高门大族子弟则为"门地二品"，但唐初修撰《氏族志》以"嫁娶之序"为社会目的，以提高皇族大臣社

[1]《贞观政要》卷七《论礼乐》。

[2]《旧唐书》卷七八《张行成传》："太宗尝言及山东、关中人，意有同异，行成正侍宴，跪而奏曰：'臣闻天子以四海为家，不当以东西为限；若如是，则示人以隘狭。'太宗善其言。"

会地位为政治目的，这就侵犯了社会领域。自北魏以来，社会上以五姓四十四子为最崇高，他们认为皇族、外戚不应排列在他们之前。北魏孝文帝时，也想将皇族的社会地位提高，他的办法是通婚。《魏书》卷二一上《献文六王传·咸阳王禧传》载：

> 诏曰："……然则婚者，合二姓之好，结他族之亲，上以事宗庙，下以继后世，必敬慎重正而后亲之。……将以此年为六弟娉室。长弟咸阳王禧可娉故颍川太守陇西李辅女，次弟河南王干可娉故中散代郡穆明乐女，次弟广陵王羽可娉骠骑谘议参军荥阳郑平城女，次弟颍川王雍可娉故中书博士范阳卢神宝女，次弟始平王勰可娉廷尉卿陇西李冲女，季弟北海王详可娉吏部郎中荥阳郑懿女。"

其中除代郡穆氏以外，皆属五姓四十四子之女。北魏拓跋氏以少数民族入主，又仅得中国北部，其心态是只想与社会领袖黏合在一起，并不像唐太宗那样积极，欲将皇族、外戚置于高门大族之上。对高门大族而言，其与皇室通婚并未高攀。例如《隋书》卷七六《崔儦传》载：

> 崔儦字岐叔，清河武城人也。祖休，魏青州刺史。父仲文，齐高阳太守。世为著姓（属清河大房）。……聘于陈，还授员外散骑侍郎。越国公杨素时方贵幸，重儦门地，为子玄纵娶其女为妻。聘礼甚厚。亲迎之始，公卿满座，素令骑迎儦，儦故敝其衣冠，骑驴而至。素推令上座，儦有轻素之色，礼甚倨，言又不逊。素忿然拂衣而起，竟罢座。后数日，儦方来谢，素待之如初。

越国公杨素是隋宗室、重臣，崔儦时官为员外散骑侍郎，这件事发生在开皇四年（584）后数年。唐太宗生于开皇十八年（598），时间相去不远，李渊乃杨氏之姻亲，唐太宗似应知道这个故事。杨素卑辞厚礼以攀卑官崔儦，而受其辱，唐太宗看不惯这种现象，所以他说："我与山东崔、卢、李、郑，旧既无嫌，为其世代衰微，全无官宦，犹自云士大夫。婚姻之际，则多索财物。或才识庸下，而偃仰自高，贩鬻松槚，依托富贵，我不解人间何为重之？"这种风气在唐初可能也存在着，"乃有新官之辈，丰财之家，慕其祖宗，竞结婚姻，多纳货贿，有如贩鬻。或自贬家门，受辱于姻娅"。

唐太宗将皇族、外戚列名于前，社会上士大夫不一定同意，但也不便抗议，当时社会上"嫁娶之序"似乎仍然我行我素。《新唐书》卷九五《高俭传》载：

> 先是，后魏太和中，定四海望族，以（李）宝等为冠。其后矜尚门地，故《氏族志》一切降之。王妃、主婿皆取当世勋贵名臣家，未尝尚山东旧族。后房玄龄、魏徵、李勣复与昏，故望不减。

（四）

如果将唐太宗的心态具体化，那便可落实到他对族望的评定标准上，他说："今定氏族者，诚欲崇树今朝冠冕，何因崔干犹为第一等，只看卿等不贵我官爵耶？不须论数代已前，止取今日官品、人才作等级，宜一量定，用为永则。"遂以崔干为第三等。

唐太宗崇尚冠冕，崇尚皇族、外戚，其原因之一是地区传统。《新唐书》卷一九九《儒学传·柳冲传》中柳芳曰：

> 山东之人质，故尚婚娅，其信可与也；江左之人文，故尚人物，其智可与也；关中之人雄，故尚冠冕，其达可与也；代北之人武，故尚贵戚，其泰可与也。

西魏、北周系统中，冠冕最贵盛者首推八柱国及十二大将军。《周书》卷一六《侯莫陈崇传》附载八柱国家事：

初，魏孝庄帝以尔朱荣有翊戴之功，拜荣柱国大将军，位在丞相上。……大统三年，魏文帝复以太祖（宇文泰）建中兴之业，始命为之。其后功参佐命，望实俱重者，亦居此职。自大统十六年以前，任者凡有八人。太祖位总百揆，督中外军。魏广陵王欣，元氏懿戚，从容禁闱而已。此外六人，各督二大将军，分掌禁旅，当爪牙御侮之寄。当时荣盛，莫与为比。故今之称门阀者，咸推八柱国家云。今并十二大将军录之于左[1]。

《旧唐书》卷六一《窦威传》（《新唐书》卷九五《窦威传》略同）：

武德元年，拜内史令。……（高祖李渊）尝谓曰："昔周朝有八柱国之贵，吾与公家咸登此职。今我已为天子，公为内史令，本同

---

[1]《周书》卷一六《侯莫陈崇传》载八柱国、十二大将军，如下：

使持节、太尉、柱国大将军、大都督、尚书左仆射、陇右行台、少师、陇西郡开国公李虎。

使持节、太傅、柱国大将军、大宗伯、大司徒、广陵王元欣。

使持节、太保、柱国大将军、大都督、大宗伯、赵郡开国公李弼。

使持节、柱国大将军、大都督、大司马、河内郡开国公独孤信。

使持节、柱国大将军、大都督、大司寇、南阳郡开国公赵贵。

使持节、柱国大将军、大都督、大司空、常山郡开国公于谨。

使持节、柱国大将军、大都督、少傅、彭城郡开国公侯莫陈崇。

右与太祖为八柱国。

使持节、大将军、大都督、少保、广平王元赞。

使持节、大将军、大都督、淮〔安〕王元育。

使持节、大将军、大都督、齐王元廓。

使持节、大将军、大都督、秦七州诸军事、秦州刺史、章武郡开国公宇文导。

使持节、大将军、大都督、平原郡开国公侯莫陈顺。

使持节、大将军、大都督、雍七州诸军事、雍州刺史、高阳郡开国公达奚武。

使持节、大将军、大都督、阳平公李远。

使持节、大将军、大都督、范阳郡开国公豆卢宁。

使持节、大将军、大都督、化政郡开国公宇文贵。

使持节、大将军、大都督、荆州诸军事、荆州刺史、博陵郡开国公贺兰祥。

使持节、大将军、大都督、陈留郡开国公杨忠。

使持节、大将军、大都督、岐州诸军事、岐州刺史、武威郡开国公王雄。

末异，乃不平矣。"威谢曰："臣家昔在汉朝，再为外戚，至于后魏，三处外家，陛下龙兴，复出皇后。臣又阶缘戚里，位忝凤池，自惟叨滥，晓夕兢惧。"高祖笑曰："比见关东人与崔、卢为婚，犹自矜伐，公代为帝戚，不亦贵乎！"

一方面，隋及唐初势力都属于关中本位集团，人物虽有变迁，但此乃集团之中的动态，这一地区对于门阀的定义，恐怕已深植在唐太宗的脑中。另一方面，"山东之人质，故尚婚娅"，于是形成五姓四十四子禁婚家。若将西魏、北周系统所谓门阀与山东士人所谓高门做一比较，其含义差距甚大；如若将两者反映在同一部《氏族志》中，评定标准不能同一，其理甚明。

实际上唐太宗并非严格执行"欲崇树今朝冠冕"的标准。他除将皇族列为第一，外戚列为第二以外，仍将崔干列为第三。如果严格执行"不须论数代已前，止取今日官品、人才作等级"，则崔干官拜第四品之黄门侍郎虽属清要之职，比此职更重要、品位更高者还有六部尚书、尚书左右仆射、中书监令、侍中等，高品者有诸公、诸大将军等；崔干正史无传，功绩不详，即令有特殊功业，亦无法与唐初开国功臣[1] 相比，所以崔干列为第三乃唐太宗的"冠冕"标准与山东士大夫的门第标准之间的妥协。

（五）

《氏族志》修成二十一年以后，《显庆姓氏录》严格地执行官品主义的标准，《唐会要》卷三六《氏族》载（《新唐书》卷九五《高俭传》同）：

显庆四年九月五日，诏改《氏族志》为《姓录》，上亲制序，仍

---

[1] 唐初开国功臣有的属于外戚集团，布目潮沨《唐初の貴族》粗有论及。

自裁其类例，凡二百四十五姓，二百八十七家。以皇后四家、酅公、介公、赠台司、太子三师、开府仪同三司、仆射，为第一等；文武二品及知政事者三品，为第二等；各以品位为等第，凡为九等，并取其身及后裔，若亲兄弟，量计相从，自余枝属，一不得同谱[1]。

《旧唐书》卷八二《李义府传》载：

初，贞观中，太宗命吏部尚书高士廉、御史大夫韦挺、中书侍郎岑文本、礼部侍郎令狐德棻等及四方士大夫谙练门阀者修《氏族志》，勒成百卷，升降去取，时称允当，颁下诸州，藏为永式。义府耻其家代无名，乃奏改此书，专委礼部郎中孔志约、著作郎杨仁卿、太子洗马史玄道、太常丞吕才重修。志约等遂立格云："皇朝得五品官者，皆升士流。"于是兵卒以军功致五品者，尽入书限，更名为《姓氏录》。由是搢绅士大夫多耻被甄叙，皆号此书为"勋格"。义府仍奏收天下《氏族志》本焚之。关东魏、齐旧姓，虽皆沦替，犹相矜尚，自为婚姻。义府为子求婚不得，乃奏陇西李等七家，不得相与为婚。

《贞观氏族志》将皇族、外戚列为第一、第二等，未闻唐太宗有禁婚

---

[1] 池田温：《唐朝氏族志の一考察》，《北海道大学文学部纪要》13（2），1965，页30拟订《显庆姓氏录》九等表如下：

表 7-1　《显庆姓氏录》九等表

特等	一等	二等	三等	四等	五等	六等	七等	八等
皇室	外戚、二王后、赠台司、左右仆射	二品及三品宰相	正三品	从三品	正四品	从四品	正五品	从五品

但池田氏由此推论《贞观氏族志》定稿将皇室列为第一、外戚列为第二、崔民干（黄门侍郎、正四品）为第三，与《显庆姓氏录》官品级对应关系相同，恐值得进一步商榷。按《贞观氏族志》定稿虽然依照太宗之意修改了初奏本，崔（民）干之列为第三似应与其族望有关，而并非因为他是黄门侍郎正四品官。

令，唐高宗时李义府奏禁婚，其实际效用如何现无法做全面性调查，然《玉海》卷五〇《唐姓氏录》载："李义府为子求昏不得，始奏禁焉。其后天下衰宗落谱，昭穆所不齿者，皆称禁昏家，益自贵。凡男女潜相聘娶，天子不能禁，世以为敝云。"

据前引《唐赠太子少师崔公神道碑》载："神龙中，申明旧诏，著之甲令：以五姓婚媾，冠冕天下，物恶大盛，禁相为姻。……士望四十四人之后，同降明诏，斯可谓美宗族人物而表冠冕矣！……山东士大夫以五姓婚姻为第一。"按显庆四年为659年，神龙为705—707年，《唐赠太子少师崔公神道碑》撰于大历四年，即769年。从时间上看，禁婚家仍有崇高的社会地位。

至"开成初，文宗欲以真源、临真二公主降士族，谓宰相曰：'民间修昏姻，不计官品而上阀阅。我家二百年天子，顾不及崔、卢耶？'诏宗正卿取世家子以闻"[1]。此事陈寅恪先生曾经提及，并再举另一条纳妃之例。《太平广记》卷一八四《氏族类·庄恪太子妃》载：

> 文宗为庄恪选妃，朝臣家□子女者，悉被进名，士庶为之不安。帝知之，召宰臣曰："朕欲为太子婚娶，本求汝郑门衣冠子女为新妇。闻在外朝臣，皆不愿共朕作亲情，何也？朕是数百年衣冠，无何神尧打家罗诃去。"因遂罢其选。

据陈寅恪先生考证，唐文宗所谓"汝郑门"是指郑覃[2]，郑覃望出荥阳郑氏北祖，属四十四子之一。

自《贞观氏族志》之颁行至开成初，恰好二百年，唐太宗将皇族外戚置于大士族之前，以及"欲崇树今朝冠冕""止取今日官品、人才作等

---

[1]《新唐书》卷一七二《杜兼传·附杜中立传》。

[2] 参见陈寅恪：《唐代政治史述论稿》，中篇《政治革命及党派分野》。

级"的理想与做法，至两个世纪以后的晚唐时刻，似乎并未成功。民间士大夫仍按其自身标准婚娶。

（六）

当时人也认为士族有兴替不常的变化，有改修《氏族志》之必要。《新唐书》卷一九九《柳冲传》载（《唐会要》卷三六《氏族》略同，谓开元二年，即 714 年）：

> 初，太宗命诸儒撰《氏族志》，甄差群姓，其后门胄兴替不常，冲请改修其书，帝诏魏元忠、张锡、萧至忠、岑羲、崔湜、徐坚、刘宪、吴兢及冲共取德、功、时望、国籍之家，等而次之。夷蕃酋长袭冠带者，析著别品。会元忠等继物故，至先天时，复诏冲及坚、兢与魏知古、陆象先、刘子玄等讨缀，书乃成，号《姓系录》。……开元初，诏冲与薛南金复加刊窜，乃定。

《册府元龟》卷五六〇《国史部·谱谍》载柳冲《唐姓族系录》事，如下：

> 依据《氏族志》重加修撰。仍令取其高名盛德，素业门风，国籍相传，士林标准，次复勋庸克懋，荣绝当朝，中外相辉，誉兼时望者，各为等列。其诸蕃酋长，晓袭冠带者，亦别为一品。

"高名盛德，素业门风，国籍相传，士林标准"为先，"次复勋庸克懋，荣绝当朝，中外相辉，誉兼时望者"，"国籍"一词池田温释为王朝官籍[1]，果如此，则国籍可包括皇族、外戚、宦家等，但"国籍相传"则应指代代相传的士族。上引诸条并不具体，概括而论，前四条属士族条件，后四条是王朝功业条件，似乎前者优于后者，但主要精神是调和士

---

[1] 池田温：《唐朝氏族志の一考察》，《北海道大学文学部纪要》13（2），页 34 及页 45 注 20。

大夫的标准与官品主义。"共取德、功、时望、国籍之家，等而次之"的办法避免了《显庆姓氏录》修撰时期的尖锐冲突，融合了统治阶层与社会上士大夫的要求，但实际的姓氏排列情形已经失传。

《显庆姓氏录》修撰四十四年后，又有《百家类例》。《唐会要》卷三六《氏族》载：

> 乾元元年，著作郎贾至撰《百家类例》十卷。（注云：其序旨曰："以其婚姻承家、冠冕备尽，则存谱，大谱所纪者，唯尊官清职、传记本原，分为十卷，爰列百氏，其中须有部折，各于当族注之，通为百氏，以陇西李氏为第一。"）

《玉海》认为贾至为孔至[1]，《新唐书》卷一九九《儒学》中《孔若思传·附孔至传》载（《唐语林》卷二《文学》条略同）：

> 若思子至，字惟微。历著作郎，明氏族学，与韦述、萧颖士、柳冲齐名。撰《百家类例》，以张说等为近世新族，剟去之。说子垍方有宠，怒曰："天下族姓，何豫若事，而妄纷纷邪？"垍弟素善至，以实告。初，书成，示韦述，述谓可传，及闻垍语，惧，欲更增损，述曰："止！丈夫奋笔成一家书，奈何因人动摇？有死不可改。"遂罢。时述及颖士、冲皆撰《类例》，而至书称工。

日人宇都宫清吉认为《百家类例》以陇西李氏为第一，是《贞观氏族志》定本以皇族为第一的常用格式[2]，按唐皇族自称系出陇西李氏[3]，

---

[1]《玉海》卷五〇《唐百家类例》注："按《贾至传》，由单父尉拜起居、中书舍人，徙岳州司马。宝应初，召复故官，不曾迁著作郎，疑是孔至。"

[2] 宇都宫清吉：《唐代贵人に就いての一考察》，《史林》19（3），1934，页72。

[3]《旧唐书》卷一《高祖本纪》："其先陇西狄道人，凉武昭王暠七代孙也。"《新唐书·高祖本纪》："陇西成纪人也。其七世祖暠……"陈寅恪则执不同看法，参见《李唐氏族之推测》《李唐氏族之推测后记》《三论李唐氏族问题》，《唐代政治史述论稿》，页1—8。

如果是官方修谱，将陇西李氏列为第一的可能性极大。陇西李氏在唐朝中叶也颇有人才而能衬其门户地位。如《新唐书》卷一五〇《李揆传》（《旧唐书》卷一二六《李揆传》略同）：

> 李揆字端卿，系出陇西（姑臧大房），为冠族，去客荥阳。祖玄道，为文学馆学士。父成裕，秘书监。……拜中书侍郎、同中书门下平章事，修国史，封姑臧县伯。揆美风仪，善奏对，帝叹曰："卿门地、人物、文学皆当世第一，信朝廷羽仪乎！"故时称三绝。

《唐国史补》卷上《李積称族望》载：

> 李積，酒泉公义琰侄孙，门户第一，而有清名。常以爵位不如族望，官至司封郎中、怀州刺史，与人书札，唯称陇西李積而不衔。[1]

李义琰任相于高宗之世，其侄孙应不晚于肃宗时代。

陇西李氏姑臧大房一脉在唐朝中叶时期，在社会上族望似居首位。

前例中唐帝称李揆门地第一，有同族自我肯定之嫌；后例中李積门户第一，似非他族所共认。由于陇西李氏本系望族，唐朝亦不乏人才，所以其他望族对于陇西李氏门地第一的封号并没有公开反对。但是，有唐一代，博陵崔氏可能一直是民间士大夫心目中的头号望族，尤以博陵崔氏第二房为最。《新唐书》卷一八二《崔珙传》：

> 崔珙，其先博陵人。父颋，官同州刺史，生八子，皆有才，世以拟汉荀氏"八龙"。……诸崔自咸通后有名，历台阁藩镇者数十人，天下推士族之冠。

---

[1]《新唐书》卷七二上《宰相世系表二上》陇西李氏姑臧大房世系：李义琰相高宗，义琰弟义璡，义璡子融，融子積，河内太守。

查《新唐书》卷七二下《宰相世系表二下》，博陵崔氏第二房楷支之裔，及颋支之裔这两大支，每一代皆有人物，咸通以后任官者加多，更为显著了。按上列引文"天下推士族之冠"似应指该传人物博陵崔氏第二房而言，如包括博陵崔氏其他房支，及清河崔氏[1]，则人物就更多了。

四、禁婚家与《新唐书·宰相世系表》定著房之比较

（一）

《唐语林》卷二《文学》载：

> 大历以后，专学者，有蔡广成《周易》……氏族则林宝。

《元和姓纂》撰于唐宪宗元和七年（812）岁次壬辰，林宝自序其修撰之原因为：

> 元和壬辰岁，诏加边将之封，酬屯戍之绩，朔方之别帅天水阎者，有司建苴茅之邑于太原列郡焉。主者既行其制，阎子上言曰："特蒙涣汗，恩沾爵土，乃九族之荣也；而封乖本郡，恐非旧典。"翌日，上谓相国赵公："有司之误，不可再也。宜召通儒硕士辨卿大夫之族姓者，综修《姓纂》，署之省阁，始使条其原系，考其郡望，子孙职位，并宜总缉，每加爵邑，则令阅视，庶无遗谬者矣。"……凡二十旬，纂成十卷。

是书"各依四声类集，每韵之内，则以大姓为首"[2]。《元和姓纂》已佚，今本《元和姓纂》自《永乐大典》辑出，岑仲勉先生有《元和姓

---

[1] 参见筑山治三郎：《唐代政治制度の研究》，创元社，1967，页172—183。
[2] 《郡斋读书志》二下。

纂四校》，用力甚勤，岑氏再序说：

> 余谓《新表》(《新唐书·宰相世系表》) 者，《元和姓纂》之嫡子也，《姓纂》所详为显官，显官莫如宰相，必举全数以列表，则难于命名，唯撷宰相为纲，斯《姓纂》菁华，几尽入彀，《表》能利用史余，成其创作，良可嘉也。……《新表》利用《姓纂》之世系，吸其大部，《姓纂》之嫡子也。《通志》利用《姓纂》之姓源，吸其小部，《姓纂》之支子也。

《新唐书·宰相世系表》如与《元和姓纂》有密切关系，《元和姓纂》甚重郡望，每韵之内以大姓为首，而《新唐书·宰相世系表》以宰相为标准收罗谱牒[1]，亦顾及冠冕。又《新唐书·宰相世系表》宰相之族凡九十八，大士族收罗殆尽，唯大士族之中的房支，若在唐朝未拜宰相，可能不见世系，《新唐书·宰相世系表》似乎未能表达未拜相之房支。查《新唐书·宰相世系表》，有若干族的世系之末，有"定著若干房"字样，这应当是该族中著房之义，代表社会地位。在《新唐书·宰相世系表》九十八族之中，书有"定著若干房"者有：

崔氏定著十房：一曰郑州，二曰鄢陵，三曰南祖，四曰清河大房，五曰清河小房，六曰清河青州房，七曰博陵安平房，八曰博陵大房，九曰博陵第二房，十曰博陵第二房。

陇西李氏定著四房：一曰武阳，二曰姑臧，三曰敦煌，四曰丹杨。

赵郡李氏定著六房：一曰南祖，二曰东祖，三曰西祖，四曰辽东，五曰江夏，六曰汉中。

郑氏定著二房：一曰北祖，二曰南祖。

---

[1]《容斋随笔》卷六《唐书世系表》载："《新唐·宰相世系表》皆承用逐家谱牒。"卷八《新旧唐书互证》："想修唐表时，只取诸家谱系杂钞之。"

王氏定著三房：一曰琅邪王氏，二曰太原王氏，三曰京兆王氏。

裴氏定著五房：一曰西眷裴，二曰洗马裴，三曰南来吴裴，四曰中

　　眷裴，五曰东眷裴。

萧氏定著二房：一曰皇舅房，二曰齐梁房。

薛氏定著二房：一曰南祖，二曰西祖。

韦氏定著九房：一曰西眷，二曰东眷，三曰逍遥公房，四曰郧公房，

　　五曰南皮公房，六曰驸马房，七曰龙门公房，八曰小逍遥公房，

　　九曰京兆韦氏。

窦氏定著二房：一曰三祖房，二曰平陵房。

刘氏定著七房：一曰彭城，二曰尉氏，三曰临淮，四曰南阳，五曰

　　广平，六曰丹杨，七曰南华。

《新唐书·宰相世系表》中其他姓族也有分房者，但无"定著"字样。上列九姓除了"定著"若干房以外，也有房支不称"定著"。"定著"在社会上应有特殊意义。

今试将五姓四十四子与《新唐书·宰相世系表》中该五姓著房著支做一比较。

（二）

表 7-2　五姓四十四子与《新唐书·宰相世系表》中五姓著房著支比较表

《新唐书·宰相世系表》五姓著房著支	五姓四十四子禁婚家	比较
陇西李氏	陇西李宝之六子	
△武阳房		定著非禁婚
△姑臧房（承，姑臧大房）	承	同
	茂	（疑同）
	辅	（疑同）
	佐	（疑同）
	公业	（疑同）
	冲	（疑同）

（续表 7-2）

《新唐书·宰相世系表》五姓著房著支	五姓四十四子禁婚家	比较
△燉煌房（不载世系）		定著非禁婚
△丹杨房		定著非禁婚
赐姓李氏		
陇西李徙京兆房		
太原王氏	太原王琼之四子	
△太原大房王氏（遵业）	遵业	同
△太原第二房王氏（广业）	广业	同
△太原第三房王氏（延业，不载世系）	延业	同
△太原第四房王氏（季和，不载世系）	季和	同
荥阳郑氏	荥阳郑温之三子	
△北祖（温子晔，晔七子，号"七房郑氏"）	晔	同
△南祖（温子简）	简	同
中祖（温子恬）；《新唐书·宰相世系表》不言定著（郑温子涛，居陇西，后无闻）	恬（郑温四子之中，可能涛居陇西而衰微不计）	禁婚非定著
荥阳郑少邻支		
范阳卢氏	范阳卢子迁之四子	
大房卢氏（子迁长子阳乌）	阳乌	同
第二房卢氏（子迁次子敏）	敏	同
第三房卢氏（子迁三子昶）	昶	同
第四房卢氏（子迁四子尚之）	尚之	同
范阳卢损支		
范阳卢质支		
	范阳卢浑之？子（不详）	禁婚
	范阳卢辅之六子	
	静（辅子，又曰靖）	禁婚
	同（辅子）	禁婚

（续表 7–2）

《新唐书·宰相世系表》五姓著房著支		五姓四十四子禁婚家		比较
		璧（辅子）		禁婚
		琇（辅子）		禁婚
		○（辅子，名不详）		禁婚
		○（辅子，名不详）		禁婚
清河崔氏		清河崔宗伯		
△郑州房				定著非禁婚
△鄢陵房				定著非禁婚
△南祖				定著非禁婚
△清河大房（宗伯子休）		宗伯 {	休	同
△清河小房（宗伯子寅）			寅	同
		清河崔元孙之二子		
△清河青州房		元孙 {	亮	同
			敬默	同
博陵崔氏		博陵崔懿之八子		
△博陵安平房				定著非禁婚
△博陵大房（懿子连）		连		同
△博陵第二房（懿子琨）		琨		同
△博陵第三房（懿子格）		格		同
博陵第四房（懿子邈，《新唐书·宰相世系表》缺世系，不言定著）		邈		禁婚非定著
博陵第五房（懿子殊，《新唐书·宰相世系表》缺世系，不言定著）		殊		禁婚非定著
博陵第六房 { 懿子怡 懿子豹 懿子偘	三子为一房，《新唐书·宰相世系表》缺世系，不言定著	怡		禁婚非定著
		豹		禁婚非定著
		偘		禁婚非定著
赵郡李氏		赵郡李楷之四子		
△南祖 { 晃（楷子） 辑（楷子，辑子孙甚微）		晃（楷本有五子，辑子孙甚微，恐不计此子）		同
△东祖叡（楷子）		叡		同

（续表 7-2）

《新唐书·宰相世系表》五姓著房著支	五姓四十四子禁婚家	比较
△西祖 ｛ 芬（楷子）	芬	同
劲（楷子）	劲	同
△辽东房（与赵郡李，共祖于秦司徒昙次子玑）		定著非禁婚
△江夏房（与赵郡李，共祖于西汉李护）		定著非禁婚
△汉中房（与赵郡李，共祖于西汉李武）		定著非禁婚

附记：有△符号者为《新唐书·宰相世系表》之定著房。

（三）

陇西李氏。禁婚家有李宝之六子，即承、茂、辅、佐、公业、冲（《新唐书·宰相世系表》谓宝有七子，第七子仁宗，有误，前文已有考辨）。《新唐书·宰相世系表》只言李承，其他五子不载世系，按姑臧房为李氏定著房之一。李承诸弟之后裔入唐以后事迹不详，仅获墓志铭两篇，如下：

《长安主簿李君墓志铭》（《全唐文》卷五〇四）：

> 君讳少安，字公和，陇西成纪人。自元魏仆射文穆公冲而下，为西州冠族。……曾祖仲进，皇宣州司马；祖侨，河南府渑池县令；父愔，朝议大夫宗正丞，赠濮州刺史。……元和三年三月乙酉，感疾不起于长安兴化里第。……夫人荥阳郑氏，太仆少卿叔规之女。……君元兄柳州刺史。

《殿中侍御史李君墓志铭》（《全唐文》卷五六四）：

> 殿中侍御史李君，名虚中，字常容。其十一世祖冲，贵显拓跋世。父恽，河南温县尉，娶陈留太守薛江童女。……元和八年……

卒。……距其祖渑池令府君侨墓十里。君昆弟六人，先君而殁者四
人，其一人尝为郑之荥泽尉。……妻范阳卢氏，郑滑节度使兼御史
大夫群之女。

志主李少安与李虚中皆卒于元和年间，两人祖父皆为李侨，两人皆
元魏仆射李冲之第十一世孙。自曾祖至其本人，官职大抵属中品及下品，
并不显达。李恽妻薛江童女，查薛江童属河东薛氏西祖瑚支之裔，最高
官职为陈留太守、河南采访使，西祖为薛氏定著二房之一[1]。李虚中妻范
阳卢群之女，卢群属阳乌大房道舒支[2]。李少安夫人荥阳郑氏，为太仆少
卿郑叔规之女，郑叔规不详。由以上分析，李冲后裔在中晚唐时可能官
宦并不显达，但婚娶并未失序。《新唐书·宰相世系表》载"陇西李氏定
著四房：……二曰姑臧。……姑臧大房（宰相）有义琰、蔚、揆、逢吉"，
其定著姑臧房应包括姑臧第六房，只因该房在唐代无宰相，故不列世系。
陇西李氏武阳房、燉煌房、丹杨房等亦为定著房，不属禁婚家。另有赐
姓李氏房、陇西李徙京兆房，既非定著，亦非禁婚家。

太原王氏。禁婚家有王琼之四子，即遵业、广业、延业、季和。《新
唐书·宰相世系表》："王氏定著三房：一曰琅邪王氏，二曰太原王氏，
三曰京兆王氏。"太原王氏条载琼"四子：遵业、广业、延业、季和，号
'四房王氏'"。《新唐书·宰相世系表》载大房王氏、第二房王氏。第三
房王氏、第四房王氏不载世系[3]。太原王氏禁婚家与《新唐书·宰相世系
表》定著房的记载同。

荥阳郑氏。禁婚家有郑温之三子，按温实有四子，即晔、简、恬、

[1]《新唐书》卷七三下《宰相世系表三下》河东薛氏西祖条。
[2]《新唐书》卷七三上《宰相世系表三上》范阳卢氏条。又《旧唐书》卷一四〇、《新唐书》
卷一四七有《卢群传》。
[3]《新唐书》卷七二中《宰相世系表二中》太原王氏条。

涛。据《新唐书·宰相世系表》"温四子：涛、晔、简、恬。涛居陇西。晔，后魏建威将军、南阳公，为北祖。简为南祖，恬为中祖。……郑氏定著二房：一曰北祖，二曰南祖。"[1] 郑涛居陇西，后无闻，如禁婚家以晔、简、恬三子论，《新唐书·宰相世系表》晔为北祖，简为南祖，北祖、南祖既属禁婚家又系定著房。郑恬为中祖，属禁婚家但《新唐书·宰相世系表》不言定著房，甚为奇怪。又《新唐书·宰相世系表》另有荥阳郑少邻支，既非禁婚家亦非定著房。

范阳卢氏。禁婚家有卢子迁之四子、卢辅之六子、卢浑等。卢子迁之四子即阳乌、敏、昶、尚之；卢辅之六子据前文考证，有静、同、璧、琇，另二子名不详；卢浑不知有几子。《新唐书·宰相世系表》载卢子迁"四子：阳乌、敏、昶、尚之，号'四房卢氏'"。大房、第二房、第三房皆出宰相，有世系；第四房无宰相，亦有世系[2]。唯卢氏世系之末无"定著房"字样，"四房卢氏"乃著房无疑。卢氏无"定著房"字样，是《新唐书·宰相世系表》大士族中唯一例外，如果勉强推测其原因，可能卢氏除"四房卢氏"以外，还有"定著房"，而该"定著房"又因无拜相不便列其世系，《新唐书·宰相世系表》既无法包括所有定著，于是就不写定著，以免以偏概全。

清河崔氏。禁婚家除清河青州房元孙之二子亮、敬默外，尚应包括清河大房、清河小房，此显然是《唐赠人于少帅崔公神道碑》之疏漏，前文已有考证。查《新唐书·宰相世系表》："崔氏定著十房：一曰郑州，二曰鄢陵，三曰南祖，四曰清河大房，五曰清河小房，六曰清河青州房……"[3] 其中清河大房、清河小房、清河青州房等既为禁婚家，亦属定著；郑州房、鄢陵房、南祖房属定著房，但非禁婚家，如观看上文

---

[1]《新唐书》卷七五上《宰相世系表五上》郑氏条。
[2]《新唐书》卷七三上《宰相世系表三上》卢氏条。
[3]《新唐书》卷七二下《宰相世系表二下》崔氏条。

"图7-3清河崔氏房支谱系表"，可发现此三房实属一组，崔浩是这一组的重要人物，郑州房与鄢陵房乃崔浩之从侄，按崔浩这一组的门望绝不低于崔颐那一组（即清河大房、清河小房、清河青州房），此前文已经论及，所以崔浩近支之后裔，应另文研究之。

博陵崔氏。禁婚家有崔懿之八子，即连、琨、格、邈、殊、怡、豹、侃。《新唐书·宰相世系表》载"（懿）五子：连、琨、格、邈、殊；又三子：怡、豹、侃为一房，号'六房'。……崔氏定著十房：……七曰博陵安平房，八曰博陵大房，九曰博陵第二房，十曰博陵第三房"[1]。崔连为博陵大房、琨为博陵第二房、格为博陵第三房，此三房既是定著房，又属禁婚家；而邈、殊、怡、豹、侃等，《新唐书·宰相世系表》不载世系，亦不言定著，但属禁婚家。另有博陵安平房是定著房，但非禁婚家。此房在崔仁师相唐太宗、高宗以前十一世皆无人物，据载是后汉太尉、城门校尉崔烈之裔，入唐后兴盛，有宰相仁师、湜，及其他人物，详见《新唐书·宰相世系表》，这是旧族某房再兴之例。

赵郡李氏。禁婚家有李楷之四子，李楷实有五子，即晃、辑、叡、芬、劲。《新唐书·宰相世系表》："叡为东祖，芬与弟劲共称西祖，辑与弟晃共称南祖。……（辑）子慎敦，居柏仁，子孙甚微。"可能不计辑。《新唐书·宰相世系表》又载："赵郡李氏定著六房：其一曰南祖，二曰东祖，三曰西祖，四曰辽东，五曰江夏，六曰汉中。"[2]南祖、东祖、西祖等既是定著房，又属禁婚家。唯辽东房、江夏房、汉中房等据载与赵郡李氏共祖于汉魏，是唐之著房，但非禁婚家。

除上述五姓以外，《新唐书·宰相世系表》还载其他定著房，如下：琅邪王氏、京兆王氏、裴氏五房、萧氏二房、薛氏二房、韦氏九房、窦

---

[1]《新唐书》卷七二下《宰相世系表二下》崔氏条。

[2]《新唐书》卷七二上《宰相世系表二上》赵郡李氏条。

氏二房等，皆当时山东地区以外的名族，如琅邪王氏、兰陵萧氏为侨姓；河东裴氏、河东柳氏、京兆韦氏为关中郡姓；窦氏为代北虏姓。只有京兆王氏不属《新唐书·柳冲传》所载之名族。所以唐代定著房的范围扩充及全国名族著房著支。

五、结　语

综合以上分析，初步结论为：

（一）《唐赠太子少师崔公神道碑》中禁婚家有："陇西李宝之六子，太原王琼之四子，荥阳郑温之三子，范阳卢子迁之四子、卢辅之六子，公（清河崔景晊）之八代祖元孙之二子，博陵崔懿之八子，赵郡李楷之四子，士望四十四人之后……"按计算上列诸子，只得三十七人。从《资治通鉴》《新唐书》《玉海》等书中得知清河崔宗伯亦为禁婚家，崔宗伯二子：崔休为清河大房，崔寅为清河小房。同资料又有范阳卢浑。所以禁婚家确知四十人，另四人不详。

（二）从史书有关族望记载及列传人物分析，北魏唐初之际，陇西李宝之裔、清河崔宗伯之裔、范阳卢子迁之裔、博陵崔懿之裔、赵郡李楷之裔等，各因人才之兴盛，在某一时期或某一政权之中曾经较为突出。又据前引《资治通鉴》《新唐书》《玉海》等书所载，本文五姓四十四子分房之始可溯及赵郡李楷之于晋、博陵崔懿之于前燕，其他诸房亦可溯及北魏初期至太和年间。因此自北魏中叶以后，时人虽然泛称郡望，实际上所指渐以房支为单位，至唐而更为明显。

（三）唐太宗诏修《氏族志》，初奏本评崔干为第一等，按崔干属博陵崔氏第二房，该房自崔孝芬以降在西魏、北周系统内发展，既是山东旧族，又属关中本位集团人物，具有双重身份，因此被高士廉等撰者评为第一。

（四）唐太宗诏修《氏族志》是想通过"嫁娶之序"，达到以冠冕为标准的目的，此与社会上士大夫长期发展的婚姻圈并不完全符合，因此引起争执；显庆《姓氏录》以官爵为单一标准，则将争执推至高潮，官爵单一标准至晚唐仍未被社会上士大夫接受。中晚唐修姓族谱者大都在朝廷冠冕与社会上士大夫婚姻圈两个标准之间觅寻妥协办法。

（五）可知的四十个禁婚家之中，同时亦列为《新唐书·宰相世系表》定著房者有二十七个，即：陇西李氏姑臧房六子，太原王氏四房，荥阳郑氏北祖、南祖，清河崔氏清河大房、清河小房、清河青州房四子，博陵崔氏大房、二房、三房，赵郡李氏南祖、东祖、西祖四子，以及范阳卢氏四房等。有六个属禁婚家但非定著房，即荥阳郑氏中祖，博陵崔氏邈、殊、怡、豹、偭等。有七个未详，即范阳卢辅六子及卢浑，这或许是初唐与晚唐间房支盛衰之演变。

（六）五姓之中有十家是《新唐书·宰相世系表》之定著房，但非禁婚家，即：陇西李氏武阳房、燉煌房、丹杨房，清河崔氏郑州房、鄢陵房、南祖，博陵崔氏博陵安平房，赵郡李氏辽东房、江夏房、汉中房等。其中清河崔氏郑州房、鄢陵房、南祖乃崔浩近支后裔。其他七房有共同特点，即其渊源甚长，本属旧族，魏晋南北朝时虽有人物，似未达到著房程度，入唐以来其因官宦甚隆，而渐渐提高房支地位，成为定著房。

（七）通过《新唐书·宰相世系表》定著房与禁婚家之比较，发现高官之家、定著房、禁婚家三者之间的关系为：绝大多数禁婚家在整个唐代皆属著房著支，小部分定著房不是禁婚家，但系魏晋南北朝次高门，或山东地区以外之名族，这表示魏晋南北朝的著房名族与整个唐代政治阶层之间的重叠面仍然很大。

（八）本文对禁婚家与定著房之研究，试图找出社会阶层的基本单位。《新唐书》卷九五《高俭传》载："每姓第其房望，虽一姓中，高下县隔。"本文希望能将中古社会史深植至房支阶层。

第八篇

从士族籍贯迁移看唐代士族之中央化

一、绪论——中古选制与士族权力的转变

自周朝封建体系解体，秦朝统一宇内以来，中国境内的历朝皆面临两大难题：其一，如何建立一个有效能的官僚体系，以统治庞大帝国；其二，如何在地广人众的疆域内觅寻社会基础，以建立一个稳定的政权。中国历代王朝的种种摸索与尝试，产生了许多宝贵的经验，这些经验成为当今研究官僚政治、社会变动、政治参与的丰富资料。古代中国二三百年内必有一次改朝换代，由此而引起的人物升降、官制演进等现象，不仅在追索源流时有其价值，对若干制度与现象而言，在时间纵度上也具有本体地位。官僚体系的效能与政权的社会基础之间有其矛盾性与融合性，一方面，如果官僚体系正像韦伯（Max Weber）所述的理想型的官僚体系那样，是一个层层节制、专业人员行政、例行办事、纯理性化的政治体制，那么此金字塔上层人物在实行如身使臂、如臂使指的统治时，若不顾及社会基础，其政权也不会稳定。另一方面，社会人物如过度要求分享政权，自非统治者所乐意。再者，社会人物多半具有代表性而缺乏专业性，是否能在官僚体系中发挥效能亦颇成问题。历史上，

这两者严重对立矛盾的现象极少，持续时间极短，大部分介于两极端之间，而有种种不同的组合。

秦与汉初在封建王朝崩溃后建立大帝国的官僚体系方面，甚具贡献。这一套体系虽然内部时刻有变更，但就整个架构而言，几乎沿用了两千年。但是秦与汉初的政权社会基础并不稳定，以致政治势力与社会势力呈现着紧张的关系[1]。社会人物大规模地进入官僚体系到汉武帝时才出现。劳榦先生谓："汉代自高帝得天下以后，选任官吏主要的是两种人，第一，功臣；第二，文吏。文景以后，功臣的后裔也常因旧有的资地，致位通显。一般儒生的进身出路是不如武帝以后容易的。主要的关系是诏举这件事只有武帝以后才常有。景帝以前仅偶一有之，得人的数目自然不能和武帝以后相比拟了。"[2]汉武帝时官僚体系中选举制度有了大尝试，有许多选士名目出现[3]，实施结果，发展成孝廉与茂才两项常科最为重要。茂才名额较少，孝廉一途成为两汉社会人物走进官僚体系的主要通道。严耕望先生指出郎官性质之转变，约其条目如次："（1）秦及西汉：郎吏是宫官……其进身多由荫任与赀选……故饶贵族性。（2）西汉末及东汉：郎吏是府官，是朝臣；专供行政人才之吸收与训练……其进身多由孝廉与明经，非文吏即儒生；实优秀平民参政宦达之梯阶，故富平民性。（3）此种转变之关键在武帝创孝廉、甲科除郎之制。"[4]严先生《汉代地方官吏升迁图》[5]显示，孝廉居于主流地位。

[1] 许倬云：《西汉政权与社会势力的交互作用》篇首，《"中央研究院"历史语言研究所集刊》35，1964。

[2] 劳榦：《汉代察举制度考》篇首，《"中央研究院"历史语言研究所集刊》17，1948。

[3] 劳榦：《汉代察举制度考》中段。

[4] 严耕望：《秦汉郎吏制度考》前段，《"中央研究院"历史语言研究所集刊》23上册，1951。

[5] 严耕望：《中国地方行政制度史》上编卷上《秦汉地方行政制度》下册，"中央研究院"历史语言研究所专刊之四十五，1961，页344。

孝廉之选举系以郡国为单位，"（武帝）元光元年冬十一月，初令郡国举孝廉各一人"[1]。察举以郡国为重心，并成为岁举常典，乃董仲舒之议：

> 夫长吏多出于郎中、中郎，吏二千石子弟选郎吏，又以富訾，未必贤也。……臣愚以为使诸列侯、郡守、二千石各择其吏民之贤者，岁贡各二人以给宿卫，且以观大臣之能；所贡贤者有赏，所贡不肖者有罚。夫如是，诸侯、吏二千石皆尽心于求贤，天下之士可得而官使也。[2]

汉武帝元朔元年（前 128），"有司奏议曰：'……今诏书昭先帝圣绪，令二千石举孝廉，所以化元元，移风易俗也。不举孝，不奉诏，当以不敬论。不察廉，不胜任也，当免。'奏可"[3]。后汉和帝时，"大郡口五六十万举孝廉二人，小郡口二十万并有蛮夷者亦举二人，帝以为不均，下公卿会议。鸿与司空刘方上言：'凡口率之科，宜有阶品，蛮夷错杂，不得为数。自今郡国率二十万口岁举孝廉一人，四十万二人，六十万三人，八十万四人，百万五人，百二十万六人。不满二十万二岁一人，不满十万三岁一人。'帝从之"[4]。劳榦先生谓："孝廉是从郡来选，所举的大都不是朝廷的官吏。而茂材由于丞相、御史、列侯中二千石及刺史察举，所选举的大都是朝廷的官吏。""孝廉一科在汉代极清流之目，而为主要官吏的正途的。"[5]金发根先生分析东汉党锢清流人物的出身时，亦

---

[1]《汉书》卷六《武帝纪》元光元年。

[2]《汉书》卷五六《董仲舒传》。

[3]《汉书》卷六《武帝纪》元朔元年。

[4]《后汉书》卷三七《丁鸿列传》。

[5] 劳榦：《汉代察举制度考》，甲、孝廉，乙、茂才，《"中央研究院"历史语言研究所集刊》17。

发现以孝廉身份居多数[1]。

郡国太守"岁尽，遣吏上计，并举孝廉"[2]。孝廉既以郡国为单位，当这些地方人物到达中央以后，自然以本郡为其籍贯与郡望，尤其是稍有头脸的地方领袖为然。岑仲勉先生谓："自西汉废姓存氏，于是郡望代起，良以公孙之称，遍于列国，王子之后，分自殷周，称其本郡，所以明厥氏所从出也。故就最初言之，郡望、籍贯，是一非二。"[3]印证《新唐书·宰相世系表》中诸士族渊源之记载，大都声称其祖先乃先秦列国王孙名臣之裔，且不论是否皆属事实，但其以郡国以别于他族，事极可能。当此时也，郡望与籍贯为一，地方人物仕宦中央深具本郡之代表性，这正是汉朝摸索到的一条沟通官僚体系与社会基础的通道。许倬云先生在《西汉政权与社会势力的交互作用》一文中说：

> 自此以后，地方上智术之士可以期待经过正式的机构、确定的思想和定期的选拔方式，进入政治的权力结构中，参加这个权力的运行。纵然这时其他权力结构，如经济力量与社会力量，都已经服属在政治权力结构之下了；一条较狭，但却远为稳定的上升途径反使各处的俊杰循规蹈矩地循序求上进。于是汉初的豪杰逐渐变成中叶以后的士大夫。

钱穆先生谓，自汉朝以来中国演变成"士人政治"。然汉代的察举

---

[1] 金发根：《东汉党锢人物的分析》，四、党人的出身，《"中央研究院"历史语言研究所集刊》34下册，1963。

[2]《后汉书·百官志五》。

[3] 岑仲勉：《唐史余瀋》卷四《杂述唐史中之望与贯》之引文。但，岑仲勉另一本书《隋唐史》卷下第六节《门第之见与郡望》（高等教育出版社，1957）谓："战国撩乱，人户流离。汉高已不自知其姓，后此人各以氏代姓，今所谓'姓'，即古所谓'氏'，是为我国种族混乱之第一次大变，所幸战国至汉，各地陆续建置郡县，郡县大约依古代各氏族之住地为区域，人口即有迁徙，犹能各举其原籍之郡名以作识别。如太原、陇西、安定、南阳、清河等，皆后世所谓郡望也。"其中"郡县大约依古代各氏族之住地为区域"语，恐需商榷。

制度甚难有具体的标准，尤其当其强调德行之时[1]，在实施时显得更具有弹性。各郡国的士大夫掌握并制造乡议，使选举有利于本人或本族，渐渐走进"以族举德，以位命贤"[2]的循环中，从个体士之从政，渐渐演变成累世从政，这种现象在西汉末叶已经出现，而东汉政权与世家大族之关系更为学者所重视[3]。士族乃具有时间纵度的血缘单位，其强调郡望以别于他族，犹如一家百年老店强调其金字招牌一般。故郡望与士族相始终。

"郡为汉代地方行政之骨干，郡守于一郡政务无所不统，百官表云'掌治其郡'，明其专也。故为一元首性之地方长官。"[4]郡国太守不但具有察举之权，并且有自由选任本郡属吏之权。据严耕望先生研究，"州郡国县道侯国政府之属吏皆由长官自辟用本域人，各以本州本郡国本县道侯国所辖之境为准，不得用辖境以外之人"[5]。这种察举与用人的制度其重心在地方，尤其在郡国。一方面，地方领袖在乡里倡导乡议，故有乡举里选的精神；另一方面，郡国之中的大族若把持这种清议，就可影响察举与郡国用人，使大族的郡望更为加强。

东汉末叶，清议升级为全国性，郡国地方领袖及其子弟为太学生者因为与宦官外戚做斗争，产生了士大夫阶层的新自觉[6]，这种同类感与清流精神，乃两晋南北朝隋唐士族内在精神之滥觞。党锢之祸时期，清流士大夫相互之间封为"天下某某某""海内某某某"，可见其已有从地方

---

[1] 参见拙文《中国中古贤能观念之研究——任官标准之观察》。

[2]《潜夫论》第四《论荣篇》。

[3] 杨联陞：《东汉的豪族》，《清华学报》11（4），1936。余英时：《东汉政权之建立与世族大姓之关系》，《新亚学报》1（2），1956。

[4] 严耕望：《中国地方行政制度史》上编卷上《秦汉地方行政制度》上册，"中央研究院"历史语言研究所专刊之四十五，1961，页74。

[5] 严耕望：《中国地方行政制度史》上编卷上《秦汉地方行政制度》上册，"中央研究院"历史语言研究所专刊之四十五，页352。

[6] 余英时：《汉晋之际士之新自觉与新思潮》，《新亚学报》4（1），1959。

领袖走向全国领袖的心理倾向，但他们大部分都是在野身份，不是中央官僚体系之一员；再者，他们并未与乡里隔绝，所以实质上仍未走进中央。魏晋之际，这类人物渐渐从在野而当朝，复依附九品官人法而族势大盛[1]。一则因为失去像东汉末叶宦官那样的斗争对象，二则因为士族们已经当政，所以魏晋以还，已很少在人名之前冠以"天下""海内"字样，同时士族则以郡望相互夸耀。但是，大批的士族子弟在中央政府官僚体系中任官，地方领袖实际上已成为中央官吏。然而这些士族子弟尚未中央官僚化，原因有二。其一，他们与原籍仍未疏远。有的在京师设居住所，在本郡亦有居住所，有学者将之称为"城市与乡村的双家形态"[2]；有的即令没有双家，但与本郡同族堂亲不远。其二，中正评品的标准是汉代乡举里选的制度化[3]，代表性的意味极为浓厚。士族具有地方代表性的性质，在逐渐发展而成的社会中或许不太明显，而当拓跋氏粗有北方，吸收中国各地大豪族参与统治阶层时，士族这一性质则甚为显著。《魏书》卷四八《高允传》：

> 魏自神麚以后，宇内平定，诛赫连积世之僭，扫穷发不羁之寇，南摧江楚，西荡凉域，殊方之外，慕义而至。于是偃兵息甲，修立文学，登延俊造，酬谘政事。梦想贤哲，思遇其人，访诸有司，以求名士。咸称范阳卢玄等四十二人，皆冠冕之胄，著问州邦，有羽仪之用。亲发明诏，以征玄等。乃旷官以待之，悬爵以縻之。其就命三十五人，自余依例州郡所遣者不可称记。

但似仍需注意到士族的地理分布，"东至渤海，北极上谷，西尽西河，南穷中山"。

---

[1] 拙著《两晋南北朝士族政治之研究》中篇，第四章、第五章。

[2] Wolfram Eberhard, *Conquerors and Rulers: Social Forces in Medieval China.*

[3] 参见拙文《中国中古贤能观念之研究——任官标准之观察》，三、贤能观念与中古之选制。

魏晋南北朝期间官僚体系中的选制与士族权力的转变甚有关联，原本汉代郡国太守有察举孝廉之权，如今州设大中正，郡国有小中正，专司品藻人物等级，而州郡县的大小中正官"各取本处人任诸府公卿及台省郎吏有德充才盛者为之"[1]，因此，大小中正官皆为中央官兼任。这是中央用人权之伸张，州郡权力之缩小。但士族在九品官人法中并没有吃亏，绝大部分的中正官皆由士族子弟担任[2]。著者将汉代地方领袖在其本郡清议人物比拟为"属地主义"，而将魏晋南北朝时大小中正官身居中央而又评断本郡人物比拟为"属人主义"，士族这种既任官中央又不失其地方基础的现象，在政治与社会两大领域皆产生了巨大的影响力，这一时期是士族权力的巅峰时期。

魏晋南北朝时期地方政府的结构亦与汉代不同，严耕望先生对此有精辟的研究：

> 府州僚佐双轨制。汉世无论郡县长官或州部刺史，其僚佐仅有一个系统。郡县僚佐除中央除授之上佐丞尉外，仅有功曹、主簿及诸曹掾史一系，州部僚佐亦仅别驾、治中及诸曹从事一系，皆由长官自由辟用本地人士为之。

> 汉末三国时代，以地方不宁，刺史郡守有加将军领兵者，或置长史、司马。魏及西晋，中央又或遣员参其军事，然尚未成定制，更不见自成一系统。东晋以降，军府始渐形成。其时，除单车刺史仅置州吏如汉制外，凡刺史加将军者皆得开府置佐，其组织且有定型。于是与承汉以来之州吏并列，各为一系统，称为府吏与州吏。……

> 州吏自别驾从事以下仍由刺史自辟用本土人士为之，然别驾治中地位日高，至南朝跻位六七品，已为中级品官，非复汉世百石属

---

[1]《文献通考》卷二八《选举考一》。

[2] 参见本书第六篇《两晋南北朝主要文官士族成分的统计分析与比较》，（十二）中正。

吏之比矣，故亦常由中央除授之。府佐则自长史司马以下至主簿功曹，皆为品官，由中央除授，长官有推荐权而无任命权，又无籍贯限制，凡此皆与州吏成一对比。……

至南北朝时代，地方行政全归军府，而自汉以来相承不替之地方行政属吏转处闲散，为地方人士禄养仕进之阶。盖州郡属吏虽长官自辟，然籍限本域，长官莅任，人地生疏，兼以地方豪族竞相荐举，故名虽自辟，情实疏间。而军府之职，或时君简派腹心，或长官荐任亲信。[1]

著者在研究东晋南朝清要官之时，发现琅琊王氏在七品、六品、五品阶段大多数皆任诸公府僚佐、王府僚佐、将军府僚属等职[2]，查阅其他士族，情况相当。按当时甚少单车刺史，都督又大率列公亲王坐镇，故士族除任官中央以外，都督与州级的地方政府之重要僚属亦充满士族子弟，这是九品官人法之下由吏部分派下来的，所以魏晋南北朝时期中央的权力侵凌地方更甚，士族在这个体制下与中央更形接近。州吏系统地位日低，限制本地人士任之，可由刺史自辟，士族已不愿为，实际上是小姓担任，梁代称之为"寒微士人"[3]，等而下之之吏职，则有"后门"[4]"役门"[5]。

东晋南朝侨姓南迁以后，远离原籍，虽累世坚持原籍地望，可实际

---

[1] 严耕望：《中国地方行政制度史》上编卷中《魏晋南北朝地方行政制度》，"中央研究院"历史语言研究所专刊之四十五，页 901—904。

[2] 参见拙文《科举前后（公元 600 年 ±300）清要官形态之比较研究》，《国际汉学会议论文集》，1981。

[3] 参见拙文《从中正评品与官职之关系论魏晋南朝之社会架构》。

[4]《梁书》卷一《武帝纪》，齐末中兴二年（502）："中间立格，甲族以二十登仕，后门以过立试吏。"

[5]《宋书》卷八三《宗越传》："本为南阳次门，安北将军赵伦之镇襄阳，襄阳多杂姓，伦之使长史范凝之条次氏族，辨其高卑，凝之点越为役门出身。出身补郡吏。"

上已是可望而不可即，遍立侨州侨郡形式上满足了他们的心理要求。就社会意义而言，他们居住于南方，与南方政权发生特定的社会联系，长期失去原籍的地方基础，在南方一直无法像吴姓一般盘根错节，于是愈来愈依赖中央政府。也就是说，原本兼具社会性及政治性的侨姓人物，渐渐走向单一的政治方向，步入官僚，侨姓依赖中央的现象在南朝时更加明显[1]。

东晋南朝时期，吴郡会稽一带的士族一方面任官于中央，另一方面仍不失其地方领袖的地位，不像侨姓士族成为纯中央官僚。除吴郡会稽以外，南方各地本无士族，因此有若干州郡的"小姓"（亦即陈寅恪先生所谓"中层社会阶级""次级士族"）拥有地方势力，尤以晋陵、襄阳一带最著[2]。此等地方豪强在进入中央官僚体系时，其中正评品甚低，但在南朝末叶的改朝换代及政潮事件中表现出其军事力量[3]。

北朝亦实施九品官人法，北方汉姓士族在性质上是郡级地方豪族，自被拓跋魏吸收加入政权以后，他们由地方领袖兼为政治领袖，然而其并未立即放弃原有的地方势力，有见于永嘉乱后北方长期紊乱，只有聚宗自卫才能抗御灾难，北方士族一直将原籍引为重要的根基，似乎此时大部分北方士族仍是城市乡村之双家形态[4]。北朝士族步入中央而又失去其地方性，要在隋唐时期去寻找。

《通典》卷一七《选举五》："隋氏罢中正，举选不本乡曲，故里闾无豪族，井邑无衣冠，人不土著，萃处京畿。"其实，魏晋南北朝时期的州郡县大小中正官本由中央官兼任，选制的重心已属中央政府。唯大小中正官必须由本州郡县人士担任，可以说中正官是连接中央与地方人

---

[1] 见本书总论第四篇《中古士族性质之演变》。

[2] 陈寅恪：《述东晋王导之功业》，《陈寅恪先生论文集补编》，1956，页48—68。

[3] 见拙文《五朝军权转移及其对政局之影响》。

[4] 见本书总论第四篇《中古士族性质之演变》。

物的通道，居于地方的领袖仍被重视。隋废除中正官，推荐权与任官权皆归中央，中央与地方的通道断绝，长期留在地方将失去仕宦机会，唯有居住在京畿地区的人士才有较多机会。魏晋南北朝时期士族控制中正官通道，又有双家形态以充塞选举通道的两端，至此本郡据点不再如以前那样重要，家族中最优秀的子弟乃谋长居京邑以求出路。再者，双家形态靠堂亲维持，经数代以后，堂房日远，血亲日疏，居于京师者与居于本郡者关系日远，在京畿者中央化日深而地方性日浅矣！这种趋势随着中央权力的加强而愈发加速，隋唐中央权力比魏晋南北朝时更大，见于《通典》卷一四《选举二》："六品以下官吏，咸吏部所掌。自是，海内一命以上之官，州郡无复辟署矣。"严耕望先生曾细说两汉、魏晋南北朝、隋唐三时期之演变：

> 隋唐州政府佐官曰参军，由中央任命，与汉代州政府佐吏曰从事、由州长官任用本州人的制度完全不同，前人都说州政府属官由中央任命，是隋文帝所创始；官员名称的不同，是不是也是由一个人所创始的呢？其实都不是，此种职称不同，任用方式不同，都当于魏晋南北朝时代求其答案。在魏晋南北朝时代，一方面继承汉代旧制，另一方面又慢慢形成了一种新制，成为两个系统并存的现象。旧的一系官吏仍称为从事，由州长官任用本州人为之；新的一系官吏则称参军，由中央任命（可由长官推荐）。本来职权有别，但旧的一系慢慢失权，成为地方人士禄养之官，新的一系慢慢夺到全部权力。到隋文帝把无作用的旧的一系率性废掉，就是所谓废乡官，只留有实权的新的一系官吏，就是由中央任命的参军。[1]

这样一来，地方人士在州郡连担任僚属之职的机会也没有了。

---

[1] 严耕望：《治史经验谈》，壹、原则性的基本方法，台湾商务印书馆，1981，页14—15。

科举制度也向社会吸取人才，但并不是以州郡地方为单位，而是以全国大社会作为对象。州郡也有乡贡进士，那仅是考生罢了。如果没有中进士第，仅仅是乡贡进士并无任官资格，这与后代的"举人"资格不同。又唐代科举的试卷并不弥封，应考举子先得造出有才华的声誉才容易入选，居住两京附近者有种种便利，同州、华州亦佳[1]。应考者考取以后还要经过吏部或兵部的身言书判之铨叙，未考取者亦可寻找他人推荐担任较次职位或吏职，亦汇聚在吏部或兵部，凡此种种皆促使人物"萃处京畿"。

科举制度以全国大社会作为对象，吸收职业文官为其官僚体系服务，这与以州郡为单位选人或从州郡中征召豪族不同，后者豪族虽然亦进入官僚体系，但其地方代表性的意义十分浓厚；而前者人物有纯官僚的性格。士族多世居住京师，成为纯官僚人物而其地方性消失的现象，是中古政治社会史中的重要课题，这个课题可由多方面去观察，本文则从士族籍贯迁移这一角度加以研究。

二、研究方法与资料

陈寅恪先生谓："吾国中古士人其祖坟住宅及田产皆有连带关系。观李吉甫即后来代表山东上族之李党党魁李德裕之父，所撰《元和郡县图志》，详载其祖先之坟墓住宅所在，是其例证。其书虽未述及李氏田产，而田产当亦在其中，此可以中古社会情势推度而知者。故其家非万不得

---

[1] 唐代科举以两京、同州、华州较占优势。《唐摭言》卷一《两监》载："按实录：西监，隋制；东监，龙朔元年所置。开元已前，进士不由两监者，深以为耻。……李肇舍人撰《国史补》亦云：'天宝中，袁咸用、刘长卿分为朋头，是时常重两监。尔后物态浇漓，稔于世禄，以京兆为荣美，同、华为利市。'"卷二《争解元》更载："同、华解最推利市，与京兆无异，若首送，无不捷者。"

已，决无舍弃其祖茔旧宅并与茔宅有关之田产，而他徙之理。此又可不待详论者也。"[1] 关于田产之记载，后世有鱼鳞图册，唐代边陲地区因均田之法而有片段资料，中原一带之私产地则已无记载留下。坟茔之所在地，成为今日研究家族重心的重要标杆。唐代正史的列传中除陪葬皇陵外，一般皆无葬地的记载，这可能是因为当时史家认为这并非重要之事，故删去不录[2]。而墓志铭中保存了葬地葬时的信息，近代利用墓志铭以研究人物葬地葬时者，当推陈寅恪先生的《李德裕贬死年月及归葬传说辨证》，唯该文主要目的在以石刻证史[3]，并未据此而深论政治社会之事。由士族居住地之迁徙，而论及地方势力之推移，亦是陈寅恪先生首发其端，其《论李栖筠自赵徙卫事》乃一短文，一九五六年刊于《中山大学学报》，讨论的人物仍为赵郡李氏，即李德裕之祖李栖筠也。"综合上引史料观之，有可注意者二事：一为李栖筠自赵迁卫之年代。二为李栖筠何以迁卫之后始放弃其家世不求仕进之传统，而应进士举。此二事实亦具有连带关系。……栖筠忽尔离弃乡邑祖宗历代旧居之地，而远隐于汲县之共城山，必有不得已之苦衷，自无可疑。……李栖筠既不得已舍弃其累世之产业，徙居异地，失其经济来源，其生计所受影响之巨，自无待言。又旅居异地，若无尊显之官职，则并其家前此之社会地位亦失坠之矣。"[4] 如陈寅恪先生对李栖筠之孙李德裕之归葬洛阳，曾有考辨，但两文皆未论及李族居京畿之意义，因此，在地方势力走向官僚体系之后的中央化课题上，未做阐论。又陈寅恪先生解释李栖筠迁徙是由于胡族之压力，恐未尽充分，此点后文再予细论。即使假定李栖筠迁徙是由于

---

[1] 陈寅恪：《论李栖筠自赵徙卫事》，页2（收入《陈寅恪先生论文集补编》，页1—7）。

[2] 著者阅读碑志拓片时，发现《新唐书》若干列传取材于墓志铭，唯对葬地与葬时删去不录。

[3] 陈寅恪：《李德裕贬死年月及归葬传说辨证》篇首（收入《陈寅恪先生论文集补编》，页8—51），原撰于1935年。

[4] 陈寅恪：《论李栖筠自赵徙卫事》，页3—4、7。

胡族之压力，其他非河北士族若亦有迁徙现象，当有其他理由予以解释，故应观察当时大部分大族之迁徙，才能找出共同原因及个别原因。无论如何，由于陈寅恪先生的高瞻远瞩，在其短文中点露消息，才给予后生晚辈进一步研究之机会。

士族由原籍迁徙到新地方，并以这个新地方作为其家族的重心，本文有三个标杆以探索之。其一，归葬之地；其二，两《唐书》列传中的籍贯；其三，《新唐书·宰相世系表》中的迁徙记载。三者之间有很大的重叠面，一般而论，两《唐书》录载士族的郡望最为普遍，尤以著姓为然，如果两《唐书》记载新籍贯，则说明该家族的居住重心已迁徙到新籍贯所在地了；但如果仅称其郡望，并不能以此证明该族没有新籍贯。两《唐书》对新籍贯的记载甚少，所以仅依据正史，新籍贯将无法获得真相。《新唐书·宰相世系表》中有一些士族房支迁徙记载，常常可与正史中新籍贯相吻合，例如，《新唐书》卷七二上《宰相世系表二上》赵郡李氏条载："羲之后有万安，自赵郡徙于管城。"这一房南祖有李日知者，见于《旧唐书》卷一八八《孝友传》（《新唐书》卷一一六《李日知传》同），"郑州荥阳人也"。按管城属郑州。《新唐书·宰相世系表》又载："南祖之后有善权，后魏谯郡太守，徙居谯。"该房见《新唐书》卷一〇六《李敬玄传》载："亳州谯人。"（《旧唐书》卷八一《李敬玄传》同）。但是《新唐书·宰相世系表》中房支迁徙亦甚不全。因此，墓志铭中的葬地记载成为重要的研究资料。归葬是中古士族的大事，客死他乡，其子孙负柩归葬成为当时重要的孝行，此事在拓片中屡见，如果由于客观形势无法归葬，拓片中则有"权厝"[1]，表示力有未及。士族归葬地的改变与籍贯的改变之间有重大关联，例如《魏书》卷七下《高祖纪》，太

---

[1] "权厝"常有两种解释。一种是暂时停厝在此地，以后再行搬回原籍。一种是暂厝，时间稍后再行下窆，并不涉及跨地区之搬运。有时甚难分辨，所幸"权厝"之例并不甚多。

和十九年（495）六月丙辰诏："迁洛之民，死葬河南，不得还北。于是代人南迁者悉为河南洛阳人。"士族归葬地的改变也反映出该家族重心的转移，在许多墓志铭中可以看到士族在葬地附近城市有私第的记载，行宦于外者亦与归葬地息息相通，例如《旧唐书》卷一六五《柳公绰传》："京兆华原人也（郡望河东）。……子仲郢……检校尚书左仆射东都留守。盗发先人墓，弃官归华原。"（《新唐书》卷一六三《柳公绰传》略同）有许多士族的墓志铭中记载了郡望与新籍贯，其新籍贯与葬地重合。士族的新居住重心实际上包含上述三个标杆，一时又无适当的名称以蔽之，为了方便起见，暂用"新贯"称之，以与旧郡望相对照。

在两《唐书》列传中注意到望与贯的差别者，有岑仲勉先生，他仅条陈其事[1]，并没有做政治社会的研究。实际上，仅凭少量籍贯的记载亦很难建立一个研究架构。本文所谓"新贯"包含归葬之地、两《唐书》列传中的籍贯、《新唐书·宰相世系表》迁徙记载等，以家族居住重心为鹄的，所能获得的资料已勉可探索地方势力转移的轨迹，如果有许多郡姓之迁徙指向政治中心所在地，则又可以进一步研究士族的中央化了。

中古士族极多，本文暂以官宦最盛的大士族作为研究对象。前面总论曾做统计[2]，取其通朝大族，计：京兆韦氏、河南郑氏、弘农杨氏、博陵崔氏、赵郡崔氏、赵郡李氏、陇西李氏、太原王氏、琅琊王氏、范阳卢氏、渤海高氏、河东裴氏、彭城刘氏、河东柳氏、京兆杜氏、兰陵萧

---

[1] 岑仲勉《唐史余瀋》，卷四杂述唐史中之望与贯："故就最初言之，郡望、籍贯，是一非二。历世稍远，支胤衍繁，土地之限制，饥馑之驱迫，疾疫之蔓延，乱离之迁徙，游宦之侨寄，基于种种情状，遂不能不各随其便，散之四方，而望与贯渐分，然人仍多自称其望者，亦以明厥氏所从出也。延及六朝，门户益重，山东四姓，彭城三里，簪缨绵缀，蔚为故家，此风逮唐，仍而未革，或久仕江南而望犹河北，或世居东鲁而人曰陇西，于后世极糅错之奇，在当时本通行之习。后儒读史，代易境迁，昧望、贯之两通，唯辨争其一是，虽曰学贵多疑，要未免徒劳笔墨矣！"关于士族迁徙之原因，当以实际资料证之，本文后段另论。

[2] 见总论第三篇《中古家族之变动》第三节。

氏、河东薛氏等十四姓十七家，其中京兆韦氏、河南郑氏、弘农杨氏、京兆杜氏等四姓因地望在两京一带，暂不研究。其他十姓十三家是本文建立架构的基石。稍次的士族另文补充之。

士族在魏晋时已经兴盛，有许多士族通朝绵延不断地仕宦，至唐已三百余年矣！十几代以来，士族人口繁殖，有的分房，有的分房后又复分支，此在《新唐书·宰相世系表》中有许多记载。唯其中仅有大士族著房著支之世系，不甚称著的房支则不见记载。又所谓《新唐书·宰相世系表》者，乃有宰相的家族才有世系，未任宰相的家族则不载其世系，全唐有宰相的家族凡九十八个，上述通朝大族十姓十三家皆出宰相，因此其家族之源流世系皆有记载。研究唐代大士族之迁徙，应以分房分支为单位，愈详愈好；否则若以整个大士族为单位，将发现迁徙地多处，无法理清，同时与当时分房分支的现象不合。本文大士族分房分支以《新唐书·宰相世系表》所载为基本依据，当其他资料证实可用以划分时，略做小部分增补，但皆以著房著支为要件。十姓十三家的著房著支如下：

（一）清河崔氏：清河崔氏郑州房、清河崔氏许州鄢陵房、清河崔氏南祖君实支、清河崔氏南祖琰支、清河崔氏清河大房、清河崔氏清河小房、清河崔氏青州房。

（二）博陵崔氏：博陵崔氏安平房、博陵崔氏大房伯谦支、博陵崔氏大房仲让支、博陵崔氏第二房楷支、博陵崔氏第二房孝芬支、博陵崔氏第二房孝昞支、博陵崔氏第三房、博陵崔氏第三房玄亮支。

（三）范阳卢氏：范阳卢氏阳乌房道将支、范阳卢氏阳乌房道亮支、范阳卢氏阳乌房道虔支、范阳卢氏第二房、范阳卢氏第三房士熙支、范阳卢氏第三房士澈支、范阳卢氏第四房文翼支、范阳卢氏第四房文甫支。

（四）陇西李氏：陇西李氏姑臧大房蕤支、陇西李氏姑臧大房彦支、陇西李氏姑臧大房蒨之支、陇西李氏姑臧大房行之支、陇西李氏姑臧大房疑之支、陇西李氏冲支。

（五）赵郡李氏：赵郡李氏南祖、赵郡李氏南祖万安支、赵郡李氏南祖善权支、赵郡李氏东祖瓛房灵支、赵郡李氏东祖瓛房均支、赵郡李氏东祖系房、赵郡李氏东祖曾房、赵郡李氏西祖盛支、赵郡李氏西祖隆支。

（六）太原王氏：太原王氏大房、太原王氏第二房、太原河东王氏、太原乌丸王氏僧辩支、太原乌丸王氏僧修支、太原中山王氏、太原中山王氏王满支。

（七）琅琊王氏：琅琊王氏弘直支、琅琊王氏弘让支、琅琊王氏弘训支、琅琊王氏宽裔同皎支、琅琊王氏宽裔同旺支、琅琊王氏冲支、琅琊王氏肃支。[1]

（八）彭城刘氏：彭城丛亭里刘氏。

（九）渤海高氏：渤海高氏北齐皇室房、渤海高氏京兆房。

（十）河东裴氏：河东裴氏西眷、河东裴氏洗马房天寿善政支、河东裴氏洗马房天寿英支、河东裴氏南来吴叔业支、河东裴氏南来吴令宝支、河东裴氏中眷万虎支、河东裴氏中眷双虎支、河东裴氏中眷三虎支、河东裴氏东眷澄支、河东裴氏东眷澄希庄支、河东裴氏东眷道护支、河东裴氏东眷道护纲支。

（十一）兰陵萧氏：兰陵萧氏皇舅房、兰陵萧氏齐梁房懿支、兰陵萧氏齐梁房衍支、兰陵萧氏齐梁房衍岩支、兰陵萧氏齐梁房衍岑支、兰陵萧氏齐梁房恢支。

（十二）河东薛氏：河东薛氏南祖、河东薛氏西祖洪隆房、河东薛氏西祖瑚房、河东薛氏西祖昂房、河东薛氏西祖昂房宝积支。

（十三）河东柳氏：河东柳氏西眷庆旦支、河东柳氏西眷庆机支、河东柳氏西眷虬支、河东柳氏道茂支、河东柳氏东眷。

---

[1] 琅琊王氏宽支、琅琊王氏冲支、琅琊王氏肃支，不见于《新唐书·宰相世系表》，但著者撰写《中古士大族之个案研究——琅琊王氏》（即本书第十篇）一文时，认为应属著支。

以上十姓十三家八十三房支乃本文架构之骨干。

本文墓志铭资料来源有三。其一，"中央研究院"历史语言研究所傅斯年图书馆收藏之拓片，数量最多；其二，《全唐文》中之墓志铭；其三，石刻书籍[1]。其中有许多是重复的，石刻书籍中有若干前人注释，《全唐文》按撰写墓志铭的著者排列，其重点放在撰者的文学方面，所以有一小部分没有葬地与葬时。该所拓片资料最多，但有的完整，有的残缺，完整之碑其字体可作为书法观摩之用，残缺之碑有的字迹模糊不清，有的缺字断角，尤以名碑为然。一般而论，墓志铭中的葬地、葬时信息尚称完整，且葬地、葬时并无捏造之理由，可信性甚高。

著者先将墓志铭中属于上述十姓者找出，然后阅读合于十三家郡望的资料，将所获得的人物一一到《新唐书·宰相世系表》该族世系中去寻找，由于每一个大士族的世系中皆有数千人之多，所以工作甚为繁重。有的人在《新唐书·宰相世系表》中可以找到，有的人在《新唐书·宰相世系表》中无法找到；名字相合不一定是同一人，还需查看父祖名字及其官职是否相合，盖唐人同名同姓者甚多，尤以单名为然。如果碑主与《新唐书·宰相世系表》中人物确实是同一人，则查看该人属于何房何支。同房同支者放在一起，然后再观察同房同支者墓志铭上的葬地葬时。这个工作虽然繁重，但却是值得做的，首先可将研究工作深入到房支层面，最重要的是唐人同姓比附高郡望的风气很盛，若不一一查对《新唐书·宰相世系表》，则无法确切知道该碑主郡望是真是假。所以，当碑文谓太原王氏、赵郡李氏、博陵崔氏等时，不可就此将其认定是该族人物[2]。

---

[1] 近年来将石刻书籍汇聚而刊印者，有艺文印书馆的《石刻史料丛书》及新文丰出版公司的《石刻史料新编》，后者较详较多。

[2] 伊沛霞（Patricia Ebrey）论及博陵崔氏归葬地时，将声称该郡望者一并计入，见其：*The Aristocratic Families of Early Imperial China: A Case Study of the Po-Ling Ts'ui Family*, Cambridge University Press, 1978, p.92.

声称大士族郡望，无法在该族世系表中查获者，亦可能是该族旁支远系，本应附列在文后，以便其他资料之核对，但由于其数量甚多，从缺不载。两《唐书》列传中的人物，也经过同样的程序——与该族的世系表查对，将其归入著房著支项下，不过正史列传无归葬地之记载，只有记录新籍贯或正文中叙述家族迁徙时，才有助于搭建本文架构。

兹按上述办法甄别查对唐代墓志铭，淘汰资料记载不合或未能肯定者，最后获得可信的墓志铭数如下：清河崔氏六十七件、博陵崔氏十六件、范阳卢氏二十三件、陇西李氏八件、赵郡李氏二十件、太原王氏十三件、琅琊王氏八件、彭城刘氏三件、渤海高氏六件、河东裴氏二十一件、兰陵萧氏十五件、河东薛氏十三件、河东柳氏十三件。

选用一百七十九件有用墓志铭，加上两《唐书》列传籍贯记载，再配合《新唐书·宰相世系表》迁徙记载，本文下节展开唐代大士族著房籍贯迁徙之研究。

三、唐代大士族著房著支之迁移

（一）清河崔氏（见图8-1）

《新唐书》卷七二下《宰相世系表二下》崔氏条：

> 崔氏出自姜姓。齐丁公伋嫡子季子让国叔乙，食采于崔，遂为崔氏[1]。……十五世孙意如，为秦大夫，封东莱侯。二子：业、仲牟。业字伯基，汉东莱侯，居清河东武城。生太常信侯昱。昱生襄国太守穆侯绍。绍生光禄勋嗣侯雅。雅生扬州刺史忠。忠生散骑常侍泰。

---

[1]《元和姓纂》卷三崔氏条："齐太公生丁公伋，生叔乙，让国居崔邑，因氏焉。"《古今姓氏书辨证》卷五崔氏条："出自姜姓，齐丁公伋嫡子季子，逊国叔乙，食采于崔，遂以为氏。"《名贤氏族言行类稿》卷一〇崔氏条引《姓纂》。

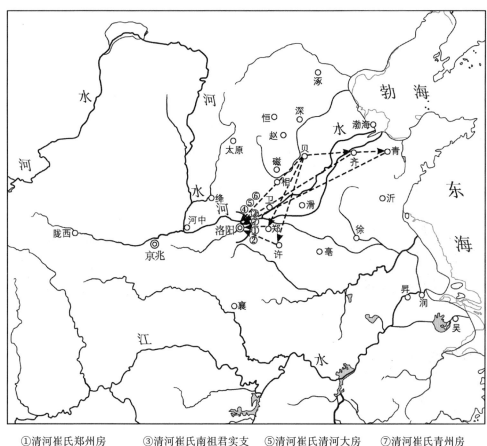

①清河崔氏郑州房　　③清河崔氏南祖君实支　　⑤清河崔氏清河大房　　⑦清河崔氏青州房

②清河崔氏许州鄢陵房　④清河崔氏南祖琰支　　　⑥清河崔氏清河小房

图 8-1　清河崔氏房支迁徙图

泰字世荣，始居猷县。二子：恪、景。恪，丞相司直，生郡功曹殷。
七子：双、邯、寓、金、虎、蕃、固。双为东祖，邯为西祖，寓为
南祖，亦号中祖。寓四世孙林，字德儒，魏司空、安阳孝侯。曾孙
悦，前赵司徒左长史、关内侯。三子：浑、潜、湛。湛生颢，后魏平
东府谘议参军。生蔚，自宋奔后魏，居荥阳，号郑州崔氏。

1. 清河崔氏郑州房

郑州崔氏望出清河，正史列传中无人物，《新唐书·宰相世系表》
有宰相崔元综之名。今幸得一碑，《大唐故颍王府士曹参军崔君墓铭》
（17802，此处阿拉伯数字乃"中央研究院"历史语言研究所傅斯年图书
馆之拓片登记号，下同）："公讳杰，字伯雄，清河人也。曾祖思钧……
祖哲……父志廉。……天宝八载卒于洛阳宣教里之私第。……十载祔先
茔葬于北邙。"

2. 清河崔氏许州鄢陵房

许州鄢陵房亦望出清河，"蔚少子彧，居鄢陵"（《新唐书·宰相世系
表》），有传、碑如下：

崔知温，兄知悌，"许州鄢陵人。祖枢，司农卿。父义真，陕州刺史"
（《旧唐书》卷一八五上《良吏传·崔知温传》，亦见《新唐书》卷一〇六
《崔知温传》）。

《唐故正议大夫行太子右赞善大夫判太子率更令上柱国清河崔府君墓
志铭》（17695）："公讳孝昌，字庆之。清河东武城人。……曾祖枢……
祖义直……父知温。……以景云二年……终洛州永丰私第。……太极元
年……葬于洛州城北十二里北邙山平乐乡之原，礼也。"（《芒洛冢墓遗文
四编》卷五）

《新唐书》卷七二下《宰相世系表二下》，崔氏条继载：

> 南祖崔氏：泰少子景，字子成，淮阳太守，生挺，字子建。挺

生破虏将军权。权生谏议大夫济，字元先，亦称南祖。济生湫，字
道初。湫生安定侯融，字子长。融生中书令温，字道和。温生魏常
山太守就，字伯玄。就生上谷太守公安。公安生晋大司徒、关内侯
岳，字元嵩。岳生后赵尚书右仆射牧，字伯兰。牧生后赵征东大将
军荫，字道崇。荫生聊城令怡，字少业。怡生宋乐陵太守旷，随慕
容德度河居齐郡乌水，号乌水房。生清河太守二子：灵延、灵茂。
灵茂，宋库部郎中，居全节。生稚宝，稚宝，后魏祠部郎中。生逯，
字景通，北齐三公郎中。生周司徒长史德仁。德仁生君实。

3. 清河崔氏南祖君实支

清河南祖君实之裔有传、碑者，如下：

崔融，子禹锡、翘，"齐州全节人"（《旧唐书》卷九四《崔融传》,《新
唐书》卷一一四《崔融传》同），武后、中宗时人。

《唐崔能神道碑》："唐兵部侍郎李宗闵撰，能弟检校吏部尚书判东
都尚书省从书，户部尚书胡证篆额。能字子才，清河东武城人，官至岭
南节度观察使，赠礼部尚书。碑以长庆三年立。"（《宝刻丛编》卷四引
《集古录目》）碑出寿安县。（《宝刻类编》卷五略同）

《唐淮南节度崔从碑》："唐翰林学士蒋伸撰，权知太子少傅柳公权
书。从字子义，清河东武城人，官至淮南节度副大使，赠司空，谥曰贞。
碑以大中八年立。"（《宝刻丛编》卷四引《集古录目》）碑出寿安县。（《宝
刻类编》卷四同）

崔慎由，父从、弟安潜、伯父能、子胤，能子彦曾，"清河武城人。
高祖融。……父从，少孤贫。寓居太原，与仲兄能同隐山林"（《旧唐
书》卷一七七《崔慎由传》，又见《新唐书》卷一一四《崔融传·附崔
从传》）。

崔昭纬，兄昭符、昭愿、昭矩、昭远，"清河人"（《旧唐书》卷一七九

《崔昭纬传》,《新唐书》卷二二三下《奸臣传·崔昭纬传》同）。

《唐故右拾遗崔君与郑氏夫人合祔墓铭》（07824）："府君讳舣,字济之,清河人。……曾祖异……祖从……父安潜。……乾宁四年……终于华州之官舍。……以乾宁五年……合葬于河南府寿安县甘泉乡连里村祔于先茔,礼也。"（《陶斋藏石记》卷三六）

4. 清河崔氏南祖琰支

《新唐书》卷七二下《宰相世系表二下》崔氏条南祖房继载：

> 伯基八世孙密。密二子：霸、琰。霸曾孙遵。琰字季珪,魏尚书。生谅,字士文。生遇。遇生瑜。瑜生逞,字叔祖。逞生祎。祎四世孙溉。

清河南祖崔琰之后有传者如下：

崔义玄,子神基、神庆,"贝州武城人。……神庆子琳等皆至大官。……东都私第门,琳与弟太子詹事珪、光禄卿瑶俱列棨戟,时号'三戟崔家'"（《旧唐书》卷七七《崔义玄传》及附《崔神庆传》,《新唐书》卷一〇九《崔义玄传》及附《崔琳传》略同）。

《大唐故崔使君之墓志》："公讳□,字贵仁……魏尚书之胄胤也……祖逸。……垂拱二年……卒于神都洛阳县都会乡之私第,嗣子元庆。……以垂拱三年……合葬于北邙山之曲,礼也。"（《芒洛冢墓遗文续编》卷中）

5. 清河崔氏清河大房

《新唐书》卷七二下《宰相世系表二下》崔氏条继载：

> 清河大房：逞少子谌,宋青、冀二州刺史。生灵和,宋员外散骑常侍。生后魏赠清河太守宗伯。生休、寅。休号大房。

清河大房有传、碑者,如下：

崔龟从,"清河人"（《旧唐书》卷一七六《崔龟从传》,又见《新唐书》卷一六〇《崔元略传·附崔龟从传》)。

《故朝议郎行太原府文水县主簿上柱国崔府君墓志铭》(17826):
"清河崔府君讳冰,武城人也。……曾祖济……祖元异……父法言。……
天宝七载……终于洛阳之私第。……以其载……权厝于河南府河南县平
乐乡。"

《大唐故岭南观察支使试大理评事崔君墓志铭》(17712):"君名恕,
字敏从。父千里……祖征……曾祖隐甫……其先清河东武城人。……君
以丙辰岁……生……甲辰岁……终。……夫人(巨鹿魏氏)……哀奉君
之裳帷,远自岭徼,归于东周河南县平乐乡杜郭里,归祔于先茔,礼
也。"(《芒洛冢墓遗文》卷中)

《崔少尹夫人卢氏墓志铭》:"府君讳征,从先大夫于北邙山平乐
原。……二孤溉、泳。"(《全唐文》卷七八五)

《陆浑尉崔君墓志铭》:"崔君名泳,字君易,清河东武城人。……
隐甫之孙……微之子。……贞元四年……卒于洛阳毓德里之第。丁酉从先
尚书、少尹于此邙,礼也。……词曰:……嗟我哲人,修邙之士。"(《全
唐文》卷七八五)

《唐故处州刺史崔公后夫人窦氏墓志并铭》(07981):"窦氏之先,北
部贵族。……夫人元和十二年薨于汉中……窆于洛城北邙山之原,礼也。"

6. 清河崔氏清河小房

《新唐书》卷七二下《宰相世系表二卜》崔氏条继载:

> 清河小房:寅字敬礼,后魏太子舍人、乐安郡守。生长谦,给
> 事中、青州刺史,生子令、公华。

清河小房崔氏有传、碑者,如下:

崔邠,弟郾、鄯、郿,"清河武城人。祖结,父倕"(《旧唐书》卷
一五五《崔邠传》,《新唐书》卷一六三《崔邠传》略同)。

崔群，子充，弟子登，"清河武城人，山东著姓"（《旧唐书》卷一五九《崔群传》，又见《新唐书》卷一六五《崔群传》）。

崔彦昭，"清河人。父岂"（《新唐书·宰相世系表》作玘。《旧唐书》卷一七八《崔彦昭传》，又见《新唐书》卷一八三《崔彦昭传》）。

《故朝散大夫检校尚书吏部郎中兼御史中丞赐紫金鱼袋清河县开国男赠太师崔公神道碑》："太师讳陲，字平仲，清河东武城人。……贞元七年……卒于官。……明年……返葬于成周之偃师，从世墓也。夫人陇西李氏……元和八年……捐馆舍，是岁……合祔。"（《全唐文》卷六一〇）

《唐故河南府河南县主簿崔公墓志铭》（08116）："贞元十四年……崔公卒于东都福先之佛寺，明年……葬于洛阳县平阴乡陶村先茔之东南一百八十步，前夫人荥阳郑氏祔焉，礼也。公讳程，字孝式，清河东武城人。……祖湛……父朝。"（《芒洛冢墓遗文》卷中，《陶斋藏石记》卷二八）

《唐故怀州录事参军清河崔府君故夫人荥阳郑氏合祔墓志铭》："公讳稈，字嘉成，清河东武城人也。曾祖讳祥业……祖湛。……元和十二年……终于怀州之官舍。……前夫人荥阳郑氏……以贞元二十年……终于陕州垣县。……其年……葬于河南府洛阳县平阴乡先茔之侧，前夫人郑氏祔焉。"（《芒洛冢墓遗文》卷中）

《唐故朝散大夫永州刺史崔公墓志》："维元和五年……薨于位……殡于路寝。……迁神于舟。……归葬于某县某原，祔于皇考吏部侍郎赠户部尚书府君之墓。尚书讳漪……尚书之先曰……子美。……铭曰：孰为德门？清河浚源，远哉沄沄。……孰葬我公？于洛之会。"（《全唐文》卷五八九）

《唐秘书省校书郎崔隋妻赵氏墓志》（18021）："会昌六年……清河崔隋妻赵氏夫人终于上都常乐里之第。……其年夫与长男肃护其榇归于东都，葬北邙，从崔氏之先茔，礼也。"

《唐故中书舍人清河崔公墓志铭》（01220，16594）[1]："公讳詹，字顺之，其先清河东武城人也。曾祖称……祖植……父承弼。……天祐四年……奄然于绥福里之私第。……其年……归祔于洛阳县陶村里。"（《芒洛冢墓遗文四编》卷六）

7.清河崔氏青州房

《新唐书》卷七二下《宰相世系表二下》崔氏条继载：

> 清河青州房：琰生钦。钦生京。京孙琼，慕容垂车骑属。生辑，宋泰山太守，徙居青州，号青州房。辑生修之、目连。

崔信明，子冬日，"青州益都人也，后魏七兵尚书光伯曾孙也。祖缘，北海郡守"（《旧唐书》卷一九〇上《文苑传·崔信明传》，《新唐书》卷二〇一《文艺传·崔信明传》略同）。

《太子少师崔公墓志铭》，与《唐赠太子少师崔公神道碑》略同："少师讳景晊……清河东武城人也。……讳贞固，公之考也。……（开元三年）终于官舍……权厝于邙山玄元庙西北原。……夫人荥阳郑氏……终京兆崇贤里，权殡于长安东南杜陵原。……大历四年……奉先少师夫人之裳帷，合祔于河南北邙山某原，礼也。"（《全唐文》卷三二一及卷三一八）

《崔评事墓志铭》："君讳翰，字叔清，博陵安平人。曾大父知道，仕至大理司直；大父元同，为刑部侍郎，出刺徐、相州；父倚。……（贞元）十五年正月五日，寝疾终于家。……其妻与其子以君之丧，旋葬于汝州，其二月某日，遂葬于某县某乡某原。"（《全唐文》卷五六六）

按《新唐书·宰相世系表》，崔知道至崔翰皆列入清河青州房。

---

[1] 此碑或云后唐立，见岑仲勉：《贞石证史》崔詹墓志后唐立条，《"中央研究院"历史语言研究所集刊》8（4），1939。

（二）博陵崔氏（见图 8-2）

《新唐书》卷七二下《宰相世系表二下》博陵崔氏条载：

> 博陵安平崔氏：仲牟生融。融生石。石生廓，字少通，生寂。寂生钦。钦生朝，汉侍御史。生舒，汉四郡太守。二子：发、篆。篆，郡文学，生毅。毅生骃，字亭伯，长岑长。二子：盘、寔。盘生烈，后汉太尉、城门校尉。生钧，字州平，西河太守。十世孙昂。

1. 博陵崔氏安平房

博陵崔氏安平房有传、碑者，如下：

崔仁师，孙湜，湜弟液，液子论，液弟涤，"定州安喜人"（《旧唐书》卷七四，《新唐书》卷九九《崔仁师传》）。

《故永州刺史崔君流配骧州权厝志》："博陵崔君……出刺连、永两州，未至永，而连之人诉君，御史按章具狱，坐流骧州。幼弟讼诸朝，天子黜连帅，罢御史，小吏咸死，投之荒外，而君不克复。元和七年……卒。孤处道泊守讷，奉君之丧，逾海水，不幸遇暴风，二孤溺死。……柩至于永州……藁葬于社壝之北四百步。……夫人河东柳氏……先崔君十年卒，其葬在长安东南少陵北。君以窜没家，又有海祸，力不克祔。三年将复故葬也，徒志其一二大者云。鲵为祖，煜为父。世文儒，积弥厚。简其名，子敬字。年五十增以二，葬湘潃非其地，后三年，辞当备。"（《全唐文》卷五八九）查《新唐书·宰相世系表》安平房有崔简者，连州刺史，祖鲵，皆与碑合，唯父名毕。

2. 博陵崔氏大房伯谦支

《新唐书》卷七二下《宰相世系表二下》博陵崔氏条继载：

> 大房崔氏：骃少子寔，字子真，后汉尚书，生皓。皓生质。质生赞。赞生洪，字良夫，晋大司农。生廓。廓生遄。遄生懿，字世

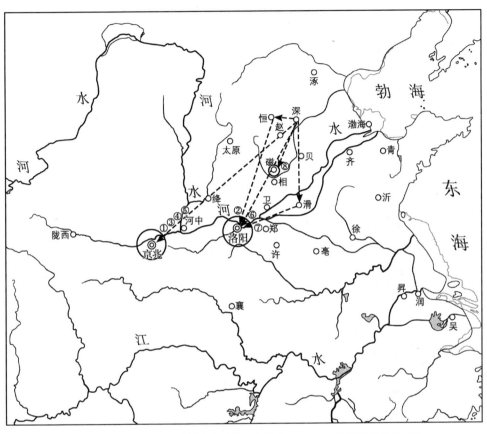

①博陵崔氏安平房　　④博陵崔氏第二房楷支　　⑦博陵崔氏第三房
②博陵崔氏大房伯谦支　⑤博陵崔氏第二房孝芬支　⑧博陵崔氏第三房玄亮支
③博陵崔氏大房仲让支　⑥博陵崔氏第二房孝祎支

图 8-2　博陵崔氏房支迁徙图

茂。五子：连、琨、格、邈、殊，又三子：怡、豹、偘为一房，号"六房"[1]。连字景遇，巨鹿令，号"大房"。生郡功曹绰。二子：标、鉴。标字洛祖，行博陵太守。生后魏镇南长史广，字仲庆。生元猷，元猷生当。（当子伯谦、仲让）鉴字神具，后魏东徐州刺史、安平康侯。三子：含、秉德、习。秉德，骠骑大将军，谥曰靖穆。子忻、君哲、仲哲。

博陵崔氏大房伯谦支有传、碑者，如下：

崔行功，"恒州井陉人，北齐巨鹿太守伯让曾孙也，自博陵徙家焉"（《旧唐书》卷一九〇上《文苑传·崔行功传》，《新唐书》卷二〇一《文艺传·崔行功传》略同）。

崔玄暐，弟昇、子璩，"博陵安平人也，父行谨……叔父秘书监行功"（《旧唐书》卷九一《崔玄暐传》，《新唐书》卷一二〇《崔玄暐传》略同）。

《唐崔慎碑》："慎字行谨，博陵安平人。……其孙晔，字元暐，神龙中为中书令，封博陵郡王，追赠慎幽州刺史，碑以开元三年立。"碑出博州。（《宝刻丛编》卷六引《集古录目》）

崔涣，子纵、纵孙碣，"祖玄暐……父璩"（《旧唐书》卷一〇八《崔涣传》，又见《新唐书》卷一二〇《崔玄暐传》）。

《相国崔公墓志铭》："皇唐相国博陵公姓崔氏，讳涣字某。……大历三年……薨于道州刺史之寝。明年，归祔于洛阳北邙山。"（《全唐文》卷七八四）

---

[1]《唐朝请大夫唐州长史兼监察御史彭城刘公故夫人崔氏墓志铭并序》："夫人博陵崔氏……懿为燕秘书丞，生八子，分为六房，姨即第五房魏本郡功曹景异之后。"（《湖北金石志》卷六《襄阳冢墓遗文》）《古今姓氏书辨证》卷五崔氏条："五子：连、琨、格、邈、殊五房；又燕主赐王氏，生怡、豹、偘，同为一房，因号六房崔氏。"《姓纂》卷三崔氏条："连作遭。"

崔损，"博陵人。高祖行功已后，名位卑替"（《旧唐书》卷一三六《崔损传》，又见《新唐书》卷一六七《崔损传》）。

崔戎，子雍，"高伯祖玄暐……祖婴……父贞固"（《旧唐书》卷一六二《崔戎传》，又见《新唐书》卷一五九《崔戎传》）。

《崔太常长女墓志铭》："以贞元七年……夭于东郡。……兄元方哀奉尚书从先相国于北邙山，以长女袝于尚书之侧。"（《全唐文》卷七八五）查《新唐书·宰相世系表》，崔女乃纵之女、涣之孙女，属大房（高祖玄暐，相武后、中宗）。

3. 博陵崔氏大房仲让支

崔无诐，"京兆长安人也。本博陵旧族。父从礼，中宗韦庶人之舅"（《旧唐书》卷一八七下《忠义传·崔无诐传》，又见《新唐书》卷一九一《忠义传·张介然传·附崔无诐传》）。《新唐书·宰相世系表》载崔从礼为崔无诐之从叔。崔无诐死于安史之乱。

另博陵崔氏大房鉴支（迁移资料不详）。

其人物见于传者有：

崔元略，子铉、铉子沆，元略弟元受、元式，"博陵人。祖浑之。父儆"（《旧唐书》卷一六三《崔元略传》，《新唐书》卷一六〇《崔元略传》略同）。

4. 博陵崔氏第二房楷支 [1]

《新唐书》卷七二下《宰相世系表二下》博陵崔氏条继载：

> 第二房崔氏：琨字景龙，饶阳令，行本郡太守。二子：经、郁。
>
> 经生辩，字神通，后魏武邑太守，饶阳侯，谥曰恭。二子：逸、楷。

---

[1]《古今姓氏书辨证》卷五崔氏条末："赐姓。西魏后周汲郡公崔宣猷（孝芬之子）、武城公崔士谦（楷之子）并姓宇文氏，安平公崔説亦然。宣猷曾孙敦，士谦孙礭，説玄孙河，并复本姓。"故这几支迁徙关中较早。

博陵第二房崔经之孙崔楷，是这一房的两大盛支之一，其人物见于传、碑者有：

崔器，"深州安平人也"（《旧唐书》卷一一五《崔器传》，《新唐书》卷二〇九《酷吏传·崔器传》）。

崔祐甫，子植、从子俊，"祖晊……父沔"（《旧唐书》卷一一九《崔祐甫传》，又见《新唐书》卷一四二《崔祐甫传》）。

崔沔，"京兆长安人，周陇州刺史士约玄孙也。自博陵徙关中，世为著姓。父皓"（《旧唐书》卷一八八《孝友传·崔沔传》，《新唐书》卷一二九《崔沔传》略同）。

《大唐故奉义郎行洪州高安县令护军崔府君夫人河南独孤氏墓志铭》（05918）："先舅讳大方，海州刺史。……夫人……以天宝二年……育背于长安县嘉会里之私第。……今且于府君茔西北一百五十步得地……权安厝于长安县义阳乡义阳原，礼也。"（《陶斋藏石记》卷二四）

《有唐赠太子少保崔公墓志铭》："公讳俊……（祖）涛……（父）仪甫。……长庆三年……薨于洛阳时邕里。"（《全唐文》卷六五四）本碑葬地不详。

崔汉衡，"博陵人"（《旧唐书》卷一二二《崔汉衡传》，又见《新唐书》卷一四三《崔汉衡传》）。

崔琠，兄瑄，弟瑶、璪、玙、球，子涓，玙子澹，澹子远，"博陵安平人。祖懿。父颐"（《旧唐书》卷一七七《崔琠传》，又见《新唐书》卷一八二《崔琠传》）。

5. 博陵崔氏第二房孝芬支

博陵第二房"郁，后魏濮阳太守，生挺"（《新唐书·宰相世系表》），崔挺子孝芬是这一房的另一盛支。这一分支有传、碑者仅得崔敦礼一人：

崔敦礼，"雍州咸阳人。隋礼部尚书仲方孙也。其先本居博陵，世为山东著姓，魏末徙关中"（《旧唐书》卷八一《崔敦礼传》，《新唐书》卷一〇六《崔敦礼传》略同）。又《太子少师中书令开府仪同三司并州都督上柱国固安昭公崔敦礼碑》："公讳敦礼。……显庆元年……薨于口阳里第……陪葬昭陵。……以其年……窆于昭陵之南安乡平美里。"（《全唐文》卷一四五、《金石续编》卷五）

6. 博陵崔氏第二房孝昕支

博陵第二房崔挺次子孝昕，其子孙见于传、碑者较多：

崔造，"博陵安平人……侨居上元"（《旧唐书》卷一三〇《崔造传》，《新唐书》卷一五〇《崔造传》略同）。

《洪州建昌县丞崔公墓志铭》："君讳逊，字某，博陵安平人也。……（父）昇之（弟造、述）。……贞元十年……终于其家。……明年某日，归祔于河南东原之旧茔。"（《全唐文》卷五〇三）

《唐故相国右庶子崔公夫人河东县君柳氏祔葬墓志铭》："贞元十有一年……夫人……终命于京师安仁里。……以十月庚午，返祔于河南某原安平公之旧封，礼也。"（《全唐文》卷五〇四）碑文内云子懿伯，则安平公乃崔造也。

《唐故给事郎使持节房州诸军事守房州刺史赐绯鱼袋崔公墓志铭》："公讳述……博陵安平人。……（父）昇之。……贞元……十七年……感疾捐馆舍。……以冬……祔葬于东都某原，礼也。"（《全唐文》卷五〇三）

崔弘礼，"博陵人。……父孚"（《旧唐书》卷一六三《崔弘礼传》，又见《新唐书》卷一六四《崔弘礼传》）。

《唐故湖州长城县令赠户部侍郎博陵崔府君神道碑铭》："公讳孚……博陵人也。……（祖预、父育）……兴元元年，疾殁于宋。太（大）和五年，迁葬于洛。"（《全唐文》卷六七八）

《唐故东都留守东都畿汝州都防御使银青光禄大夫检校尚书左仆射判东都尚书省事兼御史大夫上柱国赠司空崔公墓志铭》（13813，14498）："公讳弘礼，字从周，博陵人也。曾祖预……祖育……烈考孚。……大和

五年……葬于东都洛阳县郭村北邙原，祔于先茔也。"〔大和四年（830）卒于位〕

7.博陵崔氏第三房

《新唐书》卷七二下《宰相世系表二下》博陵崔氏条继载：

> 第三房崔氏：格二子，蕃、颍。蕃生天护。颍八世孙不疑，左补阙。

博陵崔氏第三房见于传、碑者有：

《唐故瀛州河间县丞崔君神道碑》："君讳漪……博陵安平人。……世立，君之大父也；……抗，君之皇考也。……垂拱元年，奉使上都，遘疾终于时邕里之旅馆。……夫人河东裴氏……卒于郑。……长安三年春二月，合葬于金谷乡邙山之阳，礼也。"（《全唐文》卷二二九）崔漪子日用相睿宗、玄宗，有传。

崔日用，从兄日知，"滑州灵昌人。其先自博陵徙家焉"（《旧唐书》卷九九《崔日用传》，又见《新唐书》卷一二一《崔日用传》）。

崔元翰，博陵人。"父良佐，与齐国公日用从昆弟也。……隐共北白鹿山之阳。"（《新唐书》卷二〇三《文艺传·崔元翰传》，《旧唐书》卷一三七《崔元翰传》）

崔光远，祖敬嗣，"滑州灵昌人也。本博陵旧族"（《旧唐书》卷一一一《崔光远传》，《新唐书》卷一四一《崔光远传》略同）。

8.博陵崔氏第三房玄亮支

崔玄亮，"山东磁州人"（《新唐书》卷一六四《崔玄亮传》，《旧唐书》卷一六五《崔玄亮传》）。《新唐书》谓："遗言：'山东士人利便近，皆葬两都，吾族未尝迁，当归葬滏阳，正首丘之义。'诸子如命。"

又按《唐故虢州刺史赠礼部尚书崔公墓志铭》："公讳玄亮……博陵人。……曾祖悦……祖光迪……考抗。……公济源有田，洛下有宅。太

（大）和七年……薨于虢州廨舍。……遗诫诸子，其书大略云：'……自
天宝以还，山东士人皆改葬两京，利于便近，唯吾一族，至今不迁。我
殁，宜归全于滏阳先茔，正首邱之义也。……'……以九年……用大葬
之礼，归窆于磁州昭义县磁邑乡北原，迁（范阳）卢夫人而合祔焉，遵
理命也。公之丁少师（父）忧也，退居高邮，其地卑湿，泣血卧苫者三
载，因病痹其两股焉。"（《全唐文》卷六七九）

（三）范阳卢氏（见图8-3）

《新唐书》卷七三上《宰相世系表三上》卢氏条载：

> 卢氏出自姜姓。齐文公子高，高孙傒为齐正卿，谥曰敬仲，食
> 采于卢，济北卢县是也，其后因以为氏。田和篡齐，卢氏散居燕、
> 秦之间。秦有博士敖，子孙家于涿水之上，遂为范阳涿人。敖孙植，
> 字子干，汉北中郎将。生毓，字子象，魏司空、容城成侯。三子：
> 钦、简、珽。钦，晋尚书仆射。珽字子笏，晋侍中尚书、广燕穆子。
> 三子：浮、皓、志。志字子道，晋中书监、卫尉卿。三子：谌、谧、
> 诜。谌字子谅，晋侍中、中书监。五子：勗、凝、融、偃、征。勗
> 居巷南，号"南祖"。偃居北，号"北祖"。偃仕慕容氏，营丘太守。
> 一子：逊、闿。逊，范阳人守。生玄，字了真，后魏中书侍郎、固
> 安宣侯。二子：巡、度世。度世字子迁，青州刺史固安惠侯。四子：
> 阳乌、敏、昶、尚之，号"四房卢氏"。[1]

有唐一代，在正史与墓志拓片中出现的卢氏，大都属于"四房卢氏"。
出于大房阳乌后裔者，有：

---

[1] 岑仲勉：《元和姓纂四校记》卷三，卢氏条略同，"中央研究院"历史语言研究所专刊之
二十九，1948，页233。

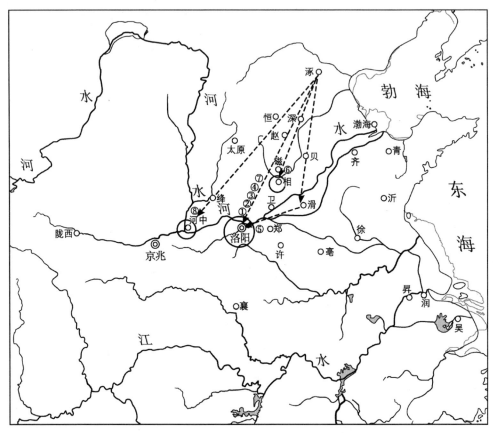

①范阳卢氏阳乌房道将支　④范阳卢氏第二房　　　　⑦范阳卢氏第四房文翼支

②范阳卢氏阳乌房道亮支　⑤范阳卢氏第三房士熙支　⑧范阳卢氏第四房文甫支

③范阳卢氏阳乌房道虔支　⑥范阳卢氏第三房士澈支

图 8-3　范阳卢氏房支迁徙图

1. 范阳卢氏（大房）阳乌房道将支

卢粲，"幽州范阳人……阳乌五代孙。……景龙二年，累迁给事中"（《旧唐书》卷一八九下《儒学传·卢粲传》，《新唐书》卷一九九《儒学传·卢粲传》略同）。

《大唐故通议大夫鄂州刺史上柱国卢府君夫人清河郡君墓志铭并序》（13605，13918）："夫人……清河郡县人。……嫔卢氏……开元廿六年……终于河南府温柔里第。……廿七年……合祔于河南府邙山之南原。……有子巘、昂、炅等。"

《润州丹阳县丞卢君墓志铭》："君讳岘……范阳人。……（曾祖）宏寿……（祖）友裕……（父）相。……大历九年……终于官舍。……以关河不靖，未克归祔，遂……权厝于县之北原焉。"（《全唐文》卷五〇三）

《□□大夫行太子在庶子分司东都上柱国范阳卢府君墓志铭》："范阳□郡人也。……皇朝尚书刑部员外郎讳庄道。……祖讳炅，宣州宣城县令，转太子左庶子□□大夫。……以大中九年……归全于□□□□里之私第，其明年……先府君之□□也。"（《全唐文》卷九九六、《古志石华》卷二〇《古志石华》卷二〇考证谓：是志在偃师县，残缺过甚。《中州金石记》题作范阳某君，盖未审其为卢姓也，今为按格细审其历官及年寿卒葬之期，尚可得其大略。按《新唐书·宰相世系表》载卢氏大房有庄道，刑部员外郎；庄道之曾孙曰炅，大理主簿，与志载先世衔名悉合。《新唐书·宰相世系表》云炅之孙曰平陆尉锐、大理评事钵、睦州刺史钢、太子太师钧、左庶子锴、检校比部郎中庚，凡六人。志谓炅为卢君之祖，则君当是六孙中之一人，其题衔为左庶子，与《新唐书·宰相世系表》载卢锴官同，今定为锴志。

卢钧，"本范阳人。祖炅，父继。钧，元和四年进士擢第"（《旧唐书》卷一七七《卢钧传》，《新唐书》卷一八二《卢钧传》）。按钧与锴为兄弟，错葬偃师，钧新贯蓝田的可能性不大。《旧唐书》本传不言京兆蓝田人，恐系寓所。

2. 范阳卢氏（大房）阳乌房道亮支

《齐黄门侍郎卢思道碑》："范阳卢公，讳思道，字子行，涿州人也。……侍中阳乌征君之子。……开皇六年……终于长安，反葬故里。"（《全唐文》卷二二七）

卢承庆，弟承业、承泰，承泰子齐卿，"幽州范阳人"（《旧唐书》卷八一《卢承庆传》，又见《新唐书》卷一〇六《卢承庆传》）。

《唐故银青光禄大夫行扬州大都督府长史魏县子卢公墓志铭》（17251）："公讳承业，字子绘，范阳人也。曾祖道亮……祖思道……父赤松。……咸亨二年……薨于官舍。……以三年……葬于河南平乐乡邙山之原。"（《满洲金石志别录》卷下）

《大唐故左屯卫将军卢府君（玠）墓志铭》（05724，17681）："景云元年……终于东都官舍。……以明年四月归葬于洛阳河阴之旧茔，礼也。"（《满洲金石志别录》卷下，考证：玠之父为承业）

卢藏用，弟若虚，"幽州范阳人"（《新唐书》卷一二三《卢藏用传》，又见《旧唐书》卷九四《卢藏用传》）。

3. 范阳卢氏（大房）阳乌房道虔支

《唐故中大夫□□国□州刺史卢府君（正道）神道碑》（00963，03734）："开元十四年……东都依仁里私第……开元十□年……厝□万安山□先茔之□礼□。"（按万安山，在洛阳许家营。《金石萃编》卷八五）父安寿、祖宝素，按《新唐书·宰相世系表》，属于大房卢氏。（《全唐文》卷二六五略同）

《陕虢观察使卢公墓志铭》："贞元四年……范阳卢公……疾于位，优诏得谢，家东都履信里。秋……终于其寝。冬……归于此堂，礼也。万安之腹，因山而封，嵩丘伊流，环带捧抱，龟筮叶吉，神宅是宜。府

君讳岳，字周翰……（祖）正纪……（父）抗。"（《全唐文》卷七八四）

《唐故给事郎守永州司马赐绯鱼袋范阳卢府君（峤）墓志铭》（08156）："贞元七年……终于澧州仙丘里之私第，享年七十六。夫人清河崔氏奉公之丧归葬河洛。明年……宅神于河南县万安山之南原，礼也。"（《陶斋藏石记》卷二七）峤之显祖为安寿，亦为大房卢氏。

《唐故永州卢司马夫人崔氏墓志铭》（08147，17895，23869）："峤……疾殁澧阳，夫人护丧事携幼孙远涉江汉，归葬河南县万安山阳之大茔。……贞元九年……终于洛阳履信里之私第。……斯年……迁祔于府君之茔，得同穴之礼也。"（《陶斋藏石记》卷二七）

《故河南府司录参军卢君墓志铭》（08585，08586，08587）："君讳士琼，字德卿，范阳人。家世为甲姓，祠部郎中融之长子。……皆祔葬于祠部茔东北。"（《全唐文》卷六三九）

范阳卢氏（大房）阳乌房道舒支（迁移资料不详）。

卢群，"范阳人"（《旧唐书》卷一四〇《卢群传》，又见《新唐书》卷一四七《卢群传》）。

4. 范阳卢氏第二房

出于第二房敏后裔者，有：

《隋故长陵县令卢君墓志铭》（01352）："君讳文构，字子康，涿郡涿人也。……王父义僖，仪同、孝简公。……考慈之，赠郢州刺史。……开皇十八年……终于曹州冤句县廨。……仁寿元年……葬于本郡西北。"（《汉魏南北朝墓志集释》403，集释称：涿县又出文构夫人李月相墓志，今同归北京图书馆。"以大业十四年……终于东都。唐武德八年……合葬于幽州范阳县永福乡安阳府君之墓。"）《新唐书》卷七三上《宰相世系表三上》载属第二房敏之曾孙。

《故卢君墓志铭》（01260）："君讳文机，字子辩，涿郡涿人也。……祖义禧，魏仪同、孝简公……父慈之，齐郢州使君。……周建德七年……

终于邺。……仁寿元年……反葬于涿县西北廿五里。"（《汉魏南北朝墓志集释》404）卢文构之弟。

卢履冰，"幽州范阳人"（《新唐书》卷二〇〇《儒学传·卢履冰传》），开元人物。

《太子宾客卢君墓志铭》："故太子宾客卢正己……曾祖君胄……（父）履冰。……追赠之年（大历五年）……薨于东都循善里之私第。……权厝于新安县龙涧原，近先茔也。"（《全唐文》卷四二〇）在河南府。

卢慈，"幽州范阳人也……贞元二年七月，以疾终"（《旧唐书》卷一二六《卢慈传》）。

《河南府法曹参军卢府君夫人苗氏墓志铭》："嫁河南法曹卢府君讳赆……贞元十九年四月四日，卒于东都敦化里……其年……祔于法曹府君墓，在洛阳龙门山。"（《全唐文》卷五六四）

《处士卢君墓志铭》："处士讳于陵，其先范阳人。父赆，为河南法曹参军。……元和二年五月壬辰，以疾卒。……其年九月乙酉，其弟浑以家有无，葬以车一乘于龙门山先人兆。"（《全唐文》卷五六四）

《唐故滑州司法参军范阳卢君墓志铭》（13139，14494，17980）："范阳卢初，字子端。……献府君之曾孙……翊府君之孙……晏府君之子。……大历乙卯岁……殁。……大和三年……自楚州启护归祔于河南县金谷乡焦古村，依澧州伯父之兆域……去尹村大茔五里。"

《剑南东川节度推官殿中侍御史内供奉卢公夫人崔氏墓志铭并序》（08030，17938）："夫人清河贝人也……归我仲兄殿中侍御史璠。……元和五年遘疾于潭州官舍。……元和七年归葬于东都邙山之北原，祔先茔也。"卢顼撰。

卢商，子知远、知微、知宗、僧朗、荛，"范阳人"（《旧唐书》卷一七六《卢商传》，又见《新唐书》卷一八二《郑肃传·附卢商传》）。商相宣宗。

卢迈，"范阳人。……迈从父弟起，为剑南西川判官，卒于成都，归葬于洛阳，路由京师，迈奏请至城东哭于其枢，许之。近代（大中时代）宰臣多自以为崇重，三服之亲，或不过从而吊临；而迈独振薄俗，请临弟丧，士君子是之"（《旧唐书》卷一三六《卢迈传》，参见《新唐书》卷一五〇《卢迈传》，《全唐文》卷五〇七《卢公行状》略同）。

《故太子太师致仕卢公神道碑》："公讳渥，字子章，范阳人。……天祐二年……薨于长寿佛宇。……以其年……祔葬于猴氏某乡某里，礼也。"（《全唐文》卷八〇九）

5. 范阳卢氏第三房士熙支

出于第三房昶裔士熙支者有：

卢怀慎，子奂，"滑州灵昌人。其先家于范阳，为山东著姓"（《旧唐书》卷九八《卢怀慎传》，又见《新唐书》卷一二六《卢怀慎传》）。武后、玄宗时人物，《新唐书·宰相世系表》将其列为北齐彭城太守卢士熙之曾孙。

《黄门监卢怀慎碑》："苏颋撰，八分书。开元八年立，洛。"（《宝刻类编》卷一）

卢杞，子元辅，"杞……怀慎之孙"（《旧唐书》卷一三五《卢杞传》，又见《新唐书》卷二二三下《奸臣传·卢杞传》）。肃宗、代宗时人物。

卢奕，"怀慎之少子也。……奕留台东都，又分知东都武部选事。十四载，安禄山犯东都，人吏奔散，奕在台独居，为贼所执，与李憕同见害"（《旧唐书》卷一八七下《忠义传·卢奕传》，又见《新唐书》卷一九一《忠义传·卢奕传》）。

卢景亮，"幽州范阳人。……元和初卒"（《新唐书》卷一六四《卢景亮传》）。

6. 范阳卢氏第三房士澈支

出于第三房昶裔士澈支者有：

卢从愿，"相州临漳人……昶六代孙也。自范阳徙家焉，世为山东著姓"（《旧唐书》卷一〇〇《卢从愿传》，又见《新唐书》卷一二九《卢从愿传》），开元时人物。《新唐书·宰相世系表》载为徐州别驾士澈之玄孙。

7. 范阳卢氏第四房文翼支

出于第四房尚之裔文翼支者有：

《舒州望江县丞卢公墓志铭》："范阳卢君，讳同……彝伦之孙。……天宝元年月日，终于尉氏私馆，是岁权窆于颍川之许昌里。大历七年……祔先大夫于阳翟之某原，礼也。"（《全唐文》卷五二一）

《考功员外卢君墓铭》："范阳卢君东美。……子畅……孙立。……墓在河南缑氏县梁国之原。其年月日，元和二年二月十日云。"（《全唐文》卷五六六）

卢坦，"河南洛阳人，其先自范阳徙焉。……元和十二年九月卒"（《旧唐书》卷一五三《卢坦传》，又见《新唐书》卷一五九《卢坦传》）。

《唐故剑南东川节度副大使知节度事管内支度营田观察处置等使正议大夫持节梓州诸军事守梓州刺史兼御史大夫护军赐紫金鱼袋赠礼部尚书卢公神道碑铭》："卢公讳坦，字保衡，涿郡范阳人也，代为北州冠族。曾祖审经……祖河童……父峦。……元和十二年秋九月，薨于位。……明年正月日，祔葬于东都谷水之阳先封，礼也。"（《全唐文》卷四九七）

8. 范阳卢氏第四房文甫支

出于第四房尚之裔文甫支者有：

卢简辞，兄简能、弟弘正、简求，简能子知猷，简求子贻殷、玄禧、嗣业、汝弼，弘正子虔灌，嗣业子文纪，"范阳人，后徙家于蒲"（《旧唐书》卷一六三《卢简辞传》，又见《新唐书》卷一七七《卢简辞传》），元和至会昌时人物。

（四）陇西李氏（见图8-4）

《新唐书》卷七二上《宰相世系表二上》陇西李氏姑臧大房条[1]载：

> 姑臧大房出自兴圣皇帝第八子翻，字士举，东晋祁连、酒泉、晋昌太守。三子：宝、怀达、抗。抗，东莱太守。生思穆，字叔仁，后魏营州刺史、乐平宣惠伯。生奖，字道休，北齐魏尹、广平侯。生瑰，黄门郎。生斌，散骑侍郎，袭乐平伯。宝七子：承、茂、辅、佐、公业、冲、仁宗。承号姑臧房。

1. 陇西李氏姑臧大房蕤支

李承子蕤，有墓志铭。《魏故假节龙骧将军豫州刺史李简子墓志铭》："君讳蕤，字延宾。陇西郡狄道县都乡和风里人也。……正始二年……薨于洛阳之城东里。……其年……窆于覆舟之北原，祔葬季父司空文穆公神茔之左。"（《汉魏南北朝墓志集释》205，集释：文穆公即李冲。《魏书》卷三九《李宝传》载：蕤长子咏，字义兴，咏次弟义慎，第三弟义真，第四弟义远，第七弟义邕。《新唐书》卷七二上《宰相世系表二上》李氏条载："宝七子：承、茂、辅、佐、公业、冲、仁宗，承号姑臧房。"蕤乃承之子。）正始乃北魏世宗宣武帝元恪之年号。

2. 陇西李氏姑臧大房彦支

李承子彦，其裔有铭者如下：

《大唐故李君墓志铭》（17171，05359）："君讳泰，字友仁，陇西成纪人也。……曾祖爽，隋任洪州司户。……父亮，隋任陈州别驾。……麟德二年……终于私第。……总章元年……合葬于河南县平乐乡邙山之原，礼也。"（《芒洛冢墓遗文四编》卷三）《新唐书·宰相世系表》有李爽者，其时代与此碑甚近，唯祖、父及李泰名失载。

---

[1]《古今姓氏书辨证》卷二一李氏条有详细的房支分离记载。

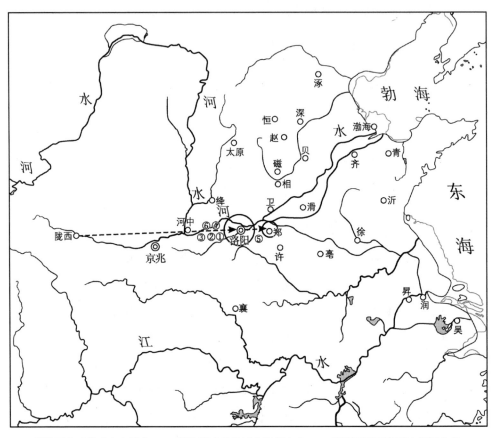

①陇西李氏姑臧大房蒜支　　③陇西李氏姑臧大房蒨之支　　⑤陇西李氏姑臧大房疑之支
②陇西李氏姑臧大房彦支　　④陇西李氏姑臧大房行之支　　⑥陇西李氏冲支

图 8-4　陇西李氏房支迁徙图

《处州刺史李公墓志铭》："公姓李氏，讳某，陇西成纪人也，字曰公受。……秦王府户曹……公之大父；水部郎中、眉州刺史……公之烈考。……归葬于洛阳某乡原，礼也。"（《全唐文》卷五二一）按《新唐书·宰相世系表》：李舟字公受；父岑，水部郎中、眉州刺史；祖乾昇，秦府户曹参军。

3. 陇西李氏姑臧大房藉之支

李承曾孙藉之，其裔有传、碑者如下：

李义琰，子巢、从祖弟义琛，义琛子缙，"魏州昌乐人，常州刺史玄道族孙也。其先自陇西徙山东，世为著姓。父玄德"（《旧唐书》卷八一《李义琰传》，又见《新唐书》卷一〇五《李义琰传》）。

《明州刺史李公墓志铭》："大历七年……前明州刺史李公寝疾终于晋陵之无锡私馆。……公讳长……陇西狄道人。……（曾祖）义琛……（祖）缙。……反葬万安。"（《全唐文》卷五二〇）

4. 陇西李氏姑臧大房行之支

李承曾孙行之，入唐以来有玄道最著名，其裔有传、碑者如下：

李揆，"陇西成纪人，而家于郑州，代为冠族。秦府学士、给事中玄道玄孙……成裕之子"（《旧唐书》卷一二六《李揆传》，又见《新唐书》卷一五〇《李揆传》）。

李逢吉，"陇西人。贞观中学士李玄道曾孙。祖颜，父归期"（《旧唐书》卷一六七《李逢吉传》，又见《新唐书》卷一七四《李逢吉传》）。

李蔚，子渥，"陇西人。祖上公……父景素"（《旧唐书》卷一七八《李蔚传》，又见《新唐书》卷一八一《李蔚传》）。

李拯，"字昌时，陇西人"（《旧唐书》卷一九〇下《文苑传·李拯传》）。

李巨川，"字下己，陇右人。国初十八学士道玄之后，故相逢吉之侄曾孙。父循"（《旧唐书》卷一九〇下《文苑传·李巨川传》，又见《新唐书》卷二二四下《叛臣传·李巨川传》）。

《赞善大夫李君墓志铭》："陇西成纪人也。曾祖玄道……祖正基……父犯肃宗庙讳（亨）。……天宝十四载……终于东京崇政里之私第。……大历三年……葬……于偃师县东姑臧公之茔次。"（《全唐文》卷四二〇）按《新唐书·宰相世系表》，此碑人名应为李成性，太子右赞善大夫。

5. 陇西李氏姑臧大房疑之支

李承曾孙疑之，其裔有墓志铭者如下：

《大唐故李府君墓志铭》（01228，07872）："公讳顥……陇西成纪人也。……公即姑臧公之房也，大王父讳瑶之……王父讳镒……烈考讳重光。……乾符四年……捐馆于郑州荥阳县之别墅。……即以其年……归祔于先茔之北，礼也。"（《陶斋藏石记》卷三五）

6. 陇西李氏冲支

李承弟冲，贵显于元魏，其裔有墓志铭者如下：

《长安主簿李君墓志铭》："君讳少安，字公和，陇西成纪人。自元魏仆射文穆公冲而下，为西州冠族……曾祖仲进……祖侨……父憻。……元和三年……不起于长安兴化里第。……祔于东都颍阳县之某原，礼也。"（《全唐文》卷五〇四）

《殿中侍御史李君墓志铭》："李君，名虚中，字常容。其十一世祖冲，贵显拓跋世。父恽。……元和八年……卒。……其年十月戊申，葬河南洛阳县，距其祖渑池令府君侨墓十里。"（《全唐文》卷五六四）

《新唐书·宰相世系表》陇西李氏条末载："陇西李氏定著四房：其一曰武阳，二曰姑臧，三曰燉煌，四曰丹杨。"燉煌房无宰相，故《新唐书·宰相世系表》缺该房之记载。丹杨房"与族人宝入后魏，因居京兆山北"。"武阳房出自兴圣皇帝第七子豫，其后为武阳房"，武阳房不知其原居住地是否在陇西成纪。本文上举之例仅限于姑臧李氏。

（五）赵郡李氏（见图8-5）

《新唐书》卷七二上《宰相世系表二上》赵郡李氏条载：

> 赵郡李氏，出自秦司徒昙次子玑，字伯衡，秦太傅。三子：云、牧、齐。牧为赵相，封武安君，始居赵郡。……楷字雄方，晋司农丞、治书侍御史，避赵王伦之难，徙居常山。五子：辑、晃、芬、劲、叡。叡子勖，兄弟居巷东；劲子盛，兄弟居巷西。故叡为东祖，芬与弟劲共称西祖，辑与弟晃共称南祖。自楷徙居平棘南，通号平棘李氏。……晃字仲黄，镇南府长史。生义，字敬仲，燕司空长史。生吉，字彦同，东宫舍人。生聪，字小时，尚书郎。二子真、融。

有唐一代，在正史与墓志拓片中出现者，以南祖、东祖、西祖为盛支。

1. 赵郡李氏南祖

出于南祖而有传、碑者，属于李真之裔有：

李素立，从兄子游道，"赵州高邑人"（《旧唐书》卷一八五上《良吏传·李素立传》，《新唐书》卷一九七《循吏传·李素立传》）。李素立玄孙承。

《扬州司马李公墓志铭》："公讳并，字某，赵郡高邑人也。……东宫图书亡逸，有司命公留北部搜访焉。……遘厉而终，享年六十六。广德二年……长子规……于江湖奉迎裳帷，于太原归安洛汭，礼冈不备。某年月日，窆于某原，礼也。"（《全唐文》卷三二一）

李承，"赵郡高邑人"（《旧唐书》卷一一五《李承传》，《新唐书》卷一四三《李承传》）。李承子藩。

李藩，"赵郡人"（《旧唐书》卷一四八《李藩传》，又见《新唐书》卷一六九《李藩传》）。

《唐赵郡李氏幼子墓志铭》（08125）："赵郡李氏子，小字侯七。寿州刺史府君讳规之季子，以贞元三年……逝于宣州当涂县。……权厝于

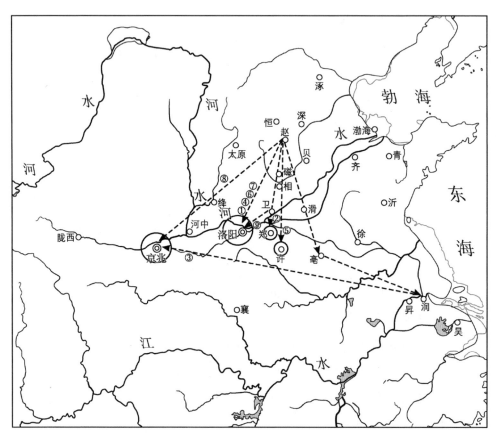

①赵郡李氏南祖　　　　④赵郡李氏东祖骥房灵支　　⑦赵郡李氏东祖曾房

②赵郡李氏南祖万安支　⑤赵郡李氏东祖骥房均支　　⑧赵郡李氏西祖盛支

③赵郡李氏南祖善权支　⑥赵郡李氏东祖系房　　　　⑨赵郡李氏西祖隆支

图 8-5　赵郡李氏房支迁徙图

卢江之南郭祔先君之衾茔。……至十三年丁丑，长兄将顺、仲兄简能自江淮奉先府君、先夫人之丧归于河南府缑氏县公路涧西原，祔王考之兆域，因亦营护其衬陪列松槚，申友爱也。"（《陶斋藏石记》卷二八）

《赵郡李氏殇女墓石记》（08104，08105，08106）："殇女李氏，赵郡高邑人也。……贞元十七年……终于长安永宁里之旅舍，以十二月三日窆于万年县高平乡西焦村之南原，从权礼也。曾祖父讳畲……祖讳承……父藩。……俟于吉时归葬于故国，祔我先茔之松柏。"（《陶斋藏石记》卷二八）

李固言，"赵郡人"（《旧唐书》卷一七三《李固言传》，又见《新唐书》卷一八二《李固言传》）。

《唐赠太尉李固言碑》："佚。《金石录》：李珏撰，三从侄俦书，大中六年二月。"（《偃师金石记》卷二）

2. 赵郡李氏南祖万安支

《新唐书》卷七二上《宰相世系表二上》又云："羲之后有万安，自赵郡徙于管城。"这一房南祖有：

李日知，"郑州荥阳人"（《旧唐书》卷一八八《孝友传·李日知传》，《新唐书》卷一一六《李日知传》）。按管城属郑州。武后、中宗时人物。

3. 赵郡李氏南祖善权支[1]

《新唐书》卷七二上《宰相世系表二上》又云："南祖之后有善权，

---

[1] 姜士彬（David Johnson）对善权支与赵郡李氏主支之关系有怀疑，见《世家大族的没落：唐末宋初的赵郡李氏》（*The Last Years of a Great Clan: The Li Family of Chao Chün in Late T'ang and Early Sung*）。但该支有三个宰相：敬玄、绅、元素，三个侍郎：思冲、希言、纾，及五个刺史，即令与主支不近，但亦可为著支矣！又按《古今姓氏书辨证》卷二一李氏条："南祖之后有善权，后魏谯郡太守，徙居谯，生延观。徐、梁二州刺史。延观生续，马头太守。续生显达，隋颍州刺史。显达生迁，德州刺史。迁生孝卿，谷州治中，三子：敬玄、忱、元素；敬玄相唐高宗；忱生钦一；元素相武后。敬玄生思冲，工部侍郎。守一，成都郫令。守一生晤，金坛令。晤生绅，字公垂，相武宗。所谓短李东祖。"原文刊于《哈佛亚洲研究杂志》（*Harvard Journal of Asiatic Studies*），Vol. 37-1，1977。

后魏谯郡太守，徙居谯。"

李敬玄，"亳州谯人"（《旧唐书》卷八一《李敬玄传》，《新唐书》卷一○六《李敬玄传》）。弟元素同。高宗、武后时人物。

李绅，"润州无锡人。本山东著姓。高祖敬玄"（《旧唐书》卷一七三《李绅传》，又见《新唐书》一八一卷《李绅传》，高祖作曾祖）[1]。

《唐故试太常寺奉礼郎赵郡李府君墓志文》（01588，07992）："府君讳继，字兴嗣。……元和四年……（卒）于常州无锡县寓居。……奉归于长安白鹿原，陪祔于父郏县府君茔之后。"（《八琼室金石补正》卷六九，其考证谓：《新唐书·宰相世系表》有李继，官京兆参军，时代、官职均不相合，是别一人。又案史《李绅传》，字公垂，祖守一成都郫令，父晤历金坛乌程晋陵三县令，因家无锡。元和初登进士，释褐国子助教，东归。志称其父为晋陵府君，叙继之卒云无锡县寓居，叙其葬云郏县府君茔，其结衔云前守太学助教，悉与传合，是撰文之李绅即武宗时相李绅也，《世系表》不载李继，可据志补之。）

李纾，"礼部侍郎希言之子"（《旧唐书》卷一三七《李纾传》，又见《新唐书》卷一六一《李纾传》）。

4. 赵郡李氏东祖飀房灵支

《新唐书》卷七二上《宰相世系表二上》又云："东祖叡，字幼黄，高平太守、江陵宁公。生勖，字景贤，顿丘太守、大中正。生颐，字彦祖，高阳太守、武安公。四子：飀、系、奉、曾。"

飀房灵支有传、碑者，如下：

李知本，孙璡，"赵州元氏人"（《旧唐书》卷一八八《李知本传》，《新唐书》卷一九五《孝友传·李知本传》）。

---

[1] 李绅的资料又可见《全唐文》卷七三八《李绅传》："李绅者，本赵人，徙家吴中。"及《文苑英华》卷八八二。

《大唐故使持节亳州诸军事亳州刺史李府君墓志铭》（13514）："公讳慭，字讷言，赵郡元氏人也。（曾祖）仲通……（通生）孝端……端生知本。……岁次景午（神龙二年）……安厝于北邙山原之旧茔，礼也。"

5.赵郡李氏东祖飂房均支

飂房均支有传、碑者，如下：

《故果州长史李公碑铭》："公讳仁瞻，字某，赵郡房子人。……郎中府君讳山寿，公即郎中府君之子。……大业中举孝廉。……卒于官舍。……及丧至自蜀，而葬不归赵，乃卜宅于许，封树汝坟，子孙遂家，亦既重代。"（《全唐文》卷二九二）

《故瀛州司户参军李府君碑铭》："君讳元祐，字某，赵郡房子人。祖山寿……父仁瞻。……某年，卒于官舍，春秋若干。公家代尚俭，子孙是式。初先大夫之丧也，清白以遗，而果无私积；高燥是营，而庶有余庆，岂所谓不恋本达也，无怀土以重迁；不伤生仁也，无困财以乏祀。夫然，赵之北际，何必故乡？许之东偏，亦云乐国，故丧之归也，遂窆于斯。"（《全唐文》卷二九二）

6.赵郡李氏东祖系房

系房有传、碑者，如下：

李峤，"赵州赞皇人。隋内史侍郎元操从曾孙也，代为著姓"（《旧唐书》卷九四《李峤传》，又见《新唐书》卷一二二《李峤传》）。

《唐故谯郡永城县令赵郡李府君墓志》（07980）："府君赵郡赞皇人也。讳岗……东祖……祖讳晋客……显考讳贞简。……夫人太原王氏……先府君而殁，权窆于河南府洛阳县东三家店之左右前后，以俟难平迁于先茔。后盗贼奔溃，洛京反正，将议庀具，撰日备礼归祔，至则他人之丘陇填焉，诚信莫申，是非攸失。……元和十二年……自永城县启奠护归东洛……以其年……遂卜宅兆于洛阳县平阴乡三家店之西北原。冀迹夫人之居也。……铭曰：邙山之阳，平阴之乡，府君宅焉。"（《芒洛冢墓遗文三编》）

李绛，子璋，"赵郡赞皇人。……祖刚"（《旧唐书》卷一六四《李绛传》，又见《新唐书》卷一五二《李绛传》；《新唐书·宰相世系表》刚作岗）。

《唐范阳卢夫人墓志铭》（18070）："咸通二载夫人（卢氏）疾殁于上都永崇里所，从李氏之私第。明年归葬于河南府洛阳县平阴乡成村，祔于李氏之先茔。……夫人归李璋。璋，赵郡赞皇人，绛之季子。"

《唐故河南府司录参军赵郡李府君墓志铭》（18019，24093）："赵郡李君讳璆，字子韫。……绛之长子，曾王父岗……大父元善。……会昌元年……终于永崇里第。……以其年……归葬河南府洛阳县平阴乡之北原，从祔先司徒公之兆。"（《芒洛冢墓遗文三编》）

李虞仲，"赵郡人……父端"（《旧唐书》卷一六三《李虞仲传》，又见《新唐书》卷一七七《李虞仲传》）。

李华，"赵郡人。……禄山陷京师，玄宗出幸，华扈从不及，陷贼"（《旧唐书》卷一九〇下《文苑传·李华传》，又见《新唐书》卷二〇三《文艺传·李华传》。《新唐书》谓："华母在邺，欲间行辇母以逃，为盗所得。"）。

《赵郡李府君墓志并序》（05942，17783，24175）："君讳迪，字安道，赵国人也。公侯代袭，阀阅相承。……父愿。……卒于恭安私第。天宝六载……葬于北邙山东京城东北十四里，礼也。"（《芒洛冢墓遗文四编》卷五）

《李韬崔夫人合祔墓志铭》（17821，23912）："君讳韬，赵国人也。……祖仁伟……父延祐。……天宝七载卒。……永迁于洛阳北原，礼也。"（《芒洛冢墓遗文补遗》）

《饶州刺史赵郡李府君墓志铭》："赵郡东祖……嘉祚曾孙……璿孙……铦子，讳端，字公表。……贞元八年秋七月，终于郡署，年六十一。明年……窆于凤山之东原。"（《全唐文》卷五三〇）[1]

---

[1] 岑仲勉：《唐集质疑》，"《李端墓志》与《新表》之异同"条有论及，《"中央研究院"历史语言研究所集刊》9，1947。

《唐故试秘书省秘书郎兼河中府宝鼎县令赵郡李府君墓志铭》（01586）："公讳方义，字安道，赵郡赞皇人也。……祖昂，父胃。……元和九年……终于解县之官舍，以其年……归葬于东都河南县伊汭乡，祔于先茔，礼也。"（《芒洛冢墓遗文》卷中）

7. 赵郡李氏东祖曾房

曾房有李谌妻墓志铭。《大唐故监察御史赵郡李府君夫人博陵崔氏墓志铭》（05963）："夫人博陵人也。……天宝十载……终于东京仁和里之私第。……其载……葬于寿安之北原，不忘本也。初府君之殡也，近在洛阳。"（《陶斋藏石记》卷二四，考证系李谌之妻，系出东祖房）碑中有"世业在洛"语。

另赵郡李氏东祖谔房（迁移情况不详）。

《新唐书》卷七二上《宰相世系表二上》有云："东祖之后又有谔。谔，隋南和公。"谔房入唐有李珏，但新贯未能肯定。

李珏，"赵郡人"（《旧唐书》卷一七三《李珏传》，《新唐书》卷一八二《李珏传》。《新唐书》谓李钰"客居淮阴"）。

8. 赵郡李氏西祖盛支

《新唐书》卷七二上《宰相世系表二上》："西祖劲字少黄，晋治书侍御史。二子：盛、隆。"

四祖李盛之裔有传、碑者，如下：

李乂，兄尚一、尚贞，"赵州房子人"（《旧唐书》卷一〇一《李乂传》，《新唐书》卷一一九《李乂传》）。

《唐紫微侍郎赠黄门监李乂神道碑》："赵房子人也。……开元丙辰岁……薨于京师宣阳里第。……其夏丙申，卜葬长安细柳原，东北望帝京二十有五里，偿其志也。"（《全唐文》卷二五八）

李怀远，子景伯、孙彭年，"邢州柏仁人"（《旧唐书》卷九〇《李怀远传》，《新唐书》卷一一六《李怀远传》）。

9. 赵郡李氏西祖隆支

西祖李隆之裔有传、碑者，如下：

李巽，"赵郡人"（《旧唐书》卷一二三《李巽传》，又见《新唐书》卷一四九《李巽传》）。

《唐故银青光禄大夫守吏部尚书兼御史大夫充诸道盐铁转运等使上柱国赵郡开国公赠尚书右仆射李公墓志铭》："元和四年……赵郡公巽寝疾薨于永崇里。……冬十月乙酉，返葬于洛师緱氏县芝田乡之大墓。公字令叔，赵郡赞皇人。曾祖知让……祖承允……父巘。"（《全唐文》卷五〇五）

李吉甫，父栖筠，"赵郡人"（《旧唐书》卷一四八《李吉甫传》，《新唐书》卷一四六《李栖筠传》。《新唐书》谓"栖筠始居汲共城山下"）[1]。

李德裕，"赵郡人。祖栖筠……父吉甫"（《旧唐书》卷一七四《李德裕传》，又见《新唐书》卷一八〇《李德裕传》）。

《故郴县尉赵郡李君墓志铭》："大中十四年……赵郡李君……终于县之宦舍。……君讳烨，字季常，赵郡赞皇人也。曾祖讳栖筠……祖讳吉甫……烈考讳德裕。……大中初……君亦谪尉蒙山十有余载，旋丁大艰，号哭北向，请归护伊洛。……诏移郴县尉，自春离桂林，道中得瘴病……以咸通三年……卜葬于河南县金谷乡张村先茔。"

《大唐赵郡李烨亡妻荥阳郑氏墓志》："夫人……大中九年终于蒙州之旅舍。……权殡于蒙州紫极宫南。……大中十三年祔葬于河南府洛阳县金谷乡先兆，礼也。"

从以上资料分析，南祖李真之后的李并与李侯七在广德贞元年间葬于洛阳附近；南祖李羲之后李万安一支自赵徙于郑州管城，获得两《唐

---

[1]《全唐文》卷四九三《唐御史大夫赠司徒赞皇文献公李栖筠文集序》："隐于汲郡共城山下。"

书》《李日知传》之证实；南祖李善权一支徙居谯，亦获得两《唐书》《李敬玄传》之证实，李敬玄曾孙李绅移徙于润州无锡，李绅兄弟继葬长安祔先茔。东祖人物在正史中仅载郡望，而碑志载李迪、李方义、李韬、李璆、李岗、李谌之妻等人皆归葬于洛阳附近，迹象明显；东祖李仁瞻、李元祐父子徙居许州汝坟重代，亦近洛阳。《旧唐书·文苑传》中李华母在郫，无法判定是暂居抑或是定著。西祖李盛之裔卜葬于长安附近；西祖李隆之裔至李栖筠时居于汲共城山下，李德裕及其子皆归葬洛阳，陈寅恪《论李栖筠自赵徙卫事》《李德裕贬死年月及归葬传说辨证》曾有细论，同支李巽亦返葬河南缑氏县。

（六）太原王氏（见图8-6）

《新唐书》卷七二中《宰相世系表二中》太原王氏条载：

> 太原王氏出自离次子威。汉扬州刺史，九世孙霸，字儒仲，居太原晋阳，后汉连聘不至。霸生咸，咸十九世孙泽，字季道，雁门太守。生昶，字文舒，魏司空、京陵穆侯。二子：浑、济。浑字玄冲，晋录尚书事、京陵元侯。生湛，字处冲，汝南内史。生承，字安期，镇东府从事中郎、蓝田县侯。生述，字怀祖，尚书令、篮田简侯。生坦之，字文度，右卫将军、蓝田献侯。生愉，字茂和，江州刺史。生缉，散骑侍郎。生慧龙，后魏宁南将军、长社穆侯。生宝兴，龙骧将军。生琼，字世珍，镇东将军。四子：遵业、广业、延业、季和，号"四房王氏"。

1. 太原王氏大房

太原大房王氏见于传、碑者，如下：

王翃，兄翊，"太原晋阳人"（《旧唐书》卷一五七《王翃传》，又见《新唐书》卷一四三《王翃传》）。

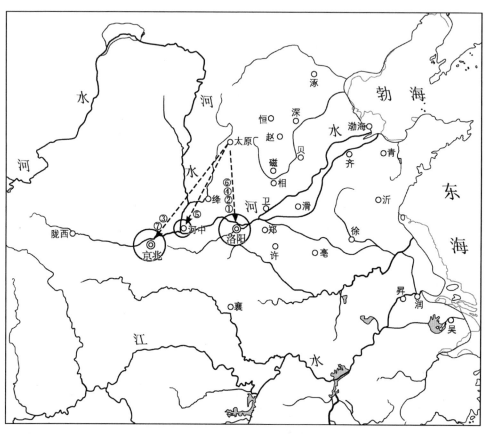

①太原王氏大房　　③太原河东王氏　　⑤太原乌丸王氏僧修支　　⑦太原中山王氏王满支

②太原王氏第二房　　④太原乌丸王氏僧辩支　　⑥太原中山王氏

图 8-6　太原王氏房支迁徙图

王正雅，从孙凝，"其先太原人，东都留守翃之子"（《旧唐书》卷一六五《王正雅传》，又见《新唐书》卷一四三《王翃传·附王正雅传》）。

《唐故楚州淮阴县令赠尚书右仆射王府君神道碑铭》："公讳光谦。……慧龙五代至隋秘书少监邈……复大其门。（按邈生来，来生子奇，子奇生庆贤，庆贤生光谦）……以开元二十九年春正月，捐馆舍于淮阴。……其明年，返葬于河南府偃师县北山之阳。"（《全唐文》卷四九九）王光谦子翃。

2. 太原王氏第二房

太原第二房王氏见于传、碑者，如下：

《大唐故儒林郎王君墓志铭》（16667）："君讳令，字大政，太原人也。……曾昱……祖秀。……总章二年……终于私寝，即以其年……合葬于芒山之原，礼也。"（《芒洛冢墓遗文四编》卷三）

3. 太原河东王氏[1]

太原河东王氏见于传、碑者有：

王缙，"河中人也"（《旧唐书》卷一一八《王缙传》，《新唐书》卷一四五《王缙传》。《新唐书》谓"本太原祁人，后客河中"）。安史之乱前后人物。

《唐门下侍郎王缙碑》："唐李纾撰，从侄□书，建中三年。"（《宝刻丛编》卷八引《京兆金石录》）碑出蓝田县。查《新唐书·宰相世系表》河东王氏房，缙字夏卿，相代宗，兄维。（《宝刻类编》卷八同）

《唐尚书右丞王维碑》："唐庾承宣撰，郑纲书，贞元三年。"（《宝刻丛编》卷八引《京兆金石录》）碑出蓝田县。查《新唐书·宰相世系表》河东王氏房，维字摩诘，尚书左丞。（《宝刻类编》卷四同）

---

[1]《古今姓氏书辨证》卷一四王氏条河东王氏项："河东王氏，其先出琅琊。"但《新唐书·宰相世系表》及《古今姓氏书辨证》皆将其夹列在太原王氏之间。

4. 太原乌丸王氏僧辩支

《新唐书》卷七二中《宰相世系表二中》太原王氏条继载：

> 乌丸王氏：霸长子殷，后汉中山太守，食邑祁县。四世孙寔，三子：允、隗、懋。懋，后汉侍中、幽州刺史。六世孙光，后魏并州刺史。生冏，度支尚书、护乌丸校尉、广阳侯，因号"乌丸王氏"。生神念。北齐亡，徙家万年。[1]（神念有二子：僧辩、僧修。）

太原乌丸王氏僧辩支见于传、碑者，如下：

王涯，"太原人，父晃"（《旧唐书》卷一六九《王涯传》，《新唐书》卷一七九《王涯传》略同）。

王珪，孙焘，"太原祁人也。在魏为乌丸氏，曾祖神念自魏奔梁，复姓王氏"（《旧唐书》卷七〇《王珪传》，又见《新唐书》卷九八《王珪传》）。

王旭，"太原祁人也。曾祖珪"（《旧唐书》卷一八六下《酷吏传·王旭传》，又见《新唐书》卷二〇九《酷吏传·王旭传》）。

《大周故润州刺史王美畅妻长孙氏墓志》（01506，05704，05705，17655）："夫人长孙氏，河南郡人。……大足元年……薨于汝州私第。……夫人……以为合葬非古，何必同坟，乃遗令于洛州合宫县界龙门山寺侧为空以安神挺。子昕。"（《八琼室金石补正》卷四九、《芒洛冢墓遗文补遗》）

---

[1]《元和姓纂四校记》卷五王氏条乌丸项："冏，护乌丸校尉，因号乌丸王氏，生神念（据沈跛补）。《金石录》二十二云：'《元和姓纂》及唐史《宰相世系表》皆云神念父冏，为护乌丸校尉，因号乌丸王氏，今墓志乃云僧修归周，赐姓乌丸……皆当以《志》为正。'沈跋云：'今孙本"十阳"王姓下引《秘笈新书》补，并无此文，亦不著乌丸族望。'罗校亦据录补'神念父冏为护乌丸校尉，因号乌丸王氏'十六字。余按《新表》七十二中云：'生冏，度支尚书、护乌丸校尉、广阳侯，因号乌丸王氏，生神念。'试与《金石录》比照一观，便知赵氏所引，只刺取大意。《姓纂》书法，率顺次叙下，《新表》又从《姓纂》产出，故今参酌其文，改补如上。"

《大唐太原王君故夫人赵郡李氏墓志铭》（17106，23995）[1]："嫔于太原王昕。……（夫人）以神龙三年……遘疾终于私第。……以其年……权殡于邙山之高原，礼也。"（《芒洛冢墓遗文三编》）

5. 太原乌丸王氏僧修支

王仁皎，"玄宗王庶人父也"（《旧唐书》卷一八三《外戚传·王仁皎传》，《新唐书》卷二〇六《外戚传·王仁皎传》略同）。

玄宗废后王氏，"同州下邽人。梁冀州刺史神念之后……父仁皎"（《旧唐书》卷五一《后妃传·玄宗废后王氏传》，《新唐书》卷七六《后妃传·玄宗皇后王氏传》略同）。

《唐故开府仪同三司赠太尉益州大都督上柱国祁国昭宣王公碑》（03627，03628，03629）："讳仁皎，字鸣鹤，太原祁人。……曾祖景孝……祖诠……父文洎。……开元七年薨于京师。"（《潜研堂金石文字目录》卷二："明皇御书，八分书，开元七年十月，在同州羌白镇。"《金石萃编》卷七二谓碑在同州府大荔县。《全唐文》卷二三〇、《金石萃编补正》卷一同）

《赠安州都督王仁忠神道碑》："君讳仁忠，字挦，太原祁人也。……曾祖景孝……祖诠……考文济。……开元十年……捐馆宇于京兆兴宁里之私第。……即以其年……安厝左翊太原旧茔，礼也。"（《全唐文》卷二六四）左翊应在同州附近。

《唐赠太常卿工仁忠碑》："唐江夏太守李邕撰，都水使者集贤殿学士史惟则八分书。仁忠字挦，太原祁人。位至左千牛卫将军。永泰中以子釜赠太常卿。碑以大历三年立。"（《宝刻丛编》卷一〇引《集古录目》）碑出同州。查《新唐书·宰相世系表》，仁忠字挦，左千牛卫将军。

---

[1] 王昕可能是王美畅之子，见岑仲勉：《贞石证史》，王美畅暨子王昕条，《"中央研究院"历史语言研究所集刊》8（4），1939。

6. 太原中山王氏

《新唐书》卷七二中《宰相世系表二中》太原王氏条继载：

> 中山王氏亦出晋阳。永嘉之乱，凉州参军王轨子孙因居武威姑
> 臧。五世孙桥，字法生，侍御史、赠武威定王。生叡，封中山王，
> 号"中山王氏"，后徙乐陵。

太原中山王氏见于传、碑者，如下：

《长安县尉赠陇州刺史王府君神道碑》（00941）："君讳行果，太原
晋阳人也。……六代祖叡……五代祖覆……高祖忻……曾祖子景……祖
元季……考有方。……景龙三年……合葬于洛阳清风乡之原，礼也。"
（《全唐文》卷二六四略同）

王晙，"沧州景城人，徙家于洛阳。祖有方，岷州刺史"（《旧唐书》
卷九三《王晙传》，《新唐书》卷一一一《王晙传》略同。《新唐书》谓
"父行果为长安尉"）。

7. 太原中山王氏王满支

太原中山王氏另一支"汾州长史王满，亦太原晋阳人，生大琳"（《新
唐书·宰相世系表》），其人物有：

王播，弟炎、起，子式，起子龟、龟子荛，炎子铎、镣，其先太原
人，"曾祖琳……祖昇……父恕"（《旧唐书》卷一六四《王播传》，《新唐
书》卷一六七《王播传》）。

《唐丞相王播碑》："唐中书侍郎平章事李宗闵撰，翰林学士承旨柳公
权书。播字明敭，太原人，位至左仆射同平章事，赠太尉。碑以大和四
年正月立。"（《宝刻丛编》卷一〇引《集古录目》）碑出耀州（华原、富
平、三原、云阳、同官、美原、淳化）。查《新唐书·宰相世系表》，王
满支恕字士宽，子播字明敭，相文宗。播弟起。（《宝刻类编》卷四同）

《唐赠太师王起神道碑》："唐户部尚书平章事李回撰，太子少师柳

公权书并篆额。起字举之，太原人，位至山南西道节度使同中书门下平章事，赠太师。碑以大中元年四月立在三原。"（《宝刻丛编》卷一〇引《集古录目》）查《新唐书·宰相世系表》，王起字举之，魏郡文懿公。

《唐扬州仓曹参军王府君墓志铭》："公讳某，字士宽。……今为太原人。……曾祖讳满……王父大珽……父讳昇。……建中……五年殁于江都县之私第。……子曰播，曰炎，曰起。……以永贞元年……迁祔于京兆府富平县淳化乡之某原。"（《全唐文》卷六七九）查《新唐书·宰相世系表》，此处某即王恕也。

（七）琅琊王氏（见图8-7）

《新唐书》卷七二中《宰相世系表二中》琅琊王氏条[1]载：

> （王融）二子：祥、览。览字玄通，晋宗正卿，即丘贞子。六子：裁、基、会、正、彦、琛。裁字士初，抚军长史，袭即丘子。三子：导、颖、敞。导字茂弘，丞相始兴文献公。六子：悦、恬、劭、洽、协、荟。洽字敬和，散骑侍郎。二子：珣、珉。珣字元琳，尚书令、前将军，谥曰：献穆。五子：弘、虞、柳、孺、昙首。昙首，宋侍中、太子詹事、豫宁文侯。二子：僧绰、僧虔。僧绰，中书侍郎，袭豫宁愍侯。生俭，字仲宝，齐侍中、尚书令、南昌文宪公。生骞，字思寂，梁给事中、南昌安侯。生规，字威明，左户尚书、南昌章侯。生褒，褒字子渊，后周光禄大夫，石泉康侯。生鼒，字玉铉，隋安都通守、石泉明威侯。子弘让、弘直……

---

[1]《古今姓氏书辨证》卷一四王氏条较为详细。

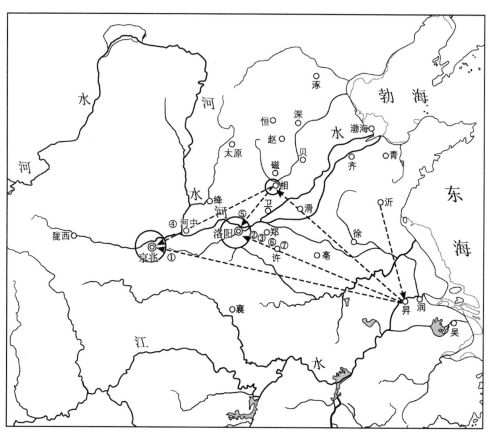

①琅琊王氏弘直支   ③琅琊王氏弘训支   ⑤琅琊王氏宽裔同晊支   ⑦琅琊王氏肃支
②琅琊王氏弘让支   ④琅琊王氏宽裔同皎支   ⑥琅琊王氏冲支

图 8-7   琅琊王氏房支迁徙图

1. 琅琊王氏弘直支

琅琊王氏弘直之子孙有传、碑者，如下：

王方庆，父弘直、子晙、孙俌、九世孙搏，"雍州咸阳人也。周少司空石泉公褒之曾孙也。其先自琅邪南度，居于丹阳，为江左冠族，褒北徙入关，始家咸阳焉。祖裒……父弘直"（《旧唐书》卷八九《王方庆传》，又见《新唐书》卷一一六《王綝传》）。按《新唐书》王搏之世代数恐有误。

王玙，"方庆六世孙"（《新唐书》卷一〇九《王玙传》，又见《旧唐书》卷一三〇《王玙传》）。按《新唐书》世代数恐有误。

王遂，"宰相方庆之孙也"（《旧唐书》卷一六二《王遂传》，又见《新唐书》卷一一六《王方庆传·附王遂传》）。《新唐书》谓方庆孙俌之孙。

《朝议大夫洋州刺史王君夫人博陵县君崔氏祔葬墓志铭》："夫人姓崔氏，博陵安平人。……琅琊王君澄之嘉偶。……夫人殁于栎阳之别墅，时贞元十九年秋七月某甲子。……生子三人，曰洒，曰逵，曰迈。……以二十年……祔于洋州（王澄）之旧封。"（《全唐文》卷五〇四）查《新唐书·宰相世系表》，王澄曾祖为方庆。

2. 琅琊王氏弘让支

琅琊王氏弘让之子孙有碑者，如下：

《入唐故长安县尉左授襄阳郡谷城县尉又移南阳郡临湍县尉琅琊王公祔葬墓志铭》（24034）："公讳志悌，字子金，其先琅琊临沂人也。晋丞相十二代孙，五代祖褒，周吏部尚书司空石泉公，高祖裒……曾祖弘让……祖方泰……父鸿。……终于官舍，以天宝十载……迁葬于河南府河南县安乐乡北邙山之原，侍先茔，礼也。"（《芒洛冢墓遗文四编》卷五）

3. 琅琊王氏弘训支

琅琊王氏弘训之子孙有碑、传者，如下：

《大唐故忠王府文学上柱国琅琊王府君墓志铭》（01539，16796，

24205）："公讳固己……琅琊临沂人也。……公则……肃之曾孙……弘训之孙……方智之季子。……以开元廿六年……终于河南府河南县宣教里之私第。……嗣子玙等……以其年……葬于河南府河南县平乐乡之原。"（《芒洛冢墓遗文四编》卷五）

4. 琅琊王氏宽裔同皎支

琅琊王氏另一盛支但未列入《新唐书·宰相世系表》者，有王导之裔南朝末叶的王宽一系，其同皎支：

王同皎，"相州安阳人。陈侍中、驸马都尉宽之曾孙。其先自琅邪仕江左，陈亡，徙家河北。同皎，长安中尚皇太子女定安郡主"（《旧唐书》卷一八七上《忠义传·王同皎传》，《新唐书》卷一九一《忠义传·王同皎传》略同，唯《新唐书》定安作安定）。

《大唐故光禄卿王公墓志铭》（01565，06015，06016，06017，17860）："公讳训……琅琊临沂人也，永穆大长公主之中子。……曾祖知道……祖同皎……父繇。……（公）尚博平郡主。……大历二年……终于（京师）凤楼之右。……子郊……以其年……迁厝万年县浐川乡浐川原之礼也。"（《金石萃编》卷九四，《抱经堂文集》略同）

《大唐故奉义郎行京兆府泾阳县主簿王府君墓志铭》（07761，07762，07769）："公讳郊字文秀，琅琊临沂人也。曾祖同皎……祖繇……父训。……终于万年县兴宁里。……长子贞素……以其年……卜择于万年县浐川乡先茔之侧也。"（《陶斋藏石记》卷二七）

5. 琅琊王氏宽裔同旺支

《赠太子詹事王公神道碑》："公讳同旺，字某，琅琊临沂人也。……自导至公，十有一代。……曾祖宽，陈侍中。祖海之……父知……从父弟同皎。……开元十六年……终于京兆安兴里之私第。……初公娶于安定皇甫氏……降年不永，先公即冥。安厝之日，公为郡掾，虽班秩有等，邱封尚卑……而公之克葬，礼用上卿，同于旧穴，是废王命；祔于新茔，未达神理。卜梦通感，子孙是依，魂无不之，合乃非古。以开元十六年……葬我孝公于偃师县首阳山之南原，夫人旧茔之东，礼也。嗣子太子宾客邱……"（《全唐文》卷三一三，《宝刻类编》卷三有目）

王丘，"同皎从兄子也，父同晖"（《旧唐书》卷一〇〇《王丘传》，《新唐书》卷一二九《王丘传》略同）。

6. 琅琊王氏冲支

琅琊王氏另一盛支未列入《新唐书·宰相世系表》者，有王导之裔梁朝王冲一系，人物如下：

《故太仆卿上柱国华容县男王府君墓志铭》："公讳某，琅琊临沂人。……乃祖某，梁侍中尚书左右仆射安东亭侯。高祖某，陈度支尚书。曾祖某，太子中书舍人。祖某，皇朝吏部郎中赠润州刺史。父某，官至洪州都督。……开元六年……薨于洛阳之陶化里第。……其年……合葬于偃师之某原，却倚首阳，前瞻洛汭。……子曰昊，次子曰旻。"（《全唐文》卷二九三）按《陈书》卷一七《王冲传》，王冲为梁之安东亭侯，亦曾任梁侍中、尚书右仆射、左仆射之职。

7. 琅琊王氏肃支

琅琊王氏王导之裔、北奔元魏之王肃，《新唐书·宰相世系表》失列，亦属盛支，其人物如下：

《魏故尚书令宣简公孙王君墓志》："君讳惠，字思，琅琊临沂人也。　导即君之七叶祖也。……祖肃　奔魏……考理。……大业三年……终于滑州韦城县故第。……永徽六年……迁柩于洛水北邙，合葬于祖宣简公（肃）之旧域。"（《芒洛冢墓遗文四编》卷二）

（八）彭城刘氏（见图8-8）

彭城丛亭里刘氏，《新唐书》卷七一上《宰相世系表一上》刘氏条载：

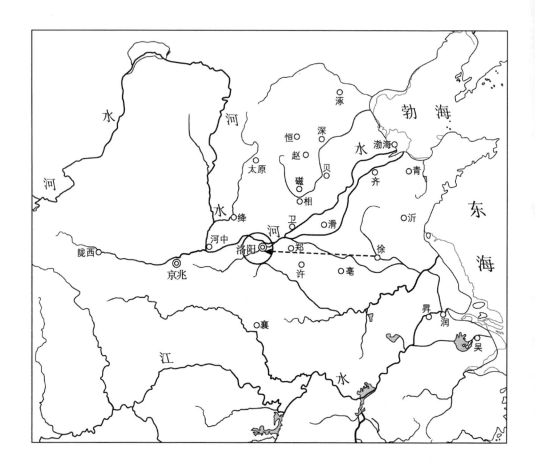

图 8-8　彭城刘氏房支迁徙图

（汉）高祖七世孙宣帝，生楚孝王嚣。嚣生思王衍。衍生纡。纡生居巢侯般，字伯兴。般生恺，字伯豫，太尉、司空。生茂，字叔盛，司空、太中大夫，徙居丛亭里。恺六世孙讷，晋司隶校尉。孙宪生羡，羡二子：敏、该。敏从子僧利。

彭城丛亭里刘氏见于传、碑者，如下：

刘德威，子审礼、审礼子易从、易从子昇，审礼从弟延嗣，"徐州彭城人也。父子将。……审礼……永隆二年卒于蕃中。……审礼之没吐蕃，诏许易从入蕃省之。及审礼卒，易从号哭，昼夜不止，毁瘠过礼。吐蕃哀其志行，还其父尸枢，易从徒跣万里，扶护归彭城"（《旧唐书》卷七七《刘德威传》，又见《新唐书》卷一〇六《刘德威传》）。

睿宗肃明顺圣皇后刘氏，"德威之孙也，父延景。……长寿中与昭成皇后同被谴，为则天所杀。景云元年追谥肃明皇后，招魂葬于东都城南，陵曰惠陵。睿宗崩，迁祔桥陵"（《旧唐书》卷五一《后妃传·睿宗肃明顺圣皇后刘氏传》，又见《新唐书》卷七六《后妃传·睿宗肃明顺圣皇后刘氏传》）。

刘子玄（本名知几），父藏器，兄知柔，子贶、餗、汇、秩、迅、迥，"楚州刺史胤之族孙也。……初，知几每云若得受封，必以居巢为名，以绍司徒旧邑；后以修《则天实录》功，果封居巢县子。又乡人以知几兄弟六人进士及第，文学知名，改其乡里为高阳乡居巢里"（《旧唐书》卷一〇二《刘子玄传》，《新唐书》卷一三二《刘子玄传》略同）。

刘滋，父贶、从兄赞，"子玄之孙，父贶"（《旧唐书》卷一三六《刘滋传》，又见《新唐书》卷一三二《刘子玄传·附刘滋传》）。

《给事中刘公墓志铭》："公姓刘氏，讳迥，彭城人，楚元王交之后也。当汉兴，诸侯王子孙，唯楚为盛。世为儒宗，光耀史牒。……大父……讳藏器……烈考……讳子玄。……大历……征拜谏议大夫，迁给

事中。移疾请告，就医于洛阳。享年若干，以建中元年……终于某里私第。……权窆于某原。"（《全唐文》卷五二〇）

刘敦儒，"子玄之孙。敦儒母有心疾……敦儒侍养不息，体常流血。及母亡，居丧毁瘠骨立，洛中谓之刘孝子。元和中，东都留守权德舆具奏其至行，诏曰：孝子刘敦儒……分曹洛师，俾遂私志"（《旧唐书》卷一八七下《忠义传·刘敦儒传》，又见《新唐书》卷一三二《刘子玄传·附刘敦儒传》。《新唐书》谓"留守韦夏卿表其行，诏标阙于间"）。

刘胤之，"徐州彭城人也。祖祎之……弟子延祐……胤之从父兄子藏器"（《旧唐书》卷一九〇上《文苑传·刘胤之传》，又见《新唐书》卷二〇一《文艺传·刘延祐传》）。

《唐故盐铁河阴院巡官试左武卫兵曹参军彭城刘府君墓志》（08846）："府君讳思友……其先彭城丛亭里人也。……曾王父崇直，苏州嘉兴县令……王父绾……父谏。……府君之先立第于洛之都积其稔矣！又别墅于緱岭下，其来也其往也五十里之近，或游或处不常。……咸通十年……遘疾易簀于绥福里之第，越明年……窆于河南府洛阳县平阴乡北邙原，祔先茔，礼也。"（《芒洛冢墓遗文四编》卷六）

《唐故文林郎试左武卫兵曹参军彭城刘府君（思友）夫人太原王□□志铭》（《芒洛冢墓遗文四编》卷六，文略同）。

按彭城丛亭里刘氏以刘敏及其从子僧利之裔最为兴盛。在太宗、高宗时期，刘德威及其子审礼显然郡望与籍贯皆在彭城，这可从刘易从扶护乃父审礼尸柩，徒跣万里归葬彭城证明之。而武后、中宗、睿宗时期，刘知几封居巢县子，及知几兄弟以文学知名，其乡人改其乡里为高阳乡居巢里，刘氏重心似仍在彭城。睿宗时肃明皇后刘氏招魂葬于东都城南，是两《唐书·后妃传》中后妃不葬在京兆附近的罕见例外，似可解释为彭城刘氏有大批族人定居洛阳，后为武则天所杀，其族人将其葬于东都城南。刘知几之子迥在代宗大历时任京官谏议大夫、给事中，在长安必有官舍，其移疾请告就医于洛阳，有似现在因病辞职，其所以在洛阳，亦可能洛阳有其家族，长安则仅有家属，似非落叶归根之所。该铭继载其德宗建中元年终于某里私第，权窆于某原云云，似应指洛阳地区，而"权窆"乃籍贯转移之过渡名称。又刘知几之孙敦礼在宪宗元和时的孝行，洛中谓之刘孝子云云，尚不能完全肯定是寓居抑或是籍贯已迁至洛阳，但刘敦礼任官喜欢分曹洛师，似乎洛阳地区已是刘氏大家族之定居地，而非仅寓居也。刘思友志文载：曾祖崇直苏州嘉兴县令。《新唐书·宰相世系表》彭城刘氏有崇直者，乃德智之子、德威之侄，但官衔是嘉州刺史。碑文中的崇直乃咸通年卒，思友之曾祖，其出现于历史舞台与《新唐书·宰相世系表》所记之崇直甚合。如果碑文中的崇直确系《新唐书·宰相世系表》中的崇直，则刘思友志所称懿宗咸通时期，刘思友夫妇"窆于河南府洛阳县平阴乡北邙原，祔先茔，礼也"之语，似乎暗示在唐朝晚期彭城丛亭里刘氏已定著于洛阳地区矣！

（九）渤海高氏（见图 8-9）

《新唐书》卷七一下《宰相世系表一下》高氏条载：

> 高氏出自姜姓，齐太公六世孙文公赤……十世孙洪，后汉渤海太守，因居渤海蓨县。洪四世孙褒，字宣仁，太子太傅。褒孙承，字文休，国子祭酒、东莞太守。生延，字庆寿，汉中太守。延生纳，字孝才，魏尚书郎、东莞太守。纳生达，字式远，吏部郎中、江夏太守。四子：约、乂、隐、汉。隐，晋玄菟太守。生庆，北燕太子詹事、司空。三子：展、敬、泰。展，后魏黄门侍郎，三都大官。二子：谠、颐。谠，冀青二州中正、沧水康公。二子：祚、祐。祐字子集，光禄大夫、建康灵侯。二子：和璧、振。

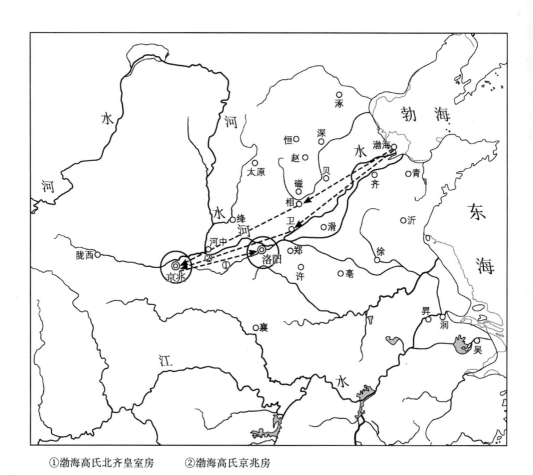

①渤海高氏北齐皇室房　　②渤海高氏京兆房

图 8-9　渤海高氏房支迁徙图

1. 渤海高氏北齐皇室房

两《唐书》中出于高振之裔者，有：

高季辅，子正业，"德州蓨人"（《旧唐书》卷七八《高季辅传》，《新唐书》卷一〇四《高季辅传》）。

出于高泰（《新唐书·宰相世系表》：泰，北燕吏部尚书、中书令。二子韬、湖）之裔者，有：

高士廉，子履行、真行、审行，五世孙重，"渤海蓨人"（《旧唐书》卷六五《高士廉传》，又见《新唐书》卷九五《高俭传》）。

《大唐尚书右仆射司徒申文献公（高士廉）茔兆记》（00877，03349，03351）："贞观二十一年薨……陪葬于醴泉县昭陵。"（《金石萃编》卷四八略同）

《唐沧州别驾高审行墓志》（《宝刻丛编》卷八引《京兆金石录》），碑出长安县。查《新唐书·宰相世系表》，士廉子审行，户部侍郎。

《唐故循州司马申国公高君墓志》："君讳某，字某，渤海蓨人也。……曾祖励……祖宗俭，字士廉……父慜，字履行。……永隆二年……薨于南海之旅次。……载初元年……合葬于少陵原，礼也。"（《全唐文》卷二一五）查《新唐书·宰相世系表》，士廉孙琁，循州司马，袭申公。

《大唐右监门卫中郎将高府君墓志铭》（05841）[1]："君讳嵘，字茗山，渤海人也。高祖岳……曾祖劢……祖士廉……父审行。……开元十七年……薨于河南府洛阳县通远坊之私第。……其年……还厝于河南县平乐乡中原，礼也。"

《唐检校户部尚书高重碑》："侄元裕撰，柳公权正书。会昌四年十月立。"（《宝刻丛编》卷四引《金石录》）碑出伊阳县。查《新唐书·宰相

[1]《元和姓纂四校记》卷五高氏条，岑仲勉谓碑文士廉父劢可校《新唐书·宰相世系表》、唐史、《元和姓纂》及《古今姓氏书辨证》等书"励"之误。

世系表》，高元裕叔重，字文明，检校户部尚书、渤海县子（《宝刻类编》卷四同）。

高元裕，兄少逸、元恭，子璩，"渤海人"（《旧唐书》卷一七一《高元裕传》，《新唐书》卷一七七《高元裕传》）。

《大唐银青大夫□吏部尚书上柱国渤海县开国男食邑三百户赠尚书右仆射》（《高元裕碑》）："六代祖申国公讳士廉。……大中四年……薨于南阳县之官舍……归葬于河南府白沙之南原。"（《金石萃编》卷一一四）《宝刻类编》卷四："萧邺撰，大中七年十月立，洛，存。"《平津读碑记》卷八谓大中六年（852）十一月，余略同。

2. 渤海高氏京兆房

高郢，《旧唐书》卷一四七《高郢传》载："其先渤海蓨人。"《新唐书》卷一六五《高郢传》谓："其先自渤海徙卫州，遂为卫州人。"

高郢又见于《新唐书》卷七一下《宰相世系表一下》高氏条末："京兆高氏，又有与北齐同祖，初居文安，后徙京兆。"（表中有郢，字公楚，相德宗、顺宗）

从以上资料分析，姑且不论高士廉陪葬长安附近昭陵之事，渤海高氏北齐皇室房因高齐定都于邺（即唐代相州）[1]，与北齐皇室直接或间接关联的高氏，或食邑或任官而迁至邺（即相）、磁、卫之地。待唐兴而有两京，北齐皇室房先迁至长安，然后又从长安移至洛阳，渤海高氏京兆房则自卫迁徙至京兆。

---

[1]《元和郡县图志》卷一六《河北道一》相州条（邺郡）："建安十七年，册命操为魏公，居邺。黄初二年以广平、阳平、魏三郡为'三魏'，长安、谯、许、邺、洛阳为'五都'。石季龙自襄国徙都之，仍改太守为魏尹。慕容隽平冉闵，又自蓟徙都之，仍置司隶校尉。苻坚平邺，以王猛为冀州牧，镇邺。后魏孝文帝于邺立相州。……至东魏孝静帝又都邺城，高齐受禅，仍都于邺，改魏尹为清都尹。周武帝平齐，复改为相州，大象二年自故邺城移相州于安阳城，即今州理是也。隋大业三年，改相州为魏郡。武德元年，复为相州。"

（十）河东裴氏（见图8-10）

《新唐书》卷七一上《宰相世系表一上》裴氏条载：

> 陵裔孙盖，汉水衡都尉、侍中，九世孙燉煌太守遵，自云中从光武平陇、蜀，徙居河东安邑，安、顺之际徙闻喜。曾孙晔，并州刺史、度辽将军。子茂，字巨光，灵帝时历郡守、尚书，率诸将讨李傕有功，封阳吉平侯。三子：潜、徽、辑。

> 西眷裴出自阳吉平侯茂长子徽，字文秀，魏冀州刺史、兰陵武公，以其子孙多仕西凉者，故号西眷。四子：黎、康、楷、绰。黎字伯宗，一名演，游击将军、秘书监。二子：粹、苞。粹，晋武威太守。二子：诜、暅。诜，太常卿，避地凉州，及苻坚克河西，复还解县，生劭，劭生和，和生钟，钟生景惠。

1. 河东裴氏西眷

西眷裴人物有二传，未见碑铭，如下：

裴寂，"蒲州桑泉人"（《旧唐书》卷五七《裴寂传》，《新唐书》卷八八《裴寂传》），相高祖。

裴矩，子宣机，"河东闻喜人"（《旧唐书》卷六三《裴矩传》，又见《新唐书》卷一〇〇《裴矩传》），相高祖。

2. 河东裴氏洗马房天寿善政支

《新唐书》卷七一上《宰相世系表一上》裴氏条继载：

> 洗马裴出自粹子暅。暅生懂，自河西归桑梓，居解县洗马川，号洗马裴，仕前秦大鸿胪。二子：天恩、天寿。

洗马裴天恩之子孙见于传、碑者仅得：

裴炎，从子伷先，"绛州闻喜人"（《旧唐书》卷八七《裴炎传》，《新唐书》卷一一七《裴炎传》），仅载郡望，无迁徙资料。

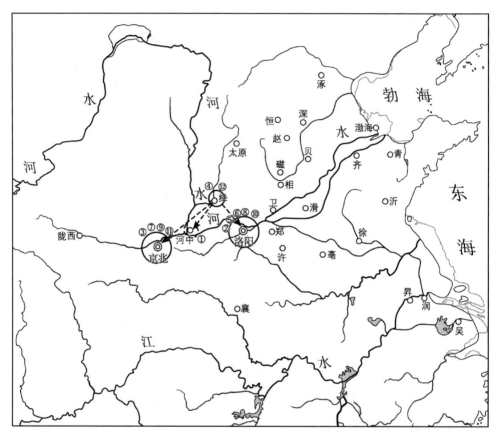

①河东裴氏西眷　　　　　　　　⑤河东裴氏南来吴令宝支　　　　⑨河东裴氏东眷澄支
②河东裴氏洗马房天寿善政支　　⑥河东裴氏中眷万虎支　　　　　⑩河东裴氏东眷澄希庄支
③河东裴氏洗马房天寿英支　　　⑦河东裴氏中眷双虎支　　　　　⑪河东裴氏东眷道护支
④河东裴氏南来吴叔业支　　　　⑧河东裴氏中眷三虎支　　　　　⑫河东裴氏东眷道护纲支

图 8-10　河东裴氏房支迁徙图

洗马裴天寿子孙自隋唐以来有若干支有资料可寻其迁徙，如下：

裴天寿五世孙善政，隋黎州刺史、黎国公，善政五世孙复，《河南少尹裴君墓志铭》（08065，08066，08067，08068）："公讳复，字茂绍，河东人。曾大父元简……大父旷……父虬。……元和三年（卒）……葬东都芒山之阴杜翟村。"（《全唐文》卷五六五，《古志石华》卷一五）

3. 河东裴氏洗马房天寿英支

裴天寿孙英。英子彦，后周骠骑大将军。彦孙弘泰，雍州录事参军。弘泰曾孙回，有铭：

《故任城县尉裴府君墓志铭》："天宝二年……卒于西京新昌坊私第。……君讳回，字玉温，河东闻喜人也。曾祖宏泰……祖思义……父敫珍。……祔葬于凤栖原先府君之茔。"（《全唐文》卷三二七）

裴英曾孙弘策，隋将作大匠，黎温公。弘策五世孙茂，《旧唐书》卷一一四、《新唐书》卷一四四有传，失其迁徙。弘策六世孙次元，有铭：《唐赠左仆射裴次元碑》。出自长安县（《宝刻丛编》卷七）。查《新唐书·宰相世系表》，茂之堂侄次元，福建观察使兼御史中丞，京兆尹。

4. 河东裴氏南来吴叔业支

《新唐书》卷七一上《宰相世系表一上》裴氏条继载：

> 南来吴裴出自黎第二子苞。苞二子：轸、瓨、彬。轸生嗣，嗣西凉武都太守。三子：邕、矞、策。邕度江居襄阳，生顺宗。顺宗三子：叔宝、叔业、令宝。叔业，齐南兖州刺史，初归北，号南来吴裴，事后魏，豫州刺史、兰陵郡公，谥忠武。子蒨之、芬之、简之、英之、蔼之。

南来吴裴叔业之子孙见于传、碑者有：

裴守真，子子余、耀卿，曾孙行立，"绛州稷山人也，后魏冀州刺史叔业六世孙也，父眘"（《旧唐书》卷一八八《孝友传·裴守真传》，《新唐书》卷一二九《裴守真传》略同）。

《宁州刺史裴守真碑》："崔沔撰，八分书。开元二十四年。绛。"（《宝刻类编》卷三）

查《新唐书·宰相世系表》，南来吴裴叔业支，裴守真字方忠，邠、宁二州刺史。

裴耀卿，孙佶，"赠户部尚书守真子也"（《旧唐书》卷九八《裴耀卿传》，《新唐书》卷一二七《裴耀卿传》略同）。

《唐故侍中尚书右仆射赠司空文献公裴公神道碑铭》（01102）："耀卿字子涣，河东闻喜人也。……考守真。……天宝三载卒。……以其年归葬绛州稷山县姑射山之阳，尚书府君（即父）茔东四里。"（《宝刻类编》卷四："许孟容撰、八分书并篆额，元和七年十一月，绛，存。"《金石萃编》卷一○六，《金石萃编补正》卷一，《全唐文》卷四七九）

5. 河东裴氏南来吴令宝支

南来吴裴"令宝二子：彦先、彦远。彦远生鉴，鉴生献"（《新唐书》卷七一上《宰相世系表一上》），其子孙有传者：

裴漼，从弟宽，宽弟珣、朗，"绛州闻喜人也，世为著姓。父琰之"（《旧唐书》卷一○○《裴漼传》，《新唐书》卷一三○《裴漼传》略同）。

裴胄，"其先河东闻喜人，今代葬河南，伯父宽"（《旧唐书》卷一二二《裴胄传》，又见《新唐书》卷一三○《裴漼传·附裴胄传》）。

《荆南节度裴胄碑》："杨于陵撰，贞元十九年。洛。"（《宝刻类编》卷四）

查《新唐书·宰相世系表》，南来吴裴令宝支，裴胄字胄叔，检校兵部尚书，谥成。

裴谞，"河南洛阳人。父宽……谞自河南凡五代为官"（《旧唐书》卷一二六《裴谞传》，《新唐书》卷一三○《裴漼传·附裴谞传》略同）。查《新唐书·宰相世系表》，裴谞高祖为罗，隋魏郡丞。罗父献，隋扶州刺史、临汾公。

南来吴裴另有一盛支，《新唐书》卷七一上《宰相世系表一上》裴氏条继载（误列中眷后）：

> 苞第三子丕。丕孙定宗。定宗，凉州刺史。生讹，后魏冠军将军。生辽，太原太守、散骑常侍。生纂，纂正平太守、郿西公。四子：舒、嗣、秀、询。舒，后周车骑将军、元氏公。生昂。生玄运，濮州刺史。生季友，司门郎中、太子仆。生武，武曾孙诉。

这一支人物见于传、碑者有：

裴坦，从子赞，"隋营州都督世节裔孙，父义"（《新唐书》卷一八二《裴坦传》）。

裴安期有碑铭，但失其葬地（《全唐文》卷六五五）。

6. 河东裴氏中眷万虎支

《新唐书》卷七一上《宰相世系表一上》裴氏条继载：

> 中眷裴氏出自嗣中子乔，晋太尉宋公版谘议参军、并州别驾，号中眷。三子：万虎、双虎、三虎。[1]

中眷裴万虎之子孙见于传、碑者有：

裴敬彝，"绛州闻喜人也。曾祖子通，隋开皇中太中大夫。母终，庐于墓侧，哭泣无节，目遂丧明。俄有白鸟巢于坟树。子通弟兄八人，复以友悌著名，诏旌表其门，乡人至今称为'义门裴氏'"（《旧唐书》卷一八八《孝友传·裴敬彝传》，《新唐书》卷一九五《孝友传·裴敬彝传》略同）。

裴延龄，"河东人。父旭"（《旧唐书》卷一三五《裴延龄传》，又见

---

[1] 按中眷裴出于西眷裴徽之后：徽→黎→苞→轸→嗣→乔。《元和姓纂四校记》卷三裴氏条，岑仲勉谓"徽号西眷，徽来孙乔"，较妥。

《新唐书》卷一六七《裴延龄传》）。

《监察御史裴府君墓志铭》："元魏河北太守万虎，兄弟三人，时称三虎，并仕于魏。魏都河洛，在天地之中，故裴氏始有中眷之号。公则万虎八代孙也。……贞元六年……终于（洛阳）立德里之第。……明年辛卯，葬于首阳山之阳。……男曰绰、曰约。"（《全唐文》卷七八四）

7. 河东裴氏中眷双虎支

中眷裴双虎之子孙见于传、碑者有：

裴行俭，子光庭、光庭子积、积子倩、倩子均，"绛州闻喜人。……父仁基"（《旧唐书》卷八四《裴行俭传》，《新唐书》卷一〇八《裴行俭传》略同）。

《赠太尉裴公神道碑》："三子尊为三祖，望高士族。自冀州刺史徽至公十二代，中军将军双虎至公六叶。……考仁基。……永淳元年……薨于京师延寿里。……其年十月，葬……于闻喜之东良原，礼也。"（《全唐文》卷二二八。《宝刻类编》卷三："开元十八年，解。"）

《大唐金紫光禄大夫行侍中兼吏部尚书宏文馆学士赠太师正平忠献公裴公碑铭》："公讳光庭，字连城，河东闻喜人也。……父行俭。……（开元）二十有一年……薨于京师平康里之私第。……葬……于闻喜之旧茔，礼也。"（《全唐文》卷二九一，《金石萃编》卷八一）

《大唐故朝议郎行尚书祠部员外郎裴君墓志铭》（00976，05174）："君讳积，字道安，河东闻喜人也。……考光庭。……开元二十八年……终于长安光德里私第。……其先葬于闻喜之东凉原也，即以辛巳岁……旋窆于长安万春乡神和原，礼也。"[《金石萃编》卷八四、《全唐文》卷三九七略同。《金石萃编》谓辛巳岁即开元二十九年（741）]

《尚书度支郎中赠尚书左仆射正平节公裴公神道碑铭》："公讳倩，字容卿，河东闻喜人。……光庭，公之王父也……祯，公之烈考也。……以大历七年……终命于长安光德里第……归全于万年县神禾原之大墓。"

（《全唐文》卷五〇〇）

《唐赠左仆射裴儆碑》："从侄次元撰，皇甫阅正书并篆，建中二年。"（《宝刻丛编》卷七引《京兆金石录》）碑出长安县。查《新唐书·宰相世系表》，裴积子儆，儆子墂（《宝刻类编》卷四同）。

《唐故万年令裴府君墓碣》："公讳墂，字封叔，河东闻喜人。……光庭，实曾祖。……积，实祖。……儆，实父。……元和十二年……卒。……妇人柳氏……贞元十六年某月日卒，祔于长安御宿之北原茔。"（《全唐文》卷五八八）

8. 河东裴氏中眷三虎支

中眷裴三虎之子孙见于传、碑者有：

《大周故正议大夫行太子左谕德裴公墓志铭》（16982）："公讳咸，字思容，河东闻喜人也。曾祖孝忠……祖涤……父方产。……圣历元年卒于隆化里。……以其年安厝于北芒山之茔，礼也。"

裴遵庆，子向、向孙枢，"绛州闻喜人也。代袭冠冕，为河东著族"（《旧唐书》卷一一三《裴遵庆传》，又见《新唐书》卷一四〇《裴遵庆传》）。

《裴遵庆碑（□□□□□光禄大夫□□□□□□□□□□东郡贞□□□□□□□□）》（08537）："河东著族。……大历十年……薨于万年县昇平里之私第，以明年……葬于东都万安山之旧茔。"（《金石萃编》卷〇〇，附载碑与传考证文）

《唐故正议大夫卫尉少卿闻喜县开国伯赐紫金鱼袋裴君墓志铭》："君讳会，字某，河南闻喜人。……贞孝公（遵庆）之元子。……贞元……九年戊申终于位。……返葬于东周万安山之南原，二夫人祔焉。"（《全唐文》卷五〇六）

9. 河东裴氏东眷澄支

《新唐书》卷七一上《宰相世系表一上》裴氏条继载：

东眷裴出自茂第三子辑，号东眷。生颖，颖司隶校尉。生武，字文应，晋大将军、玄菟太守，永嘉末，避地平州。二子：开、湛。开字景舒，仕慕容氏，太常卿、祭酒。三子：原、成、范。范字仁则，河南太守。四子：韬、冲、湛、绥。冲字太宁，后秦并州刺史、夷陵子。五子：道子、道护、道大、道会、道赐。道子字复泰，本州别驾，从刘裕入关，事魏，南梁州刺史、义昌顺伯。三子：德欢、恩立、辅立。德欢一名度，豫、郑、广、坊四州刺史，谥曰康。二子：澄、礼。

东眷裴澄之子孙有碑、传者有：

《唐齐州长史裴府君神道碑》："公讳希惇，字虔实，河东闻喜人也。……曾祖澄……祖尼……父之隐。……永徽元年……终于长安。……景龙二年……合葬于咸阳之北原，礼也。"（《全唐文》卷二八二）

《大唐故左亲卫裴君墓志铭》（01461，05384）："君讳可久，字贞远，河东闻喜人也。祖勖……父居业。……咸亨三年……终于襄阳。……以四年……窆于京兆之朱坂。"（《八琼室金石补正》卷三七，附考证：乃父居业与《新唐书·宰相世系表》合，祖《新唐书·宰相世系表》为熙载。可久可能是澄之五世孙）

10. 河东裴氏东眷澄希庄支

东眷裴澄曾孙裴希庄，陈州刺史；希庄曾孙肃。

裴休，父肃（德宗时人），"河内济源人也。……肃生三子，俦、休、俅，皆登进士第。休志操坚正，童龀时，兄弟同学于济源别墅。休经年不出墅门，昼讲经籍，夜课诗赋"（《旧唐书》卷一七七《裴休传》，《新唐书》卷一八二《裴休传》略同。《新唐书》谓"孟州济源人"）。查《新唐书·宰相世系表》，裴休乃希惇弟希庄之玄孙。

11. 河东裴氏东眷道护支

《新唐书》卷七一上《宰相世系表一上》载："道护二子：次爱、祖念。祖念生弘陁，后魏闻喜公。生鸿琳，易郡太守。生客儿。"裴弘陁之子为客儿（后魏长平郡丞）、鸿智（襄州长史、高邑县侯）及欣敬等三人。客儿子孙不见于传、碑；欣敬八世孙为度，有传。

裴度，子识、谥，"河东闻喜人。祖有邻……父溆"（《旧唐书》卷一七〇《裴度传》，又见《新唐书》卷一七三《裴度传》）。仅载郡望。

裴鸿智五世孙冕，有传有碑。裴冕，"河东人也，为河东冠族"（《旧唐书》卷一一三《裴冕传》，《新唐书》卷一四〇《裴冕传》略同）。《冀国公赠太尉裴冕碑》："公讳冕，字章甫，河东大族。……曾祖……怀感，祖……陟，考……纪。……大历四年……薨于长安。……明年二月，葬于京城南毕原。"（《全唐文》卷三六九）

裴鸿智另一位六世孙希先有碑。《唐故朝议郎使持节温州诸军事温州刺史充静海军使赐绯鱼袋河东裴府君神道碑铭》："君讳希先。……曾祖昭……祖确……考怦。……贞元六年冬十一月，殁于钟陵之私第。……明年八月，返葬于长安少陵原之旧茔。"（《全唐文》卷五〇一）

裴鸿智另一位七世孙垍，相宪宗，有传。裴垍，"河东闻喜人。垂拱中宰相居道七代孙"（《旧唐书》卷一四八《裴垍传》，又见《新唐书》卷一八九《裴垍传》）。

裴垍之七世祖，列传的记载与《新唐书·宰相世系表》的记载不合。裴垍仅有郡望，迁徙资料不详。

12. 河东裴氏东眷道护纲支

裴鸿智玄孙纲，蔡州刺史；纲孙济有碑。《河南少尹裴公墓志铭》："贞元八年……前河南少尹裴公讳济，字庄时……卒于京师靖安里之旅舍，明年……葬于绛州闻喜县之故原，从先公居，礼也。高祖怀节……（曾祖）昭……（祖）刚……（父）据。"（《全唐文》卷七八四）

（十一）兰陵萧氏（见图 8-11）

《新唐书》卷七一下《宰相世系表一下》萧氏条载：

> 汉有丞相酇文终侯何，二子：遗、则。则生彪，字伯文，谏议大夫、侍中，以事始徙兰陵丞县。生章……章生仰……生晧。晧生望之，御史大夫，徙杜陵。生育……生绍，御史中丞，复还兰陵。生闳……闳生阐……阐生冰……冰生苞……生周……周生蟜……蟜生逵……逵生休……休生豹……豹生裔……生整，字公齐，晋淮南令，过江居南兰陵武进之东城里。三子：俊、辖、烈。

> 苞九世孙卓，字子略，洮阳令，女为宋高祖继母，号皇舅房。卓生源之，字君流，徐、兖二州刺史，袭封阳县侯。生思话，郢州都督，封阳穆侯。六子：惠开、惠明、惠基、惠休、惠朗、惠蒨。惠蒨，齐左户尚书。生介。[1]

1. 兰陵萧氏皇舅房

皇舅房萧氏有传者，在唐代仅得二人，如下：

萧德言，"雍州长安人，齐尚书左仆射思话玄孙也。本兰陵人，陈亡，徙关中。祖介……父引"（《旧唐书》卷一八九上《儒学传·萧德言传》，又见《新唐书》卷一九八《儒学传·萧德言传》）。

萧至忠，"秘书少监德言曾孙也。……与太平公主谋逆，事泄……捕而伏诛，籍没其家"（《旧唐书》卷九二《萧至忠传》，又见《新唐书》卷一二三《萧至忠传》）。

2. 兰陵萧氏齐梁房懿支

《新唐书》卷七一下《宰相世系表一下》萧氏条齐梁房载：

> 齐梁房：整第二子辖，济阴太守。生副子，州治中从事。生道

---

[1]《古今姓氏书辨证》卷一〇萧氏条略同。

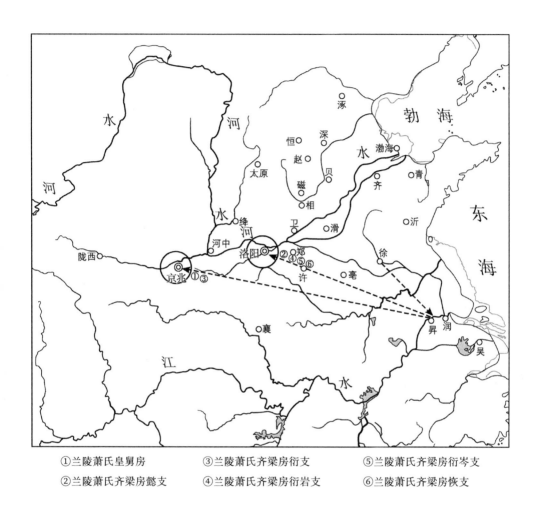

①兰陵萧氏皇舅房　　③兰陵萧氏齐梁房衍支　　⑤兰陵萧氏齐梁房衍岑支

②兰陵萧氏齐梁房懿支　　④兰陵萧氏齐梁房衍岩支　　⑥兰陵萧氏齐梁房恢支

图 8-11　兰陵萧氏房支迁徙图

赐，宋南台治中侍御史。三子：尚之、顺之、崇之。顺之字文纬，齐
丹杨尹、临湘懿侯。十子：懿、敷、衍、畅、融、宏、伟、秀、憺、
恢。衍，梁高祖武皇帝也，号齐梁房。懿字元达，长沙宣武王。七
子：业、藻、象、猷、朗、轨、明。明字靖通，梁贞阳侯，曾孙文憬。

齐梁房萧懿之子孙见于传、碑者，如下：

萧邺，"字启之，梁长沙宣王懿九世孙"（《新唐书》卷一八二《萧
邺传》）。

《唐故给事中赠吏部侍郎萧公墓志铭》："公讳直，字正仲，梁长沙
王懿七代孙，有唐御史中丞临汝郡守谅之孟子。……岁在丁酉（至德二
年）……终于静安里正寝。……卜葬于洛阳龙门冈先中丞茔之左，礼也。"
（《全唐文》卷三九二）

《成都功曹萧公墓志铭》："公讳某。……宣武皇帝七代孙也。曾祖
文憬……祖元礼……父诠。……贞元八年，归故国于洛汭。秋……终于
康裕里第。"（《全唐文》卷七八五）

3. 兰陵萧氏齐梁房衍支

《新唐书》卷七一下《宰相世系表一下》萧氏条齐梁房继载：

> 梁高祖武皇帝八子：统、纲、续、绎、综、绩、纶、纪。统，
> 昭明太子。纲，简文皇帝也。统五子：欢、誉、詧、謩、譬。

齐梁房萧衍之子孙见于传、碑者，如下：

萧瑀，子锐，瑀兄璟，瑀兄珣子钧、钧子瓘，钧兄子嗣业，"高祖梁
武帝。曾祖昭明太子。祖詧……父岿"（《旧唐书》卷六三《萧瑀传》，又
见《新唐书》卷一〇一《萧瑀传》）。

《赠吏部尚书萧公神道碑》："公讳灌，字元茂，兰陵人。……公即
梁宣皇帝之玄孙，明皇帝之曾孙。大父南海王珣……考钧。……永淳元

年八月，寓居穰县，终于苦盖。……长寿……二年二月辛卯，合葬于少陵原之先茔，礼也。（子嵩。）"（《全唐文》卷二二九）

《唐赠吏部尚书萧灌碑》："唐尚书左丞相张说撰，梁昇卿八分书，明皇八分题额。府君名灌，字玄茂，南梁萧誉之后，仕至渝州长史。子嵩为尚书令，赠府君吏部尚书，碑以开元十八年五月立。"（《宝刻丛编》卷八引《集古录目》）碑出万年县。查《新唐书·宰相世系表》，誉玄孙瓘，字玄茂，渝州长史。瓘子嵩。（《宝刻类编》卷一同）

萧嵩，子华，"贞观初左仆射宋国公瑀之曾侄孙。祖钧"（《旧唐书》卷九九《萧嵩传》，又见《新唐书》卷一〇一《萧瑀传·附萧嵩传》）。

萧复，"嵩之孙……父衡"（《旧唐书》卷一二五《萧复传》，又见《新唐书》卷一〇一《萧瑀传·附萧复传》）。

萧俛，弟杰、俶，从弟仿、仿子廪，"曾祖……嵩……祖华……父恒"（《旧唐书》卷一七二《萧俛传》，又见《新唐书》卷一〇一《萧瑀传·附萧俛传》）。

《唐赠太尉萧俛墓志》："唐萧邺撰，大中十一年。"（《宝刻丛编》卷八引《京兆金石录》）碑出万年县。查《新唐书·宰相世系表》，萧嵩子华，华子恒，恒子俛，俛字思谦，相穆宗。

《唐汝州刺史萧俶墓志》："唐裴郁撰，吴通微书，大历十二年。"（《宝刻丛编》卷八引《京兆金石录》）碑出万年县。查《新唐书·宰相世系表》，嵩孙俶。

《唐赠太尉中书令贞孝公萧仿墓志》："唐令狐绹撰，王绎书，乾符五年立。"（《宝刻丛编》卷八引《京兆金石录》）碑出万年县。查《新唐书·宰相世系表》，嵩子悟，悟子仿，仿字思道，相僖宗。（《宝刻类编》卷六同）

《唐赠礼部尚书萧廪墓志》："唐郑璘撰，文德元年。"（《宝刻丛编》卷八引《京兆金石录》）碑出万年县。查《新唐书·宰相世系表》，萧嵩子悟，悟子仿，仿子廪，廪字富侯，给事中。

萧遘，"兰陵人。……嵩之四代孙（按当五代）。嵩生衡，衡生复……复生湛，湛生寘……寘生遘"（《旧唐书》卷一七九《萧遘传》，又见《新唐书》卷一〇一《萧瑀传·附萧遘传》）。

萧定，"江南兰陵人。……瑀曾孙也。父恕"（《旧唐书》卷一八五下《良吏传·萧定传》，又见《新唐书》卷一〇一《萧瑀传·附萧定传》）。

4. 兰陵萧氏齐梁房衍岩支

《大唐故沧州景城县令萧公及夫人杜氏墓志》（05567，17128）："公讳瑶，字达文，东海兰陵人。……高祖梁武皇帝，曾祖太宗昭明皇帝，祖中宗宣皇帝，父岩。……（贞观）十二年……卒于私第。……十三年权殡于洛阳之邙山。夫人杜氏……以乾封元年……卒于南服，仪凤元年……葬于河南县平乐乡安善里杜郭村西南一里北邙之原。又以永隆二年……迁公神枢合葬于夫人之茔。"（《芒洛冢墓遗文四编》卷三）

《大唐沧州景城县令萧府君之铭》（05180，17405），与上碑略同。（《芒洛冢墓遗文四编》卷二）

《大唐蜀王故西阁祭酒萧公墓志》："公讳胜，字玄寂，东海兰陵人。梁中宗宣皇帝之孙，太尉安平王周柱国岩之第十三子也。……永徽二年……薨于万年县之崇义里，即以其年……窆于万年宁安乡凤栖之原。"（《吴兴金石记》卷三，《关中金石文字存逸考》卷五《咸宁县》）

萧瑶与萧胜应为兄弟。萧胜窆于万年；萧瑶权殡于洛阳，迁其神枢合葬于夫人杜氏之茔北邙之原。应以京兆万年为准。

5. 兰陵萧氏齐梁房衍岑支

《大隋故荥阳郡新郑县令萧明府墓志铭并序》："君讳瑾，字晒文，兰陵郡兰陵县人也。……梁宣帝詧之孙，吴郡王岑之第三子也。……大业九年……薨于东都温柔里第。……以其年……葬于河南县灵渊乡安川里北邙山之阳。"（《汉魏南北朝墓志集释》473）

《大隋金紫光禄大夫萧岑孙内官堂侄故萧滨之铭》（01299）："大业

十一年……君讳滨，字允，父臧，兰陵郡兰陵县人也。曾祖梁宣皇帝（也），祖吴郡吴王，父故永县开国侯瑾之第十一子。亡于河南郡河南县隆化里第。……殡于河南县灵泉乡龙渊里北邙山之阳。"（《汉魏南北朝墓志集释》495）

　　《梁太子洗马秘书丞仁化侯隋博州深泽县令萧公夫人袁氏墓志铭》："夫人讳客仁……陈郡阳夏县人。……归于萧氏。……显庆四年……薨于雍州万年县□□里。……子曰缮……以五年……迁祔于仁化侯之旧茔。"（《芒洛冢墓遗文四编》卷二）葬地未详。

　　6.兰陵萧氏齐梁房恢支

　　齐梁房萧恢之裔亦甚兴盛，但《新唐书·宰相世系表》失载，其人物见于传、碑者有：

　　萧昕，"河南人"（《旧唐书》卷一四六《萧昕传》，《新唐书》卷一五九《萧昕传》。《新唐书》谓"梁鄱阳王恢七世孙"）。

　　萧颖士，"字茂挺，梁鄱阳王恢七世孙，祖晶……父旻"（《新唐书》卷二〇二《文艺传·萧颖士传》，又见《旧唐书》卷一九〇下《文苑传·萧颖士传》）。

　　《尚书比部郎中萧府君墓志铭》："君讳存，字成性，梁武帝季子鄱阳王恢之裔。五世祖唐刑部尚书生雅州都督，都督生左卫长史元恭，长史生密州莒县主簿昊，主簿生扬州府功曹颖士……君即功曹（颖士）之子也。……（贞元）十六年……卒于浔阳溢城之私第，遂以是年……权窆于承仙之西冈，未克葬于临汝故也。"（《全唐文》卷六九一）

（十二）河东薛氏（见图8-12）

　　《新唐书》卷七三下《宰相世系表三下》薛氏条[1]载：

---

[1]《元和姓纂四校记》卷一〇薛氏条、《古今姓氏书辨证》卷三八薛氏条略同。

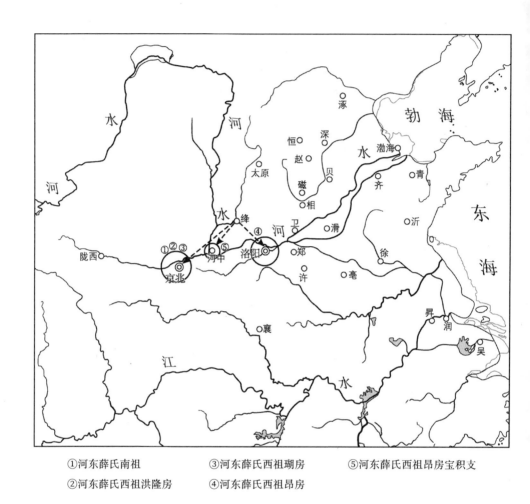

①河东薛氏南祖　　　③河东薛氏西祖瑚房　　　⑤河东薛氏西祖昂房宝积支

②河东薛氏西祖洪隆房　④河东薛氏西祖昂房

图 8-12　河东薛氏房支迁徙图

兰……子永，字茂长，从蜀先主入蜀，为蜀郡太守。永生齐，字夷甫，巴、蜀二郡太守，蜀亡，率户五千降魏，拜光禄大夫，徙河东汾阴，世号蜀薛。二子：懿、始。懿字元伯，一名奉，北地太守，袭鄊陵侯。三子：恢、雕、兴。恢一名开，河东太守，号"北祖"；雕号"南祖"；兴，"西祖"。雕生徒，徒六子：堂、晖、推、焕、渠、黄。堂生广，晋上党太守，生安都。

1. 河东薛氏南祖

河东薛氏南祖子孙有传、碑者，如下：

薛仁贵，"绛州龙门人。……（永淳二年）仁贵病卒，年七十，赠左骁卫将军，官造灵舆，并家口给传还乡"（《旧唐书》卷八三《薛仁贵传》，《新唐书》卷一一一《薛仁贵传》略同）。

《唐代州都督薛仁贵碑》："唐著作郎弘文馆学士苗神客撰。仁贵玄孙左领军卫兵曹参军伯巖书。薛礼，字仁贵，河东汾阴人，官至明威将军、代州都督，碑以天宝二年，立在安邑。"（《宝刻丛编》卷一〇引《集古录目》）

薛讷，弟楚玉，"绛州万泉人也……仁贵子也"（《旧唐书》卷九三《薛讷传》，又见《新唐书》卷一一一《薛仁贵传·附薛讷传》）。

薛嵩，弟萼、子平，族子雄，平子从，"绛州万泉人。祖仁贵……父楚玉"（《旧唐书》卷一二四《薛嵩传》，又见《新唐书》卷一一一《薛仁贵传·附薛嵩传》）。

《唐昭义节度薛嵩神道碑》："唐礼部郎中程浩撰，梁州都督府长史翰林待诏韩秀实八分书。薛公名嵩，楚玉之子也，初为史思明将，朝义败，以其地降，即拜昭义节度，封平阳郡王，碑以大历八年立，在夏县。"（《宝刻丛编》卷一〇引《集古录目》）

《河中节度使薛平神道碑》："李宗闵撰，太和六年立。京兆。"（《宝

刻类编》卷四）

查《新唐书·宰相世系表》，南祖薛嵩子平，平字坦涂，左龙武大将军、韩国公。官衔不同，但时代接近，可能为一人。

2. 河东薛氏西祖洪隆房

《新唐书》卷七三下《宰相世系表三下》薛氏条继载：

> 西祖兴，字季达，晋河东太守、安邑庄公。三子：纥、清、涛。涛字伯略，中书监，袭安邑忠惠公，与北祖、南祖分统部众，世号"三薛都统"。三子：强、遗、清。强字公伟，秦大司徒、冯翊宣公。三子：辩、邕、宠。辩字元伯，后魏雍州刺史、汾阴武侯。生谨，字法慎，内都坐大官、涪陵元公。五子：洪祚、洪隆、瑚、昂、积善，号"五房"，亦为濮上五门薛氏大房。

河东薛氏西祖洪隆房子孙有传、碑者，如下：

薛播，子公达，"河中宝鼎人，中书舍人文思曾孙也。父元晖，什邡令"（《旧唐书》卷一四六《薛播传》，又见《新唐书》卷一五九《薛播传》）。

《国子助教河东薛君墓志铭》："君讳公达，字大顺，薛姓。曾祖曰希庄，抚州刺史赠大理卿。祖曰元晖，果州流溪县丞。……父曰播，尚书礼部侍郎。侍郎命君后兄据，据为尚书水部郎中。……元和四年（卒）……其年……葬于京兆府万年县少陵原合祔。"（《全唐文》卷五六五）

3. 河东薛氏西祖瑚房

河东薛氏西祖瑚房子孙有传、碑者，如下：

薛收，兄子元敬、收子元超、元超从子稷、稷子伯阳，"蒲州汾阴人，隋内史侍郎道衡子也。事继从父孺以孝闻。……陪葬昭陵"[《旧唐书》卷七三《薛收传》，《新唐书》卷九八《薛收传》略同。《平津读碑续记·汾阴献公薛收碑》：永徽六年（655）八月，碑在醴泉县]

《唐故太常卿上柱国汾阴献公薛府君碑》：该碑残缺甚多，可读之字与唐史略同，卒后葬昭陵。（《金石萃编》卷五一）

薛大鼎，子克构、克勤，"蒲州汾阳人，周太子少傅博平公善孙也。父粹，隋介州长史。……（永徽五年）卒"（《旧唐书》卷一八五上《良吏传·薛大鼎传》，又见《新唐书》卷一九七《循吏传·薛大鼎传》）。

《骑都尉薛良佐塔铭》：天宝三载闰二月。右《骑都尉薛良佐塔铭》在长安县，碑为再从兄钧撰，弟良史书。碑称曾祖待聘，皇右千牛、通事舍人；《新唐书·宰相世系表》有薛待聘，而不言其历官。又有曾孙良史，杞王傅，而无良佐。钧亦见《新唐书·宰相世系表》。（《平津读碑记》卷六）查《新唐书·宰相世系表》，薛待聘、良史、钧等属西祖瑚房。

《唐驸马都尉房州刺史薛瓘碑》，碑出醴泉县。（《宝刻丛编》卷九）查《新唐书·宰相世系表》，薛瑚子芳；芳五世孙瓘，光禄卿、驸马都尉。

《唐黄门侍郎薛稷碑》（《宝刻丛编》卷八），碑出万年县。查《新唐书·宰相世系表》，薛稷乃道衡玄孙，相中宗、睿宗。

薛愿，"河东汾阴人。父绍，礼部郎中。兄崇一，尚惠宣太子女"（《旧唐书》卷一八七下《忠义传·薛愿传》，《新唐书》卷一九三《忠义传·庞坚传·附薛愿传》略同）。

《黔州刺史薛舒神道碑》："五代祖道衡……高祖收……曾祖元超……祖毅　　父儒童。……君讳舒，字仲和。……大历十年……薨于溪州之公馆。……十一年……合祔于万年县栖凤原，礼也。"（《全唐文》卷三七五）

4. 河东薛氏西祖昂房

河东薛氏西祖昂房子孙有传、碑者，如下：

薛戎，弟放，"河中宝鼎人"（《旧唐书》卷一五五《薛戎传》，《新唐书》卷一六四《薛戎传》）。

《朝散大夫越州刺史薛公墓志铭》："公讳戎，字元夫。其上祖懿……

始居河东。公之四世祖……德儒……（曾祖）宝允……（祖）缣……（父）同。……长庆元年（卒于苏州）……其年十一月庚申，葬于河南偃师先人之兆次。"（《全唐文》卷五六三）

《唐宣议郎行曹州乘氏县尉薛懋墓志》（14649）："曾祖宝胤。……贞元二年终于魏州贵乡县临川里之私第。……贞元六年合祔葬于河南县平洛里之原，礼也。"

5. 河东薛氏西祖昂房宝积支

扬州都督府长史薛宝积碑："王处撰，长寿中立。河中。"（《宝刻类编》卷二）

薛珏，"河中宝鼎人"（《旧唐书》卷一八五下《良吏传·薛珏传》，《新唐书》卷一四三《薛珏传》）。

薛苹，"河中宝鼎人"（《新唐书》卷一六四《薛苹传》，又见《旧唐书》卷一八五下《良吏传·薛苹传》）。

（十三）河东柳氏（见图 8-13）

《新唐书》卷七三上《宰相世系表三上》河东柳氏条载：

柳氏出自姬姓。鲁孝公子夷伯展孙无骇生禽，字季，为鲁士师，谥曰惠，食采于柳下，遂姓柳氏。楚灭鲁，仕楚。秦并天下，柳氏迁于河东。秦末，柳下惠裔孙安，始居解县。安孙隗，汉齐相。六世孙丰，后汉光禄勋。六世孙轨，晋吏部尚书。生景猷，晋侍中。二子：耆、纯。耆，太守，号"西眷"。耆二子：恭、璩。恭，后魏河东郡守，南徙汝、颍，遂仕江表。曾孙缉，宋州别驾、宋安郡守。生僧习，与豫州刺史裴叔业据州归于后魏，为扬州大中正、尚书右丞、方舆公。五子：鸑、庆、虬、桧、鸞。

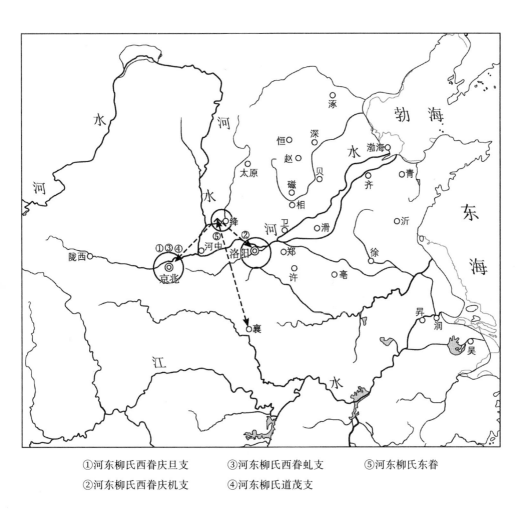

①河东柳氏西眷庆旦支　　③河东柳氏西眷虬支　　⑤河东柳氏东眷
②河东柳氏西眷庆机支　　④河东柳氏道茂支

图 8-13　河东柳氏房支迁徙图

1. 河东柳氏西眷庆旦支

河东柳氏西眷柳庆子：柳旦，隋黄门侍郎、新城男；柳机，隋纳言、建安简公。

柳旦之子孙有传、碑者，如下：

柳亨，族子范、兄子奭，孙涣、泽，"蒲州解人。……庆之孙也。父旦"（《旧唐书》卷七七《柳亨传》，又见《新唐书》卷一一二《柳泽传·附柳亨传》）。

《隋检校黄门侍部柳旦墓志》："正书，大业四年。"（《宝刻丛编》卷八引《京兆金石录》）碑出万年县。查《新唐书·宰相世系表》，西眷柳庆子旦，字匡德，隋黄门侍郎、新城男。

《唐赠蒲州刺史柳则碑》："唐来济撰。永徽中立。"（《宝刻丛编》卷八引《京兆金石录》）碑出万年县。查《新唐书·宰相世系表》，柳旦子则，隋左卫骑曹参军。

柳宗元，"河东人。……曾伯祖奭……父镇。……元和十四年十月五日卒。……子周六、周七，才三四岁。观察使裴行立为营护其丧及妻子还于京师，时人义之"（《旧唐书》卷一六〇《柳宗元传》，又见《新唐书》卷一六八《柳宗元传》）。《柳子厚墓志铭》："子厚讳宗元，七世祖庆……曾伯祖奭……（父）镇。……元和十四年十一月八日卒。……以十五年七月十日，归葬万年先人墓侧。"（《全唐文》卷五六三）

《右武卫将军柳公神道碑》："公讳嘉泰，字元亨。……今为河东解人也。……曾祖则……祖奭……父爽。……（开元）二十七年……终于长安开化里之私第。……归窆于万年洪固之原，礼也。……其词曰……杜陵东陌，秦原北阜。"（《全唐文》卷三五一）

《故殿中侍御史柳公墓表》："唐贞元十二年二月庚寅，葬我殿中侍御史河东柳公于万年县之少陵原。……居于虞乡（属蒲州）。……又迁殿中侍御史、度支营田副使。"（《全唐文》卷五八八。查此墓表墓主与下引

柳宗元《故叔父殿中侍御史府君墓版文》之墓主应为一人）

《故叔父殿中侍御史府君墓版文》：其文为柳宗元所撰，与上碑略同，唯明言曾王父讳子夏，王父讳从裕，皇考讳察。（《全唐文》卷五九一）

《故大理评事柳君墓志》："五世曰庆，相魏。魏相之嗣曰旦，仕隋为黄门侍郎。其小宗曰楷，至于唐，刺济房兰廓四州。楷生夏县令府君讳绎，绎生司议郎府君讳遗爱，皆葬长安少陵原。遗爱生御史府君讳开，葬南阳，其嗣曰宽。"（《全唐文》卷五九〇）

《亡姊前京兆府参军裴君夫人墓志》："柳氏至于唐，其著者中书令讳奭，中书之弟之子曰徐州府君讳子夏……府君讳从裕……至于侍御史府君讳镇……生贤女，以配于裴氏。……贞元十六年……终于光德里第。……其年……安厝于长安县之神禾原，从于先茔，祔于皇姑，宜也。"（《全唐文》卷五九〇）

2. 河东柳氏西眷庆机支

柳机子逊，职方郎中；逊孙永锡有碑，《大唐故泉州刺史乐平公孙柳君墓志铭》（16957）："君讳永锡，河东人也。……祖逊，屯田职方二郎中……父侃。……终于南阳穰县里也，即以垂拱元年……葬于洛州北邙之原，礼也。"（《芒洛冢墓遗文四编》卷三）

3. 河东柳氏西眷虬支

河东柳氏西眷虬支子孙有传、碑者，如下：

柳登，父芳、弟冕，冕子璟，"河东人"（《旧唐书》卷一四九《柳登传》，又见《新唐书》卷一三二《柳芳传·附柳登传》）。

《万年县丞柳君墓志》："贞元十二年……前万年县丞柳君终于长安昇平里之私第。……长子宏礼……次曰传礼，幼曰好礼。……（君同年葬）长安县高阳原，祔于先茔，礼也。……君讳元方，字某，解人也。……七代祖虬……（曾祖）惇……祖延州司马，考颐。"（《全唐文》卷五九〇）

4. 河东柳氏道茂支

《新唐书》卷七三上《宰相世系表三上》河东柳氏条继载：

> 晋太常卿、平阳太守纯六世孙懿，后魏车骑大将军、汾州刺史。
> 生敏，字白泽，隋上大将军、武德郡公。从祖弟道茂。

河东柳氏道茂支有传者，如下：

柳晟，"肃宗皇后之甥。母和政公主，父潭"（《旧唐书》卷一八三《外戚传·柳晟传》，《新唐书》卷一五九《柳晟传》。《新唐书》：河中解人……六世祖敏，仕后周为太子太保）。

柳公绰，子仲郢，仲郢子璧、珪、璧、玭，公绰弟公权，公绰伯父子华、子华子公度，"京兆华原人也。祖正礼……父子温。……仲郢……为虢州刺史。数月，检校尚书左仆射、东都留守。盗发先人墓，弃官归华原。……（咸通五年）以本官为郓州刺史、天平军节度观察等使，授节钺于华原别墅，卒于镇"（《旧唐书》卷一六五《柳公绰传》及附《柳仲郢传》，又见《新唐书》卷一六三《柳公绰传》及附《柳仲郢传》）。

《柳知微妻颍川陈氏墓记》（01618）："大和中归于我。……以大中四年……终于昇平里余之私第。……葬于长安县永寿乡高阳原。……柳知微记。"（《八琼室金石补正》卷七五考证：按柳公绰宅在昇平坊……是知微为公绰之近属也）

《柳氏殇女老师墓志》（01612）："我家之殇妹名曰老师是也。会昌五年……夭于昇平里第。……有六兄仲郢现任京兆尹。……葬于杜城村。"（《八琼室金石补正》卷七四）

柳璨，"河东人。曾祖子华。祖公器，仆射公绰之再从弟也。父遵"（《旧唐书》卷一七九《柳璨传》，又见《新唐书》卷二二三下《奸臣传·柳璨传》）。

5. 河东柳氏东眷 [1]

《新唐书》卷七三上《宰相世系表三上》河东柳氏条继载:

> 平阳太守纯生卓,晋永嘉中自本郡迁于襄阳,官至汝南太守。
> 四子:辅、恬、杰、奋,号"东眷"。

河东柳氏东眷子孙有传者,如下:

柳浑,兄识,"襄州人,其先自河东徙焉。六代祖恢,梁仆射。……父庆休"(《旧唐书》卷一二五《柳浑传》,又见《新唐书》卷一四二《柳浑传》)。

柳冲,"蒲州虞乡人也。隋饶州刺史庄曾孙也。其先仕江左,世居襄阳。陈亡,还乡里。父楚贤"(《旧唐书》卷一八九下《柳冲传》,又见《新唐书》卷一九九《柳冲传》)。

(十四)综合研究(见图 8-14)

表 8-1　中古士族房支迁徙表

房支	新贯	迁移时间	备注
清河崔氏:			
1. 清河崔氏郑州房	郑州→洛阳	北魏→玄宗	
2. 清河崔氏许州鄢陵房	许州鄢陵→洛阳	唐前→睿宗	
3. 清河崔氏南祖君实支	齐州→河南府	武后前→穆宗	
4. 清河崔氏南祖琰支	洛阳	武后前	
5. 清河崔氏清河大房	洛阳	玄宗前之唐前半期	从《新唐书·宰相世系表》推测
6. 清河崔氏清河小房	洛阳	德宗以前	贞元时洛阳已有先茔
7. 清河崔氏青州房	青州→河南府	刘宋→玄宗	

[1]《元和姓纂四校记》卷七柳氏条:"柳均志:'自士师(禽)至晋黄门侍郎纯为三十代,纯二子:长曰道年,次曰道载,始分为东、西眷。'与《新表》所言亦有不同,《表》谓纯生卓,号东眷也。"

（续表 8-1）

房支	新贯	迁移时间	备注
博陵崔氏：			
1. 博陵崔氏安平房	长安	宪宗	
2. 博陵崔氏大房伯谦支	恒州→洛阳	玄宗	玄晔相武后、中宗，葬北邙
3. 博陵崔氏大房仲让支	长安	玄宗前	
4. 博陵崔氏第二房楷支	长安	北周	
5. 博陵崔氏第二房孝芬支	关中	北魏末	
6. 博陵崔氏第二房孝晔支	河南府	德宗	
7. 博陵崔氏第三房	滑州→河南府	高宗	
8. 博陵崔氏第三房玄亮支	磁州	玄宗前	
范阳卢氏：			
1. 范阳卢氏阳乌房道将支	河南府	玄宗	
2. 范阳卢氏阳乌房道亮支	河南府	高宗	
3. 范阳卢氏阳乌房道虔支	河南府	玄宗	
4. 范阳卢氏第二房	河南府	代宗前	
5. 范阳卢氏第三房士熙支	滑州→河南府	武后前→玄宗	
6. 范阳卢氏第三房士澈支	相州	玄宗前	
7. 范阳卢氏第四房文翼支	河南府	玄宗前	碑出大历，卒于天宝，并言祔先大夫
8. 范阳卢氏第四房文甫支	蒲州（河中府）	不详（宪宗时人物）	
陇西李氏：			
1. 陇西李氏姑臧大房蕤支	可能河南府	北魏	
2. 陇西李氏姑臧大房彦支	河南府	高宗	
3. 陇西李氏姑臧大房蒨之支	河南府	代宗	武后时已徙山东
4. 陇西李氏姑臧大房行之支	河南府	玄宗	
5. 陇西李氏姑臧大房疑之支	可能郑州	僖宗	
6. 陇西李氏冲支	河南府	宪宗	

（续表 8-1）

房支	新贯	迁移时间	备注
赵郡李氏：			
1. 赵郡李氏南祖	河南府	代宗	
2. 赵郡李氏南祖万安支	郑州	武后	
3. 赵郡李氏南祖善权支	亳州→润州→长安	高宗→宪宗	
4. 赵郡李氏东祖鳃房灵支	河南府	玄宗前	愻祖孝端，隋臣
5. 赵郡李氏东祖鳃房均支	汝坟	唐初	仁瞻大业中举孝廉
6. 赵郡李氏东祖系房	河南府	玄宗	
7. 赵郡李氏东祖曾房	河南府	玄宗	
8. 赵郡李氏西祖盛支	长安	玄宗	
9. 赵郡李氏西祖隆支	卫州→洛阳	玄宗→宪宗	
太原王氏：			
1. 太原王氏大房	河南府	玄宗	
2. 太原王氏第二房	河南府	高宗	
3. 太原河东王氏	京兆府	德宗	
4. 太原乌丸王氏僧辩支	河南府	武后	
5. 太原乌丸王氏僧修支	同州（河中府）	玄宗	
6. 太原中山王氏	沧州→洛阳	中宗	
7. 太原中山王氏王满支	京兆府	德宗	
琅琊王氏：			
1. 琅琊王氏弘直支	丹杨→咸阳	隋	
2. 琅琊王氏弘让支	河南府	玄宗	
3. 琅琊王氏弘训支	河南府	玄宗	
4. 琅琊王氏宽裔同皎支	江左→相州→京兆	南朝→隋→玄宗	
5. 琅琊王氏宽裔同旺支	江左→相州→河南府	南朝→隋→玄宗	
6. 琅琊王氏冲支	河南府	玄宗	
7. 琅琊王氏肃支	洛阳	北魏末	

（续表 8–1）

房支	新贯	迁移时间	备注
彭城刘氏：			
彭城丛亭里刘氏	彭城→河南府	唐前半期彭城洛阳皆有，唐后半期（懿宗）刘氏定著于洛阳	
渤海高氏：			
1. 渤海高氏北齐皇室房	长安→洛阳	唐初→武宗	
2. 渤海高氏京兆房	卫州→京兆府	德宗	
河东裴氏：			
1. 河东裴氏西眷	蒲州（河中府）	高祖	
2. 河东裴氏洗马房天寿善政支	河南府	宪宗	
3. 河东裴氏洗马房天寿英支	京兆府	玄宗	
4. 河东裴氏南来吴叔业支	绛州	唐前	
5. 河东裴氏南来吴令宝支	洛阳	北魏末	
6. 河东裴氏中眷万虎支	洛阳	德宗前	碑出德宗时，自北魏即仕于洛阳
7. 河东裴氏中眷双虎支	闻喜→长安	玄宗前→德宗	
8. 河东裴氏中眷三虎支	洛阳	德宗	
9. 河东裴氏东眷澄支	京兆府	高宗	
10. 河东裴氏东眷澄希庄支	河内济源	德宗	按河内济源与北邙山乃一河之隔
11. 河东裴氏东眷道护支	长安	德宗	
12. 河东裴氏东眷道护纲支	绛州闻喜	原籍	
兰陵萧氏：			
1. 兰陵萧氏皇舅房	关中	隋	
2. 兰陵萧氏齐梁房懿支	洛阳	高宗	
3. 兰陵萧氏齐梁房衍支	京兆府	高宗	
4. 兰陵萧氏齐梁房衍岩支	京兆府	高宗	
5. 兰陵萧氏齐梁房衍岑支	河南府	隋	
6. 兰陵萧氏齐梁房恢支	河南	玄宗	

（续表 8-1）

房支	新贯	迁移时间	备注
河东薛氏：			
1. 河东薛氏南祖	河东→京兆府	文宗	
2. 河东薛氏西祖洪隆房	京兆府	宪宗	
3. 河东薛氏西祖瑚房	京兆府	太宗	
4. 河东薛氏西祖昂房	河南府	穆宗	
5. 河东薛氏西祖昂房宝积支	河中府	高宗	
河东柳氏：			
1. 河东柳氏西眷庆旦支	长安	隋	
2. 河东柳氏西眷庆机支	河南府	武后	
3. 河东柳氏西眷虬支	京兆府	德宗前	
4. 河东柳氏道茂支	京兆府	武宗	
5. 河东柳氏东眷	襄阳→河中虞乡（原籍）	晋→隋	

四、结　论

（一）根据上节之分析，如以十姓十三家为单位，其迁徙之"新贯"为：

清河崔氏：七个著房支皆在河南府。

博陵崔氏：八个著房支，四个在京兆府、三个在河南府、一个在磁州。

范阳卢氏：八个著房支，六个在河南府、一个在相州、一个在河中府。

陇西李氏：六个著房支，五个在河南府、一个在郑州。

赵郡李氏：九个著房支，五个在河南府、两个在京兆府、一个在郑州、一个在汝州。

太原王氏：七个著房支，四个在河南府、两个在京兆府、一个在河中府。

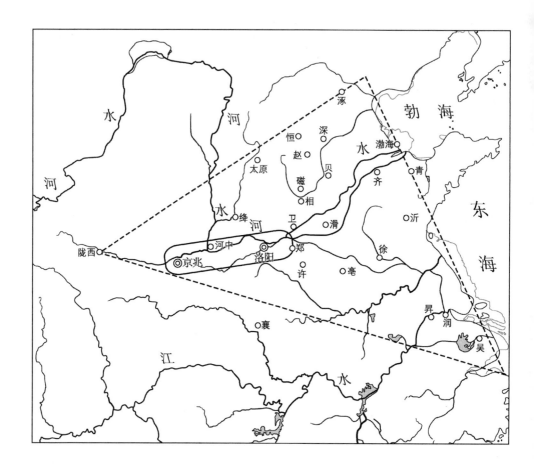

图 8-14   中古士族分布图

琅琊王氏：七个著房支，五个在河南府、两个在京兆府。

彭城刘氏：著房彭城丛亭里刘氏在河南府。

渤海高氏：两个著房，一个在河南府、一个在京兆府。

河东裴氏：十二个著房支，五个在河南府、四个在京兆府、两个原籍、一个河中府。

兰陵萧氏：六个著房支，三个在河南府、三个在京兆府。

河东薛氏：五个著房支，三个在京兆府、一个在河南府、一个在河中府。

河东柳氏：五个著房支，三个在京兆府、一在河南府、一在河中府（即原籍）。

如以十姓十三家之八十三个著房支为单位，其迁徙之新贯为：

河南府有四十七个，京兆府二十四个，河中府五个，绛州两个（原籍），郑州两个，相州、汝州、磁州等各一。

魏晋南北朝士族（包括本文十姓十三家）郡望之地理分布，可规划在一个大三角形之中（见图 8-14），此大三角形之一端在幽蓟，一端在陇西，一端在吴会。如上节十姓十三家著房著支迁徙图所示，至唐代这些大士族之主要人物从各方面走向京兆河南这条线上，地方人物设籍或归葬于两京地区，表示其重心已迁移至中央而疏离了原籍，聚集在两京附近的士族子弟仍然是唐代官吏的主要成分[1]，如果以中央与地方之间的关系而论，这种现象的发展，显示唐朝政府的地方基础将日益薄弱。

（二）两京亦有区别，大士族著支迁移河南府者比迁移至京兆府者几多一倍，唐代东都有其实际作用，全汉昇先生从经济因素角度指出唐天子屡屡就食于东都，而运河是连接经济中心与政治中心的大动脉，这

---

[1] 参见拙文《唐代统治阶层社会变动》第二章。

是重大贡献[1]。本文除承认经济因素以外，还加上社会因素，自北魏定都洛阳，以迄隋唐之发展，洛阳已成为当时人文汇聚之所，是一个最重要的社会中心。本文甚至进一步认为东都所发挥的社会意义比天子就食的意义更为重大，因为汴梁是漕运重镇，航行于运河的船不能航行于黄河，要在汴州换船，汴州至洛阳这一段黄河航道甚为艰辛，代价极高[2]。如果唐天子纯为就食，汴州比洛阳更为恰当。

（三）河北大士族著支向两京一带迁移的迹象甚为明显。清河崔氏悉数迁移至河南府附近；范阳卢氏、赵郡李氏、博陵崔氏绝大多数迁向河南府，少数迁向京兆府；渤海高氏迁移至京兆与河南各半。上述五大士族共得三十四著房支，仍在河北地区者仅两支：其一为博陵崔氏第三房玄亮支，在磁州滏阳，地近相州，实际上已较原籍南移半个河北；其二为范阳卢氏第三房士澈支，在相州，亦较原籍南移半个河北。著者于另一文《五代之政治延续与政权转移》中发现，在后唐、后晋、后汉、后周，甚至北宋初期[3]，河北人物居各地区之冠，唯从文、武两途观察之，五代北宋初之人物甚少是属于大士族之远房旁支者，实另有新人出焉。这与西晋永嘉乱后的河北景象形成强烈对比，在五胡入华时及北魏时代，河北地区大族甚受重视，并且人物辈出。唐代河北大士族著支移向中央，对于晚唐、五代、北宋初人物动态及政局发展，似乎有重大影响。

（四）士族设籍或归葬于中央地区的时间各不相同，如以京兆府、河

---

[1] 参见全汉昇：《唐宋帝国与运河》，"中央研究院"历史语言研究所专刊之二十四，1944，页11—12。

[2]《旧唐书》卷四九《食货志》："（开元）十八年……裴耀卿上便宜事条曰：'……至四月以后，始渡淮入汴，多属汴河干浅，又般运停留，至六七月始至河口，即逢黄河水涨，不得入河。又须停一两月，待河水小，始得上河。入洛即漕路干浅，船艘隘闹，般载停滞，备极艰辛。……又江南百姓不习河水，皆转雇河师水手，更为损费。'"《唐语林》卷一《政事》："汴水至黄河迅急，将吏典主，数之之后无不发白者。"

[3] 参见西川正夫：《華北五代王朝の文臣官僚》，《东洋文化研究所纪要》27，1963。

中府、河南府为唐代的中央地区，本文十姓十三家之八十三房支之中，有七十八个设籍或归葬于此中央地区，从列传记载或墓志铭埋葬时间判定这七十八个著房著支的设籍或归葬时代，可得下列各著房著支定著新贯之最迟时代（如有新资料出现，亦可能再予提升），唐代以前有十个、高祖时一个、太宗时一个、高宗时九个、武后时四个、中宗时一个、睿宗时一个、玄宗时二十二个、代宗时四个、德宗时十一个、穆宗时二个、宪宗时七个、文宗时一个、武宗时二个、懿宗时一个、僖宗时一个，共计七十八个房支。如以大段落分，安史乱前有四十九个，代宗至宪宗间有二十四个，文宗至唐末仅五个。绝大多数著房著支在安史乱前完成新贯，安史之乱或许对未完成新贯的房支有催促作用[1]，但最大的迁徙风潮却在高宗、武后及玄宗期间。

　　（五）由上文分析，大士族著房著支迁移的目标是两京一带。士族是渐渐地新贯于中央，很少能以一道诏令立刻改变[2]，任官中央而长期居留两京一带，有时候要经过数世才设籍并归葬于两京一带。唐代官僚制度中的选制对地方人物具有巨大的吸引力[3]，使郡姓大族疏离原籍、迁居两京，以便于投身官僚层；科举入仕者以适合官僚政治者为主，地方代表性质较低，士族子弟以大社会中的知识分子身份求取晋身，大帝国由此获得人才以充实其官吏群。如果将具有地方性格的郡姓新贯于中央地区

---

[1]《唐故虢州刺史赠礼部尚书崔公墓志铭》："公讳玄亮……博陵人。……遗诫诸子，其书大略云：'……自天宝以还，山东士人皆改葬两京，利于便近，唯吾一族，至今不迁。我殁，宜归全于滏阳先茔，正首邱之义也。'"

[2] 例如《魏书》卷七下《高祖纪》："（太和十九年六月）丙辰，诏：'迁洛之民，死葬河南，不得还北。'于是代人南迁者，悉为河南洛阳人。"这是对胡人的做法，对汉士族并无这样的诏令。

[3] 陈寅恪：《论李栖筠自赵徙卫事》，收于《金明馆丛稿二编》，页1—7，谓赵郡李栖筠迁移及不得不举进士第，其理由为"然非河北士族由胡族之侵入，失其累世之根据地，亦不致此"，这种说法对于李栖筠而言可能是正确的，但对于其他士族迁移两京（尤其是非河北士族）而言，应是选制所产生的巨大吸引力所致。

并依附中央的现象，称为中央化，而又将代表性的性格转变为纯官吏性格的现象，称为官僚化；则士族在中古时期一直在中央化与官僚化的螺旋进程中交互推移演变，最后成为纯官僚而失去地方性，一旦大帝国崩溃，自身将受重大影响。此所以士族在晋朝永嘉乱后仍然兴盛，而在唐亡之后就一蹶不振也。

第九篇

唐代大士族的进士第

　　魏晋南北朝时期九品官人法之实施与演进，致出现门第与官品之间有高度相应关系的现象[1]，使这一时期含有浓厚的士族政治色彩[2]。隋改选举法，废九品官人之制，而开科举先河。隋祚甚短，有关科举初期效用及其与政治社会之种种关系，应从唐代史实中探求。据拙文《唐代统治阶层社会变动》之统计，全唐时期统治阶层之中，士族占 66.2%，小姓占 12.3%，寒素占 21.5%。若将唐代二百八十九年（618—906）分为十一个代（generation），则士族比例最低的第六代（安史之乱时），亦达 56.2%，若将小姓阶层视为广义的士族[3]，则士族加小姓几占唐代统治阶层的 80% 弱，平民寒素仅占 20% 许。可见实施科举制度的最初近三百年，就唐统治阶层的社会架构而言，与实施九品官人法的魏晋南北朝时期是

---

[1] 参见拙文《从中正评品与官职之关系论魏晋南朝社会之架构》，《"中央研究院"历史语言研究所集刊》46（4），1975。

[2] 参见拙书《两晋南北朝士族政治之研究》，学术著作奖助委员会，1966。

[3] 拙文《唐代统治阶层社会变动》中对于"小姓"的定义是："（一）已没落士族；（二）低品酋豪，包括累世下品、地方大族（县姓）；（三）父祖有一代五品以上者。"以上人物的近祖皆涉及官场，与平民寒素有别，可列入广义的士族。

相同的 [1]。

有的学者以法律观点研究士族政治[2]，事实上，我国中古士族政治是一种政治暨社会现象，从纯法律角度着眼很难彻底了解其性质。例如，一般认为最有助于士族保持其政治地位的九品官人法，其中门望与官品间的相应关系，并非出于法律条文，而是士族在实际运用时利用了九品官人法[3]。古今中外在政治、社会、经济或文化诸方面有力量的一些人或人群，常常运用其力量，有形无形地钻进外表公平的律法壳子，从而取得实利，著者在细论士族与九品官人法之关系时[4]，曾撰文明示之，科举前期似亦暗合这种现象。科举时期的政治社会一直受到中外学者的关注，重点大都集中在科举对平民寒素的意义上。拙文《唐代统治阶层社会变动》中，分析了唐代科举对寒素上升变动的助力，量化后仅得 6%，此比例远比一般人想象为低，在追寻寒素借科举上升比例低的缘由时，同文另一项统计发人深思，此即：以科举出身者而言，其中 69% 是士族，13% 是小姓，18% 是寒素，也就是说，士族在科举初期三百年间，利用科举制度而保持其政治地位。

然而，隋唐与魏晋南北朝亦有不尽相同之处。门第在魏晋南北朝时期是入仕的首要因素，甚至近乎唯一因素，大士族子弟在当时生而具有"门地二品"，起家即中品官，当然极易升至上品官。而唐代除门第因素外，出现科第等因素，任何单一因素率皆由下品官入仕[5]，在其有生之年升至中品官极其可能；若想官拜上品，则需具有额外因素或遭逢特殊机

[1] 参见本书总论的四篇文章。
[2] David Johnson, *The Medieval Chinese Oligarchy: A Study of the Great Families in Their Social, Political & Institutional Setting.* 姜士彬讨论面颇广，唯较重视法律观点。
[3] 研究这一方面的学者甚多，如唐长孺，日人宫崎市定、矢野主税等。
[4] 参见拙文《从中正评品与官职之关系论魏晋南朝社会之架构》。
[5] 参见《新唐书》卷四五《选举志》。

缘。官宦的腾达，之所以由一项影响因素发展成多项影响因素，原因甚多，其中最值得注意的是"圈内竞争"。因为士族自东汉末叶以降，经魏晋南北朝多代发展，子孙繁衍极多，而官额有限，已无法人人为官，更无法皆做大官，加上或多或少庶姓寒素之上升，在农工商阶层之上浮着庞大的官吏候选人群，构成统治阶层内部圈内竞争的压力。故门第不但论姓氏地望，且分房分支，同一门第之中，盛支常有较佳的政治前途；论科举则分进士、明经等，而进士较受重视。拥有一项因素者可得到一定限度的仕进与升迁，拥有多项因素者就有较大的机会与发展空间。门第与进士第乃唐代仕宦的两大因素；本文主旨在指出门第与进士第两大因素对大士族仕宦的影响，行文举例仅展示此项影响的结果，至于凭借门第或进士第之初仕及升迁的情况如何，待研究官历时细论之。而纯进士无门第者，乃观察寒素上升的课题，亦另文研究。

在唐代统治阶层中，士族官吏仍占绝大多数；而科第出身者，亦以士族居绝大多数，所以大士族官宦的门第与进士第因素之研究，成为明了唐代政治社会实际情况的重要课题。唐代宰相是官僚机构之中最有实权的职务，唐行群相制，任何本官带有"同中书门下平章事""同中书门下三品""同平章事"等[1]衔者，皆为宰相。《新唐书·宰相世系表》中所载虽不免有些错误[2]，但大体而言，是现存研究唐史的重要资料。宰相不一定皆属士族子弟，所以《新唐书·宰相世系表》中的家谱不一定都是士族谱。本文以大士族为研究对象，从拙文《中国中古社会史略论稿》中选出最盛贵的十四族（十七家）作为基础，即：赵郡李氏、陇西李氏、赵郡崔氏、博陵崔氏、京兆韦氏、荥阳郑氏、河东裴氏、弘农杨氏、范阳卢氏、兰陵萧氏、太原王氏、琅琊王氏、京兆杜氏、彭城刘氏、渤海

---

[1] 参见周道济：《汉唐宰相制度》，嘉新水泥公司文化基金会，1964。

[2] 参见岑仲勉：《唐史余渖》。

高氏、河东薛氏、河东柳氏等十七家[1]，外加李唐宗室后裔，凡十八家大士族。该十八家大士族在唐代产生宰相凡一百八十七人，占全唐宰相总数三百六十六人的半数以上。除《新唐书·宰相世系表》以外，在甄别其进士第或其他科第时，还参考了新旧《唐书》有关列传，及《登科记考》《唐摭言》等书籍。为明了各时期变化，现将全唐二百八十九年分为三大期，每期约百年，即：自高祖至武则天为前期，睿宗至德宗为中期，顺宗至唐末为后期。因上列十八家皆为大士族，故若其子孙既无进士第又无其他科举时，其任官拜相理应与其门第有密切关系，本文以门第因素视之。进士第在诸科第之中有特殊重要性，自成一项；其他科第合为一项。本文研究大士族官宦状况，所举人物皆十八家子孙，未列寒素进士者，重心在比较纯门第因素者与门第进士者两者间的消长，以衬托出大士族子孙猎取进士第以壮大其声势之现象，同时也作为说明多项因素在唐代实施之一端。

前期：618—709 年，共九十二年。即高祖、太宗、高宗、中宗、睿宗、武则天的大周。

中期：710—805 年，共九十六年。即睿宗、玄宗、肃宗、代宗、德宗。

后期：806—906 年，共一百零一年。即顺宗、宪宗、穆宗、敬宗、文宗、武宗、宣宗、懿宗、僖宗、昭宗。

---

[1] 该十七家大士族不仅是唐代官宦大族，而且也是魏晋南北朝旧族，参见本书总论第三篇。

表9-1　唐代十八家士族宰相出身表

族姓	房支	前期	中期	后期	备注
赵郡李氏	南祖	敬玄（高宗），旧81，新106 元素（武后），旧132，新106 游道（武后），无传	日知（睿、玄）进士，旧188，新116	藩（宪），旧148，新169 固言（文），进士，旧173，新182 绅（武宗），进士，旧173，新181	《新唐书·宰相世系表》谓辽东房、江夏房、汉中房等与本支同源，唯辽东李有十三世未详；江夏李有六世未详；汉中李有十二世未详
	东祖	峤（武后），进士，旧94，新123		绛（宪），进士，旧164，新152 珏（文），进士，旧173，新182	
	西祖	怀远（武后），四科，旧90，新116		吉甫（宪），旧148，新146 德裕（文、武宗），旧174，新180	
	辽东房		泌（德），旧130，新139		
	江夏房			鄘（宪），进士，旧157，新146 磎（昭），进士，旧157，新146	
	汉中房	安期（高宗），旧72，新102			
陇西李氏	武阳房	迥秀（武后），旧62，新99			《新唐书·宰相世系表》谓陇西李氏定著四房，其一曰武阳；其二曰姑臧；其三曰燉煌；其四曰丹杨。李陵房与京兆房似非著支
	姑臧大房	义琰（高祖），进士，旧81，新105	揆（肃），进士，旧126，新150	逢吉（宪），进士，旧167，新174 让夷（武宗），进士，旧176，新181 训（文），进士，旧169，新179 蔚（僖），进士，旧178，新181	

（续表 9-1）

族姓	房支	前期	中期	后期	备注
陇西李氏	丹杨房	靖（太），旧67，新93 昭德（武后），明经，旧87，新117			
	李陵房	道广（武后），旧98，新126	元纮（玄），旧98，新126		
	京兆房		晟（德），旧133，新154		
赵郡崔氏	南祖	神基（武后），新109 詧（武后），无传		慎由（宣），进士，旧177，新114 昭纬（昭），进士，旧179，新223下 胤（昭），进士，旧177，新223下	《新唐书·宰相世系表》崔氏（包括赵郡与博陵）宰相共二十七人，《新唐书·宰相世系表》末仅载有二十三人，失举博陵大房沇、涣，博陵二房安上、造
	清河大房			龟从（宣），进士，旧176，新160	
	清河小房			群（宪），进士，旧159，新165 郸（宣），进士，旧155，新163 彦昭（僖），进士，旧178，新183	
	清河青州房		圆（肃），射策甲科，旧108，新140		
	清河鄢陵房	知温（高宗），旧185上，新106			
	清河郑州房	元综（武后），旧90，新114			
博陵崔氏	安平房	仁师（太、高宗），旧74，新99 湜（中），进士，旧74，新99			

（续表 9-1）

族姓	房支	前期	中期	后期	备注
博陵崔氏	博陵大房	玄暐（武后、中），明经，旧 91，新 120	涣（玄、肃），旧 108，新 120 损（德），进士，旧 136，新 167	铉（武、宣），进士，旧 163，新 160 元式（宣），旧 163，新 160 沆（僖），进士，旧 163，新 160	
	博陵第二房	安上（高宗），旧 81，新 106	祐甫（德），进士，旧 119，新 142 造（德），旧 130，新 150	植（穆），旧 119，新 142 珙（武宗），拔萃，旧 177，新 182 远（昭），进士，旧 177，新 182	
	博陵第三房		日用（玄），进士，旧 99，新 121		
京兆韦氏	平齐公房	弘敏（武后），无传		保衡（懿），进士，旧 177，新 184	《新唐书·宰相世系表》中实载十六人，表末谓九房十四人，漏安石、承庆 贻范系咸通十四年（873）进士，见《唐摭言》京兆房与他房之间世系不详 平齐公房实为西眷 逍遥公房、郧公房、南皮公房、驸马房、龙门公房、小逍遥公房，皆东眷之分支
	东眷	方质（武后），旧 75，新 103			
	逍遥公房	待价（武后），旧 77，新 98	处厚（玄），进士，旧 159，新 142	贯之（宪），进士，旧 158，新 169	
	郧公房	巨源（武后、中），旧 92，新 123	安石（中、睿），明经，旧 92，新 122		
	南皮公房		见素（玄），科第，旧 108，新 118		
	驸马房	温（中），旧 183，新 206			
	龙门公房			执谊（顺、宪），进士，旧 135，新 168	

（续表9-1）

族姓	房支	前期	中期	后期	备注
京兆韦氏	小逍遥公房	思谦（武后），进士，旧88，新116 承庆（武后），进士，旧88，新116 嗣立（武后、中），进士，旧88，新116			
	京兆房			贻范（僖、昭），进士，《唐摭言》，新182 昭度（昭），进士，旧179，新185	
荥阳郑氏	北祖	余庆（德），进士，旧158，新165 珣瑜（德），文科，新165	覃（文），旧173，新165 朗（宣），进士，旧173，新165 从谠（僖），进士，旧158，新165 延昌（昭），进士，新182		《新唐书·宰相世系表》共载九人。郑肃、郑綮为列传所添，未详其房支。《新唐书·宰相世系表》末载郑氏定著二房：一曰北祖，二曰南祖
	南祖	絪（德），进士，旧159，新165			
	荥阳			畋（僖），进士，旧178，新185	
	沧州房	愔（中），无传			
				肃（武宗），进士，旧176，新182 綮（昭），进士，旧179，新183	
河东裴氏	西眷	寂（高祖），旧57，新88 矩（高祖、太），旧63，新100			《新唐书·宰相世系表》末谓裴氏定著五房，即左列五房

（续表 9–1）

族姓	房支	前期	中期	后期	备注
河东裴氏	洗马房	谈（中），无传 炎（中、武后），明经，旧 87，新 117			
	南来吴房	行本（武后），无传	耀卿（玄），童子举，旧 98，新 127	坦（僖），进士，新 182	
	中眷		光庭（玄），旧 84，新 108 遵庆（代），旧 113，新 140	枢（昭），进士，旧 113，新 140 贽（昭），进士，新 182	
	东眷	居道（武后），无传	冕（代），旧 113，新 140	度（宪），进士，旧 170，新 173 垍（宪），进士，旧 148，新 169 休（宣），进士，旧 177，新 182 澈（僖），无传	
弘农杨氏	观王房	恭仁（高祖），旧 62，新 100 师道（太），旧 62，新 100 执柔（武后），旧 62，新 100	炎（德），进士，旧 118，新 145		
	太尉房	绑字再思（武后、中），明经，旧 90，新 109	国忠（玄），旧 106，新 206 绾（代），进士，旧 119，新 142		
	越公房	弘武（高宗），旧 77，新 106		嗣复（文、武宗），进士，旧 176，新 174 收（懿），进士，旧 177，新 184 涉（昭），进士，旧 177，新 184	

（续表 9–1）

族姓	房支	前期	中期	后期	备注
范阳卢氏	大房	承庆（高宗），旧 81，新 106		商（宣），进士，旧 176，新 182	范阳房与大房、第二房、第三房等接合关系不详
	第二房		翰（德），无传 迈（德），两经第，旧 136，新 150		
	第三房		怀慎（玄），进士，旧 98，新 126 杞（德），旧 135，新 223 下		
	范阳房			携（僖），进士，旧 178，新 184 光启（昭），进士，新 182	
兰陵萧氏	皇舅房		至忠（睿），旧 92，新 123		
	齐梁房	瑀（高祖），旧 63，新 101	嵩（玄），旧 99，新 101 华（肃），旧 99，新 101 复（德），旧 125，新 101	俛（穆），进士，旧 172，新 101 邺（宣），进士，新 182 寘（懿），旧 179 仿（僖），进士，旧 172，新 101 遘（僖），进士，旧 179，新 101	
太原王氏	大房溥			溥（昭），进士，新 182	京兆王氏有宰相德真、徽二人，因来源与太原、琅琊明显不同，故未列入
	河东房		缙（代），文辞科，旧 118，新 145		

（续表 9-1）

族姓	房支	前期	中期	后期	备注
太原王氏	乌丸房	珪（太），旧70，新98		涯（宪、文），进士，旧169，新179	《新唐书·宰相世系表》谓：河东房、乌丸房、中山房，皆太原王氏 锷，《新唐书·宰相世系表》中无，据两《唐书》补，唯世系不明，自言太原人
	中山房		晙（玄），明经，旧93，新111	播（文），进士，旧164，新167 铎（懿、僖），进士，旧164，新185	
				锷（僖），旧151，新170	
琅琊王氏		璹（武后），无传 綝字方庆（武后），旧89，新116	玙（肃），旧130，新109	抟（昭），进士，新116	
京兆杜氏	本支	如晦（太），旧66，新96 淹（太），旧66，新96		元颖（穆），进士，旧163，新96 审权（宣、懿），进士，旧177，新96 让能（懿、昭），进士，旧177，新96	《新唐书·宰相世系表》有淹，查旧66、新96淹传，皆未言曾相太宗，恐有误。 《新唐书·宰相世系表》谓五房皆可溯同源
	京兆房			黄裳（宪），进士，旧147，新169	
	襄阳房		佑（德、顺、宪），旧147，新166	悰（武宗、懿），旧147，新166	
	濮阳房		暹（玄），明经，旧98，新126 鸿渐（代），进士，旧108，新126		

（续表 9-1）

族姓	房支	前期	中期	后期	备注
京兆杜氏	洹水房	正伦（高宗），隋秀才，旧70，新106			
彭城刘氏	彭城房	文静（高祖），旧57，新88	滋（德），旧136，新132	瞻（懿），进士，旧177，新181	《新唐书·宰相世系表》载刘氏定著七房，即左列七房，并谓该七房可溯同源
	尉氏房	仁轨（高宗），旧84，新108		璩（宣），进士，旧177，新182	
	临淮房	祎之（武后），旧87，新117			
	南阳房	洎（太宗），旧74，新99			
	广平房	祥道（高宗），旧81，新106 齐贤（高宗），旧81，新106	从一（德），进士，旧125，新106		
	丹杨房			邺（德），旧177，新183	
	南华房		晏（肃、代），神童举，旧123，新149		
渤海高氏		士廉（太），旧65，新95 智周（高宗），进士，旧185上，新106 季辅（太宗、高宗）旧78，新104	郢（德、顺），进士，旧147，新165	璩（懿），进士，旧171，新177	
河东薛氏	南祖		讷（玄），旧93，新111		
	西祖	元超（高宗），旧73，新98	稷（中、睿），进士，旧73，新98		

（续表 9–1）

族姓	房支	前期	中期	后期	备注
河东柳氏		奭（高宗），旧 77，新 112	浑（德），进士，旧 125，新 142	璨（昭），进士，旧 179，新 223 下	
宗室李氏	郇王房		林甫（玄），旧 106，新 223 上	回（武宗），进士，旧 173，新 131	《新唐书·宰相世系表》中有麟，表末无，故表末仅得十一人，实际有十二人
	小郑王房		勉（德），旧 131，新 131	夷简（宪），进士，旧 176，新 131 宗闵（文），进士，旧 176，《登科记考》，新 174	
	恒山房		适之（玄），旧 99，新 131		
	吴王房		岘（肃），旧 112，新 131		
	惠宣太子房			知柔（昭），新 81	
	郑王房			程（敬），进士，旧 167，新 131 石（文），进士，旧 172，新 131 福（宣），进士，旧 172，新 131	
	定州刺史房		麟（肃），旧 112，新 142		

附记：括号内表示任宰相时之君主。"新"指《新唐书》，"旧"指《旧唐书》，阿拉伯数字表示卷数。

表9-2　唐代十八家士族宰相出身统计表

族姓		前期 (618—709)	中期 (710—805)	后期 (806—906)
赵郡李氏	17人	○○○◑●?	○●	○○○●●●●●
陇西李氏	12人	○○○◑●	○○●	●●●
赵郡崔氏	12人	○○○?	◑	●●●●●●
博陵崔氏	15人	○○○◑●	○○●◑●	○○○◑●
京兆韦氏	16人	○○○○●●●?	◑◑◑	●●●●●
荥阳郑氏	11人	?	◑●●	○●●●●●
河东裴氏	17人	○○○◑? ? ?	○○○○◑	●●●●●●?
弘农杨氏	11人	○○○○◑	○●●	●●●
范阳卢氏	8人	○	○○◑●?	●●●
兰陵萧氏	10人	○	○○○○	○●●●
太原王氏	8人	○	◑◑	●●●●?
琅琊王氏	4人	○?	○	●
京兆杜氏	11人	○○◑	○○●	●●●
彭城刘氏	12人	○○○○○	○○◑	○●●
渤海高氏	5人	○○●	●	●
河东薛氏	3人	○	○●	
河东柳氏	3人	○	●	●
宗室李氏	12人		○○○○○	○●●●●●●
总计	187人	○ 37人（68.3%） ◑ 6人（10.3%） ● 7人（12.1%） ? 8人（13.8%） }58人	○ 23人（46.0%） ◑ 10人（20.0%） ● 16人（32.0%） ? 1人（2.0%） }50人	○ 10人（12.7%） ◑ 1人（1.3%） ● 66人（83.5%） ? 2人（2.5%） }79人

附记：符号：　○　门第

　　　　　　　◑　门第＋科第（不含进士第）

　　　　　　　●　门第＋进士第

　　　　　　　?　无传或世系不明

如表 9-1、表 9-2 所示，十八家大士族子孙为相者，在唐代前期近百年之中，纯门第 [1] 与带进士第、带科第之人数为 45、7、6，百分比为 77.6%、12.1%、10.3%；中期近百年之内纯门第与带进士第、带科第之人数为 24、16、10，百分比为 48.0%、32.0%、20.0%；后期百年之内纯门第与带进士第、带科第之人数为 12、66、1，百分比为 15.2%、83.5%、1.3%。[2] 这三期表现出一个明显的趋势，即带进士第者急速增加，纯门第者急速减少；变动的速率甚大，近三百年之中，前期与后期几乎是对调之势。前期只有京兆韦氏在武则天时期有三位带进士第的宰相，其他各族带进士第者无一人；后期仅赵郡李氏及博陵崔氏有两位以上纯门第宰相，其他各族不带进士第为相者无一人。士族子孙大规模地带进士第，说明士族似乎找到了保持其政治地位的良方。多项有利的因素聚集在一人之身，增长其官宦气势，当然严重地消解了寒素纯进士第仕宦的机会，本文暂不深论此点。本文且观察圈内竞争时，进士第在士族中所起的作用如何。

进一步探讨士族门第出身者与士族带进士第出身者之间最后官品之差距，既可明了进士第这个因素对于士族的影响，又可作为研究进士官历之背景与基础。上述官品差距之研究，要尽量排除或减少掺杂其他因素，以公平的方法比较人物间的高下，从而过滤出纯进士因素的纯效用，这种要求对人文社会科学的学者而言，甚为苛求，在弹性较大的社会领域之中，排除其他直接影响的因素已属不易，那些错综复杂的间接因素，实在无从完全清除。就以本文而论，中古诚属士族社会，然并非所有士

---

[1] 本文所谓"纯门第"，是相对于"带进士第"之说法。实际上，大士族子孙不带进士第而仕宦者，未必"纯门第"一项因素，或许有若干次要的因素或机缘促成之，然不可否认，门第是最重要的关键因素，在一般情况之下，平民寒素不可能有如此数量的巧合，关于大士族子孙在唐代官宦的初仕及官历，将另文讨论之。

[2] 此处作者将门第与无传或世系不明之人合并计数，依原文。——编注

族皆一般高下[1]，即同族之间，各房支地位高下亦不相同，尤有进者，同一房支在不同时期其社会地位亦有升降。最客观的方法莫过于同一族房兄弟间的比较，一是纯门第出身者，另一是带进士第出身者，这种比较方能较准确地衬托出进士第因素的分量，但如此则资料甚为难求，故本文放宽至近支从兄弟间之比较，近支的界限亦甚难定，本文所谓近支者，其祖先在唐代已属一人。若以谨慎的态度，顾及以上所述的种种考虑，则《新唐书·宰相世系表》中保留的许多大士族之世系，颇可作为研究本题的资料。以此表作为骨干，配合新旧《唐书》列传及现存唐代墓志铭拓片（"中央研究院"历史语言研究所图书馆藏），找出六个稍具典型的例子作为研究的基础，这些人物都属于《新唐书》柳芳所述的著姓，亦在上文所列十八家大士族之内。仅选此六例之原因，乃其从兄弟之间有着较易于对照研究的资料。六例皆属本族之盛支，而非该族全部，如下：

（一）清河东武城南祖乌水房崔氏。

（二）范阳涿县北祖（阳乌房、敏房、昶房、尚之房）卢氏。

（三）陇西狄道姑臧大房李氏。

（四）荥阳开封北祖第二房郑氏。

（五）兰陵齐梁房后梁支萧氏。

（六）京兆杜陵北朝支（杜徽房、杜瑶房）杜氏。

---

[1] 参见拙著《两晋南北朝士族政治之研究》。

一、清河东武城南祖乌水房崔氏

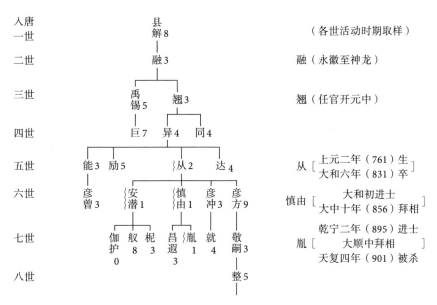

资料来源：《新唐书》卷七二下《宰相世系表二下》崔氏，"中央研究院"历史语言研究所藏墓志拓片 07824 号，《旧唐书》卷九四、卷一七七，《新唐书》卷一一四、卷二二三下。

附　　记：1."～～～"符号，表示进士。后同。

　　　　　2.阿拉伯数字表示最高官品。本篇后图附记同此，不再标记。

图 9-1　清河崔氏县解支入唐官宦图

　　清河东武城崔氏是魏晋以降的大士族，南祖乌水房历官不衰，当属崔氏主要房支之一无疑。崔从贞元初进士登第，在已知资料之中，他是该支第一位进士，自其曾祖以迄其兄弟的近亲之中，官居三品者三人，四品者三人，五品者二人，他们都不是进士及第，亦无军功，族望是他们位居高位的重要因素。崔从具有双重优越的资格，他是高门主支子弟，又是进士及第，官历最高品为二品，崔从的兄弟能、达、励等，分别居官三、四、五品，这是一个很好的对照，衬托出高门主支之中，进士与非进士间官历之差异，类似的现象继续出现在下两代子弟中。崔从子慎由，大和初擢进士第，官至太子太保、同中书门下平章事，从一品；从另一子安潜，大中三年（849）登进士第，官至太子太傅，亦从一品；而崔从另一子彦冲，非进士，官至太子宾客，正三品；从之侄子彦曾，非进士，官至御史大夫、武宁军节度使，从三品；从之长子彦方，官至寿安尉，九品官，非进士，从其子孙任官三五品观察，彦方可能早卒。崔慎由这一代兄弟间进士与非进士之官历形态，与其父辈相似。崔慎由子胤，乾宁二年（895）登进士第，官至同平章事（宰相）、司徒，正一品；崔安潜子敠，年二十八擢进士甲科第，官至右拾遗，从八品，卒年三十三岁（《唐右拾遗崔敠与郑夫人墓志铭》，"中央研究院"历史语言研究所藏拓片编号07824）；安潜另一子桅，非进士，官至太常卿，正三品；慎由另一子昌遐，非进士，官至太子宾客，正三品；彦方子（慎由侄）敬嗣，官至太子詹事，正三品；彦冲子（慎由侄）就，官至户部侍郎，正四品。这一代进士与非进士之官历形态，除崔敠早卒外，与父祖辈的形态相似。

清河东武城南祖乌水房崔氏官历所显示之事实是：高门主支若无其他条件（进士第），正常情况下可官至中品（四、五、六品），甚至可达三品。高门主支若具有进士资格，除早卒外，皆可官至三品，甚至可达二品、一品。

二、范阳涿县北祖卢氏

按《新唐书》卷七三上《宰相世系表三上》卢氏条载，卢氏有北祖、南祖之分，北祖传至青州刺史固安惠侯卢子迁，四子阳乌、敏、昶、尚之，号"四房卢氏"，是为唐代范阳卢氏之主支。阳乌大房子孙最盛，其中尤以阳乌——道亮——思道——赤松这一房支官宦最佳。卢赤松是入唐之第一代，兹统计《新唐书·宰相世系表》该支最高官宦品阶如图9-2。

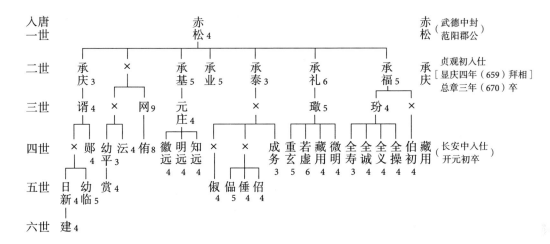

图 9-2　范阳涿县北祖卢氏赤松支官宦图

入唐第一至第五世人物的仕宦时间大约在唐代前半期，第五世以后的记载甚缺，这六世之中还有若干未仕者，其原因不详。在《新唐书·宰相世系表》的三十七个卢氏之中，既仕者在六品以下者，仅得两人；而以四品者居多，得二十一人；五品者得七人；六品者得两人；四至六品是九品阶的中品官，总共有三十人，占绝对多数。三品是上品官，得五人。在已知的记载之中，似乎还没有发现有带进士第者；这个例子旨在说明在唐代前半期，单纯的门第因素在一般情况下可任中品官（尤其是第四品），偶可达第三品。其中在入唐第四世有卢藏用者（《旧唐书》卷九四《卢藏用传》），在高宗、武则天时代曾想得进士第，"初举进士选，不调"，然并没有丧失入仕机会，"长安中，征拜左拾遗"，其后曾任黄门侍郎兼昭文馆学士，正四品上阶，与其同辈相当。

卢氏北祖固安惠侯之第三房昶的官宦不及大房阳乌。昶——元隆——士熙——子哲，这一系的官宦情况如下（《新唐书》卷七三上《宰相世系表三上》卢氏条），子哲为入唐之第一世，其下五世如下：

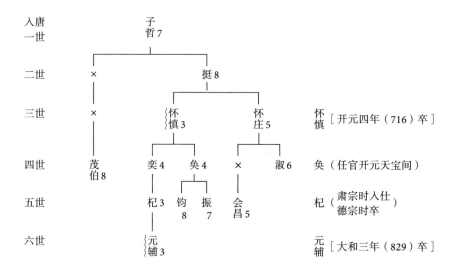

图9-3　范阳涿县北祖卢氏子哲支入唐官宦图

　　卢昶支的声望似乎比卢赤松支的略逊，以中品与下品为多，上品得三人，入唐第三世的卢怀慎是关键人物。卢怀慎之父挺为州司户参军，挺父子哲为县令，怀慎近亲从父从祖亦无官过七品者。《旧唐书》卷九八《卢怀慎传》云："其先家于范阳，为山东著姓……举进士。"卢怀慎最高官职为同中书门下三品（宰相）。其长子奂为尚书右丞，正四品；另一子奕，官至御史中丞，亦四品官，为安禄山所害，事在《旧唐书》卷一八七下《忠义传·卢奕传》；这二人任官四品亦与为宰相子有关。卢奕的忠义，使其子杞获得较高的"门荫"地位，据《旧唐书》卷一三五《卢杞传》载，"人以为（杞）能嗣怀慎（乃祖）之清节"，再加以"颇有口辩"，以个人之心机（郭子仪评杞"心险"），而攀至门下侍郎、同中书门下平章事（宰相）之地位。卢杞子元辅，进士擢第，任官刑部侍郎、兵部侍郎，出为华州刺史，潼关防御、镇国军节度等使，按《新唐书》卷四九下《百官志》云："上州，刺史一人，从三品，职同牧尹。"同书卷三七《地理志》谓华州属上州。这一支人物中纯门第者与带进士第者有显著差别。

卢氏北祖固安惠侯之第四房尚之支的官宦情况，与第三房昶支非常类似，而且似乎特点比昶支更为明显。如以卢正观为入唐第一世计，则尚之——文甫——敬通——正观这一支的官宦状况如图9-4（资料参考《新唐书》卷七三上《宰相世系表三上》卢氏条）：

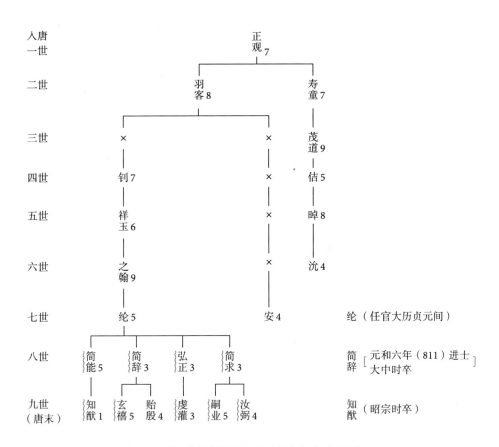

图9-4　范阳涿县北祖卢氏正观支入唐官宦图

自入唐第一世至第七世之间，未见有进士及第者，居官大致中品或下品之间，与第三房昶之子孙相似；第七世卢纶生子四人，皆进士第，使该支的官宦情况产生一番新的气象。《旧唐书》卷一六三《卢简辞传》载："文宗好文，尤重纶诗，尝问侍臣曰：'卢纶集几卷？有子弟否？'李德裕对曰：'纶有四男，皆登进士第，今员外郎简能、侍御史简辞是也。'即遣中使诣其家，令进文集，简能尽以所集五百篇上献，优诏嘉之。"

第七世卢纶四子，即第八世：

卢简辞，元和六年（811）登第，官至检校刑部尚书、山南东道节度使，正三品。

卢弘正，元和末登进士第，官至检校兵部尚书、宣武军节度使，正三品。（《新唐书》作弘止）

卢简求，长庆元年（821）登进士第，官至检校刑部尚书、凤翔陇西（右）节度使，正三品。

卢简能，进士登第，检校司封郎中，从五品。

其中卢简能仅官居五品，因为英年被监军所杀，而其他三位兄弟皆登三品。

在第九世之中，卢简能子知猷，登进士第，官至检校司空，正一品（《旧唐书》卷一六三《卢简辞传》末载）。卢简辞继子玄禧，登进士第，终国子博士，正五品。卢弘正子虔灌，登进士第，官至秘书监，从三品。卢简求子嗣业，登进士第，检校礼部郎中，从五品。卢简求另一子汝弼，登进士第，祠部员外郎、知制诰，李克用之户部侍郎，正四品。

第九世已是晚唐与五代之际的人物，有些已非正常情况可予解释，然大体上似亦遵循前述现象，即：卢氏主支一脉中，进士出身者与非进士出身者，在官僚体系之中可能有二至三品级之差距。

三、陇西狄道姑臧大房李氏

陇西李氏之中，以姑臧大房最著。入唐以来，则以姑臧大房的李承——韶——瑾——行之——玄道，这一支官宦最盛。李玄道是入唐以来的第一世，官至秦府学士、常州刺史，其后九世子孙之官宦状况如图 9-5。

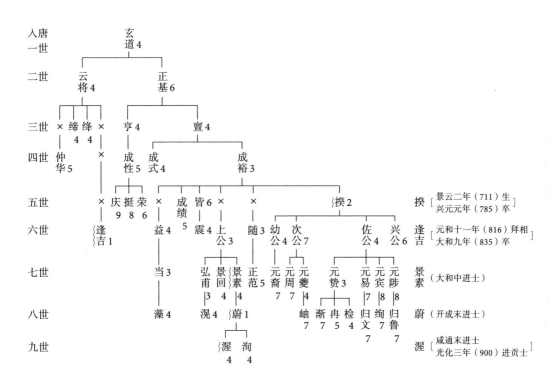

图 9-5　陇西狄道姑臧大房李氏玄道支入唐官宦图

这一支以进士及第有记载者有四人，即：第五世的李揆（《旧唐书》卷一二六《李揆传》），开元末举进士，历官中书侍郎、平章事（宰相），至尚书左仆射，从二品。第六世的李逢吉（《旧唐书》卷一六七《李逢吉传》），登进士第，历官门下侍郎、同平章事（宰相），以司徒致仕，正一品。第七世的李景素（《旧唐书》卷一七八《李蔚传》），大和中进士，《新唐书》卷七二上《宰相世系表二上》陇西李氏姑臧大房载："景素，太子庶子。"是为四品官。第八世的李蔚（《旧唐书》卷一七八《李蔚传》），开成末进士擢第，历官中书侍郎、同平章事（宰相），官至检校司空，正一品。这四名已知的进士之中，有三名居官一、二品，且任宰相之职，李景素未能像这三位一样腾达，因无专传，未知何故。暂不论这四位进士出身者，姑臧大房这一支非进士出身者之官历亦甚可观，其中以中品官最多，占出仕者的 54%，中品官之中最后居四品者最多，凡得十八人。上品官共计有九人。陇西姑臧大房李氏与前举范阳阳乌大房赤松支卢氏的形态甚为类似，高门主支子弟在唐代绝大多数可居中品官，尤其是四品官，亦有少数可达上品者。然若兼有门第与进士第，其将受到更大的重视，大率可在原门望可能有的品级之上，再升一至二品级，这种多元因素现象，可在肃宗的一段话中得到印证。《旧唐书》卷一二六《李揆传》载："李揆，字瑞卿，陇西成纪人，而家于郑州，代为冠族。……开元末，举进士。……揆美风仪，善奏对，每有敷陈，皆符献替。肃宗赏叹之，尝谓揆曰：'卿门地、人物、文章，皆当代所推。'故时人称为三绝。"

四、荥阳开封北祖第二房郑氏

如《新唐书》卷七五上《宰相世系表五上》郑氏条所载，下列这一支在唐代最为盛贵：

（北祖）　　　　　（七房之第二房）　　　　　　　　　　　（唐初）

郑晔——茂——胤伯——幼儒——敬德——扐——弼诚——九思——曾——长裕

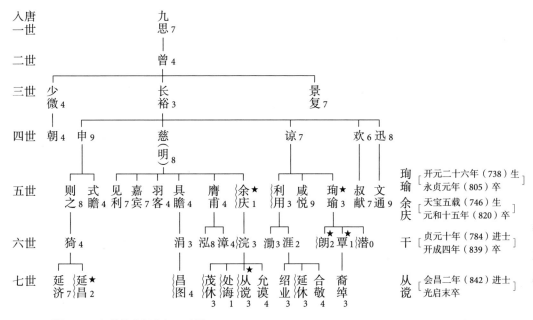

附记："★"符号为任宰相，后同。

图 9-6　荥阳开封北祖第二房郑氏九思支入唐官宦图

　　郑氏这一支在唐初并不见高官者，唯郑长裕值得注意，《旧唐书》卷
一五八《郑余庆传》谓："祖长裕，官至国子司业，终颍川太守。长裕弟
少微[1]，为中书舍人、刑部侍郎，兄弟有名于当时。"国子司业与刑部侍
郎皆四品官，按《新唐书》卷三八《地理志》载，颍川列望，其长官为
三品官。故郑长裕最高官为三品，郑少微为四品。唯郑长裕曾任国子司
业，地位特殊，《新唐书》卷四八《百官志》云："国子监，祭酒一人，
从三品；司业二人，从四品下。掌儒学训导之政，总国子、太学、广文、
四门、律、书、算凡七学。"任司业者经学地位甚高。似乎郑长裕承继郑
氏经学传统而不坠。北祖郑氏入唐第一世九思为流水令，第二世曾为慈

---

[1]《新唐书·宰相世系表》辈分有误，从列传。

州刺史，第三世长裕、少微为三品、四品，在唐前期只见长裕的四从兄弟贻庆任夔州都督（三品），其余皆中品或下品；沧州郑氏有郑愔者，于中宗朝为相，与北祖关系较远。《新唐书》卷一六五《郑余庆传》云："三世皆显宦。"似乎言过其实，尤其是余庆（第五世）的上一代（即第四世）未见有上品者。然郑氏仍不失为大族望姓，在没有带进士第的情况下，任官中品者甚多，与前述李氏、崔氏相当。及至中唐时期，门第与进士第等因素促使该支突然活跃。

这一支得进士第可查者计：郑余庆（《旧唐书》卷一五八《郑余庆传》）、郑瀚（同上）、郑茂休（同上）、郑处诲（同上）、郑从谠（同上）、郑朗（《旧唐书》卷一七三《郑覃传》附）、郑潜（同上）、郑延昌（《新唐书》卷一八二《郑延昌传》，《旧唐书》缺）、郑利用［《登科记考》大历八年（773）条］、郑延休［《登科记考》大中元年（847）条］、郑昌图［《登科记考》咸通十三年（872）条］等十一人，其中郑潜中进士第后，未见任官，亦无子孙，恐系早卒。其余十位进士，有九位三品以上（其中郑利用官泽州刺史，按《新唐书·地理志》谓泽州为上州，刺史为三品），一位居官四品（即郑昌图，任户部侍郎，亦属四品中之要职）。该支另有非进士出身而位列三品以上者，凡得七人。兹就较于表9-3。

表9-3　荥阳郑氏九思支仕宦比较表

	一品	二品	三品	合计
进士	2	2	5	9
非进士	1	1	5	7

带进士第者已略多，值得注意的是：带进士第者任上品官之比例甚高，即十分之九，可以解释为在门第基础之上，如有进士身份，将推进其任官品阶，易于达到上品官。这一房支的四十五位入仕子孙之中，产

生六位宰相，这是很罕见的事例，即郑余庆、郑珣瑜、郑朗、郑覃、郑延昌、郑从谠等，其中郑珣瑜、郑覃非进士出身。《新唐书》卷一六五《郑珣瑜传》（《旧唐书》无传）云："少孤，值天宝乱，退耕陆浑山，以养母，不干州里，转运使刘晏奏补宁陵、宋城尉，山南节度使张献诚表南郑丞，皆谢不应。"大历中，郑珣瑜以讽谏主文科高第，授大理评事、万年尉、左补阙、帅府判官、侍御史、员外郎、奉先令、刺史、谏议大夫、吏部侍郎、河南尹、门下侍郎、同中书门下平章事（德宗时）、吏部尚书（顺宗时），卒。乃子郑覃之所以为相，是综合门第、宰相子（《新唐书》卷一六五《郑覃传》谓以父荫补弘文校书郎）、通经（《旧唐书》卷一七三《郑覃传》）等三大要素于一身之故。所以这支家族自中唐趋于腾达，应与门第及进士第双重因素有关。尤其值得注意的是：郑覃是李德裕派（有的学者认为称李党不太恰当）的大将，嫉恶进士，事实上郑覃并非嫉恶进士第资格本身，而是嫉恶不同的价值观念与浮华作风[1]；就进士第资格本身而论，大士族亦甚欲获得，覃弟朗便是进士，位至宰相。同房支另有三位近亲亦是进士宰相。从郑氏之例来看，陈寅恪先生的牛李党之对立，其根本在两晋南北朝以来山东士族与唐高宗武则天之后由进士词科进用之新兴阶级互不相容[2]之说，应进一步商榷。大士族愈来愈重视进士第，而进士第屡屡被魏晋南北朝旧族用以巩固官宦地位，成为唐代科举制度之一大特色。

---

[1] 参见拙文《中国中古贤能观念之研究——任官标准之观察》。

[2] 参见陈寅恪：《唐代政治史述论稿》，"中央研究院"历史语言研究所专刊之二十，1944。

五、兰陵齐梁房后梁支萧氏

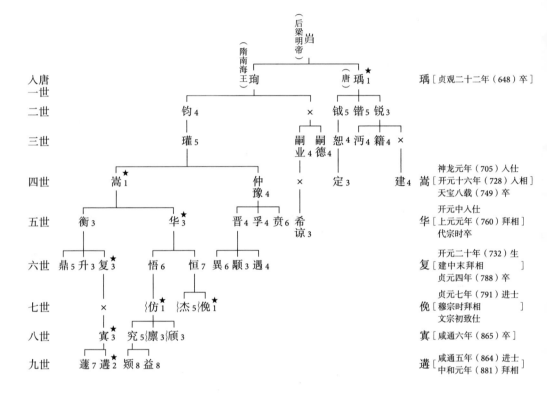

附记：《新唐书》卷七一下《宰相世系表一下》萧氏条，萧仿以下辈分有误，本表根据《旧
唐书》各有关列传修补之，包括《旧唐书》卷六三《萧瑀传》、卷九九《萧嵩传·附
萧华》、卷一七二《萧俛传·附萧仿传》、卷一二五《萧复传》、卷一七九《萧遘传》。

图 9-7　兰陵齐梁房后梁支萧氏岿支入唐官宦图

萧氏在南朝建立南齐与后梁，齐梁房贵盛莫比。其中后梁这一支在
唐代仍然极为兴盛，据《新唐书》卷七一下《宰相世系表一下》萧氏条
载，后梁宣帝詧、后梁明帝岿之子孙，在唐代的官宦状况如图 9-7（以
萧岿之子萧瑀这一辈作为入唐第一世）所示。

萧瑀这一支在唐代前半期颇有人物，皆因门第之故。萧珣这一支自其曾孙嵩之后，以迄唐末，值得特别注意，该支自萧嵩以下为相者凡七人，萧嵩、萧华二位，非进士出身，时在唐代前半期；另一位非进士宰相萧复已是近中唐人物。然唐中叶以后的四位宰相萧仿、萧俛、萧寘、萧遘，除萧寘无传不详外，其他三位皆进士及第［萧俛贞元七年（791）擢进士第，萧仿大和元年（827）擢进士第，萧遘咸通五年（864）擢进士第］，事皆在安史之乱后。从另一角度看，除萧仿、萧俛、萧遘三位进士为相以外，萧氏后半期擢进士第者有萧廪［咸通三年（862）］，官至京兆尹；萧顗亦登进士第，后官位显达（《旧唐书》卷一七二《萧俛传》附），《旧唐书》卷一七二又载萧杰元和十二年（817）擢进士，官至工部郎中，年轻被害。而萧氏后期未擢进士者，有萧究官至给事中，正五品；萧蘧，官至县令，七品；萧颎，度支巡官，八品；萧益，州团练推官，八品。

由以上分析，自中唐以降，由于圈内竞争激烈，大士族子孙若不带进士第，愈来愈难位列显官，这或许是萧瑀这一支在安史之乱后殊少人物之原因。

六、京兆杜陵北朝支杜氏

秦汉徙豪族于京兆茂陵，杜氏亦其中之一。自此以还，代有人物，然源远流长，支脉亦多。北朝有一支传至隋怀州长史、丰乡侯杜徽，生子吒、淹，子孙在唐代颇盛，这一支如图9-8，依据《新唐书》卷七二上《宰相世系表二上》杜氏条，参照《旧唐书》卷六六《杜如晦传》、卷一六三《杜元颖传》、卷一七七《杜审权传》等传略做修正。

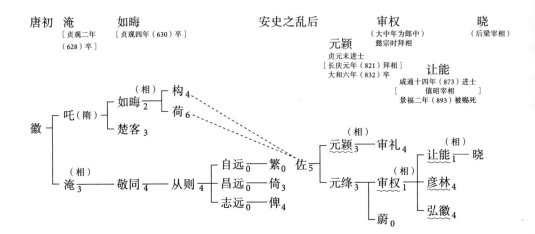

图 9-8　京兆杜陵北朝支杜氏徽支入唐官宦图

　　杜如晦是唐太宗之重要谋臣，与房玄龄并为良相，世称"房杜"，最高官职为尚书右仆射，从二品（《旧唐书》卷六六《杜如晦传》）。杜淹乃如晦之叔，《新唐书·宰相世系表》云："相太宗。"杜如晦子构袭爵，官至慈州刺史，坐弟荷谋逆，徙于岭表。杜如晦次子荷以功臣子尚城阳公主，赐爵襄阳郡公，贞观中与太子承乾谋反，坐斩；因此吒这一支自构、荷之后，名位渐低。另一支杜淹之子敬同，袭爵，官至鸿胪少卿，敬同子从则在中宗时为蒲州刺史。杜从则三子皆无名位。杜从则孙倚，左卫将军；另一孙俾，易州刺史（《新唐书·宰相世系表》），其后不见记载。以上皆唐代前半期这一房支的人物。无进士第者，但有宰相二；官宦日渐卑下或消失。

　　中唐以后，进士第资格对这支杜氏有重大影响。杜元颖"莱公如晦裔孙也。父佐官卑。元颖，贞元末进士登第"[1]，官户部侍郎、同平章事

---

[1]《旧唐书》卷一六三《杜元颖传》语。按同书卷一七七《杜审权传》载，杜审权为佐之孙，如晦之六世孙，故佐乃如晦四世孙，唯不知为构、荷何者之裔，《新唐书·宰相世系表》列佐为淹之裔，有误。

（宰相）。杜元颖弟元绛之子审权，登进士第，懿宗时为吏部尚书、同平章事，官至检校司徒（一品）。杜审权子让能，咸通十四年（873）登进士第，僖宗、昭宗时为相，官至太尉，正一品；让能弟彦林、弘徽，皆乾符中进士，彦林天祐初为御史中丞，弘徽为户部侍郎，充弘文馆学士判馆事，与兄同日被害［按景福二年（893）秋，杜让能兄弟为李茂贞所杀，又《新唐书·宰相世系表》载弘徽官吏部尚书，从列传］。从京兆杜氏这一支观察，对于一个走下坡的旧族来说，中唐以后"进士"资格甚为重要。这种现象在京兆杜氏另一房支中也可得到证明[1]：

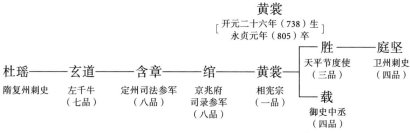

杜黄裳、胜、庭坚皆进士第。

由以上分析，可获得下列几点结论：

1. 十八家大士族子孙（包括十七著房与一宗室）为相者，在唐代后期（即顺宗至昭宗）一百年之中，可归类于纯门第因素者，有赵郡李氏三人，博陵崔氏二人，其他如荥阳郑氏、兰陵萧氏、京兆杜氏、彭城刘氏、宗室李氏各一人，共得十人。而带进士第为相者，有赵郡崔氏七人、赵郡李氏六人、荥阳郑氏六人、宗室李氏六人、河东裴氏六人、京兆韦氏五人、陇西李氏四人、兰陵萧氏四人、太原王氏四人、京兆杜氏四人、博陵崔氏三人、弘农杨氏三人、范阳卢氏三人、彭城刘氏二人、琅琊王氏一人、渤海高氏一人、河东柳氏一人，共计六十六人。唐代所谓牛李

---

[1]《新唐书》卷七二上《宰相世系表二上》京兆杜氏条隋杜瑶房。

党之争，事件的发生及演变皆在此一百年之中（肇始于宪宗），传统的说法多谓牛党代表新兴进士人物，李党代表门第人物。如综合各大著房而观之，李德裕（赵郡李氏）这一家有三位非进士为相者，最为突出，其他著房纯门第为相者已寥若晨星；从另一方面观察，就赵郡李氏而言，带进士为相者多达六人，其他各著房带进士为相者亦比纯门第者遥占多数。此项统计更显示出李党所反对的不是进士第本身，而是进士的浮华风气。两党所争执的焦点是不同的价值观念 [1]。

2. 唐代大士族子孙在唐代前期及中期任官大体上介于上品与中品间，如例一清河东武城南祖乌水房崔氏、例二范阳涿县北祖卢氏赤松支、例三陇西狄道姑臧大房李氏玄道支、例四荥阳开封北祖第二房郑氏、例五兰陵齐梁房后梁支萧氏、例六京兆杜陵北朝支杜氏杜徽支，显示出门第仍是唐代前期官宦品阶的重要影响因素。

3. 唐代前期近百年大士族子孙拜相者中，纯门第者与带进士第者比例分别为 77.6% 和 12.1%；中期近百年分别为 48.0% 和 32.0%，门第仍有相当的影响力，如例二范阳涿县北祖卢氏赤松支、例四荥阳开封北祖第二房郑氏、例五兰陵齐梁房后梁支萧氏。本期亦显露出带进士第者易于升达上品的现象，如例一清河东武城南祖乌水房崔氏、例二范阳涿县北祖卢氏子哲支、例三陇西狄道姑臧大房李氏玄通支、例四荥阳开封北祖第二房郑氏等。后期百年二者比例分别为 15.2% 和 83.5%，高门兄弟之间带进士第与不带进士第之官品差距已较明显，进士第成为大士族振兴或延续家族兴盛的重要因素，如例二范阳涿县北祖卢氏固安惠侯之第四房尚之支、例五兰陵齐梁房后梁支萧氏、例六京兆杜陵北朝支杜氏杜咤房及杜瑶房，这种现象在许多次级旧族中更为明显，本文不予讨论。

4. 一般认为科举是为寒素开路，实则这需要政治社会上其他条件的

---

[1] 参见拙文《中国中古贤能观念之研究——任官标准之观察》。

配合，单纯制度改变并不能立见功效。以唐代近三百年而言，武则天时期科举对寒素稍具影响，唐代寒素入仕的三个高峰时期之中，武则天时期以科举途径入仕之寒素，占寒素入仕之 34.2%，为各期之冠[1]，但晚唐时期的政潮，实际上是士族之间的争执，而不是武则天以降新兴进士或中晚唐新进寒素进士与旧门第之间互不相容。自中唐以降，由于圈内竞争的压力加剧，需争取多项有利因素以求仕进，大士族子孙也缘引科举以保持其地位。政治社会上有力量的人或人群，总是利用制度空隙获取利益，魏晋南北朝时的九品中正士族化及中晚唐的士族猎取进士第，皆是明显的例子。

---

[1] 参见拙文《唐代统治阶层社会变动》寒素入仕途径统计表。

表 9-4　唐代寒素入仕途径统计表

单位：%

	科举	荐辟	机缘	军功	未详	总计
高祖太宗	5.2	27.3	11.2	45	11.3	100
武后	34.2	32.9	4.5	7.9	20.5	100
安史之乱	15.1	16.1	5.3	53.7	9.8	100

第十篇

中古大士族之个案研究——琅琊王氏

一、王氏之源流

《新唐书》卷七二中《宰相世系表二中》称：

> 王氏出自姬姓。周灵王太子晋以直谏废为庶人，其子宗敬为司徒，时人号曰"王家"，因以为氏。八世孙错，为魏将军。生贲，为中大夫。贲生渝，为上将军。渝生息，为司寇。息生恢，封伊阳君。生元，元生颐，皆以中大夫召，不就。生翦，秦大将军。生贲，字典，武陵侯。生离，字明，武城侯。二子·元、威，元谴秦乱，迁于琅邪，后徙临沂。四世孙吉，字子阳，汉谏（议）大夫，始家皋虞，后徙临沂都乡南仁里。生骏，字伟山，御史大夫。二子：崇、游。崇字德礼，大司空、扶平侯。生遵，字伯业，后汉中大夫、义乡侯。生二子：时、音。音字少玄，大将军掾。四子：谊、叡、典、融。融字巨伟。二子：祥、览。

依《晋书》卷三三《王祥传》记载：

> 王祥字休征，琅邪临沂人，汉谏议大夫吉之后也。祖仁，青州
> 刺史。父融，公府辟不就。

又《汉书》卷七二《王吉传》云：

> 王吉字子阳，琅邪皋虞人也。

比较上列三部正史的记载，《晋书》《汉书》云琅琊王氏的源流，皆始于西汉的王吉，而欧阳修撰《新唐书》远在班固撰《汉书》及唐太宗御撰《晋书》之后，却能自王吉以上，祖述至周灵王，是必欧阳修有新证据之发现。然而，魏晋之际，门第标榜之风极盛，各族皆喜将祖先追溯极远，以"旧门"自豪，若这些远祖有高官伟业的事迹，则更以此作为炫耀家族地位的最佳资料。设如琅琊王氏果与周灵王、王翦辈有蛛丝马迹的关系，则魏晋间王氏们必不会缺漏，盖王氏家谱在当时亦甚著称。故琅琊王氏源起周灵王之说，可能为隋唐以后的王氏附会之说。因此，我们宁以最早出现于记载的王吉为王氏的始祖。

据《汉书·王吉传》云："少好学明经，以郡吏举孝廉为郎，补若卢右丞，迁云阳令。举贤良为昌邑中尉。"从这段文字里，我们不能确切知道他的家世，但王吉先做郡吏，因为举孝廉而得为郎（汉制举孝廉者大多可补郎，见劳榦师《汉代察举制度考》），可见王吉之父祖不会是大官，因为汉有荫子制度，大官之子不必在郡做吏。所以其父祖最多是地方掾吏，甚或未仕。王吉出仕似乎全凭自己的才学与品德，因为"好学明经"，获得一个吏的职位。吏的地位甚低，何况又是在郡国里做吏，所做的事不外乎抄写文书之类，这种职位若无其他因素，不易升迁。然而，王吉是汉武帝、昭帝时代的人物，自武帝始以孝廉、贤良方正等科作为大量吸收郡国有才华者的桥梁，王吉因明经，被举孝廉为郎，补若卢右丞（按颜师古注：少府之属官有若卢令丞，《汉旧仪》以为主治

库兵者），从地方掾吏升迁为中央掾属，外迁拜云阳令，其地位已在秩六百石至千石间；又举贤良，为昌邑中尉。所以王吉之起，建立于本身明经及适逢汉朝开始以孝秀擢拔人才的两个因素上。许倬云师《西汉政权与社会势力的交互作用》一文指出，从武帝以孝秀取士以后，功臣子孙出身的官吏比例日减，孝秀出身的儒生比例日增，因而使西汉政权与社会势力更密切地结合。王吉碰上了变动时期，成为"上升变动"运动中的上升角色之一，由此我们把王吉看作琅琊王氏参加政治的始祖是合理的。另一点值得注意者，即王吉从哪里学得经术？当时受教育的途径主要有三：第一是入太学；第二是从师学经；第三是经术家传。王吉入太学的可能性极小，因为当时太学生出身者不会被派到郡国中当小吏。王吉之所以能明经多半是出于第二或第三途径。究竟他有没有从师，我们已不可考，但家传的可能性最大。因为若从经学大师学经，正史可能记上一笔，而家传常被视为当然，除非有特别的必要，正史不特别注明，但是这仅可作为推测而已。王骏的经学确实是乃父吉所传授，"初，吉兼通五经，能为驺氏《春秋》，以《诗》《论语》教授，好梁丘贺说《易》，令子骏受焉"（《汉书·王吉传》），因此我们可以假定自王吉以后，王氏已有世世承袭的家学家风，东汉时王遵、王时、王音、王谊、王叡、王典、王融等记载不详，魏晋时的王祥曾受命为太学的三老，"祥南面几杖，以师道自居。天子北面乞言，祥陈明王圣帝君臣政化之要以训之"（《晋书》卷三三《王祥传》）。王吉沉浮宦海，历尽风波，坐昌邑王之罪髡为城旦，终于谏议大夫；乃子骏因受吉之经学，举"孝廉为郎。左曹陈咸荐骏贤父子，经明行修，宜显以厉俗。光禄勋匡衡亦举骏有专对材。迁谏（议）大夫"（《汉书·王吉传》）。王骏历赵内史、幽州刺史、司隶校尉、少府、京兆尹、御史大夫。王骏子崇，以父任为郎，历刺史、郡守、河南太守、御史大夫、大司农、卫尉、左将军、大司空，封扶平侯。

从《汉书·王吉传》中的记载，及上述之分析，我们对琅琊王氏的早期情形有下列几点认识：

第一，形成士族有三大主要途径。一是政治途径，即由于参与新政权的建立或辅助新君登基，或由于皇帝的宠幸，或由于外戚等因素而居官位，并能其后保持若干代仕宦。一是文化途径，即精通经传、法律、历法等学问，借此入仕而能若干代仕宦。一是经济途径，即凭借经济的力量，或由大地主，或由巨商大贾入仕，而能若干代仕宦[1]。西汉时的琅琊王氏，显然是经过文化途径而演变成为士族者。

第二，正因为王氏是经过文化途径演变而成的士族，因此王氏从开始便具有文化人的若干特质，除上述注意子弟的培养而发展成家学外，由于服膺儒家的经典，在做事方面也灌注有儒家的精神。例如，王吉为昌邑中尉，王好游猎，驱驰国中，动作亡节，王吉上疏谏曰："今者大王幸方与，曾不半日而驰二百里，百姓颇废耕桑，治道牵马，臣愚以为民不可数变也。……夫广厦之下，细旃之上，明师居前，劝诵在后，上论唐虞之际，下及殷周之盛，考仁圣之风，习治国之道，欣欣焉发愤忘食，日新厥德，其乐岂徒衔橛之间哉！"宣帝时，王吉为谏议大夫，尝奏曰："孔子曰：'安上治民，莫善于礼。'非空言也。王者未制礼之时，引先王礼宜于今者而用之。臣愿陛下承天心，发大业，与公卿大臣延及儒生，述旧礼，明王制。"（《汉书·王吉传》）在做人方面，则以儒家最强调的礼作为行为规范。王吉以友闻名，王祥以孝闻名，正是王氏这类经过文化途径发展而成的士族的特质。其源见于王吉。

第三，《汉书》云："自吉至崇，世名清廉，然材器名称稍不能及父，而禄位弥隆。"这种现象，若列表说明，则更易找出其中道理。

---

[1] 参见拙著《两晋南北朝士族政治之研究》，页48。

表 10-1　王吉家族仕宦表

世系	姓名	才学	出身	最高官
第一代	王吉	兼通五经	先为郡吏，举孝廉拜郎	谏议大夫
第二代	王骏	吉授骏经	举孝廉为郎	御史大夫
第三代	王崇	材器名称不及乃父	以父荫为郎	大司空

　　才学是前代为佳，官位则后代为高，其关键在于入仕之难易。王吉入仕最难；王骏举孝廉以后，陈咸及光禄勋匡衡交相推荐拜命，比乃父举孝廉以后升迁得快；王崇入仕更易，以父荫为郎。才学品德是当时人所重视的任官条件，才学与品德是可以通过努力获得的，但从上述例子可知，似乎非才能而获得高官的因素得到了发展，也就是说"世资"因素已渐次被重视了。西汉哀帝曾诏王崇曰："朕以君有累世之美（师古曰：谓自祖及身皆有名也），故逾列次。"（《汉书·王崇传》）这正是士族的滥觞。

　　第四，严格地说，士族可有许多形态，有的拥有丰厚的田地产，仆童千余，或牛羊谷量；有的是部落酋豪，据坞堡而自雄，同时又做官吏；有的是依附朝廷的官僚。西汉时的琅琊王氏是属于官僚型的士族。据《汉书·王崇传》云："皆好车马衣服，其自奉养极为鲜明，而亡金银锦绣之物。及迁徙去处，所载不过囊衣，不畜积余财。夫位家居，亦布衣疏食。"并没有丰厚的田地产，亦没有庞大的地方势力。

　　第五，王吉、王骏、王崇及东汉的王遵、王音而至王祥等，都是以中央官为其主要事业。显然，自西汉以来，琅琊王氏已是中央级的士族了。

　　第六，婚姻关系是研究家族社会地位的重要坐标，在非自由恋爱的社会中，门当户对的观念常常存在，相互婚嫁，至少表示两家的社会地位相去不远。王氏的婚嫁关系可得一例，即："是时成帝舅安成恭侯夫人放寡居，共养长信宫，坐祝诅下狱，（王）崇奏封事，为放言。放外家解氏与崇为昏，哀帝以崇为不忠诚。"从这一婚姻关系推断，琅琊王氏在西汉时似乎已晋升至高阶层的社会地位。

二、王氏政治地位之研究

两汉是我国中古时期大士族的酝酿时代，许多大士族的源流皆可溯寻至东汉或西汉。正如上节分析，琅琊王氏便是例子，但是，王氏在两汉时期一直是细水长流型的发展，与当时政治社会中的士族相比较，王氏并不算强盛的士族。例如《后汉书》卷一六《邓禹列传》："邓氏自中兴后，累世宠贵，凡侯者二十九人，公二人，大将军以下十三人，中二千石十四人，列校二十二人，州牧、郡守四十八人，其余侍中、将、大夫、郎、谒者不可胜数。"东汉耿弇家族亦非常兴隆。《后汉书》卷一九《耿弇列传》记载："耿氏自中兴已后迄建安之末，大将军二人，将军九人，卿十三人，尚公主三人，列侯十九人，中郎将、护羌校尉及刺史、二千石数十百人。"又《后汉书》卷二三《窦融列传》记载："窦氏一公，两侯，三公主，四二千石，相与并时。"而《后汉书》卷三四《梁统列传》亦云："（梁）冀一门，前后七封侯，三皇后，六贵人，二大将军……其余卿、将、尹、校五十七人。"在东汉末年，袁氏、杨氏是当时的名族。《三国志》卷六《魏书六·袁绍传》："袁绍……高祖父安，为汉司徒。自安以下四世居三公位，由是势倾天下。"《后汉书》卷五四《杨彪列传》："自震至彪，四世太尉，德业相继，与袁氏俱为东京名族云。"观乎琅琊王氏在东汉时的人物，正史仅录遵及音、时，而官位只是中大夫、义乡侯及大将军掾而已。降至曹魏之际，王氏才渐渐地由细水长流型而一变为滔滔江水型的士族。《晋书》卷三五《裴秀传》云："初，裴、王二族盛于魏晋之世，时人以为八裴方八王。"因此本文研究的重点，放在东汉以后王氏在政治社会种种现象之分析上。

一个家族的兴旺，应当包括多方面的成就，因此亦应多元探讨。本节从政治地位入手，一则因为官品官职较易成为科学分析的具体坐标，再则因为政治地位一直被视为判别社会地位的重要标准。

（一）官位之统计

为了统计运用便利，我们须设定王氏某一代作为我们本文研究的第一代，最理想的是采取连续不断的世系中的最早一代，王祥之祖王仁最合于这一条件。王仁之前，系数不明，王仁之后，代代相袭。但是，王祥之祖有两种不同的说法。《新唐书》卷七二中《宰相世系表二中》云："吉……生骏……御史大夫。二子：崇、游。崇……大司空、扶平侯。生遵……后汉中大夫、义乡侯。生二子：时、音。音字少玄，大将军掾。四子：谊、叡、典、融。融字巨伟。二子：祥、览。"而《晋书》卷三三《王祥传》云："汉谏议大夫吉之后也。祖仁，青州刺史。父融，公府辟不就。"王祥之父融，两书之说相同，固无疑问。祖父究竟是谁？按《汉书》卷七二《王吉传》记载，王吉、王骏、王崇皆西汉人；王祥系曹魏西晋时人；在王崇与王祥之间，亦即整个东汉近二百年之中，《新唐书》只记载王遵、王音、王融三代，殆不可能，其间必定漏列了若干代，而王仁亦可能是漏列者之一。因此承认王仁为王祥之祖，似较合理。故本文以王仁为第一代，王融为第二代，王祥为第三代……从《三国志》《晋书》《宋书》《南齐书》《梁书》《陈书》《魏书》《北齐书》《周书》《隋书》《新唐书》《旧唐书》《南史》《北史》及"中央研究院"历史语言研究所收藏的大量墓志铭拓本中，共找到琅琊王氏后裔凡六百七十六人。寻其脉络，追其世系，一一加以整理归类，自汉末至唐亡，历七百余年，得二十三代，兹依各人最高品制成"表10-2　琅琊王氏各代官品统计表"。为了易于明了王氏各代活动于何朝何代，又制"表10-3　琅琊王氏各代主要活动之时间幅度对照表"，作为本文研究之基础。琅琊王氏之世系

虽可以排列至第二十三代，但王氏活动事迹的记载，只有魏晋南北朝时
较为详细。隋唐之际，因王氏官位微减，正史中很少发现他们的详细动
态。表 10-3 中自第十三代以下（第十三代亦有一部分王氏进入隋唐时
期），皆属隋唐时期，主要的资料来源是《新唐书》卷七二中《宰相世系
表二中》及现存之墓志铭，只有人名、官职及世系，而无实际活动现象。
故本文以魏晋南北朝时期（即第一代至第十二代外加部分第十三代）的
王氏人物作为研究单位，并视为重点之所在，隋唐部分则随资料之多寡，
略加讨论。

表 10-2　琅琊王氏各代官品统计表

世系	官品									合计	不仕	总计
	一	二	三	四	五	六	七	八	九			
第一代				1						1		1
第二代											1	1
第三代	1		1	1						3		3
第四代			2	1	4	4	1			12	3	15
第五代	5		3	2	2	1				13	4	17
第六代			9	2	6		2	3		22	4	26
第七代	1	1	6	1	8		2	1		20	6	26
第八代	1	2	16	2	6	2				29	4	33
第九代		1	14	3	4	1	4			27	3	30
第十代		3	14	2	6	3	1	1		30	10	40
第十一代	1	1	9	1	7	4	1			24	9	33
第十二代	1	6	11	1	10	1				30	6	36
第十三代		4	4	6	6	3	4	1	2	30	4	34
第十四代		1	2	4	6	2	6	7		28	4	32
第十五代			3	7	2	7	12	13	3	47	7	54
第十六代			8	2	4	8	5	12		39	25	64

（续表 10-2）

世系	官品									合计	不仕	总计
	一	二	三	四	五	六	七	八	九			
第十七代			1	7	3	1	2	5	5	24	32	56
第十八代			3	6	6	2	8	5	6	36	30	66
第十九代			1	2		1	4	5	7	20	33	53
第二十代				3	3	1	3	1	1	12	19	31
第二十一代					1	1	1	3	1	7	4	11
第二十二代								1		1	6	7
第二十三代				1				3		4	3	7
合计	10	19	99	61	82	38	59	51	40	459	217	676

表 10-3　琅琊王氏各代主要活动之时间幅度对照表

世系	活动之朝代及建元年号	代表人物
第一代	汉献帝建安至曹魏文帝黄初	仁
第二代	曹魏	融
第三代	曹魏齐王芳正始至西晋武帝太熙	祥、览
第四代	西晋	裁
第五代	西晋惠帝永熙至东晋成帝咸康	敦、导
第六代	东晋康帝建元至东晋海西公奕太和	洽、羲之
第七代	东晋穆帝永和至东晋孝武帝太元	珣、珉
第八代	东晋安帝隆安至宋文帝元嘉	弘、昙首
第九代	宋	景文、僧虔
第十代	宋孝武帝孝建至南齐	俭、志
第十一代	南齐至梁武帝中大通	亮、暕、肃
第十二代	梁至陈	冲、诩、猛
第十三代	陈至唐高祖武德	哀、胄、宽
第十四代	隋至唐太宗贞观	萧、德素、敞
第十五代	隋炀帝大业至唐高宗弘道	弘让

（续表10-3）

世系	活动之朝代及建元年号	代表人物
第十六代	唐高宗永徽至唐玄宗开元	方泰、同皎
第十七代	唐睿宗文明至唐玄宗天宝	繇、景、鸿
第十八代	唐中宗神龙至唐代宗大历	志悌、训
第十九代	唐玄宗开元至唐德宗贞元	治
第二十代	唐肃宗至德至唐穆宗长庆	敬元
第二十一代	唐德宗建中至唐武宗会昌	鏻师、甫
第二十二代	唐顺宗永贞至唐懿宗咸通	搏
第二十三代	唐敬宗宝历至唐亡	偈

（二）起家官职与官品之研究

研究政治地位首先需注意出发点平等与否，如果不平等，其不平等的程度如何。当时一个人最初就任的官职，专称为"起家官"，初次任官有许多专用名称，如："起家""释褐""解褐""解巾""初任""初拜"等。依当时所实行的九品官人法，起家官需与中正官对该人的品评相符合，即中正评品高者起家官亦较高之意。由于大士族力量强大，控制了选举机构（参见拙著《两晋南北朝士族政治之研究》及本书第六篇），大士族子弟，中正评品极佳，因此起家官亦极高。琅玡王氏当然是大士族，其起家官分析于下：

六品官起家者：

　　以秘书郎起家者：玚、固、质、励、通、冲、训、锡、金、衰、规、
　　　　　　　　　　承、泰、寂、俭、慈、缋、僧虔、恢之、诞、谧、
　　　　　　　　　　羲之等二十二人。

　　以驸马都尉起家者：暕、亮、莹、志、琨、碬、敦等七人。

　　以骑都尉起家者：肇、珉。

七品官起家者：

以著作佐郎起家者：长玄、秀之、彪之。

以王国常侍起家者：晏、逡之、准之、敬弘。

以嗣王三品将军参军起家者：琳、筠、峻、镇之、僧达、弘。

以一品将军参军起家者：惠、球、徽之。

以司徒祭酒起家者：微。

以州别驾起家者：祥。

以太子舍人起家者：衍。

八品官起家者：

以一品官掾起家者：戎、珣、昙首。

以三品将军参军起家者：韶之、协。

以三品将军主簿起家者：份。

以州祭酒起家者：智深。

以州主簿起家者：献之、华、思远。

以侍讲东宫起家者有悦，应本郡之召者有览。而王氏举秀才者共发现三人，即王祥及南齐的珉及延之。其他因资料不全，不能一一查出。

由上列各种起家事例中得知王氏最高可以六品官起家，最低亦可以八品官起家，而以六品官及七品官起家为常态。王氏无以九品官起家者，这点可解释"表10-2　琅琊王氏各代官品统计表"中王氏在魏晋南北朝时期无九品官之原因。

隋朝琅琊王氏似以九品官起家，例如：

《唐贝州临清县令王宏墓志铭》（13927，14234，17319）记载：宏释褐隋谒者台散从郎（九品），从班例也。

《唐开府右尚令王仁则墓志铭》（14188）记载：王仁则解褐王府典签（九品）。（按仁则起家在隋朝）

《唐通泉金城二县令王素墓志铭》（05238，17345）记载：王素起家

（隋朝）州都督府典签（九品）。

唐朝琅琊王氏起家事迹见诸记载者有：

《唐武荣州南安县令王基墓志铭》（13473，14024，16634）：王基弱
　　　冠明经擢第，补州参军（八、九品）。

《唐雅州名山县尉王大义墓志铭》（13862）：弱冠以永徽三年（652）
　　　明经擢第，拜县主簿（八、九品）。

《唐南阳郡临湍县尉王志悌墓志铭》（01553，05962）：判入甲科，
　　　授相州成安县尉（九品）。

《唐右翊卫清庙台斋郎天官常选王豫墓志铭》（13392，14419，16992）：
　　　年二十一，门调宿卫，州举孝廉，补清庙台斋郎（九品）。

《唐行京兆府泾阳主簿王郊墓志铭》（07761，07762，07769）：自弘
　　　文馆明经，授弘农尉（八品）。

《唐吏部常选王元墓志铭》（12964，13578，16598）：始以门荫备宿
　　　卫，续以户选奏铨衡（即吏部常选，九品）。

《唐朝散大夫谯郡司马王秦客墓志铭》（13587，13789）：以门荫补
　　　太庙斋郎，解褐授左清道率府胄曹参军（九品）。

《唐卫州司马王善通墓志铭》（13762）：敕授州参军（九品）。

《唐王虔畅墓志铭》（08877，18086）：释褐县尉（九品）。

《唐彬州司士参军王公度墓志铭》（13585，17732）：弱冠调补州参
　　　军（九品）。

《唐襄州襄阳县尉同州冯翊县丞王鸿墓志铭》（13210，14174，19061）：
　　　初任县尉（九品）。

《唐忠王府文学王固已墓志铭》（01539，16796，24205）：解褐滑州
　　　卫南尉（九品）。

上列十二个例子中，有几点值得注意。第一，除三例明经擢第以八
品官起家以外，余下皆以九品官起家，似乎像魏晋南北朝时期以六七品

官起家的现象已不复存在，我们最低限度可以说唐朝王氏以九品官起家为常态。第二，没有发现以流外官起家者，显示在唐朝王氏仍然保持其士族地位。第三，十二个例子中有五个是以"明经擢第""判入甲科""自弘文馆明经"等方式入仕，这是一种以才华任官的途径，这种途径是允许任何阶级参与竞争的，也就是说，唐朝王氏已不能全靠门资，亦须与他人平等求进了。这与整个魏晋南北朝时期只有三个王氏子孙以举孝廉出身相比较，变化甚巨。第四，仍有以门资入仕者，但这种现象似乎并不普遍，且以门资入仕者皆需经过一段实习时期，如"门调宿卫""以门荫宿卫""以门荫补太庙斋郎，解褐授左清道率府胄曹参军"。这亦表示王氏在唐朝仍有相当的地位。无论如何，王氏起家官位，在唐朝远不如魏晋南北朝时期。

（三）升迁速度之研究

魏晋南北朝期间（即第一至十三代），王氏中约有五分之一不见拜任何官职，对于研究王氏家族的政治地位而言，这些未拜任何官职者，其重要性一如拜官者，为何王氏大部分皆任官而这小部分不居官？其原因何在？都是值得推敲的问题，但是这些未任官职的王氏子孙，历史书上的记载语焉不详，不能完全地找出其客观及主观的因素，仅能就可得的记载分析之。王氏一部人未任官职的原因，首推"早卒"，如王祥的三个儿子芬、烈、夏，皆夭折，若他们能够达到弱冠之龄，相信以王祥官居太保的身份，任官极其可能。其他如王裁之子（即王导之弟）王颖、王羲之之子王玄之、王僧祐之孙（即王藉之子）王碧、王罗云之子王思玄等，皆因早卒而未仕。第二个原因是父兄谋逆，如《南齐书》卷四九《王奂传》云：王奂叛逆，奂第三息彪随奂在州，凡事是非皆干豫扇构，奂败，彪被诛，彪弟爽亦卒，而奂弟仙虽得保留性命，但终身废于家。第三个原因是品德不良，如《宋书》卷六三《王华传》云：王定侯子王长，袭嗣，坐骂母夺爵，其后不见仕宦。第四个原因是庶出，如《晋书》卷四三《王戎传》云："有庶子兴，戎所不齿，以从弟阳平太守愔子为嗣。"《晋书斠注》引《五礼通考》卷一四六曰："有子立嗣，似属创见，然继体祖宗事关重大，子出微贱而猥以承祧，是不敬其先人也。"一般而论，庶子不慧并不得乃父喜爱者才不仕。第五个原因是袭爵承嗣，但未任职。如《晋书》卷七六《王舒传》云：王晞之承袭乃父王允之番禺县侯，俟卒，王肇之又承袭乃父王晞之之爵。其他如《宋书》卷八五《王景文传》，王绚之子王婼；《宋书》卷四二《王弘传》，王锡之子王僧亮；《宋书》卷六三《王华传》，王定侯之子王终等，皆是。第六个原因是自己拒绝征诏不仕，如《南史》卷二四《王素传》云："素少有志行，家贫母老，隐居不仕。宋孝建、大明、泰始中，屡征不就，声誉甚高。山中有蚿声清长，听之使人不厌，而其形甚丑，素乃为《蚿赋》以自况。卒年五十四。"王素祖王泰之、曾祖王望之皆不仕。其他原因不详者有：王会之子王邃、王廙之子王藉之、王廙之孙王承之、王允之之子王仲之、王晏之之子王昆之、王昆之之子王陋之、王罗云之子王思微、王敬弘之孙王闵之、王伦之之子王昕、王峻之子王玩、王锡之子王泛及王湜、王泰之子王廓及王祁、王翼之之子王法兴、王晔之之子王昺等。但依事实而论，王氏未仕之最大原因厥为未能及既冠之年而早卒。除早卒以外，袭嗣承爵而未任官职者，亦有例子多个。其余如父兄谋逆、品德不良、庶出为乃父不喜、拒征不仕等原因，比较少见，似乎是特例。

在魏晋南北朝时期，王氏未见拜命第九品官职者，因王氏起家官最低者拜第八品，上节已有细论。

第八品、第七品、第六品，是王氏起家官的官品，故将六、七、八品合而论之。研究的主旨是：如何升达？升迁之速度如何？未能再上升之原因何在？

止于第八品者共有五人，其中一人被害而亡，其他四人的年寿及死因不清，但显然这五人皆是起家即拜第八品官。

止于第七品者共有九人，其中丞相祭酒王敞、元帝抚军参军王协、平西长史王罗云三人早卒，其余六人的年寿及死因不详。资料显示，似乎这些第七品者并非由第八品上升而来，可能皆起家即拜第七品官。九人之中只有一人曾经平级转迁，即王伟之曾由乌程令（七品）迁为本国郎中令（七品）。

止于第六品者共有十六人，其中三人早卒，三人被杀或赐死，一人卒年二十九岁，一人卒年六十三岁，其余八人年寿及死因不详。十六人之中，十三人起家即拜第六品官，其余三人由第七品升至第六品：

王孚　　海盐令（七品）→司徒记室参军（六品）

王微　　司徒祭酒（七品）→司徒主簿（七品）→始兴王后军功曹记室参军（七品）→太子中庶人（六品）→始兴王友（六品）

王弘之　琅琊王中军参军（七品）→司徒主簿（七品）→乌程令（七品）→卫军参军（七品）→南蛮长史（六品）→右军司马（六品）

王弘之转迁最多，这是一个特例，因为他是一位高士，很早就脱离宦海，故最高品只达第六品，卒年六十三。研究六品以下而升至第六品之速度问题，不但要注意到自第七品升至第六品而止于第六品的三个例子，而且要兼顾升至第六品而又再上迁者在其上升至第六品时的速度。一般而论，王氏以七品起家者多于以八品起家者，以六品起家者又多于以七品起家者（详见上节之分析），起家六品而止于六品者暂且勿论，七品、八品起家者大多数经过二至三迁便升至第六品。上列王微似乎是一个较为典型的例子，他在第七品这一品阶上经过三迁而升至第六品，卒年二十九，死在始兴王友任上，因此我们可以推定王氏中从第八或第七品起家者，至迟在三十岁以前便可升达为第六品官。

在魏晋南北朝之际，王氏曾任第六、七、八品这些品阶官职者共有二百零六人，能够跳过第六品而进入第五品者有一百七十六人，通过这一品阶的人数占比达 85%，只有 15% 滞留在第六、七、八品。为何这 15% 的人不能上升至第五品呢？我们没有充足的资料，在此只能做逻辑上的推论。这 15% 滞留未升者共有三十人。已知被害而死者四人，另有一人年寿六十三，因此余下二十五人，这二十五人占王氏总人数的 10% 弱。我们若推定二十几岁时死去者占王氏总人数的 10%，亦甚合理。因此王氏中这二十五个未能再上升的人，我们假定其最大的原因是年寿不永（事实上二十五人中已知七人记载是早卒）。

止于五品者共有五十九人。在九品官人法之下，第五品已渐次重要；中央官如给事黄门侍郎、中书侍郎、尚书吏部郎、尚书左右丞、太子中庶子、散骑侍郎等，地方官如单车刺史、太守等皆属第五品。除宗室以外，一般士族没有以第五品起家者，所以第五品皆由低品升至。就王氏而言，第五品如何升达？这些止于第五品的人相较于王氏中不能升达至第五品的其他人有何特点？升迁路线与速度如何？再者，这些止于第五品者为何不能再向上爬一层，其原因安在？自第六品升至第五品时年岁差距较大，一个起家即拜六品的王氏，若一帆风顺，可能不久便上迁第五品，则其年岁可能只有二十岁左右。如王锡，年十三为国子生，年十四举清茂除秘书郎（六品），后历太子舍人（六品）、中书侍郎（五品）、黄门侍郎（五品）、吏部郎（五品），卒于吏部郎任内，年二十四，则当其初升至第五品时，其年岁仅二十岁左右。一方面，一般而论，王氏自二十岁弱冠之年起家，由第八品（大多数由第七品或第六品）几经升迁，在三十岁以前，若无特殊事故或年寿不永，皆能升至第五品官。另一方面，有一种现象，即第五品官的最大年龄除王金达四十五岁以外，似乎皆未过四十岁，如第五品官的王锡卒于三十六岁，王融卒于二十七岁，王悦先乃父王导而卒，亦必四十岁以内，王绚终于秘书丞，《宋书》称其早卒；王徽之居黄门侍郎，年寿短。五品官皆由六品升达，固无疑问。一般而论，王氏在第六品上同品阶迁官者通常仅二三迁而已，即王氏自六品升五品的速度与自七品升六品的速度相似，五品以下同品阶累迁而滞留不升的现象甚少，但一旦升至五品官时，就常出现在第五品这一品阶上屡次转移职务。如：

王琳　举南徐州秀才，释褐征虏建安王法曹参军（七品）→司徒东阁祭酒（七品）→南平王文学（六品）→中书侍郎（五品）→卫将军长史（五品）→明威将军、东阳太守（五品）→司徒左长史（五品）

王锡　少以宰相子起家，为员外散骑侍郎（六品）→中书侍郎（五品）→太子左卫率（五品）→江夏内史（五品）

王金　补国子生，对策高第，除长史兼秘书郎中（六品）→尚书郎（六品）→太子中庶人（五品）→建安太守（五品）→武威将军、始兴内史（五品）→黄门侍郎（五品）→戎昭将军、尚书左丞（五品）→太子中庶子（五品）

这种现象有两种含义。其一，表示自五品升四品的速度比自六品升五品为慢。其二，在第五品这一阶内多迁，势必使其升四品的年岁渐长，而使年寿不够长者被自然淘汰。

魏晋南北朝之际，王氏做过第五品官者共一百七十六人，其中一百一十七人更上一层楼，占 66.5%，只有三分之一止于五品，年寿仍然是最大原因，因为升至四品或三品需要更长的时间。另有一个理由支持这一种说法，即当时司徒左长史、吏部郎、黄门侍郎、中书侍郎等皆是"清要官"，升迁只是时间问题，而且常常可以超迁，卒于这几种清要官者若天假年寿，再升一二级当无问题，而卒于这些官的王氏甚多。如卒于黄门侍郎者有：王融、王僧祐、王茂璋、王粹、王彭之、王徽之、王祥（父筠）、王攸。卒于司徒左长史者有：王廞、王静之。卒于中书侍郎者有：王耆之、王悦。卒于吏部郎者有：王锡。

　　第四品的官职除御史中丞及都水使者以外，都是些四品将军，这些将军大多是将军号的加官而已，其实职多是第五品。如宁朔将军、晋安太守，太守属第五品，为了提高其品位，加以第四品将军号宁朔将军，于是这位太守便属第四品了，而实际上仍然是做第五品太守之职。即以御史中丞及都水使者而言，其品位虽属第四品，但有时其政治地位还不如第五品的司徒左长史及吏部郎，御史中丞中有发现上迁第五品司徒左长史者，而司徒左长史中亦有不经第四品的任何官职超迁第三品者。所以第四品的官职大都含有浓厚的过渡性，又因第四品的官职很少，王氏中卒于此品阶者魏晋南北朝时只得十二例，资料不全，然而以第五品官的分析适用于第四品，似乎不会与事实相差太远。

　　第三品的官职已非常重要，包括中央政治的决策人物。如门下省的侍中；尚书省的尚书令、尚书仆射、列曹尚书；中书省的中书监令。武官如诸征镇安平将军、中领中护军。琅琊王氏在魏晋南北朝期间曾居五品者共得一百七十六人，其中有一百零五人能够跳过第四品而至第三品，占三分之二弱，即大部分皆可升至第三品，据上段分析，不能升达第三品者的最大原因仍然是缺乏足够的年寿。然则升达第三品时需达几岁呢？其早晚随各人不同，平均年龄研究于下：卒于第三品而有年岁记载者，凡三十三人，我们且从其卒年与在第三品这一品阶内平行迁官的次数而推论其初任第三品的年岁。

表 10-4　琅琊王氏三品官平行迁职统计表

卒时年岁	人数	百分比	三品官平行迁职次数
30~39 岁	5	15.2	1~2
40~49 岁	10	30.3	2~3
50~59 岁	9	27.3	3~4
60~69 岁	7	21.2	3~11
70~79 岁	2	6.1	3~8

四十至四十九岁卒于第三品，且曾经过二至三次迁职者，我们推论其初任第三品时在四十岁以内。以此得王氏初拜三品的年岁汇成表 10-5。

表 10-5　琅琊王氏初拜三品年岁统计表

年岁	百分比
39 岁前拜三品者	45
40~49 岁拜三品者	45
50 岁后拜三品者	10

上文曾经说影响王氏升至第三品的因素是年寿问题，即王氏若有足够的年寿，最后必可升达第三品之谓也。如果三十至四十岁没有升达第三品，则四十至五十岁很有希望爬上这级；如果在四十至五十岁仍然没有升达第三品，除非此人是高士或有特殊事由，则必可在五十岁以后迁升至第三品。但是我们必须注意一个事实，升达三品有的早在三十岁以前，有的在五十岁以后，其时间早晚之差距达二十几年，关于升至第三品的早晚是以"才""资"为其条件。所谓"才"是当时人所认为的才；所谓"资"者，因王氏是大士族，分支分房很多，房与房之间的资荫亦有高低之分。例如，在三十岁以前升达第三品者有王俭、王训（俭之孙），这两人属于各房之中最贵的一支，其世系为：

导——洽　珣　昙首——僧绰——俭——暕——训
丞相　中书令　卫将军　侍中　　侍中　　侍中　尚书左仆射　侍中
（一品）（三品）（二品）（三品）　（三品）　（三品）　（三品）　　（三品）

王训在二十六岁以前即拜三品，《梁书》卷二一《王训传》对其才资的叙述如下：

十六，召见文德殿，应对爽彻。上目送久之，顾谓朱异曰："可谓相门有相矣。"补国子生，射策高第……俄迁侍中，既拜入见，高祖从容问何敬容曰："褚彦回年几为宰相？"敬容对曰："少过三十。"上曰："今之王训，无谢彦回。"训美容仪，善进止，文章之美，为后进领袖。在春官特被恩礼，以疾终于位，时年二十六。

第一品及第二品官职与其说有实质上的意义，毋宁说是一种荣誉地位。一品官是指列公及开府仪同三司、骠骑车骑大将军等，盖自魏晋以降，三公无权，实际权力在三省长官手中（皆三品官），列公只是德高望重的大臣，开府仪同三司是文散，车骑骠骑大将军大半是武散。二品官包括三品官冠以"特进"字衔，武官则骠骑车骑将军、诸大将军及诸持节都督者。凡此只是阶级增高，与三品比较并没有实质上的变更。一品二品这种荣誉，当时人似乎亦很重视，不轻易授予，例如魏晋南北朝之际，王氏能够升至一二品者，仅二十人（一品十人，二品十人），绝大部分没有获得这项荣誉。且将一品及二品官列举于下：

王祥　　司空、太尉、司徒。年七十余。

王敦　　丞相、大将军。年五十六。

王导　　丞相、司徒、太傅。年六十余。

王戎　　司徒。年七十二。

王衍　　司空、司徒。年五十六。

王谧　　司徒。年四十八。

王弘　　司徒、太保。年五十四。

王含　　开府仪同三司、骠骑大将军。年五十余。

王肃　　（北魏）使持节、都督、车骑将军、刺史、开府仪同三司。
　　　　年三十八。

王敬弘　特进尚书令。年八十。

王僧朗　特进侍中。

王僧虔　特进左光禄大夫。年六十。

王份　　特进左光禄大夫。年七十九。

王冲　　特进光禄大夫。年七十六。

王通　　特进光禄大夫。年七十二。

王猛　　镇南大将军。

王晏　　骠骑将军。

王珣　　卫将军。年五十二。

王延之　使持节、都督、安南将军、江州刺史。年六十四。[1]

其中王肃北奔被魏主特别宠爱，年三十余即登一品官，王谧初任司徒系桓玄称帝时所命，除此二人以外，其余一二品者皆年五六十岁以上。除早期的人物如王敦、王导等以功业晋级外，似乎以德望才华升至一二品者为多。总之，王氏升至一二品时才有若干方式。

上列各段提及年寿对王氏官宦升迁之重要性，且综合列表如表10-6。

表10-6　年寿与琅琊王氏官宦升迁对照表

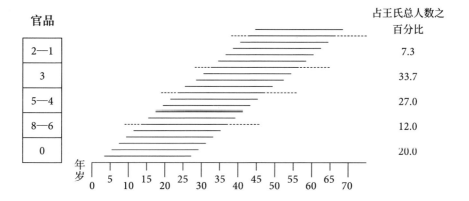

上述强调年寿与升迁之关系，并非完全不重视才华因素。王氏自始便是学业承袭的家族，对家族成员的学业皆有某些标准，王氏的学业水

---

[1] 以上所列实为十九人。——编注

准似乎很得当时人的信任（详细讨论见下节），再加以崇高的门资，于是就造成上述年寿与官品升迁有密切关系的现象。

隋唐时期的升迁资料极端缺乏，无法做系统研究。但是有一点可以肯定，即依据"表10-2　琅琊王氏各代官品统计表"所示，王氏在隋唐的政治地位已远不如前，详细情形要待隋唐墓志铭全面整理完成后，或可有进一步了解。因此上述魏晋南北朝时期升迁速度之研究，不适用于隋唐时期。

（四）担任官职之分析

魏晋南北朝时，王氏所担任官职统计如表10-7。

表 10-7　琅琊王氏担任官职统计表

官职	人数
司徒	5
侍中	58（包括加官）
尚书令	9
尚书仆射	14
中书监令	22
列曹尚书	35
光禄大夫	16
散骑常侍	16
列卿	25
秘书监	5
三品将军	31
太子太师詹事	9
司徒左长史	19
黄门侍郎	34
中书侍郎	24
刺史	41
太守	81

三、王氏在政治社会中的动态

（一）王氏政治行为之分析

魏晋南北朝时期，王氏子孙的政治行为大致可分为三大类型。

第一类是无为型。其代表人物有王戎、王衍。试以此二人为例，从其对政治上各种观点及作风诸方面看这一类型的具体行为。

1. 王　戎

《晋书》卷四三《王戎传》载：

> 寻转司徒。以王政将圮，苟媚取容，属愍怀太子之废，竟无一言匡谏。

> ……惠帝反宫，以戎为尚书令。既而河间王颙遣使就说成都王颖，将诛齐王冏。檄书至，冏谓戎曰："孙秀作逆，天子幽逼。孤纠合义兵，扫除元恶，臣子之节，信著神明。二王听谗，造构大难，当赖忠谋，以和不协。卿其善为我筹之。"戎曰："公首举义众，匡定大业，开辟以来，未始有也。然论功报赏，不及有劳，朝野失望，人怀贰志。今二王带甲百万，其锋不可当，若以王就第，不失故爵。委权崇让，此求安之计也。"冏谋臣葛旟怒曰："汉魏以来，王公就第，宁有得保妻子乎！议者可斩。"于是百官震悚，戎伪药发堕厕，得不及祸。

《晋书》给王戎的评论最能表现出其政治行为，云："无蹇谔之节。自经典选（为吏部尚书），未尝进寒素，退虚名，但与时浮沉，户调门选而已。"

2. 王　衍

王戎之从弟，其风格与戎极相似。《晋书》卷四三《王戎传·附王衍传》载：

（王衍为尚书令时）女为愍怀太子妃，太子为贾后所诬，衍惧祸，自表离婚。贾后既废，有司奏衍，曰："衍与司徒梁王肜书，写呈皇太子手与妃及衍书，陈见诬之状。肜等伏读，辞旨恳恻。衍备位大臣，应以义责也。太子被诬得罪，衍不能守死善道，即求离婚。得太子手书，隐蔽不出。志在苟免，无忠謇之操。宜加显责，以厉臣节。可禁锢终身。"从之。

……及（东海王）越薨，众共推为元帅。衍以贼寇锋起，惧不敢当。辞曰："吾少无宦情，随牒推移，遂至于此。今日之事，安可以非才处之。"俄而举军为石勒所破，勒呼王公，与之相见，问衍以晋故。衍为陈祸败之由，云计不在己。勒甚悦之，与语移日。衍自说少不豫事，欲求自免，因劝勒称尊号。勒怒曰："君名盖四海，身居重任，少壮登朝，至于白首，何得言不豫世事邪！破坏天下，正是君罪。"……填杀之。衍将死，顾而言曰："呜呼！吾曹虽不如古人，向若不祖尚浮虚，勠力以匡天下，犹可不至今日。"

第二类是积极型。有抱负、有才能的人物，对现实政局采取积极的态度，有的失败，有的成功，我们且不论其成功与失败，其积极则一也，当西晋末叶，王氏有两个积极型的代表人物，即王导与王敦。

1. 王　导

王导处理当时局面，颇有开创的气魄。《晋书》卷六五《王导传》云：

导知天下已乱，遂倾心推奉（晋元帝），潜有兴复之志。帝亦雅相器重，契同友执。帝之在洛阳也，导每劝令之国。会帝出镇下邳，请导为安东司马，军谋密策，知无不为。

陈寅恪《论东晋王导之功业》一文予以肯定。

建立东晋之初，王导有一连串的新猷。他树立了南朝规模，他的政策一直被南朝遵循，今简述其重要作风如下：

（1）收揽土著民心，任用吴郡贤才，采取恩威并用的手段，使新政府能在南方生根。《晋书》卷六五《王导传》（下同）云：

> 及徙镇建康，吴人不附，居月余，士庶莫有至者，导患之。会敦来朝，导谓之曰："琅邪王仁德虽厚，而名论犹轻。兄威风已振，宜有以匡济者。"会三月上巳，帝亲观禊，乘肩舆，具威仪，敦、导及诸名胜皆骑从。吴人纪瞻、顾荣，皆江南之望，窃觇之，见其如此，咸惊惧，乃相率拜于道左。导因进计曰："古之王者，莫不宾礼故老，存问风俗，虚己倾心，以招俊乂。况天下丧乱，九州分裂，大业草创，急于得人者乎！顾荣、贺循，此土之望，未若引之以结人心。二子既至，则无不来矣。"帝乃使导躬造循、荣，二人皆应命而至，由是吴会风靡，百姓归心焉。

（2）安慰流亡人士，并选用其中贤才。

> 俄而洛京倾覆，中州士女避乱江左者十六七，导劝帝收其贤人君子，与之图事。时荆扬晏安，户口殷实，导为政务在清静。

（3）规劝君主。

> 每劝帝克己励节，匡主宁邦。于是尤见委杖，情好日隆，朝野倾心，号为"仲父"。

（4）勉励士大夫积极为国。

> 过江人士，每至暇日，相要出新亭饮宴。周𫖮中坐而叹曰："风景不殊，举目有江河之异。"皆相视流涕。惟导愀然变色曰："当共戮力王室，克复神州，何至作楚囚相对泣邪！"众收泪而谢之。

（5）提倡教育。

于时军旅不息，学校未修，导上书曰："夫风化之本在于正人伦，人伦之正存乎设庠序。庠序设，五教明，德礼洽通，彝伦攸叙，而有耻且格，父子兄弟夫妇长幼之序顺，而君臣之义固矣。《易》所谓'正家而天下定'者也。故圣王蒙以养正，少而教之，使化沾肌骨，习以成性，迁善远罪而不自知，行成德立，然后裁之以位。"

（6）安定王储。

初，帝爱琅邪王裒，将有夺嫡之议，以问导。导曰："夫立子以长，且绍又贤，不宜改革。"帝犹疑之。导日夕陈谏，故太子卒定。

（7）协调大臣。

于时庾亮以望重地逼，出镇于外。南蛮校尉陶称间说亮当举兵内向，或劝导密为之防。导曰："吾与元规（亮字）休戚是同，悠悠之谈，宜绝智者之口。则如君言，元规若来，吾便角巾还第，复何惧哉！"又与称书，以为庾公帝之元舅，宜善事之。于是谗间遂息。

（大司马）庾亮将征苏峻，访之于导。导曰："峻猜险，必不奉诏。且山薮藏疾，宜包容之。"固争不从，亮遂召峻，既而难作。

上列若干项王导的政治措施，与历代任何宰辅相较毫无逊色。更值得注意者，这种种措施，皆基于儒家的政治理论。王导的作风被南朝士族子弟们所效法，虽然模仿他的人只学到一部分，且在实行时远不如王导积极，但王导似乎已为士族子弟们树立了一种政治行为的典范。

2.王　敦

对于州郡的控制、地方势力的铲平，王敦的贡献不亚于从弟王导。

例如，元帝初镇江东之时，悉赖王敦武力支持。王敦是另一种积极行为的代表人物。

第三类是因循型。这类人的政治行为是兢兢业业，不求有功，但求无过，随波逐流，忧谗畏讥，但并非完全不做一点事情，有时做一点，大部分时间皆萧规曹随，因循不变。王祥是这一类型的代表人物之一。《晋书》卷三三《王祥传》云：

> 徐州刺史吕虔檄为别驾……委以州事。于时寇盗充斥，祥率励兵士，频讨破之。州界清静，政化大行。时人歌之曰："海沂之康，实赖王祥。邦国不空，别驾之功。"

王祥较王戎辈无为作风而言，要积极些，但其积极程度亦达此而已。《晋书·王祥传》又云：

> 累迁大司农。高贵乡公即位，与定策功……转司隶校尉。从讨毌丘俭。……命祥为三老。……及高贵乡公之弑也，朝臣举哀，祥号哭曰"老臣无状"，涕泪交流，众有愧色。顷之，拜司空，转太尉。

王祥临卒时对其子孙所说的一段话，可作为最佳的自我描述：

> 吾生值季末，登庸历试，无毗佐之勋，没无以报。气绝但洗手足，不须沐浴。

因循在南朝末期被王氏们发挥至极，形成一种为人处事的典型，试举数例。

《陈书》卷一七《王冲传》：

> 性和顺，事上谨肃，习于法令，政在平理，佐藩莅人，鲜有失德，虽无赫赫之誉，久而见思。

《陈书》卷一七《王劢传》：

> 为政清简，吏民便安之。

《陈书》卷二一《王固传》：

> 世祖以固清静，且欲申以婚姻。

《陈书》卷二三《王瑒传》：

> 除吏部尚书……及居选职，务在清静，谨守文案，无所抑扬。

政治行为的分类，是一件不容易之事，因循型与无为型间之明确标准为何？积极型与因循型是否毫无重叠之处？这种种问题都无法得到完整的答案。同时，政治行为是否只能分为这三类，亦颇值得商榷。本文这种分类法是将就资料的分法。且将魏晋南北朝时期王氏在政坛上主要人物依上列三种类型归类列于表10-8。

表10-8　王氏政治行为分类表（魏晋南北朝时期，即自第一代至第十三代）

世系	积极型	因循型	无为型
第一代			
第二代			
第三代		祥、览	
第四代			
第五代	敦、导、含、廙	舒、彬	戎、衍、澄
第六代	恬、允之、彪之	洽、劭、会、瑜、羲之、胡之、翘之	
第七代		混、珣、珉、谧、恢、献之	徽之、凝之
第八代		弘、虞、柳、孺、昙首、朗、练、球、智、僧朗、华、琨、敬弘、镇之、讷之	惠
第九代		僧达、猷、远、僧绰、僧虔、景文、翼之、普曜、准之、韶之	

（续表 10-8）

世系	积极型	因循型	无为型
第十代		懋、僧衍、瞻、俭、慈、志、绚、缋、蕴、份、瓒之、昇之、晏、逡、思远、奂、泰	
第十一代		莹、亮、陳、骞、筠、融、延之、秀之	
第十二代		冲、铨、通、劢、质、固、峻、训、锡、承	
第十三代		场、瑜、衰、宽	

　　表中有两点值得注意。其一，前三代因记载不详，第五代及第六代时三种类型皆有著名人物出现。其二，因循型者逐代增加。讨论于下：

　　上列粗分的三种政治行为类型，也可视为王氏对现实社会的三种反应，作风虽有不同，其基本心理则一，即保持家族的生存与地位。当永嘉乱起，正值王氏第五及第六代出现于历史舞台，面临如此复杂巨大的变局，很容易产生各种不同的应变方法。有人认为采取消极态度做人处事可免许多争执，不做不错、少做少错的心理产生，于是老庄思想最吻合这些人的思想，他们认为"无为"是保家保身的万灵丹。例如："钟会伐蜀，过与（王）戎别，问计将安出。戎曰：'道家有言：为而不恃。非成功难，保之难也。'"又："东安公繇专断刑赏，威震外内。戎诫繇曰：'大事之后，宜深远之。'"及王戎主持选举时，"与时浮沉，户调门选而已"。很容易看出他的无为保家思想。又王戎虽知族弟王敦有高才，但反对他的积极作风，认为是招祸之因，故"敦有高名，戎恶之。敦每候戎，辄托疾不见"（《晋书》卷四三《王戎传》）。另一位主张无为的王衍，曾有狡兔三窟的设计，由此可见这类无为型的人物，其政治行为是无为，其心理则是为保家。另一类型者认为国家危难之秋，得积极匡正才能保国保家，与其说王导所为完全出于爱护司马睿之心，毋宁说王导欲保家而以琅琊王司马睿做招牌，这不但是王导一个人的想法，且是当时大部

分侨姓及吴姓士族们的一般想法。王敦的政治行为积极之至，他的心理
基础可由他病倒时的一段话得到若干启示："钱凤谓敦曰：'脱其不讳，
便当以后事付应。'敦曰：'非常之事，岂常人所能！且应年少，安可当
大事。我死之后，莫若解众放兵，归身朝廷，保全门户，此计之上也。'"
（《晋书》卷九八《王敦传》）第三种人介于无为型与积极型之间，他们
采取中庸之道，因循故事，不急不缓，如王祥、王览。这三种类型的人，
其行为在永嘉之乱以后皆得到充分的实验，其结果是：主张无为作风者
完全失去政府设官治事之基本原则，这种人居位是败事有余而成事不足，
王衍之死便标志着无为型政治行为的完全失败，而时人亦渐以"浮华"
称之，遭人唾弃，故自王戎、王衍以后，真正在政治上采取无为者渐少。
积极型的人物对国家有创造性的贡献，但是在权力斗争之下，一旦走上
了"螺旋进程"之途[1]，可能会骑虎难下，如王敦是也，王敦给王氏家族
之打击至深且巨，王氏几乎灭族；即以王导而论，亦曾遭元帝及他人之
忌，故王导在其晚年亦以"清静"闻。经过这些实验，因循型的政治行
为似乎最能保持家族的生存及政治社会地位的继续，自东晋以后，王氏
皆服膺这种作风。然而，因循作风的盛行是否因为该家族活力之衰微，
非现存资料所能证明。

（二）王氏与军旅

这是从另一个角度看王氏之行为风格。依其与军旅接近之深浅，且
分为三类，即"活跃""不活跃""未涉"，将魏晋南北朝时期王氏主要代
表人物归类，见表10-9。

---

[1] 参见朱坚章：《历代篡弑之研究》，第五章《篡弑的动机——权力与自保》，嘉新水泥公
司文化基金会，1964。

表 10-9　王氏参与军旅分类表（魏晋南北朝时期）

世系	活跃	不活跃	未涉
第一代			
第二代			融
第三代			祥、览
第四代	乂	彦、裁、浑	肇、馥、基、正、琛、愔
第五代	敦、含、舒、廙	导、彬、澄、衍	戎、俊、旷、棱、侃
第六代	恬、应、允之	洽、荟、晏之、万、徽	遐、悦、劭、羲之、玄、颐之、耆之、彭之、彪之、翘之、胡之、会
第七代		珣、肃之、羡之、越之	混、珉、谧、穆、默、恢、厥、凝之、徽之、献之、操、茂、随之、临之
第八代		锡、昙首、华、桢之、琨	诞、弘、虞、柳、朗、练、球、智、僧朗、惠、敬弘、伟之、镇之、弘之、讷之
第九代		恢、钦、宣侯、准之、僧达、僧虔	偃、锡、深、猷、远、微、僧议、僧绰、景文、楷、粹、翼之、恢之、韶之、普曜
第十代		僧祐、珪之、蕴、镇之、奂	藻、懋、修、僧亮、僧衍、道琰、瞻、俭、慈、志、楫、绚、缋、思远、份、瓒之、昇之、晔之、晏、翂、逡
第十一代		延之、籍、德元	莹、亮、茂璋、长玄、謇、暕、泰、筠、融、深、琳、秀之、晃
第十二代			冲、实、规、训、承、稚、祥、诩、铨、锡、金、通、劢、质、固
第十三代			峻、衷、宽、琮、玚、瑜

如表 10-9 所示，王氏参与军事活动者逐代减少。前几代因记载不详，且王氏并未至极盛时期。第五代是王氏在军事方面最活跃的时期，王敦更为突出，王含、王舒、王廙皆有积极的表现。第六代的王恬、王应、王允之虽不如王敦辈，但亦甚爱军旅。自第六代以后，军事方面活跃分子不复出现，至多只是担任些军事参谋及一些不甚重要的军职而已，

且 "未涉" 军旅者的数目远过 "不活跃" 类。自第十一代以后，甚至 "不活跃" 者亦不见，王氏似乎已完全退出了军旅。涉及军旅与否或有时势因素，永嘉乱后诚然是用兵之时，但南朝政局变化奇大，且侯景之乱造成的混乱局面不亚于西晋末年，而王氏第十二代、第十三代（正值梁陈之际）却完全脱离了军旅，因此应当着重于内在因素的分析。琅琊王氏自西汉始便是一个以经业传家的家族，本质上倾向于文才方面，此乃基本的心理倾向，但是当时文武之途并没有截然分开，许多儒生都曾经将兵——王敦是一位文质彬彬的贵公子，同时也是一位杰出的将才；谢安的淝水之战，证明其军事才华。王氏之所以逐代远离军旅，最重要的原因是军功虽能带来功绩，但不能给家族幸福，王敦反后，幸赖王导忠诚，王氏才免去族灭之祸，这个打击对兢兢业业的王导教训很大，从一个例子中可以看出王导的心理。《晋书·王导传》载：

> （王导长子）悦字长豫，弱冠有高名，事亲色养，导甚爱之。……（次子）恬字敬豫。少好武，不为公门所重。导见悦辄喜，见恬便有怒色。

王氏一族居高官者三分之二皆王导之后裔，这种重文轻武的作风，可能已成为王导的家训矣！

（三）王氏与社会价值观念

在政治行为方面王氏逐渐走因循路线，在军事活动方面王氏又逐渐远离军旅，然则王氏如何维持其政治地位呢？其所凭为何物？最重要的原因是士族能适应当时的社会价值观念，甚或士族能掌握当时的社会价值观念。

社会价值观念的差异，会影响到取士的标准，这是历代皆有的现象[1]，魏晋南北朝时期也不例外。但是魏晋南北朝取士标准受社会价值观念影响之大，非以往任何朝代所能及，这是因为当时选举制度伸缩性过大所致。自曹魏文帝时吏部尚书陈群创立了九品官人法以后，一直沿用至南北朝。根据九品官人法，各州郡设立大小中正，评定管辖地区内人才为九等。如《文献通考》卷二八《选举考一》云：

> 州、郡、县俱置大小中正，各取本处人任诸府公卿及台省郎吏有德充才盛者为之，区别所管人物，定为九等。其有言行修著则升进之，或以五升四，以六升五；倘或道义亏缺则降下之，或自五退六，自六退七矣。

评定人物之权归于中正官，而最重要之点厥为评定人物无具体固定的标准。虽然晋武帝时曾诏令诸郡中正举淹滞，其诏令中定下了六个标准，即：一曰忠恪匡躬，二曰孝敬尽礼，三曰友于兄弟，四曰洁身劳谦，五曰信义可复，六曰学以为己。很显然地，这六个标准都以品德为主，且模棱非常，毫不具体。所以后世中正官所采用的选士标准，全与社会价值的观念相吻合，社会上认为某一行为是好的，中正官便引为取士的条件，故一般做人的社会价值标准亦被当作取士标准。社会价值观念与取士标准广泛地结合，谁能掌握或适应社会价值观念，谁便能合于任官标准。且看当时的社会价值观念如何：

1. 品德重于一切

重视品德本是任何社会之常态，但当时人对品德重视之程度，远在一般社会之上。士族皆崇尚儒家学说，儒家对于品德方面的主张是仁义孝悌，而魏晋南北朝的士族们把孝悌实践得极为彻底，也唯有孝悌才被时人视为品德的最高境界。魏晋南北朝正史里这种记载多极了，因为

---

[1] 参见拙义《中国中古贤能观念之研究　　任官标准之观察》。

孝悌实践得不彻底而被中正官降品的例子亦屡见不鲜。即以琅琊王氏而论，孝悌之例在当时社会中极为称著。如《晋书》卷三三《王祥传》：

> 祥性至孝。早丧亲，继母朱氏不慈，数谮之，由是失爱于父。每使扫除牛下，祥愈恭谨。父母有疾，衣不解带，汤药必亲尝。母常欲生鱼，时天寒冰冻，祥解衣将剖冰求之，冰忽自解，双鲤跃出，持之而归。母又思黄雀炙，复有黄雀数十飞入其幕，复以供母。乡里惊叹，以为孝感所致焉。有丹柰结实，母命守之，每风雨，祥辄抱树而泣。……母终，居丧毁瘁，杖而后起。徐州刺史吕虔檄为别驾。

王祥之弟王览则以悌闻名：

> 母朱，遇祥无道。览年数岁，见祥被楚挞，辄涕泣抱持。至于成童，每谏其母，其母少止凶虐。朱屡以非理使祥，览辄与祥俱。又虐使祥妻，览妻亦趋而共之。朱患之，乃止。祥丧父之后，渐有时誉。朱深疾之，密使鸩祥。览知之，径起取酒。祥疑其有毒，争而不与。朱遽夺反之。自后朱赐祥馔，览辄先尝。朱惧览致毙，遂止。览孝友恭恪，名亚于祥。及祥仕进，览亦应本郡之召，稍迁司徒西曹掾、清河太守。……咸宁初，诏曰："览少笃至行，服仁履义，贞素之操，长而弥固。其以览为宗正卿。"

而王献之、王徽之兄弟求代死之一幕，亦非常感人。甚至如王氏中崇尚老庄最洒脱不羁的王戎，《晋书》卷四三《王戎传》亦云：

> 以母忧去职。性至孝，不拘礼制，饮酒食肉，或观弈棋，而容貌毁悴，杖然后起。裴頠往吊之，谓人曰："若使一恸能伤人，濬冲（戎字）不免灭性之讥也。"时和峤亦居父丧，以礼法自持，量

米而食，哀毁不逾于戒。帝谓刘毅曰："和峤毁顿过礼，使人忧之。"毅曰："峤虽寝苦食粥，乃生孝耳。至于王戎，所谓死孝，陛下当先忧之。"

孝悌被当时人视为品德之最上品，"容貌毁悴""杖而后起"已成为士族居丧的基本礼貌，而笃行孝悌行为的王氏似乎在当时扮演了偶像角色。

2. 重视文才

这也是历代皆重视的社会价值观念。文才被认为是仕进的条件之一，如《陈书》卷三《世祖纪》天嘉元年（560）七月诏：

> 荐梁前征西从事中郎萧策，梁前尚书中兵郎王暹，并世胄清华，羽仪著族，或文史足用，或孝德可称，并宜登之朝序，擢以不次。

《宋书》卷五一《临川王刘义庆传》中宋临川王刘义庆表荐庾寔有云：

> 伏见前临沮令新野庾寔，秉真履约，爱敬淳深。昔在母忧，毁瘠过礼，今罹父疚，泣血有闻。行成闺庭，孝著邻党，足以敦化率民，齐教轨俗。前征奉朝请武陵龚祈，恬和平简，贞洁纯素，潜居研志，耽情坟籍，亦足镇息颓竞，奖励浮动。处士南郡师觉，才学明敏，操介清修，业均井渫，志固冰霜。

除孝悌以外，文才是被重视的。琅琊王氏在这方面的造诣，可见诸《梁书》卷三三《王筠传》，王僧虔孙王筠与诸儿书论家世集，曰：

> 史传称安平崔氏及汝南应氏，并累世有文才，所以范蔚宗云崔氏"世擅雕龙"。然不过父子两三世耳；非有七叶之中，名德重光，爵位相继，人人有集，如吾门世者也。沈少傅约语人云："吾少好百家之言，身为四代之史，自开辟已来，未有爵位蝉联，文才相继，

如王氏之盛者也。"汝等仰观堂构，思各努力。

3. 重视礼法

礼法是规范人与人之间行为的准则。一个士族家庭之所以见重于世，原因固多，但有优良的礼法是其重要条件之一。钱穆先生甚至说："礼法实与门第相终始，惟有礼法乃始有门第，若礼法破败，则门第亦终难保。"如陆机服膺儒术，非礼不动。庾亮善谈论，性好老庄，风格峻整，动由礼节。而王弘的礼法举止，更成为后人模仿的典型人物。《宋书》卷四二《王弘传》云：

> 弘明敏有思致，既以民望所宗，造次必存礼法，凡动止施为，及书翰仪体，后人皆依仿之，谓为王太保家法。

除了个人及家庭间的礼法以外，能通晓朝廷礼法者亦见重于世。《南齐书》卷二三《王俭传》云：

> 时大典（宋禅位于南齐）将行，俭为佐命，礼仪诏策，皆出于俭。……朝廷初基，制度草创，俭识旧事，问无不答。上叹曰："《诗》云：'维岳降神，生甫及申。'今亦天为我生俭也。"

又《宋书》卷六〇《王准之传》云：

> 彪之博闻多识，练悉朝仪，自是家世相传，并谙江左旧事，缄之青箱，世人谓之"王氏青箱学"。

4. 重视外貌与仪态

这是一项较为奇特的社会价值观念，起源于汉末的品题人物，而一直沿袭至魏晋南北朝。如《世说新语》中卷《赏誉篇》对李膺的评价：

世目李元礼："谡谡如劲松下风。"[1]

据钱穆的理论，这是时人对品德的另一标准：

当时人喜把外面一切人事全摆开，专从其人所表现在其本身者作品目，因之事功德业有非所重，而其人之仪容举止，言辞音吐，反多为人注意。当时人观念，似乎认为一人之德性，可在其人之日常生活与其声音仪容中表出，而一切外面之遭遇与作为，则可存而不论。此种德性之表出，而成为一固定之格调，时人谓是其人之标致，亦称标格，或风标，或风格，或标度。犹之此后宋儒之爱言气象，要之总是就其人之表现在自身者言。此种气象与标致之表现在其人之自身者，亦即是其人之品格与德性。而此种品格与德性，则实具一种动的潜力，使他人与之相接而引起一种仰钦欣羡之心，受其感染，群相慕效，此乃其人人格一种内在影响力，此种潜力之发为影响，在魏晋人则称之为风流。《论语》有云："君子之德风，小人之德草，草上之风必偃。"《孟子》云："其故家遗俗，流风善政，犹有存者。"风流二字，大意本此。故知当时人之所谓人物风流，即指其人之品格德性之修养可以形成为一时风气，为人慕效。故风流即是至德，至德始成风流。[2]

"风流即是至德"，不在本文讨论范围之内。然而貌美风仪为当时社会所崇尚，这点可有许许多多例子证实之。例如，《陈书》卷二三《王场传》：

沉静有器局，美风仪，举止酝藉。……授散骑常侍，领太子庶

---

[1] 刘孝标注引《李氏家传》，谓"膺岳峙渊清，峻貌贵重"。
[2] 钱穆：《略论魏晋南北朝学术文化与当时门第之关系》，《新亚学报》5（2），1963。

子，侍东宫。迁领左骁骑将军、太子中庶子，常侍、侍中如故。场为侍中六载，父冲尝为场辞领中庶子，世祖顾谓冲曰："所以久留场于承华，政欲使太子微有场风法耳。"

《梁书》卷二一《王峻传》：

> 峻少美风姿，善举止。……高祖甚悦其风采。……出为宣城太守。

王氏貌美风仪者不乏其人，而知名者有三十二人之多。

5. 清谈及应对

自魏晋崇尚老庄之风起，清谈成为上流社会重要的生活面之一，是社交的重要节目，同时亦为表现才情的机会及较量学识（当时人喜谈玄学）的场所。如《世说新语》上卷《文学篇》载：

> 裴散骑娶王太尉女，婚后三日，诸婿大会。当时名士，王、裴子弟悉集。郭子玄在坐，挑与裴谈。子玄才甚丰赡，始数交，未快；郭陈张甚盛，裴徐理前语，理致甚微，四座咨嗟称快。王亦以为奇，谓诸人曰："君辈勿为尔，将受困寡人女婿。"

又如《世说新语》上卷《文学篇》载：

> 羊孚弟娶王永言女，及王家见婿，孚送弟俱往。时永言父东阳尚在，殷仲堪是东阳女婿，亦在坐。孚雅善理义，乃与仲堪道《齐物》，殷难之。羊云："君四番后当得见同。"殷笑曰："乃可得尽，何必相同。"乃至四番后一通。殷咨嗟曰："仆便无以相异。"叹为新拔者久之。

《梁书》卷二一《王暕传》中记载明帝诏求异士，始安王遥光表荐王暕及东海王僧孺曰：

> 势门上品，犹当格以清谈；英俊下僚，不可限以位貌。

可见清谈受上流社会之重视。

王衍善于清谈，其受人景仰之程度可由《晋书》卷四三《王戎传·附王衍传》中见之：

> 衍既有盛才美貌，明悟若神，常自比子贡。兼声名藉甚，倾动当世。妙善玄言，唯谈老庄为事。每捉玉柄麈尾，与手同色。义理有所不安，随即改更，世号"口中雌黄"。朝野翕然，谓之"一世龙门"矣。累居显职，后进之士，莫不景慕放效。选举登朝，皆以为称首。矜高浮诞，遂成风俗焉。

善于应对亦甚受重视。如《梁书》卷二一《王训传》：

> 十六，召见文德殿，应对爽彻。上目送久之，顾谓朱异曰："可谓相门有相矣。"

6. 重视艺术

《颜氏家训·杂艺篇》记载艺术分为九类：一书法，二绘画，三弓矢射艺，四卜筮，五算术，六医方，七音乐琴瑟，八博戏与围棋，九投壶与弹棋。其中书法最受社会重视，而琅琊王氏善书者计有二十九人，据王僧虔谓，王氏善书者居古今之半 [1]。

以上是当时社会上比较重视的社会价值观念。有时一人兼具上列数种才情，如美貌风仪及善清谈，或工书善属文等，则在相互标榜的风气之下而成为"名士"。王氏子弟有名于当时者极多，计有五十七人。

被社会价值观念认为好的，不但是好行为、好事物，并且被采用为

---

[1]《南齐书》卷三三《王僧虔传》。

取士的积极条件。王氏能历久不衰，乃因王氏家族的特性（其他士族亦有此特性，但王氏较为典型）最与这些社会价值观念接近。但是这种现象是因为士族掌握了社会价值观念，抑或是士族适应了社会价值观念，则是一个极难分辨的问题。

四、王氏盛衰之研究

西晋之际，时人把裴、王二氏并称，琅琊王氏虽不是第一大族，但已是前数位的士族了。自东晋开始，垂南朝四期，王氏显然是声势赫赫的第一号大族。这个士族绵延及盛贵之久，罕有其例，但是它毕竟有盛有衰，其间变化之痕迹，则是本节讨论之主旨。一个家族之盛衰，可由两方面研究之：其一是政治地位的盛衰；其二是社会地位的盛衰。虽然政治地位与社会地位两者的盛衰有着密切的关联，但如果能分开讨论则更易收相辅相成之效。

表 10-10　王氏政治暨社会地位盛衰统计表

世系	项目						娶	嫁
	上品	中品	下品	合计	不仕	总计		
第一代		1		1		1		
第二代					1	1		
第三代	2	1		3		3	薛（高平）、朱（庐江）	
第四代	2	9	1	12	3	15	羊、任（乐安）	卫
第五代	8	5		13	4	17	○、裴、郭、曹（彭城）、郗（济阴）	夏侯
第六代	9	8	5	22	4	26	谢、谢、周、周、荀、裴、夏侯、郗	○、裴、郗

（续表 10-10）

世系	上品	中品	下品	合计	不仕	总计	娶	嫁
第七代	8	9	3	20	6	26	谢、谢、谢、何、郗、乐（南阳）、○	
第八代	19	10		29	4	33	○、桓、桓、袁	○、桓、殷
第九代	15	8	4	27	3	30	○、○、○、○、○、○、羊、何	○、○、○、何
第十代	17	11	2	30	10	40	○、○、○、○、○、谢、殷	○、谢、蔡
第十一代	11	12	1	24	9	33	○、○、○、○、○、○、○	○、○、○、○、殷
第十二代	18	12		30	6	36	○、○、○、袁	○、○、○
第十三代	8	15	7	30	4	34	○、○	○、○
第十四代	3	12	13	28	4	32		褚、张（南阳）
第十五代	3	16	28	47	7	54	杜（京兆）、李（高平）	许（高阳）
第十六代		14	25	39	25	64	○、萧、段（雁门）	卢（范阳）
第十七代	1	11	12	24	32	56	○、杨（弘农）、薛、薛（河东）	崔（清河）
第十八代	3	14	19	36	30	66	○、○、李（陇西）	张（清河）
第十九代	1	3	16	20	33	53	○	
第二十代		7	5	12	19	31		
第二十一代		2	5	7	4	11		汤华
第二十二代			1	1	6	7	韦（京兆）	崔（博陵）、韦（京兆）
第二十三代		1	3	4	3	7	范（顺阳）	范（顺阳）

附记：1. 上品指第一至第三品。中品指第四至第六品。下品指第七至第九品。

　　　2. "○" 符号表示与皇室通婚。

政治地位之盛衰可以仕宦情况为其坐标。任官者多与官品高是两项主要的标准，而官品高似乎又比较具有重要性。从"表10-2　琅琊王氏各代官品统计表"中，将第一至第三品归成一类，称为上品；将第四至第六品称为中品；第七至第九品称为下品，便很容易看出政治地位盛衰现象。第一、二代没有什么特出；第三、四代已逐渐"起飞"；第五、六、七代每代皆有八至九人官居上品，另有八九名官拜中品，而入仕者每代已超过二十人，这时正当西晋末年及东晋。第八、九、十、十一、十二代达到最盛状况，每代皆有十五名左右居官上品，大都十名以上居官中品，尤其第八代拜上品者竟至十九人之多，每代入仕者亦增至三十人左右，这正是东晋末期及宋、齐、梁、陈时代。第十三代开始下降，第十三代的现象与第五、六、七代相似。第十四、十五代每代有上品三人，中品十几人，与第三、四代相似，这正值唐初之际。第十六、十七、十八、十九代虽然上品仅零至三人，但中品每代仍有十余人，而每代入仕者则有三十人左右，这正值中唐时期。第二十、二十一代已不见居上品者，而中品亦仅数人而已。第二十二、二十三代几乎只有几人居下品而已，而入仕者亦不过四人。显然，王氏政治地位的盛衰如抛物线一般，东晋南朝为其顶峰，但其衰势是缓慢的，这条抛物线的末端延长至唐亡。

社会地位的盛衰包含着当时人对王氏的共同看法，其盛衰是由许许多多心理因素决定的，因此无法如同政治地位盛衰一般能有较明确的起伏线，只能以相对的比较判别之。本文用以比较的坐标则是当时王氏的婚嫁关系。本文的基本假设是：如果二族互相通婚，则该二族的族望及社会地位相差不大。从婚嫁关系中发现，第三代王氏与高平薛氏及庐江朱氏为婚，该二族在当时并非大士族。第四代王氏与泰山羊氏、乐安任氏及卫氏为婚，除泰山羊氏为士族外，其他二族并不闻名于当时。显然第四代的社会地位比第三代有加焉。第五代有与皇室、裴氏、夏侯氏通婚者，这些皆是当时名族；又有与郭氏为婚者，郭氏乃贾后之亲戚，而曹氏与郤氏则未知其社会地位之高低。总而言之，从王氏第五代的婚嫁关系看，视第四代有加焉。另一点值得注意的是，即自第五代始，往后每代皆有与皇室通婚者。第六代时，王氏之婚嫁对象皆属当时大族，如与皇室通婚者一，与谢氏者二，与裴氏者二，与周氏者二，与荀氏、夏侯氏、郤氏者各一。第七代与第六代相似。第八代的婚嫁更为盛美，计皇室二，桓氏三，袁氏、殷氏各一。第九代至第十三代有大批的王氏与皇室为婚，计有三十七起，除皇室以外有谢氏、何氏、殷氏、袁氏、蔡氏，社会地位之隆，已至顶峰，这正值南朝时期。第十三代以下，资料更是残缺，但仍可做某些程度的推论。以第十四至十九代而言，与王氏通婚者仍以大族为多，如皇室有五起（第十六至十九代每代皆有），褚氏、南阳张氏、京兆杜氏、萧氏、范阳卢氏、弘农杨氏、河东薛氏、清河崔氏、清河张氏、陇西李氏、高阳许氏等，皆当时大族，但值得注意者，这些皆北方大士族，属于南朝者仅萧氏而已。第二十二及第二十三代王氏与京兆韦氏、博陵崔氏及顺阳范氏通婚，且已不见与皇室通婚者。一般而论，唐朝时王氏社会地位虽不及南朝时期，但仍然很高，这种社会地位至唐末而不衰。

依上列分析，王氏政治地位的盛衰大致与社会地位的盛衰相吻合，皆以南朝为其盛极时期，两晋为其"起飞"时期，隋唐则为其"下降"时期，而其衰微的时期较缓，延绵时期较长，尤见社会地位的衰微没有政治地位的衰微那样敏感。

第十一篇

隋唐政权中的兰陵萧氏

一、前　言

　　兰陵萧氏是南朝重要侨姓之一，齐梁房是帝室，即梁武帝之后裔[1]。梁武帝在位有四十八年之久（天监元年至太清三年，502—549），长子统，即昭明太子，中大通三年（531）卒，仅三十一岁。据《梁书》卷八《昭明太子传》载（《南史》卷五三《昭明太子统传》略同）：

　　　　太子自加元服，高祖便使省万机，内外百司奏事者填塞于前。太子明于庶事，纤毫必晓，每所奏有谬误及巧妄，皆即就辩析，示其可否，徐令改正，未尝弹纠一人。平断法狱，多所全宥，天下皆称仁。性宽和容众，喜愠不形于色。引纳才学之士，赏爱无倦。恒自讨论篇籍，或与学士商榷古今；闲则继以文章著述，率以为常。于时东宫有书几三万卷，名才并集，文学之盛，晋、宋以来未之有也。

----

[1]《新唐书》卷七一下《宰相世系表一下》兰陵萧氏齐梁房条："衍，梁高祖武皇帝也，号齐梁房。"

武帝卒后，第三子纲继位，是为简文帝，昭明太子之子未能入继大统，此事对于梁朝政局之发展，以及兰陵萧氏在隋唐政权中之地位有深远影响。

二、西魏北周集团与后梁政权

昭明太子有五子：欢、誉、詧、譬、𧰨。《南史》卷五三《梁武帝诸子传》：

> （昭明太子）薨后，长子东中郎将南徐州刺史华容公欢封豫章郡王，次子枝江公誉封河东郡王，曲江公詧封岳阳郡王，譬封武昌郡王，鉴封义阳郡王，各二千户。女悉同正主。蔡妃供侍一同常仪，唯别立金华宫为异。帝既废嫡立庶，海内噂嗒，故各封诸子大郡以慰其心。岳阳王詧流涕受拜，累日不食。……欢字孟孙，位云麾将军、江州刺史。薨，谥安王。子栋嗣。栋字元吉。及简文见废，侯景奉以为主。……栋惊不知所为，泣而升辇。……景败走……（元）帝别敕宣猛将军朱买臣使行忍酷……沉于水。

次子萧誉改封河东郡王，出为南中郎将、湘州刺史，在荆湘一带与梁世祖元帝争夺势力，元帝命领军将军王僧辩围杀萧誉，事见《梁书》卷五五《河东王誉传》（《南史》卷五三《梁武帝诸子传》略同）。

三子萧詧当时在襄阳，为拯救乃兄萧誉而与梁元帝冲突，昭明太子子孙遂与梁中央政府产生裂痕。《周书》卷四八《萧詧列传》有详细记载：

> 历官宣惠将军，知石头戍事，琅邪、彭城二郡太守，东扬州刺史。初，昭明卒，梁武帝舍詧兄弟而立简文，内常愧之，宠亚诸子，以会稽人物殷阜，一都之会，故有此授，以慰其心。詧既以其昆弟

不得为嗣，常怀不平。……遂蓄聚货财，交通宾客，招募轻侠，折节下之。其勇敢者多归附，左右遂至数千人，皆厚加资给。中大同元年，除持节，都督雍梁东益南北秦五州、郢州之竟陵、司州之随郡诸军事，西中郎将，领宁蛮校尉，雍州刺史。詧以襄阳形胜之地，又是梁武创基之所，时平足以树根本，世乱可以图霸功，遂克己励节，树恩于百姓，务修刑政，志存绥养。……于是境内称治。……梁元帝时镇江陵，与（张）缵有旧，缵将因之以毙詧兄弟。……詧时以誉危急，乃留谘议参军蔡大宝守襄阳，率众二万、骑千匹伐江陵以救之。……元帝大惧，乃遣参军庚奂谓詧曰："正德肆乱，天下崩离。汝复效尤，将欲何谓？吾蒙先官爱顾，以汝兄弟见属。今以侄伐叔，逆顺安在？"詧谓奂曰："家兄无罪，累被攻围。同气之情，岂可坐观成败。七父若顾先恩，岂应若是。如能退兵湘水，吾便旋旆襄阳。"詧既攻栅不克，退而筑城。

萧詧面临梁中央强大压力，因地接西魏，不得不称藩北朝，时西魏宇文泰当政。从此萧詧一系与关中人物发生关系，前引书同卷继载：

詧既与江陵构隙，恐不能自固，大统十五年，乃遣使称藩，请为附庸。太祖（宇文泰）令丞相府东阁祭酒荣权使焉。詧大悦。是岁，梁元帝令柳仲礼率众进图襄阳。詧惧，乃遣其妻王氏及世子嶚为质以请救。太祖又令荣权报命，仍遣开府杨忠率兵援之。十六年，杨忠擒仲礼，平汉东，詧乃获安。……太祖遂令假散骑常侍郑穆及荣权持节策命詧为梁王。詧乃于襄阳置百官，承制封拜。……魏恭帝元年，太祖令柱国于谨伐江陵，詧以兵会之。及江陵平，太祖立詧为梁主，居江陵东城，资以江陵一州之地。其襄阳所统，尽归于我。詧乃称皇帝于其国，年号大定。追尊其父统为昭明皇帝。

　　由上文观之，萧詧之能幸存，完全得力于宇文泰之庇护，宇文泰先后派遣杨忠、于谨领兵，实皆西魏北周集团之主力，可见对于此役非常重视。宇文泰之所以顺利南侵，固然因该集团兵力强盛，也因萧詧提供重要助力，才得饮马长江。萧詧除了联军作战以外，长兄萧欢、次兄萧誉卒后，萧詧俨然是昭明太子之嫡系，不仅在襄阳、荆州一带有影响力，在梁政权军民心中也有某些程度的影响，其尊萧统为昭明皇帝一事是满足部分人心之反映。萧詧将尹德毅曾建议袭杀于谨，收揽人心，建立独立的梁国，此议极不实际，萧詧当然不会同意，然亦反映萧詧是一块值得利用的金字招牌，对梁中央而言，这是夺嫡事件的后遗症。宇文泰移萧詧于江陵，收襄阳之地，萧詧更无力反抗，这个附庸国被并吞是时间问题。宇文氏通过萧詧获得重大利益，关中集团人物对这一系亦相当礼遇。萧詧卒，周高祖命其太子萧岿嗣位，年号天保，《周书》卷四八《萧詧传·附萧岿传》载：

　　　　及隋文帝执政，尉迟迥、王谦、司马消难等各起兵。时岿将帅皆密请兴师，与迥等为连衡之势，进可以尽节于周氏，退可以席卷山南。岿固以为不可。俄而消难奔陈，迥等相次破灭。隋文帝既践极，恩礼弥厚。遣使赐金三百两、银一千两、布帛万段、马五百匹。开皇二年，隋文帝备礼纳岿女为晋王妃。又欲以其子玚尚兰陵公主。由是罢江陵总管，岿专制其国。四年，岿来朝长安，隋文帝甚敬待之。诏岿位在王公之上。

　　萧岿卒后，子萧琮继位。"琮之二年，隋文帝又征琮入朝。琮率其臣下二百余人朝于长安"，于是废梁国，曲赦江陵死罪，给民复十年，梁二主各给守墓十户，寻拜萧琮为柱国，封莒国公。自萧詧即位至此凡三十三年。

三、杨隋政权中的萧氏

按萧詧一系与杨隋颇有渊源。萧詧受梁元帝攻击时，宇文泰派杨忠解救，而隋文帝纳萧岿女为晋王妃关系尤大，晋王后为隋炀帝，萧氏成为萧皇后[1]。《隋书》卷七九《外戚列传·萧岿传·附萧琮传》载：

> 炀帝嗣位，以皇后之故，（琮）甚见亲重。拜内史令，改封梁公。琮之宗族，缌麻以上，并随才擢用，于是诸萧昆弟布列朝廷。

永嘉乱后，中国实际上出现南北两大政治系统，北朝日益强大，蚕食南域，最后统一中国，但数百年之分裂，虽可凭借武力平伏，但若要顺利安稳统治，自应结合人心。陈霸先乘侯景之乱而得建国，但陈氏并非豪门大族，远不及兰陵萧氏既是侨姓大族，又兼两朝帝室，陈氏最后归降，又不及荆州后梁与西魏北周关系密切，如果关中集团想拉拢南方人心，后梁萧詧一系最为恰当。萧氏在南方一直具有潜在影响力。《周书》卷四八《萧詧传·附萧岩传》载（《北史》卷九三略同）：

> 岩字义远，詧第五子也。性仁厚，善于抚接。历侍中、荆州刺史、尚书令、太尉、太傅。入陈，授平东将军、东扬州刺史。及陈亡，百姓推岩为主，以御隋师。为总管宇文述所破，伏法于长安。

《北史》卷九三《梁帝萧詧传·附萧瓛传》载（《周书》卷四八、《隋书》卷七九略同）：

> 瓛字钦文，岿第三子也。幼有令誉，能属文。位荆州刺史，颇有能名。崔弘度兵至郢州，瓛惧，与其叔父岩奔陈。陈主以为侍中、

---

[1]《隋书》卷三六《后妃列传·炀帝萧皇后传》。

吴州刺史，甚得物情。三吴父老皆曰："吾君之子。"陈亡，吴人推
之为主。……宇文述讨之。……被执，述送长安斩之。

《旧唐书》卷五六《萧铣传》：

萧铣，后梁宣帝曾孙也。祖岩，隋开皇初叛隋降于陈，陈亡，
为文帝所诛。铣少孤贫，佣书自给，事母以孝闻。炀帝时，以外戚擢
授罗川令。大业十三年，岳州校尉董景珍、雷世猛，旅帅郑文秀、许
玄彻、万瓒、徐德基、郭华，沔州人张绣等同谋叛隋。郡县官属众
欲推景珍为主，景珍曰："吾素寒贱，虽假名号，众必不从。今若推
主，当从众望。罗川令萧铣，梁氏之后，宽仁大度，有武皇之风。吾
又闻帝王膺箓，必有符命，而隋氏冠带，尽号'起梁'，斯乃萧家中
兴之兆。今请以为主，不亦应天顺人乎？"众乃遣人谕意，铣大悦，
报景珍书曰："我之本国，昔在有隋，以小事大，朝贡无阙。乃贪我
土宇，灭我宗祊。……吾当纠率士庶，敬从来请。"即日集得数千人，
扬言讨贼而实欲相应。遇颍川贼帅沈柳生来寇罗川县，铣击之，不
利，因谓其众曰："岳州豪杰首谋起义，请我为主。今隋政不行，天
下皆叛，吾虽欲独守，力不自全。且吾先人昔都此地，若从其请，必
复梁祚，遣召柳生，亦当从我。"众皆大悦，即日自称梁公，改隋服
色，建梁旗帜。柳生以众归之，拜为车骑大将军，率众往巴陵。自起
军五日，远近投附者数万人。……义宁二年，僭称皇帝，署置百官，
一准梁故事。伪谥其从父琮为孝靖帝，祖岩为河间忠烈王，父璿为文
宪王。……东至三硖，南尽交阯，北拒汉川，皆附之，胜兵四十余
万。武德元年，迁都江陵，修复园庙，引岑文本为中书侍郎，令掌机
密。……四年，高祖命赵郡王孝恭及李靖……以图铣。……铣……率
官属缌缞布帻而诣军门。……孝恭囚之，送于京师。铣降后数日，江
南救兵十余万一时大至，知铣降，皆送款于孝恭。

　　昭明太子萧统之子孙在南方有相当程度的影响力，其子萧詧与关中集团有密切关系，已如上文所述。但后梁萧詧之子孙有的颇想自立，力图摆脱关中集团之控制，恢复萧梁当年独霸南方的地位，如詧子岩、岿子瓛、詧曾孙铣（璿之子）等。虽然他们被北朝军力扑灭，但显示出萧氏在南方的影响力甚大，尤其是萧铣，在短期间聚集四十万众，响应地区甚广，时已在隋唐之交，可见萧氏比陈氏还得南方人心。后梁的大多数萧氏以及其主要人物如萧詧、萧岿、萧琮等，皆有见于势力悬殊，与关中集团颇为合作，所以隋朝撤梁藩之时，萧氏君臣充斥隋廷。其中如萧岿之子瑀，《旧唐书》卷六三《萧瑀传》载：

　　　　萧瑀字时文。高祖梁武帝。曾祖昭明太子。祖詧，后梁宣帝。父岿，明帝。瑀年九岁，封新安郡王，幼以孝行闻。姊为隋晋王妃，从入长安。……炀帝为太子也，授太子右千牛。及践祚，迁尚衣奉御，检校左翊卫鹰扬郎将。……累加银青光禄大夫、内史侍郎。既以后弟之亲，委之机务。

　　查《新唐书·宰相世系表》萧氏条，入唐以后，以萧岿之子瑀之子孙及瑀兄珣之子孙最为兴旺，瑀与珣之姊乃隋炀帝后，瑀妻独孤氏，瑀子尚唐太宗女襄城公主。独孤氏与北周、杨隋、李唐诸族之间的婚姻关系至为重要，按独孤信乃关中集团肇创时期的八大柱国之一，官衔为"使持节、柱国大将军、大都督、大司马、河内郡开国公"。《周书》卷一六《独孤信传》末载：

　　　　信长女，周明敬后；第四女，元贞皇后；第七女，隋文献后。周隋及皇家，三代皆为外戚，自古以来，未之有也。

　　关中集团人物以种种方式结合在一起，婚姻当然是重要方法之一，而独孤信之女适巧是典型例子，兹总于图 11-1，以便说明。

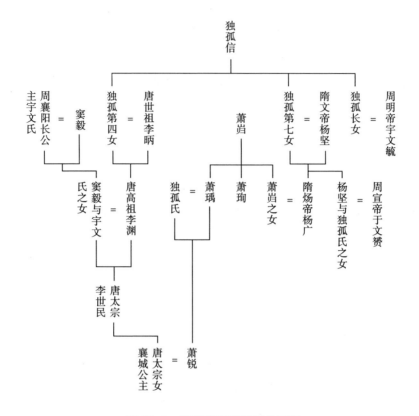

图 11-1　独孤信家族婚姻关系图

　　以图 11-1 来看，后梁萧氏实已挤入关中集团婚姻圈之核心部分，萧瑀妻独孤氏，不知其世系为何。然《旧唐书》卷六三《萧瑀传》载："高祖（李渊）每临轩听政，必赐升御榻，瑀既独孤氏之婿，与语呼之为萧郎。"在温大雅《大唐创业起居注》中，李渊屡屡呼乃子李建成、李世民为大郎、二郎，按李渊母为独孤信第四女，李渊因萧瑀为独孤氏之婿而呼其为萧郎，当是亲昵的称呼，似乎萧瑀妻独孤氏应与独孤信有所关联。按后梁萧氏一系归附北朝以后，为求与北朝人物结合，无法像南朝士大夫那样自我标榜，其广结人缘有时做得过分，已经不像侨姓大族的姿态，甚至连北朝弘农杨素亦深为奇怪。《北史》卷九三《梁帝萧誉传·附萧琮传》载：

> 素时为尚书令，见琮嫁从父妹于钳耳氏，谓曰："公帝王之族，何乃适妹钳耳氏？"琮曰："前已嫁妹于侯莫陈氏，此复何疑？"素曰："钳耳，羌也；侯莫陈，虏也。何得相比？"琮曰："以羌异虏，未之前闻。"素惭而止。

后梁萧氏一系投身关中集团虽颇有成效，然该集团内部亦有权力斗争，稍一不慎，亦可能卷入，前引书同卷继载：

> （萧琮）常与贺若弼深友，弼既诛，复有童谣曰："萧萧亦复起。"帝由是忌之，遂废于家。

四、李唐政权中的萧氏

萧琮之弟萧瑀在隋末率先归附李渊，是奠定其在唐政权中地位的另一项重要因素。《旧唐书》卷六三《萧瑀传》载：

> 累加银青光禄大夫、内史侍郎。既以后弟之亲，委之机务，后数以言忤旨，渐见疏斥。……炀帝又将伐辽东，谓群臣曰："突厥狂悖为寇，势何能为。以其少时未散，萧瑀遂相恐动，情不可恕。"因出为河池郡守，即日遣之。既至郡，有山贼万余人寇暴纵横，瑀潜募勇敢之士，设奇而击之，当阵而降其众。所获财畜，咸赏有功，由是人竭其力。薛举遣众数万侵掠郡境，瑀要击之，自后诸贼莫敢进，郡中复安。高祖定京城，遣书招之。瑀以郡归国，授光禄大夫，封宋国公，拜民部尚书。太宗为右元帅，攻洛阳，以瑀为府司马。武德元年，迁内史令。时军国草创，方隅未宁，高祖乃委以心腹，凡诸政务，莫不关掌。

萧琮之另一弟萧珣（萧瑀之兄），当隋废梁国之前受封为南海王（《北史》卷九三、《周书》卷四八、《新唐书》卷七一下《宰相世系表一下》萧氏条，俱载萧珣为南海王），唯《旧唐书》卷六三《萧瑀传·附萧钧传》有言："瑀兄子钧，隋迁州刺史、梁国公珣之子也。"是则萧珣在唐初应为梁国公。按隋废梁国之时，萧琮赐爵莒国公，炀帝时改封为梁公，萧琮卒，"复以琮弟子巨为梁公。巨小名曰藏，炀帝甚昵之，以为千牛。与宇文晶出入宫掖，伺察内外。帝每有游宴，巨未尝不从。遂于宫中，多行淫秽。江都之变，为宇文化及所杀"[1]。萧巨父即萧珣，《旧唐书》既载有梁国公珣字样，则唐朝可能以萧珣作为后梁萧氏一系的嫡系代表人。

萧珣长子巨，巨子嗣德、嗣业。《新唐书·宰相世系表》载嗣德官银州刺史。《新唐书》卷一〇一《萧瑀传·附萧嗣业传》（《旧唐书》卷六三略同）："少从炀帝后入突厥，贞观九年归，以其知虏曲折，诏领突厥众。擢累鸿胪卿，兼单于都护府长史。调露中，突厥叛，嗣业与战，败绩。……乃流桂州。"《新唐书·宰相世系表》载嗣业孙希谅官至黔州都督，巨房其后不载人物。

萧珣次子钧人物最盛。《旧唐书》卷六三《萧瑀传·附萧钧传》载（《新唐书》卷一〇一略同）："博学有才望。贞观中累除中书舍人……历迁谏议大夫，兼弘文馆学士。……寻为太子率更令，兼崇贤馆学士。显庆中卒。所撰《韵旨》二十卷，有集三十卷行于代。子瓘，官至渝州长史。"按《新唐书·宰相世系表》载萧瓘长子仲豫，此系虽有人物，但大都为刺史官阶。萧瓘次子嵩一系极为兴盛。

萧嵩载于《旧唐书》卷九九《萧嵩传》（《新唐书》卷一〇一略同）：

> 贞观初左仆射、宋国公瑀之曾侄孙。祖钧，中书舍人，有名于

---

[1]《北史》卷九三《梁帝萧詧传·附萧琮传》末及《隋书》卷七九《外戚列传·萧琮传》末略同。

时。嵩美须髯，仪形伟丽。初，娶会稽贺晦女，与吴郡陆象先为僚
婿。……神龙元年，嵩调补洺州参军。……景云元年，为醴泉尉。
时陆象先已为中书侍郎，引为监察御史。及象先知政事，嵩又骤迁
殿中侍御史。开元初，为中书舍人。……历宋州刺史，三迁为尚书
左丞、兵部侍郎。……乃以嵩为兵部尚书、河西节度使。……（大
破吐蕃）……露布至，玄宗大悦，乃加嵩同中书门下三品，恩顾莫
比。……加嵩兼中书令。……子衡，尚新昌公主。

萧嵩及其子孙在唐代拜相者共有七人，如图 11-2。

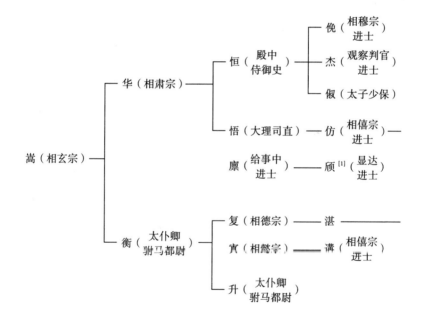

图 11-2　萧嵩世系图

萧嵩除自身房支门望甚高以外，对吐蕃之功绩更加强了其政治地位，
乃子衡尚公主更表示其与李唐皇室关系密切。从萧嵩娶会稽贺晦女、僚

---

[1]《新唐书·宰相世系表》作"须"。

婿陆象先等婚姻关系而言，他仍然与南朝士大夫有密切关系，仍然继承后梁昭明太子后裔的人望。

萧嵩子华，据《新唐书》卷一〇一《萧瑀传·附萧华传》载："谨重方雅，有家法，嗣爵。……上元初，以中书侍郎同中书门下平章事。"是以门望居高官者。萧华二子恒、悟并不太特殊，但二人各有一子拜相。萧恒子俛载于《旧唐书》卷一七二《萧俛传》（《新唐书》卷一〇一略同）：

> 俛，贞元七年进士擢第。元和初，复登贤良方正制科。……穆宗即位之月……拜中书侍郎、平章事。

萧俛是一位平流进取者，尝诏任命他为吏部尚书，这个职位乃六部尚书之首，地位甚为重要，但他"以选曹簿书烦杂，非摄生之道，乞换散秩。其年十月，改兵部尚书"（《旧唐书》卷一七二《萧俛传》）。但萧俛以进士及第，并登制科，颇有文学，这也是继承兰陵萧氏家学者之一。萧俛弟杰亦以进士及第，但在凤翔陇观察判官任上被人所害，未达高官。萧俛另弟俶以荫授官，官至太子少保。

萧悟之子仿"大和元年登进士第。……咸通末，复为兵部尚书、判度支，寻以本官同平章事"（《旧唐书》卷一七二《萧俛传·附萧仿传》）。他颇有吏干，最后拜司空、弘文馆大学士，封兰陵郡开国侯。萧仿登进士第，乃子廪亦登进士第，乃孙顷亦登进士第，可见这一支文学传统未衰。"廪贞退寡合，绰有家法。初从父南海，地多穀纸，仿敕子弟缮写缺落文史，廪白曰：'家书缺者，诚宜补葺……'"（《旧唐书》卷一七二《萧俛传·附萧廪传》）萧廪曾官中书舍人、京兆尹。萧顷仅载官位显达，不知何职，时已至晚唐，或已入五代。

萧嵩次子衡尚公主，衡子复。《旧唐书》卷一二五《萧复传》载：

> 萧复字履初，太子太师嵩之孙，新昌公主之子。父衡，太仆卿、驸马都尉。少秉清操，其群从兄弟，竞饰舆马，以侈靡相尚，复衣

浣濯之衣，独居一室，习学不倦，非词人儒士不与之游。伯华每叹异之。以主荫，初为宫门郎。……建中末……扈驾奉天，拜吏部尚书、平章事。……复门望高华，志砺名节，与流俗不甚通狎。

《新唐书》卷一〇一《萧瑀传·附萧复传》末载：

复子湛。湛子寘，咸通中位宰相，无显功，史逸其传。

《旧唐书》卷一七九《萧遘传》载：

萧遘，兰陵人，开元朝宰相太师徐国公嵩之四代孙。[1] 嵩生衡。衡生复，德宗朝宰相。复生湛。湛生寘，咸通中宰相。寘生遘，以咸通五年登进士第，释褐秘书省校书郎、太原从事。……遘形神秀伟，志操不群。……中和元年……以本官同平章事。……僖宗再还京，宰相孔纬与遘不协，以其受伪命，奏贬官，寻赐死于永乐。……遘为大臣，士行无缺。逢时不幸，为伪熅（嗣襄王）所污，不以令终，人士惜之。弟蘧，时为永乐令。

萧嵩次子衡子孙拜相者有复、寘、遘，才华不及华之子孙拜相者，衡以驸马身份，复等以门望平流进取，实无功绩。衡次子升亦尚公主，升早卒。

兰陵萧氏后梁一系，自唐初至唐末皆极贵盛。《新唐书》卷一〇一《萧瑀传》末赞曰：

梁萧氏兴江左，实有功在民，厥终无大恶，以寖微而亡，故余祉及其后裔。自瑀逮遘，凡八叶宰相，名德相望，与唐盛衰。世家之盛，古未有也。

---

[1] 按当五代孙。

五、萧统（昭明太子）世系补

昭明太子子孙仕隋唐政权者，除载于《新唐书·宰相世系表》及两《唐书》列传以外，还可从墓志铭中获得一些资料，以补正史之不足。如下：

《隋故秘书监左光禄大夫陶丘简侯萧君墓志铭并序》（《芒洛冢墓遗文》卷上）（01248，05473）：

> 君讳玚，字同文，兰陵兰陵人。……高祖梁武皇帝；曾祖昭明皇帝；王父宣皇帝；显考孝明皇帝。……君……年九岁本朝封义安郡王，食邑二千户，开皇七年从梁主入朝京师，九年授开府仪同三司，封陶丘郡开国公，邑二千户，仁寿二年授太子洗马，大业元年授东京卫尉少卿，二年授上开府仪同三司，三年朝旨以近代官号随时变改，虽取旧名，不存事实，改上开府授银青光禄大夫，陶丘封爵从例除罢，四年守秘书监，五年即真秘书监，六年封陶丘侯，七年行幸幽燕，有事辽碣，诏检校左骁卫将军，余并如故，以其年十二月十七日遘疾，薨于涿郡蓟县之燕夏乡归善里，春秋三十有九。粤以八年太岁壬申八月戊申朔十三日庚申永窆于河南郡河南县千金乡灵渊里之茔。

《大唐故沧州景城县令萧公及夫人杜氏墓志》（《芒洛冢墓遗文四编》卷三）（05567，17128）：

> 公讳瑶，字达文，东海兰陵人。……高祖梁武皇帝；曾祖太宗昭明皇帝；祖中宗宣皇帝；父岩，梁尚书令、太尉、安平王。隋大业十一年，以后堂弟诏除公荆州曲江县令，公以家国丧于隋季，荆楚又是先王旧都，遂以疾辞，竟不就职。大唐武德元年，特敕授吏

部宣德郎，六年授亳州城父县令，贞观七年加通直郎、授沧州景城
县令，至十二□秩满，未及还车，以其年遘疾，八月十四日卒于□
之私第，春秋五十。……以十三年权殡于洛阳之邙山。夫人杜氏，
京兆人也；祖庆，梁直阁将军；父宠，隋同昌郡怙夷县长。以乾封
元年八月一日卒于南服，春秋七十，以仪凤元年岁次景子十一月
二十日葬于河南县平乐乡安善里杜郭村西南一里北邙之原；又以永
隆二年太岁辛巳二月辛丑朔二十日庚申迁公神柩合葬于夫人之茔。

《大隋故荥阳郡新郑县令萧明府墓志铭并序》（《芒洛冢墓遗文续补》）
（01313，05475，05497，05498，18702）：

公讳瑾，字晒文，兰陵郡兰陵县人也。……公即梁宣帝詧之
孙，吴郡王岑之第三子也。……（梁）孝明帝降犹子之爱，以公为
永修县侯……拜中书侍郎……迁大将军。……及来朝上国（隋）……
今上……以公近属密亲，乃加旌命，除荥阳郡新郑县令。……春秋
五十，以大业九年十一月二十四日薨于东都温柔里第。……以其年
十二月庚午朔二十八日丁酉葬于河南县灵渊乡安川里北邙山之阳。

《隋故上党郡司功书佐萧君墓志铭并序》（01330）：

君讳沈，字德泉，兰陵郡兰陵县人也。……君……吴郡王岑之孙，
梁大将军、永修侯、皇朝新郑县令瑾之第七子也。君以大业八年授
恒山郡主簿，九年改授上党郡司功书佐，十一年七月十一日卒于郡，
春秋廿有九，其年十一月十四日迁葬于河南郡之北邙山。

《大隋金紫光禄大夫萧岑孙内宫堂侄故萧滨之铭》（01299）：

大业十一年岁次乙亥四月癸亥朔廿一日乙酉。君讳滨……兰陵
郡兰陵县人也。曾祖梁宣皇帝；祖吴郡吴王；父故永县开国侯瑾之

第十一子。亡于河南郡河南县隆化里第，春秋廿有二，且以其月廿三日殡于河南县灵泉乡龙渊里北邙山之阳。

《□故太原府太原县丞萧府君墓志铭并序》（《芒洛冢墓遗文》卷中）（05862，05863）：

公讳令臣，字祯之，兰陵人也。……曾祖岑，梁吴王；祖瑾，永修侯，隋亲卫大将军；父凝，赵州司功，左授雅州庐山令。公……解褐荆州当阳丞……改授汾州介休尉……以公判入第二等，超授北都太原尉……累迁太原丞。……久视元年正月九日遇疾，启足于太原之官舍，春秋五十六。……夫人南阳张氏，郓州刺史伟度之孙，洛州长史越石之女。……以开元八年六月十三日终于河南县政俗里之私第，春秋六十四，以开元二十三年二月十日迁祔于清风乡安乐里之旧茔，礼也。

《隋深泽县令萧球墓志》（01327）：

君讳球，字文预，南兰陵兰陵人。……高祖梁武皇帝；曾祖昭明皇太子；祖梁孝宣皇帝；父梁太宰、吴郡王，入朝授大将军、怀义公。君……解褐给事中、仁化县开国侯……入朝授博陵所部深泽县令。……以大业八年七月十六日卒于县舍，春秋四十矣，九年二月十六日窆邙山之北原。君隋内官堂弟，准从三品，赠束帛一百段，粟麦三百硕。仪仗鼓吹，车辂营坟，夫六百人。

《□□萧公墓志铭》（13199，14439，16974）：

君姓萧氏，兰陵兰陵人也。曾祖岑，梁吴王；祖球，隋秘书监、□化侯。……父缮，银青光禄大夫、衢州刺史、兰陵县开国男。……君讳思一，则兰陵公之第六子也。……起家国子学士……授珍州录事参军。……以圣历二年十月十六日发故而就大茔。

《衢州萧使君男墓志并序》（13022，14440）：

> 君姓萧氏，兰陵兰陵人也。曾祖岑，梁吴王；祖球，隋秘书监；父缮，皇朝衢州刺史。……君讳言思，则使君之第八子也。……越圣历二年十月十六日发故改葬于大茔，礼也。

《大唐故上护军朝议郎行邛州蒲江县令萧府君墓志铭并序》（13729）：

> 君讳慎……兰陵郡兰陵县人也。……曾祖中宗宣皇帝……祖吴郡王、隋大将军……父武定侯、太子洗马。……公……起家济阴郡主簿……秩满转□州录事参军……又转鸿胪寺主簿……又转临州丰都县令……又转隆州奉国县令……转纪王府录事参军……又转豫州袁信县令……又转邛州蒲江县令。……以显庆五年岁次庚申八月廿二日归葬于洛州河南县北邙山之阳。

以上诸墓志铭所记人物中，萧场乃后梁孝明帝岿之子，在隋代官至秘书监，第三品，场之兄弟琮、璟、琢、珣、瑀等子孙在隋唐政权中甚多官居高品者。而萧瑶、萧铣乃萧岩之子孙，在隋仅为县令，萧岩、萧铣先后败亡，这一支以后未见记载。萧堭、萧球等子孙，乃萧岑之后，最高官职为刺史，以低品为常态，还有未仕者。参照前文萧珣、萧瑀子孙之分析，很明显地发现兰陵萧氏在隋唐政权中的盛支为：

齐梁房：梁武帝衍——昭明太子统——后梁宣帝詧——后梁明帝岿——珣、瑀子孙

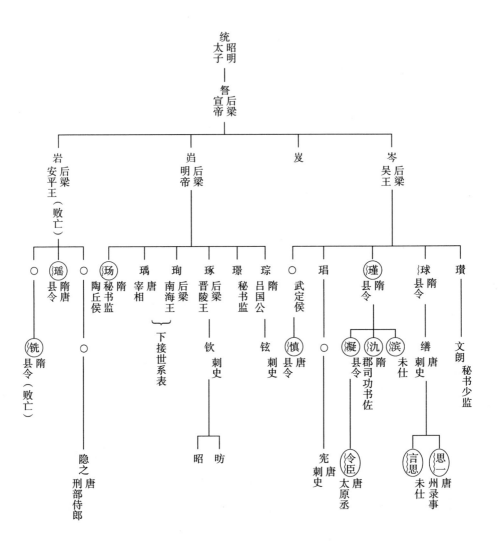

附记：（1）圆圈中人物乃补充《新唐书·宰相世系表》。
　　　（2）带"⎰"符号者有墓志铭资料。

图 11-3　昭明太子萧统世系图

以上诸墓志铭所记人物的共同特点为皆葬于洛阳附近。

六、兰陵萧氏其他房支之人物

兰陵萧氏齐梁房长沙宣武王萧懿（梁武帝萧衍之长兄）之子孙，在隋唐略有人物，大率居官四五品级，载于《新唐书·宰相世系表》中，有传者仅得隋之萧吉、唐之萧邺，萧邺且拜相。

《隋书》卷七八《艺术列传·萧吉传》载：

> 萧吉字文休，梁武帝兄长沙宣武王懿之孙也。博学多通，尤精阴阳算术。江陵陷，遂归于周，为仪同。……及隋受禅，进上仪同，以本官太常考定古今阴阳书。……及炀帝嗣位，拜太府少卿，加位开府。……卒官。著《金海》三十卷、《相经要录》一卷、《宅经》八卷、《葬经》六卷、《乐谱》二十卷及《帝王养生方》二卷、《相手版要决》一卷、《太一立成》一卷，并行于世。……以阴阳术数知名。

《新唐书》卷一八二《萧邺传》载：

> 萧邺字启之，梁长沙宣王懿九世孙。及进士第。……大中中……迁户部侍郎，判本司，以工部尚书同中书门下平章事。

又兰陵萧氏齐梁房鄱阳王萧恢（梁武帝萧衍之少弟）之子孙，在隋唐正史中有三传。

《隋书》卷七五《儒林列传·萧该传》：

> 兰陵萧该者，梁鄱阳王恢之孙也。少封攸侯。梁荆州陷，与何妥同至长安。性笃学，《诗》《书》《春秋》《礼记》并通大义，尤精《汉书》，甚为贵游所礼。开皇初，赐爵山阴县公，拜国子博士。奉诏

书与妥正定经史。……该后撰《汉书》及《文选音义》，咸为当时所贵。

《新唐书》卷二〇二《文艺传·萧颖士传》（《旧唐书》卷一九〇下《文苑传·萧颖士传》略同）：

> 萧颖士字茂挺，梁鄱阳王恢七世孙。祖晶，贤而有谋，任雅相伐高丽，表为记室。……颖士四岁属文，十岁补太学生。观书一览即诵，通百家谱系、书籀学。开元二十三年，举进士，对策第一。父旻，以莒丞抵罪。……天宝初，颖士补秘书正字。……授扬州功曹参军。……独（李）华与齐名，世号"萧、李"。……子存，字伯诚，亮直有父风。能文辞。……作书数百篇。建中初，由殿中侍御史四迁比部郎中。……韩愈少为存所知，自袁州还，过存庐山故居，而诸子前死，唯一女在，为经赡其家。

《新唐书》卷一五九《萧昕传》（《旧唐书》卷一四六《萧昕传》互有详略）：

> 萧昕字中明，梁鄱阳王恢七世孙，世居河南[1]，再中博学宏辞科。……肃宗立，奉诰册见行在。历中书舍人、礼部侍郎。代宗狩陕，昕由武关从帝，擢国子祭酒。……德宗出奉天……迁太子少傅，爵郡公，兼礼部尚书，知贡举。……以太子少师致仕。

兰陵萧氏又有皇舅房，在隋唐政权中略有人物，载于《新唐书·宰相世系表》中，有传者有萧德言、萧至忠。萧至忠且相中宗、睿宗。两人事迹如下。《旧唐书》卷一八九上《儒学传·萧德言传》（《新唐书》卷一九八《儒学传·萧德言传》略同）：

---

[1]《旧唐书》：少补崇文进士。开元十九年，首举博学宏辞，授阳武县主簿，天宝初，复举宏辞。

萧德言，雍州长安人，齐尚书左仆射思话玄孙也。本兰陵人，陈亡，徙关中。祖介，梁侍中、都官尚书；父引，陈吏部侍郎，并有名于时。德言博涉经史，尤精《春秋左氏传》，好属文[1]。贞观中除著作郎，兼弘文馆学士。……寻赐爵封阳县侯。十七年，拜秘书少监。……文集三十卷。

《旧唐书》卷九二《萧至忠传》(《新唐书》卷一二三《萧至忠传》互有详略）：

萧至忠，秘书少监德言曾孙也。少仕为畿尉，以清谨称。……神龙初，武三思擅权，至忠附之，自吏部员外擢拜御史中丞。迁吏部侍郎，仍兼御史中丞。……寻迁中书侍郎，兼中书令……寻转黄门侍郎、同中书门下平章事。……睿宗即位，景云初，出为晋州刺史，甚有能名。时太平公主用事，至忠潜遣间使申意，求入为京职。……太平公主谋逆事泄，至忠遽遁入山寺，数日，捕而伏诛，籍没其家。……

弟元嘉，工部侍郎；广微，工部员外。

《新唐书·宰相世系表》载皇舅房萧氏自萧至忠以下，无人为官。

从上述兰陵萧氏齐梁房懿支、恢支，及皇舅房等人物而观之，必有特殊才能方可晋身隋唐政权，如萧吉之通阴阳，萧该精于文史，萧德言博涉经史文，萧邺、萧颖士进士第出身，萧昕再中博学宏辞科，只有萧至忠以清谨称，似乎沾了曾祖萧德言之光，钻营本事极大，官位最高，但结局最惨。

---

[1]《新唐书》：甫冠，以国子生为岳阳王宾客。陈亡，徙关中。诡浮屠服亡归江南，州县部送京师。仁寿中，授校书郎。

七、结　语

综合而论，兰陵萧氏齐梁房昭明太子后梁一系在隋唐政权中人物鼎盛，门望甚高，而其他房支子弟在隋唐政权中则需凭才华或特殊机缘方得入仕，人物较少，世系不贯。

兰陵萧氏房支失载者，正史中有萧祐。《旧唐书》卷一六八《萧祐传》(《新唐书》卷一六九《萧祐传》略同)：

> 萧祐者，兰陵人。少孤贫，耿介苦学，事亲以孝闻。自处士征拜左拾遗。……祐博雅好古，尤喜图画。前代钟、王遗法，萧、张笔势，编序真伪，为二十卷，元和末进御，优诏嘉之，授兵部郎中。……为桂州刺史、御史中丞、桂管防御观察使。

又有墓志铭如下：

《大周故光禄大夫检校司徒行右金吾卫将军兼御史大夫上柱国兰陵县开国男食邑三百户赠汉州防御使萧公墓志铭并序》，从侄前乡贡进士士明撰(《芒洛冢墓遗文三编》)(01643，08400，19640)：

> 公讳处仁，字正己，兰陵人也。……曾祖讳濬，唐饶州刺史，祖讳元，苏州别驾；父讳符，历仕唐梁二朝，自河北道招讨判官，累迁右威卫大将军、左藏库使，因家于洛阳，终于所任。……母琅琊王氏。……公……尤便弓马，雅好诗书，十七荫千牛备身，二十授四门博士。……以其年(周显德三年)七月二十四日奉神柩归葬于洛京河南县平乐乡乐善里之原。

《大唐故游击将军上柱国萧府君墓志铭并序》(《芒洛冢墓遗文续编》卷下)(17701，23874，24174)：

公讳贞亮，兰陵郡人也。……玉叶金柯，分辉帝族，祖瑛，本郡守，隋任将作监少匠；父善，唐任汾州司马。……公……早见兵书，竹林逢猿，遍知剑术，故得勇爵登朝，材官入选。起家授尚药奉御，转迁左卫翊一府翊卫、游击将军。……春秋五十有八，以延和元年岁次壬子七月七日终于洛州河南县福善坊之私第也。……有子左卫翊一府翊卫安东道立殊功第一等、兵部别敕选、上柱国元珪等。……粤以延和元年岁次壬子七月戊辰朔十八日乙酉权殡于河南县都会乡王赵村原之礼也。

兰陵萧氏除皇舅房新贯长安外，似乎皆葬于洛阳附近。

第十二篇

敦煌唐代氏族谱残卷之商榷

一、前　言

在敦煌遗存的唐代文献里，有两种氏族谱残卷，其一是藏于北平图书馆[1]的《敦煌唐写姓氏录残卷》[2]（本文简称《北平藏谱》），其二是藏于英国伦敦大英博物馆的《新集天下姓望氏族谱》[3]（本文简称《伦敦藏谱》）。大家族在我国中古时期政治社会中扮演的角色的重要性，已为中外学者所公认，当时曾有许多官私编撰的氏族谱，惜乎时隔千载，除在后世书籍中爬梳出一鳞半爪外，还没有较原始性的谱牒传至今日。故当敦煌石窟出现唐代氏族谱时，学者非常重视，虽然发现的氏族谱仍属残缺不全，但其史料价值甚高。《北平藏谱》资料公布较早，所引起的讨论较多，向达先生认为其是《贞观氏族志》，而非显庆四年（659）的《姓氏录》，其文刊于《北平图书馆馆刊》第五卷第六号《敦煌丛抄》。牟

---

[1] 今中国国家图书馆。——编注

[2] 原谱藏于北平图书馆，转刊于《敦煌丛抄》，《北平图书馆馆刊》5（6），1931。

[3] 原谱藏于伦敦大英博物馆，今有影印本流行于世，编号为 Order NO. O.P.B. & MSS, 11431/4200; Title: Stein Rolls, No. 2052.

润孙先生于一九五三年又作《敦煌唐写姓氏录残卷考》，载于台湾大学《文史哲学报》第三期，谓斯卷固非《显庆姓氏录》，而亦非《贞观氏族志》，乃伪托之氏族志云云，见解又深一步。一九五八年，日人仁井田陞先生发表《敦煌发见之天下姓望氏族谱》[1]，比较《北平藏谱》《伦敦藏谱》《氏族谱断简》之异同，提出避讳[2]、道数、婚姻等问题，研究了残卷的时代与性质，贡献甚大，然著者觉得除精确推敲氏族谱时代外，氏族谱所反映出的若干社会现象，值得进一步商榷。

二、氏族谱残卷年代考

向达先生认为《北平藏谱》非《显庆姓氏录》[3]，颇可信。向达先生复比较《北平藏谱》与《古今姓氏书辨证》（本文简称《辨证》）所引《贞观氏族志》，指出若干相同之点[4]，然以此推论两谱相同，不合逻辑；牟润孙先生亦比较《北平藏谱》与《辨证》，得相异十五则，以此破向达先生之说。两谱相同点仅可证明二者有关联性，两谱相异点适足以证明二者并非一谱，其理甚明。今需进一步讨论者，《北平藏谱》与《伦敦藏谱》

---

[1] 原载于日本昭和三十三年（1958）十一月《東洋學論叢：石濱先生古稀記念》，复刊于日本昭和三十七年（1962）《中国法制史研究——家族村落法》第十章《敦煌发见之天下姓望氏族谱》。

[2] 仁井田陞最早提出大历十四年（779）亦即八世纪末是《北平藏谱》与《伦敦藏谱》之间重要的时代划分线。

[3] 向达语"依李义府许敬宗诸人奏改之《姓氏录》，卷末必不烦重叙高士廉之名及贞观时诏敕"，甚合理。见《北平图书馆馆刊》5（6），1931。

[4] 向达指出《北平藏谱》有，《贞观氏族志》亦有之例："按贞观所定姓氏，太原郡阎氏见《姓氏书辨证》卷二十；平原郡东方氏见《辨证》卷二；河内郡司马氏见《辨证》卷四，淳于氏见《辨证》卷六；河南郡贺兰氏见《辨证》卷三十三；东平郡毕氏见《辨证》卷三十六；濮阳郡黄氏、东阳郡黄氏、松阳郡黄氏、南安郡黄氏见《辨证》卷十五；豫章郡章氏见《辨证》卷十三。"又云："此中除濮阳郡六姓，残卷与《辨证》相合外，其他诸郡姓氏之数彼此互异。"见《北平图书馆馆刊》5（6），1931。

和《辨证》的相关性如何？缘因《贞观氏族志》《显庆姓氏录》等业已亡佚，今存典籍中仅宋邓名世《辨证》引录十余条《贞观氏族志》辑文，除向达、牟润孙已做比较者外，内中有二例值得注意。

例一，三谱中关于广陵郡望的记载为：

《辨证》谓隋代广陵四姓，其次序为：戴、商、盛、游。

《北平藏谱》谓广陵三姓，其次序为：戴、商、盛。

《伦敦藏谱》谓广陵十姓，其次序为：高、钱、盛、庆、於、立、戴、游、贡、莉（"高"字疑"商"字）。

《辨证》比《北平藏谱》多一"游"姓，其他三姓次序完全相同，而《伦敦藏谱》多至十姓，虽包括四姓"戴、商、盛、游"，但其排列次序极不相同。此条《辨证》指隋代广陵郡望，并不专指某谱，故仅能佐证《北平藏谱》较近隋谱，而《伦敦藏谱》与隋谱差距甚大，故亦可能去隋代甚远。

例二，三谱中关于清河郡望的记载为：

《辨证》引《贞观氏族志》清河六姓依次为：崔、张、房、何、傅、靳。

《北平藏谱》清河七姓依次为：崔、张、房、向、傅、路、勒（"向"字疑"何"字，"勒"字疑"靳"字）。

《伦敦藏谱》清河十九姓依次为：张、房、崔、戴、蒯、聂、孟、傅、盖、卓、隋、尚、汲、檀、且、贵、革、舒、路。

以《贞观氏族志》与《北平藏谱》比较，除后者多一"路"姓外，其排列次序完全相同。以《贞观氏族志》与《伦敦藏谱》比较，后者缺"何、靳"二姓，而多了其他十五姓，且排列次序亦不同。以《北平藏谱》与《伦敦藏谱》比较，后者亦缺"何、靳"二姓，而多了其他十四姓，且姓氏排列次序亦不一。

谱牒编撰时，依族望高下排列，姓氏次序先后极受重视。《北平藏谱》与隋谱及《贞观氏族志》之排列次序、郡姓数目[1]，都是极为类似的，虽不可以此推断《北平藏谱》即某谱，但至少可说《北平藏谱》《贞观氏族志》、隋谱编撰风格类似，且必是唐代前半期的作品。《伦敦藏谱》将清河崔氏排在张、房之后，且在郡望数目上亦不类似隋唐之际的谱系，可能是唐代后半期之物。

从避讳推测残卷时代，可更为准确，如下：

例一，《伦敦藏谱》江东道项下有处州松阳郡；《北平藏谱》亦有松阳郡，但属括州。按《元和郡县图志》卷二六《江南道二》处州条云：

---

[1]《辨证》《北平藏谱》《伦敦藏谱》，三谱同郡姓望数目之比较，如表 12-1。

表 12-1　《辨证》《北平藏谱》《伦敦藏谱》同郡姓望数目比较表

郡名	《辨证》	《北平藏谱》	《伦敦藏谱》	备注（《辨证》卷数）
河内	7	9	17	卷六
广陵	4	3	10	卷一三
平原	8	3	7	卷二
清河	6	7	19	卷五
松阳	3	4	5	卷一五
南安	6	5	4	卷一五
濮阳	6	6	6	卷一五
东阳	11	5	7	卷一五
荥阳	4	4	6	卷一八
广平	4	4	8	卷一八
太原	10	11	27	卷二〇
河南	14	7	23	卷三三
齐郡	4	3	26	卷三四
东平	4	3	6	卷三六
山阳	5	3	6	卷四〇
豫章	6	5	8	卷一二

同郡姓望数目之比较，原不足以证明二谱间的关联性，然上列《伦敦藏谱》中许多大郡姓望数目与《辨证》《北平藏谱》中的显著不同，值得注意。

隋开皇九年平陈，改永嘉为处州，十二年又改为括州。大业三年复改为永嘉郡。武德四年讨平李子通，复立括州，仍置总管府，七年改为都督府，贞观元年废。天宝元年为缙云郡，乾元元年复为括州，大历十四年以与德宗庙讳同音，改处州。[1]

唐德宗名适，适与括同音，括州因避同音讳而改为处州，时在代宗大历十四年（779）。《新唐书·德宗本纪》云："大历十四年五月辛酉，代宗崩。癸亥，（德宗）即皇帝位。"自唐初至德宗即位，无处州称号；《北平藏谱》称松阳郡属括州，表示其为代宗大历十四年五月以前所编撰；《伦敦藏谱》称处州，表示其为避德宗讳以后所编撰，所以大历十四年五月是两谱年代的重要分界线。

例二，《北平藏谱》吴郡条云属于豫州，而《伦敦藏谱》吴郡则属于苏州。唐代吴郡自始至终皆属苏州；观乎《晋书》《宋书》《隋书》等《地理志》，吴郡亦从未隶属豫州，是则《北平藏谱》言吴郡属豫州恐有误。按唐代宗名豫，曾因此将豫州改为蔡州[2]，李豫即皇帝位以后，极不可能将苏州的"苏"字错写成避讳的"豫"字，故其笔误乃发生于代宗李豫即位［代宗即位于肃宗宝应元年（762）四月己巳］以前。

例三，《北平藏谱》有弘农郡（虢州）条。按唐中宗神龙时，因避高宗太子弘讳，改弘农县为恒农县[3]；玄宗开元十六年（728）后又复为弘农县。假设县名避讳更名，同一郡名亦可能避讳更名，果如此，则唐代

---

[1] 本条仁井田陞最早提出。

[2]《旧唐书》卷三八《地理志一》蔡州条："隋汝南郡。武德四年四月……置豫州总管府。……天宝元年，改为汝南郡。乾元元年，复为豫州。宝应元年，改为蔡州。"又有豫章郡，以避代宗讳改为洪州，参见《旧唐书》卷四〇《地理志三》及《旧唐书校勘记》卷二二。

[3]《新唐书》卷三八《地理志一》虢州弘农郡弘农县条："紧，本隋弘农郡，义宁元年曰凤林，领弘农、阌乡、湖城。武德元年曰鼎州，因鼎湖为名，贞观八年州废，县皆来属。神龙初避孝敬皇帝讳，曰恒农，开元十六年复故名。"

称弘农郡的时期有二：其一是贞观八年至神龙元年（634—705）；其二是开元十六年至肃宗末年（728—762）。事实上唐代弘农郡从未改为恒农郡，原因是唐代以弘农为郡名在天宝元年（742）之后，亦即不在太子弘避讳时限之内（即705—728）。《旧唐书》卷三八《地理志一》虢州条（《元和郡县图志》卷六《河南道二》虢州条、《新唐书》卷三八《地理志二》虢州条略同）：

> 虢州，望。汉弘农郡。隋废郡为弘农县，属陕州。隋末复置郡。义宁元年，改为凤林郡，仍于卢氏置虢郡。武德元年，改为虢州，改凤林为鼎州。贞观八年，废鼎州，移虢州于今治，属河南道。开元初，以巡按所便，属河东道。天宝元年，改为弘农郡。乾元元年，复为虢州。

例四，《北平藏谱》有中山郡（恒州）条，《伦敦藏谱》有冀州中山郡条。两谱皆有大姓"甄"氏，显系同地。其所以同是中山郡而州名不一，可能与避唐穆宗讳有关，《新唐书》卷三九《地理志三》镇州常山郡条（《元和郡县图志》卷一七《河北道二》恒州条、《旧唐书》卷三九《地理志二》镇州条略同）：

> 镇州常山郡，大都督府。本恒州恒山郡，治石邑，义宁元年析隋高阳郡置。武德四年徙治真定。天宝元年更郡名，十五载曰平山，寻复为恒山。元和十五年避穆宗名更（镇州）。

按《元和郡县图志》卷一七《河北道二》恒州条下有灵寿县，"本中山国都也"。该地常常以古中山名之，崇尚源流的氏族尤以为然。中山在元和十五年（820）前属恒州，故《伦敦藏谱》可能撰于其后。《伦敦藏谱》之所以不用"镇州"，恐怕因为士大夫在撰谱的时候，喜用大区域名称替代新的生疏名称。

另有一个与避讳无关，但与考证氏族谱年代有关的例子如下 [1]。

例五，敦煌唐代属沙州，肃宗时凉、陇诸州皆陷于吐蕃，周鼎、阎朝固守沙州，至代宗大历末亦陷没。凉、陇介于敦煌与中原之间，肃宗时既陷于吐蕃，是则肃宗以后敦煌与中原交通必极不便，《北平藏谱》若是唐代前半期作品，残卷原样本必在凉、陇尚未陷于吐蕃以前流入沙州敦煌（即肃宗以前）。又《旧唐书》卷一八下《宣宗本纪》[《新唐书》卷八《宣宗本纪》大中五年（851）条略同］：

> （宣宗大中五年八月）沙州刺史张义潮遣兄义泽以瓜、沙、伊、肃等十一州户口来献，自河、陇陷蕃百余年，至是悉复陇右故地。以义潮为瓜沙伊等州节度使。

二十一年以后，懿宗咸通十三年（872）八月，归义节度使张义潮卒，回鹘陷甘州。敦煌又与中原不通。《伦敦藏谱》是唐代后半期作品，当撰成于懿宗咸通十三年八月以前。

将上列五个例子刻画在时间表上，虚线代表《北平藏谱》的可能撰成时代，实线表示《伦敦藏谱》的可能撰成时代。所得结论是：

《北平藏谱》可能撰成于天宝元年至乾元元年（742—758）。

《伦敦藏谱》可能撰成于元和十五年至咸通十三年（820—872）。

---

[1] 例五有关敦煌地区之得失，系向达先生首先提出，参见《敦煌丛抄》，《北平图书馆刊》5（6），1931。

表 12-2　《北平藏谱》《伦敦藏谱》撰成年代推测表

庙号	名讳	建元	公元	例一	例二	例三	例四	例五	结论
高祖	渊	武德元年	618						
太宗	世民	贞观八年	634						
高宗	治	显庆四年	659						
武后	曌	光宅元年	684						
中宗	哲	神龙元年	705						
睿宗	旦	景云元年	710						
玄宗	隆基	开元十六年	728						
		天宝元年	742						742
		天宝十四载	755						
肃宗	亨	至德元年	756						
		乾元元年	758						758
		宝应元年	762						
代宗	豫	广德元年	763						
		大历十四年	779						
德宗	适	建中元年	780						
顺宗	诵	永贞元年	805						
宪宗	纯	元和元年	806						
		元和十五年	820						820
敬宗	湛	宝历元年	825						
文宗	昂	大和元年	827						
武宗	炎	会昌元年	841						
宣宗	忱	大中元年	847						
		大中五年	851						
懿宗	漼	咸通十三年	872						872
僖宗	儇	乾符元年	874						
昭宗	晔	天祐三年	906						

三、唐代氏族谱标准与双线发展

　　从上文分析，《北平藏谱》是天宝元年至乾元元年间（742—758）作品，与《贞观氏族志》在内容上相关性较多，但并不能认定就是《贞观氏族志》。由于《北平藏谱》残卷末书高士廉等撰，存心修改《氏族志》的李义府、许敬宗等自不会在《显庆姓氏录》卷末留此字样。初唐另一巨型氏族谱——柳冲《大唐姓族系录》，撰于神龙元年至先天二年（705—713）[1]，不合上节避讳年代，故《北平藏谱》亦似非《大唐姓族系录》。按唐代前半期中与《北平藏谱》最类似的厥为天宝八载（749）李林甫等撰《天下郡望姓氏族谱》[2]，其相同之点有：①二谱皆列三百九十八姓[3]。②二谱皆为一卷[4]。③《北平藏谱》卷末云：“自今已后，明加禁约。前件郡姓出处，许其通婚媾。结婚之始，非旧委悉，必须精加研究，知其囊谱，相承不虚，然可为匹。”而《玉海》引李林甫撰谱亦云：“非谱裔相承者，不许昏姻。”二谱语气内容甚似[5]。④二谱卷末叙文皆以“太史因尧置九州”等语作为开始。⑤二谱卷末皆提到“商

---

[1]《玉海》卷五〇：“神龙元年五月十八日，柳冲上表愿修氏族之谱，上从之，令左仆射魏元忠等八人重修，至先天二年三月，柳冲奏所修《姓族录》成，上之，凡二百卷，又令刊定，至开元二年七月二十二日毕，上之。”

[2] 今日所能见有关李林甫等撰《天下郡望姓氏族谱》的资料如下：《玉海》卷五〇《唐新定诸家谱录》引《中兴书目》：“《天下郡望姓氏族谱》一卷，李林甫等撰，记郡望出处，凡三百九十八姓，天宝中颁下，非谱裔相承者，不许昏姻。”《直斋书录解题》卷八：“唐李林甫等天宝八年所纂。并附五音于后。”《崇文总目》卷二：“《唐新定诸家谱录》一卷，李林甫撰。”

[3]《北平藏谱》残卷末云三百九十八姓凡三次。李林甫撰谱亦云三百九十八姓。《氏族谱断简》卷末亦云三百九十八姓。姓数完全相同，不可以偶然巧合视之。按《贞观氏族志》二百九十三姓，《显庆姓氏录》二百四十五姓。

[4] 按《贞观氏族志》一百卷，《旧唐书》卷三《太宗纪》云一百三十卷，恐有误。《显庆姓氏录》二百卷。《大唐姓族系录》二百卷。

[5] 唐太宗命修《贞观氏族志》原因之一，即厌恶门第婚姻。《显庆姓氏录》刊行以后，禁七姓十家间通婚。

贾之类"字样。⑥二谱撰成时代相近，李林甫《天下郡望姓氏族谱》撰成于天宝八载（749）；上节考证《北平藏谱》成于天宝元年至乾元元年（742—758）。二谱虽有以上许多相同之处，但亦有很重要的相异之处：①二谱撰者不同，《北平藏谱》卷末书高士廉等撰，《天下郡望姓氏族谱》是李林甫等撰[1]。②若干州郡，姓望数目不一，姓望略异[2]。

要解释各谱之间同中有异、异中有同的现象，需要研究唐代氏族谱发展脉络，谱与谱之间的关系方可明了。我国东汉以降，士族的政治社会地位甚为重要，初则各大族编撰家乘谱牒[3]，正昭穆，以此相高；两晋

---

[1]《氏族谱断简》卷末撰者位置有"甫"字，似应为李林甫撰。又三百九十八姓数目与《玉海》所引《天下郡望姓氏族谱》相同，故此断简极可能即李林甫撰谱。

[2]《氏族谱断简》（即假定系李林甫撰谱）卷末残缺尤甚，所能看清的"太史因尧置九州""月十日""三百九十八姓""户商价之类"等字样，与《北平藏谱》卷末相同。而《氏族谱断简》记"上柱国""甫等奏敕令"，则与《北平藏谱》所记"光禄大夫兼吏部尚书许国公士廉等奉敕令"异。所记郡望亦有参差，将二谱可比较的资料对照于下：

表 12-3　《氏族谱断简》与《北平藏谱》对照表

	《氏族谱断简》	《北平藏谱》
河南郡宋氏	有	无
广平郡宋氏	有	有
中山郡阳氏	有	无
荥阳郡阳氏	有	有
河内郡车氏	有	无
鲁郡车氏	有	有
平阳贾氏	有	无
越州会稽郡	七姓	七姓
洪州豫章郡	五姓	五姓
潭州长沙郡	五姓	四姓
泉州安南郡	二姓（疑"五"字）	五姓
果州武都郡	二姓	一姓

[3] 参见《新唐书》卷五八《艺文志二》、《旧唐书》卷四六《经籍志上》、《隋书》卷三三《经籍志二》，及拙著《两晋南北朝士族政治之研究》第七章第三节。

南北朝时，因与九品官人法相结合[1]，选举依据门望[2]，至于各族门望之高下，虽亦有争执，但那是社会士大夫为其本族地位的争论[3]，皇帝与主持选举的官吏（中正官及吏部官吏）对于评定族望高下似无独特的标准而与社会上士大夫所定标准相左[4]。两晋南北朝统治阶级这样广泛地谋求与世家大族结合，固有其政治上的需要[5]，亦因为如此，政治与社会上的氏族标准并未分立。唐代修氏族谱，皇帝与士大夫关于氏族高下的标准不同，例如：

贞观六年（632），唐太宗命修《氏族志》，《贞观政要》卷七云："贞观六年，太宗谓尚书左仆射房玄龄曰：'比有山东崔、卢、李、郑四姓，虽累叶陵迟，犹恃其旧地，好自矜大，称为士大夫。每嫁女他族，必广索聘财，以多为贵，论数定约，同于市贾，甚损风俗，有紊礼经。既轻重失宜，理须改革。'乃诏吏部尚书高士廉……等刊正姓氏。"又《新唐书》卷九五《高俭传》："太宗尝以山东士人尚阀阅，后虽衰，子孙犹负世望，嫁娶必多取资，故人谓之卖昏，由是诏士廉与韦挺、岑文本、令狐德棻责天下谱牒，参考史传，检正真伪，进忠贤，退悖恶，先宗室，后外戚，退新门，进旧望，右膏粱，左寒畯。"

高士廉等的初奏本《氏族志》现今已无从看到，从两点可以推测其编撰《氏族志》的标准与立场。其一，初奏本《氏族志》分为九等，"崔干仍居第一"；太宗诏中指"崔、卢、李、郑四姓，虽累叶陵迟，犹恃其旧地，好自矜大"，意欲降之，今竟然崔干仍列首位，可见修谱诸公标

---

[1] 参见宫崎市定：《九品官人法の研究》，东洋史研究会，1956。

[2] 参见拙著《两晋南北朝士族政治之研究》第四章、第六章。

[3] 如《魏书》卷六三《宋弁传》，广平宋氏与太原郭氏之争；《北齐书》卷四三《羊烈传》，泰山羊氏与东平毕氏之争；《魏书》卷六四《郭祚传》，太原郭氏与王氏之争。

[4] 北魏太和年间所定评定族望办法，似无反对的论调。

[5] 北朝致力于得到中原汉大族的支持，南朝则自始因大族得以偏安南方。

准大异于太宗。其二，贞观六年诏，太宗虽以卖买婚姻为由，改革风俗，实欲从婚嫁之改变，贬降旧门大族，借此以提高皇室外戚及朝廷官吏之社会地位，这一点亦与当时社会上士大夫（尤其是山东旧族们）的标准大异，《新唐书》卷九五《高俭传》："先是，后魏太和中，定四海望族，以（李）宝等为冠。其后矜尚门地，故《氏族志》一切降之。王妃、主婿皆取当世勋贵名臣家，未尝尚山东旧族。后房玄龄、魏徵、李勣复与昏，故望不减。"太宗的原意是"进忠贤，退悖恶，先宗室，后外戚"，改变"门第婚姻"等[1]，而当时士大夫在"退新门，进旧望，右膏粱，左寒畯"的标准上发挥。

初奏本《氏族志》这种浓厚的士大夫立场，必不合太宗意，太宗在诏令修正初奏本《氏族志》时，不得不坦率地说出自己的标准。《旧唐书》卷六五《高士廉传》："太宗曰：'我与山东崔、卢、李、郑，旧既无嫌，为其世代衰微，全无冠盖，犹自云士大夫，婚姻之间，则多邀钱币。才识凡下，而偃仰自高，贩鬻松槚，依托富贵。我不解人间何为重之？只缘齐家惟据河北，梁、陈僻在江南，当时虽有人物，偏僻小国，不足可贵，至今犹以崔、卢、王、谢为重。我平定四海，天下一家，凡在朝士，皆功效显著，或忠孝可称，或学艺通博，所以擢用。见居三品以上，欲共衰代旧门为亲，纵多输钱帛，犹被偃仰。我今特定族姓者，欲崇重今朝冠冕，何因崔干犹为第一等？昔汉高祖止是山东一匹夫，以其平定天下，主尊臣贵。卿等读书，见其行迹，至今以为美谈，心怀敬重。卿等不贵我官爵耶？不须论数世以前，止取今日官爵高下作等级。'遂以崔干为第三等。"《资治通鉴》卷一九五贞观十二年（638）："上曰……乃更

---

[1] 唐皇室及若干主要的开国功臣源于西魏、北周、隋一脉，太宗有意压抑山东旧族，提高关中功臣的社会地位，参见陈寅恪先生《唐代政治史述论稿》，及日人布目潮渢《唐朝創業期の一考察》，《東洋史研究》25（1），1966。

命刊定，专以今朝品秩为高下，于是以皇族为首，外戚次之，降崔民干为第三。"[1]"不须论数世以前，止取今日官爵高下作等级"是太宗意想中最具体的标准；士大夫并非完全不重视官爵，而是一个门望的崇高，必须累数世之功，北魏定三世冠冕作为门望的标准[2]，似颇合社会上士大夫之意。设若太宗严格地实行"止取今日官爵高下作等级"，则定本《氏族志》为当时士大夫所接受的程度，大为可疑。

《显庆姓氏录》似乎贯彻了官品主义的标准[3]。《唐会要》卷三六《氏族》："显庆四年九月五日，诏改《氏族志》为《姓录》，上亲制序，仍自裁其类例，凡二百四十五姓，二百八十七家，以皇后四家、酂公、介公、赠台司、太子三师、开府仪同三司、仆射，为第一等；文武二品及知政事者三品，为第二等；各以品位为等第，凡为九等，并取其身及后裔，若亲兄弟，量计相从，自余枝属，一不得同谱。"当时士大夫必然无法接受《姓氏录》，"以皇朝得五品者，书入族谱，入谱者，缙绅士大夫咸以为耻，议者号其书为勋格"[4]。

唐代前半期另一官修氏族谱是柳冲《大唐姓族系录》。《册府元龟》卷五六〇《国史部》谱牒条："依据《氏族志》重加修撰，仍令取其高名盛德，素业门风，国籍相传，士林标准，次复勋庸克懋，荣绝当朝，中外相辉，誉兼时望者，各为等列；其诸蕃酋长，晓袭冠带者，亦别为一品。"上述所引标准，非常概括，诸谱现已佚亡[5]，无法得知细节，大约

---

[1]《新唐书》卷九五《高俭传》、《唐会要》卷三六、《玉海》卷五〇《艺文》谱牒条、《册府元龟》卷五六〇《国史部》谱牒条等略同。

[2] 参见《新唐书》卷一九九《儒学传·柳冲传》。

[3] 池田温：《唐朝氏族志の一考察》，《北海道大学文学部纪要》13（2），1965。

[4]《唐会要》卷三六。以五品官作为士族标准源自两晋南北朝，参见宫崎市定《九品官人法の研究》及本书第六篇。

[5] 池田温考证今存《敦煌名族志》残卷与《大唐姓族系录》有相关性，刊于《北海道大学文学部纪要》13（2），1965。

以《贞观氏族志》定本为标准。

从上列所引例子中，可以看出对于氏族谱的标准争论甚烈，显露出身处政治权力中心的皇帝与身为社会势力重心的士大夫间立场之差距。贞观六年太宗诏修《氏族志》，曾广泛地征求士大夫家谱[1]，高士廉等亦大都承袭两晋南北朝以来一般士大夫的标准，已如上述，故初奏本《氏族志》无论从资料方面还是精神方面来看，最合当时士大夫之意。初奏本亦可能被许多士大夫收藏［《北平藏谱》卷末谓成于贞观八年（634）五月十日壬辰，正可能是初奏本修成时间］。缘因氏族谱是记载政治社会上世家大族的书籍，时间推移，氏族必有兴衰，官方屡次修谱，以与实际政治社会相符合；士大夫私修谱，亦因在士大夫标准中，某些家族有了荣枯。明乎此，则知唐代氏族谱自太宗时便呈双线发展，一是诏修谱，一是士大夫私修谱；前者如《贞观氏族志》《显庆姓氏录》《大唐姓族系录》；后者流行于民间，谱数甚多[2]，《北平藏谱》是当时士大夫私修谱之一（也许是较重要的一部私修氏族谱）。由于贞观六年诏修谱是第一次以唐代政治社会大族为背景整理谱系，其后诏修谱都以此为圭臬，加以变动。初奏本《氏族志》最合士大夫意，故初奏本亦可能是若干士大夫私修谱的基准，《北平藏谱》即其一也。今日所见《北平藏谱》保持初奏本《氏族志》的外壳，内容则略有变更，正表示私修谱在发展中有若干修改。上节考证《北平藏谱》撰成于天宝元年至乾元元年（742—758），距初奏本贞观八年已一百零八年以上。

李林甫氏，正史列传中未闻其善于谱学，亦未闻任何善于谱学者为其助力。编撰一部全国性的谱系是一项大工程[3]，李林甫所修谱仅一卷，

---

[1] 参见竹田龙儿：《贞观氏族志の编纂に关する一考察》，《史学》25（4），1952。

[2] 参见《玉海》卷五〇。

[3]《贞观氏族志》初奏本一百卷，定本一百卷。《显庆姓氏录》二百卷。《大唐姓族系录》二百卷。

由此可见实未大规模编撰，仅从现存资料中综合成为一卷而已。比较李谱与《北平藏谱》之同异，李谱可能抄袭当时民间流行谱，冠以李林甫之名，做若干部分更动，此被抄袭的民间谱即可能源自《贞观氏族志》初奏本演变而来的《氏族志》，亦即今日所见的《北平藏谱》是也。新旧《唐书》中《李林甫传》均未显耀这一事迹，可见唐代士大夫不重视李林甫的抄袭本，后世仅能在《玉海》引《中兴书目》《崇文总目》《新唐书·艺文志》《直斋书录解题》等书目中得知谱名而已。

《伦敦藏谱》（《新集天下姓望氏族谱》）撰成在元和十五年至咸通十三年间（820—872）[1]，似乎亦是士大夫私修，其承袭关系已难考证。

兹试绘各氏族谱关系图如下：

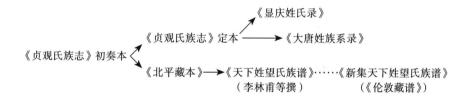

图 12-1　各氏族谱关系图

若上述论说能成立，则今存两种残卷系流行于士大夫间的氏族谱，比官修谱更可反映唐代社会实况（《北平藏谱》反映唐代前半期，《伦敦藏谱》反映唐代后半期），史料价值甚高。

---

[1] 唐代后半期官修《元和姓纂》，已佚其书，今本辑自他书，见岑仲勉《元和姓纂四校记》，该书主旨在探求各姓源流，体例有别，无法与《伦敦藏谱》做比较。

附录一 《贞观氏族志》残卷

阳郡三姓（并州）仪景鱼

雁门郡三姓（岱州）续薄解　　　　　太原郡十一姓（□□）□□□□□郝温阎鲜于令狐尉□

中山郡一姓（恒州）甄　　　　　　　上党郡五姓（潞州）包鲍连赫连樊

康平郡四姓（冀州）宋焦唻游　　　　渤海郡四姓（冀州）吴欧阳高刀

高阳郡四姓（冀州）纪公孙耿夏　　　上谷郡四姓（燕州）寇荣侯麻

范阳郡三姓（幽州）卢邹祖　　　　　清河郡七姓（贝州）崔张房向傅路勒

河涧郡一姓（瀛州）邢　　　　　　　巨鹿郡三姓（邢州）莫魏时

内黄郡一姓（相州）扈　　　　　　　平原郡三姓（德州）师雍封

赵郡二姓（赵州）李眭　　　　　　　河内郡九姓（怀州）宋司马荀向浩淳于东寻

黎阳郡二姓（卫州）璩桑　　　　　　河南郡七姓（潞州）贺兰丘士穆祝

弘农郡四姓（郓州）杨刘张晋　　　　南阳郡十姓（□州）张乐赵滕井何白邓矩

荥阳郡四姓（郑州）郑毛潘阳　　　　颍川郡七姓（许州）陈苟韩钟许庾库

陈留郡四姓（汴州）元谢卫虞　　　　东来郡三姓（□州）费盛上官

梁国郡三姓（宋州）宋乔张　　　　　谯郡国八姓（亳州）戴夏侯桓规娄庞

齐阳郡三姓（曹州）蔡丁江　　　　　汝南郡七姓（□州）殷昌表应和荆梅

濮阳郡六姓（濮州）吴徐表扶黄庆　　济阳郡五姓（济州）董禾丁都苗

高平郡五姓（兖州）郤檀徐曹孙　　　济北郡一姓（洛州）氾

东平郡三姓（兖州）万吕毕　　　　　山阳郡三姓（兖州）功革郡

鲁国郡七姓（兖州）夏孔车唐曲粟齐　平阳郡一姓（兖州）孟

太山郡四姓（兖州）胡周羊鲍　　　　平昌郡一姓（兖州）管

乐安郡七姓（青州）孙任高元薛门蒋　千乘郡一姓（青州）倪

临淄郡三姓（青州）史窨左　　　　　成阳郡二姓（□□）成盖

彭城郡五姓（徐州）刘曹袁行受　　　沛郡三姓（徐州）朱张周

琅琊郡六姓（沂州）王颜诸葛惠荀徐　兰陵郡一姓（徐州）萧

下迳郡四姓（泗州）陈郤谷园　　　　东莞郡四姓（海州）臧关竹刀

广阳郡三姓（扬州）戴高盛　　　　　长城郡一姓（胡州）钱

会稽郡七姓（越州）虞孔贺荣盛钟离　吴郡四姓（豫州）朱张顾陆

吴兴郡七姓（胡州）姚明丘纽閤施沈

余康郡三姓（杭州）金褚花　　　　　盐官郡三姓（杭州）岑邬戚

丹阳郡四姓（润州）纪甘许左　　　　东阳郡五姓（婺州）苟姚习黄留难

临海郡四姓（台州）屈谭请弋　　　　松阳郡四姓（括州）黄濑曲豆

寻阳郡二姓（江州）陶翟　　　　　　豫章郡五姓（洪州）熊罗章雷湛

武陵郡二姓（□州）供仵　　　　　　长沙郡四姓（谭州）刘茹曾秦

武都郡一姓（果州）舟　　　　　　　南安郡五姓（泉州）黄林单仇盛

　　以前太史，因尧置九州，今为八千五郡，合三百九十八姓。今贞观八年五月十日壬辰，自今已后，明加禁约。前件郡姓出处，许其通婚媾。结婚之始，非旧委怠，必须精加研究，知其襄谱，相承不虚，然可为匹。其三百九十八姓之外，又二千一百杂姓，非史籍所载。虽预三百九十八姓之限，而或媾官混杂，或从贱入良，营门杂户，慕容商贾之类，虽有谱，亦不通。如有犯者，剔除籍！光禄大夫兼吏部尚书许国公士廉等奉

　　敕，令臣等定天下氏族，若不别条举，恐无所凭，准今详事讫，件录如前。敕旨依奏。

　　　　大蕃岁次丙辰后三月庚午朔十六日乙酉鲁国唐氏苾刍悟真记勘定

附录二　仁井田陞《敦煌发见之天下姓望氏族谱》图版与释文

新集天下姓望氏族譜一卷并序

夫人云……世望……若不知之崇為十道……即博學望姓乘睱長倏注……注腳望……明諸顯……出州郡分為十道知右

第一關内道

雍州京兆郡　出卅姓

雍州始平郡　出四姓

岐州扶風郡　出二姓

邠州新平郡　出四姓

涇州安定郡　出八姓

同州馮翊郡　出八姓

同州郃陽郡　出四姓

第二隴右道四郡

涼州西平郡　出三姓

第三山南道五郡

渭州隴西郡　出十三姓

秦州天水郡　出世姓

演州武威郡　出六姓

鄜州南陽郡　出七姓

襄州襄陽郡　出五姓

荊州江陵郡　出五姓

朗州武陵郡　出五姓

鄂州江夏郡　出七姓

朗州　武陵郡　出五姓

鄂州　江夏郡　出七姓

伍龍卜　每華12

蒲州　河東郡　出十五姓　第四河東道十郡　本黄程賈任衛翰

汾州　西河郡　出十五姓

晉州　平陽郡　出十二姓

喜州　高平郡　出五姓

澤州　晉昌郡　出五姓

潞州　上黨郡　出六姓

并州　太原郡　出七姓

岱州　鴈門郡　出五姓

虢州　弘農郡　出七姓

續勝朁田文狄

揚朁田文狄

第五河北十七郡

莫州　渤海郡　出北八姓

冀州　中山郡　出六姓

襄州　高陽郡　出五姓

沼州　廣平郡　出八姓

趙州　范陽郡　出九姓

紞州　上谷郡　出六姓

易州　博陵郡　出五姓

定州　河間郡　出八姓

瀛州　内黄郡　出六姓

相州　清河郡　出十九姓

貝州　鉅鹿郡　出六姓

邢州　平原郡　出七姓

德州　趙郡　出六姓

魏州趙州　魏郡　出六姓

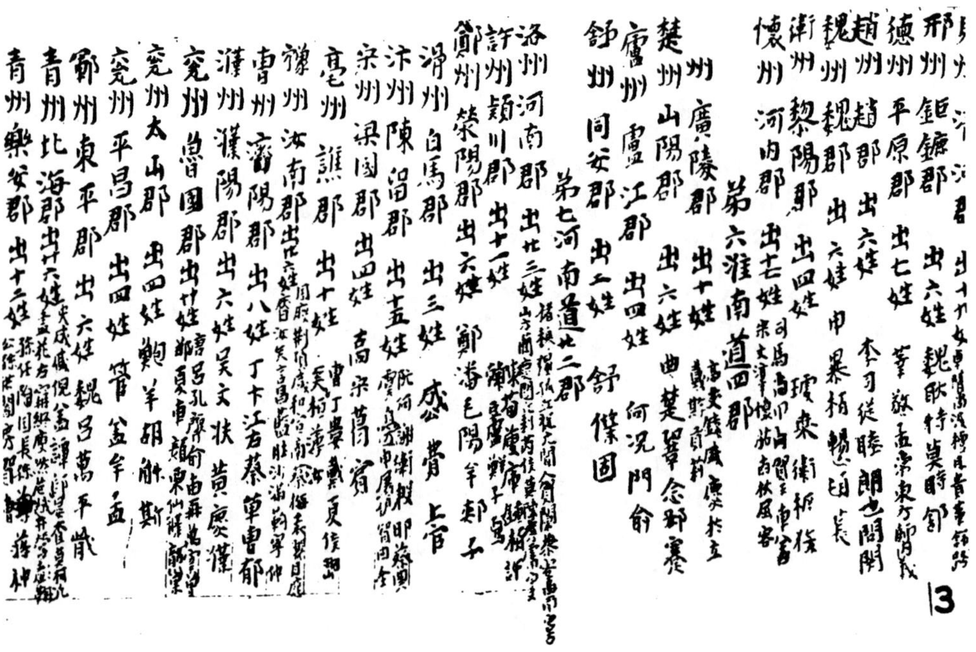

邢州　鉅鹿郡　出六姓　魏歌特莫時卽

德州　平原郡　出七姓　莒敦孟常束方師戎

趙州　趙郡　出六姓　李習従睞朗之間閞

魏州　魏郡　出六姓　申畢柏賴彄炅

衛州　黎陽郡　出四姓　瑣來衛柘桸

懷州　河内郡　出去姓　宋　司馬　懷　容

第六淮南道四郡

楚州　廣陵郡　出十姓　高夷隆威康扶立

舒州　同安郡　出二姓　舒　僳固

舒州　山陽郡　出六姓　曲楚筭念鄧褒

廬州　廬江郡　出四姓　何況門命

第七河南道　此二郡

洛州　河南郡

鄭州　滎陽郡　出六姓　鄭　潘毛陽羊郗子

許州　頴川郡　出十姓

滑州　白馬郡　出三姓

宋州　梁國郡　出四姓　高宗蕩宵

汴州　陳留郡　出玉姓

亳州　譙郡　出十姓　曹丁婁戴夏僕

豫州　汝南郡　出六姓

曹州　濟陽郡　出八姓　丁卞江蔡單都

濮州　濮陽郡　出六姓　吳文狄　黃庚懔

宋州　曾國郡　出廿姓

兗州　太山郡　出四姓　鞠羊胡斯

兗州　平昌郡　出四姓　管笠牟盂

鄆州　東平郡　出六姓　魏呂萬平胥

青州　北海郡　出六姓

青州　樂安郡　出十二姓　孫蔣仲

青州濟陰郡出八姓 丁卞江石蔡單曹郡

濮州濮陽郡出六姓吳文狀黃慶懂

兗州魯國郡出廿姓鄒呂蔣晌申東伊彈里

兗州太山郡出四姓鮑羊胡斯

兗州平昌郡出四姓管叵孟牟孟

兗州東平郡出六姓魏呂萬平辟

齊州濟陰郡出四姓卞單東門信都

青州樂安郡出五姓蔣房蔣神

青州北海郡出六姓

郕州濟陰郡出四姓

徐州彭城郡出十姓蕭綠萬俟端木

徐州下邳郡出四姓開索沉郭谷圉反滑

泗州臨淮郡出十姓

沂州瑯琊郡出十姓艾王諸惠鷃豬鱍鞞莫

第八江東道二十郡

潤州丹陽郡出八姓甘紀邴洪古洗鄒廣

宣州宣城郡出四姓暅竇蘭栗

蒲州吳郡出五姓朱張顧陸暨

杭州鹽官郡出七姓范岑褚威御

杭州錢塘郡出五姓翁威東閭忽廷

撫州徐邢郡出四姓暨陶敳監

湖州吳興郡出十六姓沈錢姚水立明

常州晉陵郡出四姓蔣符莫圉

越州會稽郡出齒姓夏賀康孔謝虞

婺州東陽郡出七姓刖習苗姚泉難

歙州新安郡出五姓俶孫方諫槐汪

台州臨海郡丙六姓屈冷靖弋菜

慶州松陽郡出五姓荀碩棻圉量

洪州豫章郡出八姓羅雷熊徐繫譚

洪州郡易邢月口王克于墨

覆州松陽郡出五姓

台州臨海郡出六姓　屈冷靖譚弋某

婺州東陽郡出七姓　劃習苗姚泉雜

歙州新安郡出五姓　俶孫方諫愜汪

洪州豫章郡出八姓　羅雷熊徐□□□

饒州鄱陽郡出四姓　饒為鍥愛

江州尋陽郡出六姓　陶翟溥瞿賽出

素州宜春郡出四姓　袁彭易斫

潭州長沙郡出六姓　曾吳羅彭某泰

虔州南康郡出四姓　賴菜銀尋

泉州南交郡出四姓　林仇弘單

第九闋　南道二郡

益州蜀郡出五姓　郡文青任郡

梓州梓潼郡出四姓　綿泉文廉

第十韶南道（五府邕容桂廣安南等都督）

七州並下出人姓望

海州　東海郡　出十姓　徐達戚竹□開基廉趙弟

新集天下姓望氏族譜一卷并序

夫人立身在世姓望為先若不知之豈為人子？

即博學多姓望殊乖晚長後生切須披覽但看

注脚姓望分明謹錄元出州郡分為十道如右 *

第一關內道八郡 *

雍州京兆郡出卅姓 *
晃？申屠康別夫家部？豐杼史
倫邢金焱第五宗宣挾累計

車杜段嚴黎宋秦雍車？
田粟於米冷支員舒扈皮

雍州始平郡出四姓　　馮龐宣陰

雍州武功郡出四姓　　蘇韓是殳

岐州扶風郡出十一姓　竇馬曾魯萬寇
井蘇惡班輔

邠州新平郡出四姓　　古異附號

涇州安定郡出八姓 *　梁皇陶席伍胡安蒙程
（四）

同州馮翊郡出八姓　　魚吉党雷印合力寇

同州郃陽郡出四姓　　支奉　骨

第二隴右道四郡

凉州西平郡出三姓　　申屠段池

凉州武威郡出六姓　　索石賈安廖陰

渭州隴西郡出十三姓　李牛時辛董艾彭？
關鵯閻萬氾邊

秦州天水郡出廿姓　　趙姜尹別嚴龐權秦
上官荔桂庄郝皮雙智禺羿蒙玠？

* 八字原無、今以意補

* 通典卷百七十一云、開元三年改為京兆府

* 通典卷百七十三云、開元十三年改闐為邠

* 新唐書卷三十七地理志云、涇州保定郡上、本安定郡、至德元載更名

第三山南道五郡

襄州襄陽郡出五姓　荔非蒯輔襃蹇

鄧州南陽郡出十七姓　白韓勝*樂鄧宋襄穆岑翟曠井趙頜仇鹿

荊州江陵郡出五姓　能縣仵戎酒

＊朗州武陵郡出五姓　伍龔卜冉華

＊鄂州江夏郡出七姓　李黃程費任銜喻

＊　勝、貞觀氏族志（北京文獻）作媵、今依之

＊　朗州は唐六典や舊唐書地理志などでは江南道にあり

＊　鄂州は氏族志斷簡（スタイン文獻）および前掲二書などには江南道にあり

第四河東道十郡

＊蒲州河東郡出十五姓　裴柳薛儲蒲衛聶應？廉麥扈昏滿朗賈

汾州西河郡出十姓　斬卜宋林植相里任臨通襲？

晉州平陽郡出十二姓　汪雙儉乘平柴巫景勾賈晉風

澤州高平郡出五姓　范巴翟過獨孤

澤州晉昌郡出五姓　唐杜乜爨炅

潞州上黨郡出六姓　鮑包陳樊苞尚

＊并州太原郡出廿七姓　弘王郭郝溫尉祁令孤武闇宮孫伏笪佋問弓師義松西廖易龍韶光

（代）岱州雁門郡出五姓　續解田文狄

銑州弘農郡出七姓　楊譚強晉銑裘

＊　通典卷百七十九云、大唐初爲蒲州、開元九年五月置中都、爲河中府

＊　通典卷百七十九云、後復爲并州、開元十一年改爲太原府、天寶元年加號爲北京

第五河北道十七郡＊

冀州渤海郡出廿八姓　高吳歐陽赫連詹喻李□區金卿甘替凌覃封刀㜮童羿翼斯衡居倉闕鳳鄉

冀州中山郡出六姓　甄焦闞仲郎官

冀州高陽郡出五姓　許耿紀公孫劇

＊　道字原无、今以意補

洛州廣平郡出八姓　游程宋談籍嵘逯焦

幽州范陽郡出九姓　盧湯祖郇范簡張屬童

易州上谷郡出六姓　侯榮麻燕寇谷

定州博陵郡出五姓　崔邸壽幸濮陽

瀛州河間郡出八姓　刑儉家玄堯劉詹稅

*貞觀氏族志（北京文獻）刑作邢、今依之

相州內黃郡出四姓 *　路駱扈庫

*郡字原无、今以意補、貞觀氏族志（北京文獻）冇郡字

貝州清河郡出十九姓　張房崔藏作醉孟傅蓋卓隋尚汲栖且貴革舒路

刑州鉅鑾郡出六姓　魏耿特莫時郤

德州平原郡出七姓　華熬孟常東方師內義

趙州趙郡出六姓　李司從睦朗也間閔

魏州魏郡出六姓　申暴柏懇頓畏

衛州黎陽郡出四姓　璩桑衛祈?

懷州河內郡出十七姓　司馬尙巾向賀王軍蓋宋文淳于懷茄吉秋屈容

第六淮南道四郡

揚州廣陵郡出十姓 *　高艾錢盛慶於立戴斿貢莉

*揚字原无、今以意補廣陵、貞觀氏族志（北京文獻）作廣陽誤

楚州山陽郡出六姓 *　曲楚登念郎塞

*通典卷百八十一云、東晉安帝時立山陽郡、唐武德八年改爲楚州、或爲淮陰郡

廬州廬江郡出四姓　何況門兪

舒州同安郡出二姓　舒僕固

第七河南道廿二郡

洛州河南郡出廿三姓　楮穆獨孤丘祝元閭人賀闕慕容商南宮古山方蘭慶閣丘利丙侯莫陳房庸宇文

*闌、古今姓氏書辯證、貞觀氏族志（北京文獻）並作闌、今依之

許州潁川郡出十一姓　陳荀庾鍾栢許韓豆盧鮮于焉　*庚?

*庚、貞觀氏族志（北京文獻）作庚

鄭州滎陽郡出六姓　鄭潘毛陽牟郟子?

滑州白馬郡出三姓　襃費上官

汴州陳留郡出十五姓　阮何謝衛殷卲蔡典虞邊申屠伊智曲全

宋州梁國郡出四姓　商宋葛廙

*通典卷百七十七云、漢改爲梁國、隋文帝置宋州、煬帝初爲梁郡、大唐復爲宋州、或爲睢陽郡

亳州譙郡出十姓　曹丁巽戴夏侯奚𠃌桓薄汝周?

豫州汝南郡出廿六姓　荊頂盛和宣南蔡梅袁瞿貝應唐汝吳言昌藍肚沙滿鞠甯仲

*舊唐書卷三十八地理志云、寶應元年改爲蔡州

曹州濟陽郡出八姓　丁卞江左蔡單曹郁

*通典卷百七十七云、大唐復爲曹州、或爲濟陰郡

濮州濮陽郡出六姓　吳文扶黃慶濮

兗州魯國郡出廿姓　唐呂孔齊徐申冉萬幸會那夏車顏栗仙僕留巢

*通典卷百八十云、春秋戰國普爲魯國、漢高后更爲魯郡、大唐初改爲兗州、後爲魯郡

兗州太山郡出四姓　鮑羊胡斛斯

兗州平昌郡出四姓　管盖牟孟

鄆州東平郡出六姓　魏呂萬平牪

青州北海郡出廿六姓　史成盛倪蓋譚歸晏查莫柯氿盡花左密終庾然危并營彭鞠

青州樂安郡出十二姓　孫任陶國長孫蔣种公孫供閻厲賀曹

濟州濟陰郡出四姓　卜單東門信都劉朱到徐庄宛支

*通典卷百八十云、大唐武德四年平王充、改爲濟州、或爲濟陽郡

徐州彭城郡出十二姓　宋政媯巢奉翟

徐州蘭陵郡出四姓　蕭繆万俟端木

*泗州下邳郡出八姓　關余沇邻谷國皮滑

沂州瑯琊郡出十二姓（南?）　王顏諸葛鄤臨慕
　艾干惠暢符幹

第八江東道二十郡（南?）

潤州丹陽郡出八姓　甘紀郇洪左洗鄅廣

宣州宣城郡出四姓　曠貢藺聚（陸?）

*蘇州吳郡出五姓　朱張顧陸賢（陸?）

杭州錢塘郡出七姓　范岑褚盛仰

杭州塩官郡出五姓　翁戚束闕忽延

杭州餘杭郡出四姓　晉隗揪監

湖州吳興郡出十六姓　泫錢姚吳清丘放宣
　崩金銀陰洗鈿木丘明

常州晉陵郡出四姓　蔣符莫周

*越州會稽郡出十四姓　夏誰賀康孔虞盛資
　鍾離駱兹俞榮氿

處州松陽郡出五姓　勞賴萊瞿曇

台州臨海郡出六姓　屈冷靖戈萊

*婺州東陽郡出七姓　薊智苗姚哀難

*歙州歙郡出五姓　俶孫方諫授汪

洪州豫章郡出八姓　羅雷熊除璩諶洪

饒州鄱陽郡出四姓　饒芮鐸靈

* 新唐書卷三十八地理志云、泗州臨淮郡上、本下邳郡、治宿預、開元二十三年徙治臨淮、天寶元年更郡名、

* 郃、貞觀氏族志（北京文獻）作郄

* 江東、貞觀氏族志（北京文獻）通典等並作江南

* 大唐為杭州、或為餘杭郡
通典卷百八十二云、陳以為錢塘郡隋置杭州、煬帝初州廢置餘杭郡、

* 唐會要卷七十一云、湖州開元七年置、仍於烏程縣
通典新舊唐書にはともにこれに相當する文なし

* 元和郡縣志卷二十六云、大曆十四年改為處州

* 通典卷百八十二云、大唐為歙州或為新安郡

* 通典卷百八十二云、大唐為洪州、或為章郡

江州潯陽郡出六姓　陶翟淳瞿褰步

(袁)素州宜春郡出四姓　袁彭易訢

潭州長沙郡出六姓　曾吳羅彭茄秦

(虔)虔州南康郡出四姓　＊

＊(安)泉州南交郡出四姓　賴萊銀尋

林仇弘單

第九斂南道二郡

益州蜀郡出五姓　郗文費任郤？

梓州梓潼郡出四姓　綿景文藥

第十嶺南道五府邕容(桂)杜廣安南等都管

七十州並下出人姓望　家印＊

(以下紙背)

海州東海郡出十姓

徐匡戚竹喻

關？毋麋芭茅

＊出以下三字原无、今以意補

＊＊通典卷百八十二云、大唐神龍以後、始移置泉州於此、或爲清源郡

＊＊貞觀氏族志（北京文獻）南交作南安、今依之

＊家印は白字

＊舊唐書卷四十一地理志云、容州下都督府、貞觀元年改爲容州、開元中昇爲都督府

后　记

　　诚如本书序言所说，社会史领域还有许多题目可以继续研究，我的原意是在退休时再将所有已出版、未出版的论文汇编总结，效法古人千炼百锤而后出书之精神，但由于客观环境之改变，在两三年以前已有许多读者、朋友建议我将各单篇汇集成册，一则可免除零星寻找单篇之苦，二则希望明了我对社会史架构的安排。经过两三年考虑，我发觉本书各篇是以客观方法撰写历史事实的，其中或许尚有修正补充之处，但还不至于发生将整个历史事实扭曲而导致贻误读者的现象，因此决定大胆出版，所以本书只能算作我这几年来的研究工作报告，希望学界博雅之士直接来函指正。

　　我近年来研究工作极忙，除了专任研究员每年需撰写新论文以外，还负责唐代墓志铭之汇编、考释、出版等工作，又在台湾大学、文化大学兼任教席，如果没有朋友们在出版过程中大力帮助，本书无法顺利出版，我十分感谢。

一九八七年十一月一日

著者谨识于台北市南港"中央研究院"历史语言研究所

参考书目

一、正史与古籍类

《史记》《汉书补注》《后汉书集解》《三国志集解》《晋书斠注》《宋书》《南齐书》
《梁书》《陈书》《魏书》《北齐书》《周书》《南史》《北史》《隋书》《旧唐书》
《新唐书》《旧五代史》《新五代史》

（以上正史部分，本书各篇撰写时使用艺文书局殿本，修正出版时使用鼎文
书局标点本）

《申鉴》（汉）荀悦撰，《四部丛刊初编》第336册，商务印书馆影印本，1929

《四民月令》（汉）崔寔撰，《汉魏遗书钞》第11册，艺文印书馆影印清嘉庆三年
金溪王氏刊本，1927

《论衡》（汉）王充撰，《四部丛刊初编》第433—440册，商务印书馆影印本，
1929

《潜夫论》（汉）王符撰（《四部丛刊初编》第334—335册，商务印书馆影印本，
1929

《盐铁论》（汉）桓宽撰，世界书局，1962

《中论》（汉）徐干撰，世界书局影印本，1962

《人物志》（魏）刘邵撰，（西凉）刘昞注，台湾商务印书馆影印文渊阁《四库全
书》，1983

《王右军集》（晋）王羲之撰，《汉魏六朝百三名家集》第3函第6—7册，上海扫
叶山房石印本，1925

《抱朴子》（晋）葛洪撰，台湾商务印书馆影印文渊阁《四库全书》，1983

《华阳国志》（晋）常璩撰，刘琳校注，巴蜀书社，1984

《水经注疏》（北魏）郦道元注，（清）杨守敬纂疏，北京科学出版社，据熊会贞
　　手写本影印，1957

《洛阳伽蓝记》（北魏）杨衒之撰，台湾商务印书馆影印文渊阁《四库全书》，
　　1983

《颜氏家训》（北齐）颜之推撰，《四部丛刊初编》第430册，商务印书馆影印本，
　　1929

《北堂书钞》（隋）虞世南撰，艺文印书馆，据清光绪十四年南海孔氏刊本影印，
　　1958

《大唐创业起居注》（唐）温大雅撰，《藕香零拾》第3册，清光绪宣统间刊本

《元和郡县图志》（唐）李吉甫撰，《岱南阁丛书》，兰陵孙氏沇州刊本巾箱本，嘉
　　庆三年

《初学记》（唐）徐坚撰，鼎文书局据民国排印本影印，1976

《封氏闻见记》（唐）封演撰，台湾商务印书馆影印文渊阁《四库全书》，1983

《贞观政要》（唐）吴兢撰，（元）弋直集论，台湾商务印书馆影印文渊阁《四库
　　全书》，1983

《唐六典》（唐）李林甫等注，《四库全书珍本六集》第117—119册，1976

《唐律疏义》（唐）长孙无忌等撰，弘文馆出版杜，1986年点校本

《唐阙史》（唐）高彦休撰，台湾商务印书馆影印文渊阁《四库全书》，1983

《通典》（唐）杜佑撰，浙江书局刊本，光绪二十二年

《隋唐嘉话》（唐）刘餗撰，《历代小史》第5册，1940

《樊川文集》（唐）杜牧撰，《四部丛刊初编》，商务印书馆影印本，1929

《翰林志》（唐）李肇撰，台湾商务印书馆影印文渊阁《四库全书》，1983

《翰林院故事》（唐）韦执谊撰，《知不足斋丛书》翰苑群书第13集第2册，上海
　　古书流通处影本，1921

《邺侯家传》（唐）李繁撰，《玉海》卷一三八《兵制》，光绪九年浙江书局重锓本

《唐摭言》（五代）王定保撰，世界书局，1962

《文苑英华》（宋）彭叔夏撰，华联出版社，1965

《太平御览》（宋）李昉等纂，《中国法制史料》第一辑第 4 册，台湾商务印书馆，
　　1960

《太平广记》（宋）李昉等撰，新兴书局影印本，1958

《太平寰宇记》（宋）乐史撰，乾隆五十八年重刊本

《玉海》（宋）王应麟撰，浙江书局重刻本，光绪九年

《北梦琐言》（宋）孙光宪撰，台湾商务印书馆影印文渊阁《四库全书》，1983

《册府元龟》（宋）王钦若等编，中华书局，据明崇祯十五年李嗣京刊本影印，1972

《长安志》（宋）宋敏求撰，（清）毕沅校正，台北成文出版社，据 1931 年铅印本
　　影印，1970

《唐大诏令集》（宋）宋敏求编，华文书局，据旧刊本影印，1968

《唐文粹》（宋）姚铉编，世界书局，据清光绪十六年杭州许氏刊本文粹影印，
　　1962

《唐语林》（宋）王谠撰，世界书局，1962

《唐会要》（宋）王溥撰，世界书局，据武英殿聚珍版影印，1960

《通志》（宋）郑樵撰，新兴书局，据清武英殿刊本影印，1963

《崇文总目》（宋）王尧臣等撰，《四库全书珍本别辑》第 148、149 册，1975

《资治通鉴》（宋）司马光撰，艺文印书馆，1955

《唐才子传》（元）辛文房撰，《四库全书珍本别辑》第 126、127 册，1975

《文献通考》（元）马端临撰，浙江书局刊本，光绪二十二年

《汉唐事笺》（元）朱礼撰，山阴李氏覆刊琅嬛馆影钞元至正本，道光二年

《新校资治通鉴注》（元）胡三省注，世界书局，1980

《二十二史札记》（清）赵翼撰，鼎文书局，1975

《十七史商榷》（清）王鸣盛撰，洞泾草堂刊本，乾隆五十二年

《日知录》（清）顾炎武撰，台湾商务印书馆，1956

《西魏书》（清）谢启昆撰，世界书局，据光绪九年树泾堂本影印，1962

《全上古三代秦汉三国六朝文》（清）严可均校辑，京都中文出版社，1981 年三版

《全唐文》（清）董诰等编，汇文书局，据嘉庆十九年刊本影印，1961

《唐书合钞》（清）沈炳震编，嘉庆十八年

《唐书宰相世系表订讹》（清）沈炳震撰，鼎文书局，1972

《登科记考》（清）徐松撰，《南菁书院丛书》第 1 集，光绪十四年

《历代方镇年表》（清）吴廷燮撰集，辽海丛书社

《世说新语校笺》杨勇著，香港大众书局，1969 年 10 月初版

二、碑铭类

"中央研究院"历史语言研究所藏墓志拓片

《钦定全唐文》汇文书局版，嘉庆十九年

《汉魏南北朝墓志集释》赵万里，科学出版社，1956 年初版

《石刻史料新编》新文丰出版公司，1977 年编（《石刻史料丛书》略同）：《八琼
　　室金石札记》《八琼室金石补正》《山左金石志》《山左冢墓遗文》《山右石刻
　　丛编》《山右冢墓遗文》《中州金石记》《中州金石考》《古志石华》《古刻丛钞》
　　《石墨镌华》《平津读碑记续记》《东都冢墓遗文》《芒洛冢墓遗文》《芒洛冢
　　墓遗文三编》《芒洛冢墓遗文四编》《芒洛冢墓遗文续编》《关中石刻文字新
　　编》《关中金石文字存逸考》《安阳县金石录》《扶风县石刻记》《希古楼金石
　　萃编》《汧阳述古编》《陇右金石录》《金石录》《金石录补》《金石萃编》《金
　　石萃编未刻稿》《金石萃编补正》《金石萃编补略》《金石续录》《金石续编》
　　《京畿冢墓遗文》《宝刻丛编》《宝刻类编》《陕西金石志》《海东金石苑》《陶
　　斋藏石记》《陶斋藏砖记》《偃师金石记》《集古录目》《集古录跋尾》《雍州
　　金石记》《满洲金石志》《满洲金石志补遗》《寰宇访碑录》《襄阳冢墓遗文》

三、谱牒类

《风俗通·姓氏篇》（汉）应劭纂，（清）张澍辑补注，《知服斋丛书》，清光绪间
　　龙氏刊本

《元和姓纂四校记》（唐）林宝撰，岑仲勉校，"中央研究院"历史语言研究所专
　　刊之二十九，1948

《古今姓氏书辨证（附校勘记）》（宋）邓名世撰，《丛书集成初编》，商务印书馆，
　　1936

《名贤氏族言行类稿》（宋）章定撰，商务印书馆影印文渊阁《四库全书》，1983

《姓氏急就篇》（宋）王应麟撰，《玉海》，浙江书局重刻本，光绪九年

《姓氏考略》（清）陈廷炜著，《学海类编》，上海涵芬楼影印本，1920

《姓氏寻源》（清）张澍著，枣华书屋藏版，清道光间

《南北史世系表》（清）周嘉猷撰，徐绍棨汇编重印本，1920

《万姓统谱》（清）凌迪知辑，新兴书局影印汲古阁本，1971

《通志·氏族略》新兴书局影印殿本

《新唐书·宰相世系表》鼎文书局标点本

大英博物馆藏敦煌遗书照相本

　　　Order No.O.P.B.& M.S.S.11431/4200

　　　Title Stein Rolls

　　　No.2052. No.5861. No.3191.

四、中文论著

岑仲勉

　　1936　《校贞观氏族志残卷》，《史学专刊》1

　　1939　《贞石证史》，《"中央研究院"历史语言研究所集刊》8（4）

　　1947　《唐集质疑》，《"中央研究院"历史语言研究所集刊》9

　　1948　《元和姓纂四校记》，"中央研究院"历史语言研究所专刊之二十九

　　1957　《隋唐史》，高等教育出版社

　　1960　《唐史余瀋》，上海中华书局

陈　槃

　　1951　《漫谈地券》，《大陆杂志》2（6）

陈寅恪

　　1931　《李唐氏族之推测》，《"中央研究院"历史语言研究所集刊》3（1）

　　1933　《李唐氏族之推测后记》，《"中央研究院"历史语言研究所集刊》3（4）

　　1935　《三论李唐氏族问题》，《"中央研究院"历史语言研究所集刊》5（2）

　　　　《李德裕贬死年月及归葬传说辨证》,《"中央研究院"历史语言研究所
　　　　　　集刊》5（2）

　1944　《唐代政治史述论稿》,"中央研究院"历史语言研究所专刊之二十

　　　　《隋唐制度渊源略论稿》,"中央研究院"历史语言研究所专刊之二十二

　1950　《元白诗笺证稿》,岭南大学中国文化研究室

　　　　《崔浩与寇谦之》,《岭南学报》11（1）

　1952　《论隋末唐初所谓"山东豪杰"》,《岭南学报》12（1）

　1954　《记唐代之李武韦杨婚姻集团》,《历史研究》1

　1956　《述东晋王导之功业》,《陈寅恪先生论文集补编》,原刊《中山大学学报》

　1956　《论李栖筠自赵徙卫事》,《陈寅恪先生论文集补编》,原刊《中山大学
　　　　　　学报》

陈　垣

　1928　《史讳举例》,《燕京学报》4

　1931　《敦煌劫余录》,"中央研究院"历史语言研究所专刊之四

邓嗣禹

　1967　《中国考试制度史》,台湾学生书局

傅乐成

　1952　《荆州与六朝政局》,《台湾大学文史哲学报》4

高亚伟

　1953　《孙吴开辟蛮越考》,《大陆杂志》7（7-8）

谷霁光

　1936　《安史乱前之河北道》,《燕京学报》19

　　　　《六朝门阀》,《武汉大学文哲季刊》5（4）

　1962　《府兵制度考释》,上海人民出版社

韩复智

　1969　《两汉的经济思想》,学术著作奖助委员会

何炳棣

　1966　《中国会馆史论》,台湾学生书局

何启民

　1972　《永嘉前后吴姓与侨姓关系之转变》,《政治大学学报》26

　1973　《中古南方门第——吴郡朱张顾陆四姓之比较研究》,《政治大学学报》27

　1977　《唐朝山东士族的社会地位之考察》,《简牍学报（劳贞一先生七秩荣
　　　　庆论文集）》

　1981　《柳芳氏族论中的一些问题》,《国际汉学会议论文集》历史考古组中册

　1982　《中古门第本质的探讨》,《第一届历史与中国社会变迁研讨会论文集》

贺昌群

　1964　《汉唐间封建土地所有制形式研究》,上海人民出版社

贺次君

　1935　《西晋以下北方宦族地望表》,《禹贡》3（5）

金发根

　1963　《东汉党锢人物的分析》,《"中央研究院"历史语言研究所集刊》34
　　　　下册

　1964　《永嘉乱后北方的豪族》,学术著作奖助委员会

　1967　《坞堡溯源及两汉的坞堡》,《"中央研究院"历史语言研究所集刊》37
　　　　上册

鞠清远

　1935　《两晋南北朝的客、门生、故吏、义附、部曲》,《食货》半月刊2（12）

　1940　《唐代财政史》,商务印书馆

劳　　榦

　1948　《汉代察举制度考》,《"中央研究院"历史语言研究所集刊》17

　1950　《论汉代的游侠》,《台湾大学文史哲学报》1

　1951　《论东汉时代的世族》,《学原》3（3-4）

　1960　《关东与关西的李姓和赵姓》,《"中央研究院"历史语言研究所集刊》31

　1967　《论汉代的豪强及其政治上的关系》,《清华学报（庆祝李济先生七十
　　　　岁论文集）》上册

李树桐

　1965　《唐史考辨》,台湾中华书局

刘　复

1931　《敦煌掇琐》，"中央研究院"历史语言研究所专刊之二

逯耀东

1965　《拓拔氏与中原士族的婚姻关系》，《新亚学报》7（1）

1966　《从北魏前期的文化与政治形态论崔浩之死》，《新亚学报》7（2）

毛汉光

1966　《两晋南北朝士族政治之研究》，学术著作奖助委员会

　　　　《两晋南北朝主要文官士族成分的统计分析与比较》，《"中央研究院"
　　　　　历史语言研究所集刊》36 下册

1967　《我国中古大士族之个案研究——琅琊王氏》，《"中央研究院"历史语
　　　　　言研究所集刊》37 下册

1969　《唐代统治阶层社会变动》，影印博士论文

1970　《五朝军权转移及其对政局之影响》，《清华学报》新 8（1–2）

1971　《敦煌唐代氏族谱残卷之商榷》，《"中央研究院"历史语言研究所集刊》
　　　　　43（2）

1974　《三国政权的社会基础》，《"中央研究院"历史语言研究所集刊》46（1）

1975　《从中正评品与官职之关系论魏晋南朝之社会架构》，《"中央研究院"
　　　　　历史语言研究所集刊》46（4）

1976　《中国中古社会史略论稿》，《"中央研究院"历史语言研究所集刊》47
　　　　　（3）

1977　《中国中古贤能观念之研究——任官标准之观察》，《"中央研究院"历
　　　　　史语言研究所集刊》48（3）

1978　《唐代大士族的进士第》，《"中央研究院"成立五十周年纪念论文集》
　　　　　第 2 辑

1980　《五代之政治延续与政权转移》，《"中央研究院"历史语言研究所集刊》
　　　　　51（2）

1981　《科举前后（公元 600 年 ±300）清要官形态之比较研究》，国际汉学
　　　　　会议论文集

1981　《从士族籍贯迁移看唐代士族之中央化》,《"中央研究院"历史语言研究所集刊》52（3）

缪启愉

1960　《吴越钱氏在太湖地区的圩田制度和水利系统》,《农史研究集刊》2

牟润孙

1951　《敦煌唐写姓氏录残卷考》,《台湾大学文史哲学报》3

1966　《论魏晋以来之崇尚辩谈及其影响》, 香港中文大学

庞圣伟

1964　《论三国时代之大族》,《新亚学报》6（1）

钱　穆

1963　《略论魏晋南北朝学术文化与当时门第之关系》,《新亚学报》5（2）

邱汉生

1959　《从"四民月令"看东汉大地主的田庄》,《历史教学》11

瞿同祖

1947　《中国法律与中国社会》, 社会学丛刊甲集第五种

全汉昇

1944　《唐宋帝国与运河》,"中央研究院"历史语言研究所专刊之二十四

芮逸夫

1961　《递变的中国家族结构》,《台湾大学考古人类学刊》17–18 合刊

萨孟武

1966　《中国社会政治史》第一、二、三册, 台北三民书局

苏庆彬

1964　《元魏北齐北周政权下汉人势力之推移》,《新亚学报》6（2）

1967　《两汉迄五代入居中国之蕃人氏族研究——两汉至五代蕃姓录》, 新亚研究所专刊

孙同勋

1962　《拓拔氏的汉化》, 台湾大学文史丛刊

1964　《北魏初期政治的冲突与崔浩之狱》,《幼狮学志》3（1）

孙国栋

    1959　《唐宋之际社会门第之消融》,《新亚学报》4（1）

    1965　《唐贞观永徽间党争试释》,《新亚书院学术年刊》7

谭其骧

    1934　《晋永嘉丧乱后之民族迁徙》,《燕京学报》15

汤用彤

    1957　《魏晋玄学论稿》,人民出版社

唐长孺

    1955　《魏晋南北朝史论丛》,三联书店

    1957　《三至六世纪江南大土地所有制的发展》,上海人民出版社

    1959　《魏晋南北朝史论丛续编》,三联书店

陶希圣

    1929　《中国社会之史的分析》,新生命书局

    1944　《中国政治制度史》,启业书局,1974年台一版

陶希圣、鞠清远

    1935　《唐代经济史》,上海商务印书馆

陶希圣、武仙卿

    1937　《南北朝经济史》,上海商务印书馆

陶元珍

    1933　《三国吴兵考》,《燕京学报》13

田昌五

    1978　《读曹操宗族墓砖刻辞》,《文物》8

万绳楠

    1964　《曹魏政治派别的分野及其升降》,《历史教学》1

王寿南

    1969　《唐代藩镇与中央关系之研究》,嘉新水泥公司文化基金会

王梦鸥

    1971　《唐人小说研究》,艺文印书馆

王伊同

　　1943　《五朝门第》，金陵大学中国文化研究所丛刊乙种

　　1957　《崔浩国书狱释疑》，《清华学报》1（2）

武仙卿

　　1934　《魏晋时期社会经济的转变》，《食货》半月刊1（2）

向　达

　　1931　《敦煌丛抄》，《北平图书馆馆刊》5（6）

徐高阮

　　1969　《山涛论》，《"中央研究院"历史语言研究所集刊》41（1）

许国霖

　　1932　《敦煌石室写经题记与敦煌丛抄》，《北平图书馆馆刊》6（6）

许倬云

　　1964　《西汉政权与社会势力的交互作用》，《"中央研究院"历史语言研究所
　　　　　集刊》35

　　1967　《汉代家庭的大小》，《清华学报（庆祝李济先生七十岁论文集）》下册
　　　　　《三国吴地的地方势力》，《"中央研究院"历史语言研究所集刊》37上册

严耕望

　　1950　《汉代地方官吏之籍贯限制》，《"中央研究院"历史语言研究所集刊》22

　　1951　《秦汉郎吏制度考》，《"中央研究院"历史语言研究所集刊》23上册

　　1953　《略论唐六典之性质与施行问题》，《"中央研究院"历史语言研究所集
　　　　　刊》24

　　1954　《中国历史地理》，现代国民基本知识丛书第2辑

　　1956　《唐仆尚丞郎表》，"中央研究院"历史语言研究所专刊之三十六

　　1961—1963　《中国地方行政制度史》，"中央研究院"历史语言研究所专刊
　　　　　之四十五，台湾商务印书馆

　　1969　《唐蓝田武关道驿程考》，《"中央研究院"历史语言研究所集刊》39
　　　　　下册

　　　　　《唐史研究丛稿》，香港新亚研究所出版

　　1981　《治史经验谈》，台湾商务印书馆

杨筼如

　　1930　《九品中正与六朝门阀》，上海商务印书馆

杨联陞

　　1936　《东汉的豪族》，《清华学报》11（4）

　　1937　《中唐以后税制与南朝税制之关系》，《清华学报》12（3）

　　1970　《传统中国政府对城市商人之统制》，《清华学报》8（1-2）

杨树藩

　　1967　《唐代政制史》，正中书局

杨中一

　　1935　《部曲沿革略考》，《食货》1（3）

姚薇元

　　1962　《北朝胡姓考》，中华书局

余　逊

　　1943　《南朝之北士地位》，《辅仁学志》12（1-2）

余英时

　　1956　《东汉政权之建立与世家大姓之关系》，《新亚学报》1（2）

　　1959　《汉晋之际士之新自觉与新思潮》，《新亚学报》4（1）

章　群

　　1956　《论唐开元前的政治集团》，《新亚学报》1（2）

　　1968　《唐史》，华冈出版有限公司

赵铁寒

　　1956　《记袁安碑》，《大陆杂志》12（5-6）

周一良

　　1938　《南朝境内之各种人及政府对待之政策》，《"中央研究院"历史语言研究所集刊》7（4）

　　1948　《领民酋长与六州都督》，《"中央研究院"历史语言研究所集刊》20上册

　　1950　《北朝民族问题与民族政策》，《燕京学报》39

祝秀侠

　　1957　《唐代传奇研究》，现代国民基本知识丛书第 4 辑

邹文海

　　1967　《邹文海先生政治科学文集》，邹文海先生六十华诞受业学生庆祝会印行

五、日文论著

安田二郎

　　1970　《南朝の皇帝と貴族と豪族と土豪層——梁武帝の革命を手がかり
　　　　　に》，《中国中世史研究》

滨口重国

　　1966　《唐王朝の賤人制度》，东洋史研究丛刊之十五，东洋史研究会
　　　　　《秦漢隋唐史の研究》，东京大学出版社

布目潮渢

　　1948　《唐初の貴族》，《东洋史研究》10（3）

　　1966　《唐朝創業期の一考察》，《东洋史研究》25（1）

　　1968　《隋唐史研究——唐朝政権の形成》，东洋史研究丛刊之二十，东洋史
　　　　　研究会

池田温

　　1959　《唐代の郡望表》（上），《东洋学报》42（3）

　　1960　《唐代の郡望表》（下），《东洋学报》42（4）

　　1965　《唐朝氏族志の一考察》，《北海道大学文学部纪要》13（2）

　　1965A　《八世纪初における敦煌の氏族》，《东洋史研究》24（3）

川胜义雄

　　1950　《シナ中世貴族政治の成立について》，《史林》33（4）

　　1954　《曹操軍団の構成について》，《东方学报》25

　　1970　《貴族制社会と孫呉政権下の江南》，《中国中世史研究》

　　1973　《孫呉政権の崩壊から江南貴族制へ》，《东方学报》44

多田狷介

　　1964 《後漢豪族の农業経営》,《历史学研究》286

冈崎文夫

　　1932 《魏晋南北朝通史》, 弘文堂书房

　　1935 《南北朝に於ける社會經濟制度》, 弘文堂书房

宫川尚志

　　1943 《魏晋及び南朝の寒門・寒人》,《东亚人文学报》3（2）

　　1955 《三国呉の政治と制度》,《史林》38（1）

　　1956 《六朝史研究：政治・社会篇》, 日本学术振兴会

宫崎市定

　　1956 《九品官人法の研究》, 东洋史研究丛刊之一, 东洋史研究会

谷川道雄

　　1962 《北魏末期の郷兵について》,《东洋史研究》20（4）

好并隆司

　　1957 《曹操の時代》,《历史学研究》207

吉田虎雄

　　1943 《魏晋南北朝租税の研究》, 中国学术研究丛书 3

今堀诚二

　　1940 《唐代士族の性格素描》（一）,《历史学研究》9（11）

　　1941 《唐代士族の性格素描》（二）,《历史学研究》10（2）

井上晃

　　1936 《後魏姓族分定考》,《史观》9

仁井田陞

　　1933 《唐令拾遗》, 东方文化学院东京研究所

　　1943 《支那身分法史》, 东方文化学院刊

　　1962 《中国法制史研究》, 东京大学东洋文化研究所

上田早苗

　　1967 《巴蜀の豪族と國家権力》,《东洋史研究》25（4）

矢野主税

　　1952　《門閥貴族の系譜試論》,《古代学》1（7）

　　1958　《郑氏研究》,《社会科学论丛》8

　　1960　《魏晋百官世系表》, 长崎大学史学会

　　1961　《魏晋中正制についての一考察》,《史学研究》82

　　1962　《韋氏研究》（二）, 长崎大学学艺学部研究报告临时增刊号

　　1963　《魏晋中正制の性格についての一考察——郷品と起家官品の対応を
　　　　　　手掛りとして》,《史学杂志》72（2）

　　1965　《裴氏研究》,《社会科学论丛》14

　　1976　《門閥社会成立史》, 国书刊行会

守屋美都雄

　　1951　《六朝門閥の一研究——太原王氏系譜考》,《法制史研究》4

狩野直禎

　　1957　《後漢末の世相と巴蜀の動向》,《東洋史研究》15（3）

　　1959　《蜀漢政権の構造》,《史林》42（4）

五井直弘

　　1956　《曹操政権の性格について》,《历史学研究》195

西川正夫

　　1963　《華北五代王朝の文臣官僚》,《东洋文化研究所纪要》27

西村元佑

　　1970　《中国経済史研究——均田制篇》, 东洋史研究丛刊之十七

宇都宮清吉

　　1934　《唐代貴人に就いての一考察》,《史林》19（3）

　　1936　《岡崎文夫博士著「南北朝に於ける社會經濟制度」を讀む》,《东洋
　　　　　　史研究》1（3）

越智重明

　　1956　《南朝の貴族と豪族》,《史渊》69

　　1958　《东晋の豪族》,《史渊》76

　　　1965 《州大中正の制に関する諸問題》,《史渊》94

　　　　　《魏晋南朝の最下級官僚層について》,《史学杂志》74（7）

　　　1966 《南朝の清官と濁官》,《史渊》96

　　　　　《梁陳時代の甲族層起家の官をめぐって》,《史渊》97

　　　　　《梁の天監の改革と次門層》,《史学研究》97

　　　1967 《清議と郷論》,《东洋学报》48（1）

增村宏

　　　1937 《黄白籍の新研究》,《东洋史研究》2（4）

志田不动麿

　　　1939 《東洋中世史》, 平凡社

周藤吉之

　　　1965 《唐宋社会経済史研究》, 东京大学出版社

竹田龙儿

　　　1951 《唐代士人の郡望について》,《史学》24（4）

　　　1952 《贞观氏族志の編纂に関する一考察》,《史学》25（4）

　　　1958 《門閥としての弘農楊氏についての一考察》,《史学》31（1–4）

筑山治三郎

　　　1967 《唐代政治制度の研究》, 創元社

六、英文论著

Andreski, Stanislav

　　　1968　*Military Organization and Society* (University of California Press).

Aron, Raymond

　　　1950　"Social Structure and the Ruling Class," *British Journal of Sociology* I.

Balazs, Etienne

　　　1964　*Chinese Civilization and Bureaucracy*, Trans., by H. M. Wright, ed. by Auther

　　　　　F. Wright (New Haven: Yale University Press).

Bendix, Reinhard and Lipset, Seymour Martin

　　1966　*Class, Status, and Power: Social Stratification in Comparative Perspective* (Free Press, 2nd ed).

Block, Marc

　　Feudal Society, Trans. by L. A. Manyon (London: Routledge & Kegan Paul L. T. D).

Bottomore, T.B.

　　1964　*Elites and Society* (Penguin Books L.T.D).

Burnham, James

　　1972　*The Managerial Revolution* (Westport, Conn.: Greenwood Press, C., 1941)

Chang, Chung-Li

　　1955　*The Chinese Gentry: Studies on Their Role in Nineteenth-Century Chinese Society* (Seattle: University of Washington Press).

Ch'en, Ch'i-yün

　　1964　"The Rise and Decline of the Hsün Family (ca. 100-300 A.D.): A Case Study of One of the Aristocratic Families in the Six Dynasties," *International Conference on Asian History* (University of Hongkong).

Ch'ü, T'ung-tsu

　　1957　"Chinese Class Structure and its Ideology," in Fairbank, J. K. (ed.), *Chinese Thought and Institutions* (University of Chicago Press).

　　1961　*Law and Society in Traditional China* (Paris and The Hague).

　　1962　*Local Government in China under the Ch'ing* (Harvard University Press).

　　1972　*Han Social Structure* (Han Dynasty China, Volume I., University of Washington Press).

Creel, H. C.

　　1949　*Confucius, the Man and the Myth* (New York).

Dahl, Robert A.

　　1967　*Who Governs* (Yale University Press, 11th Printing, First Published 1961).

Dien, Albert E.

 1974　"The Use of the Yeh-hou chia-chuan as a Historical Source," *Harvard Journal of Asiatic Studies*, Vol. 34.

 1976　"Elite Lineages and the T'o-Pa Accommodation: A Study of the Edict of 495," *Journal of the Economic and Social History of the Orient*, Vol. 19, Part 1.

 1977　"The Bestowal of Surnames under the Western Wei-Northern Chou," *T'oung Pao*, Vol. 63.

Domholf, G. William

 1967　*Who Rules America* (Prentice-Hall).

Domhoff, G. William and Ballard, Hoyt, B.

 1969　*C. Wright Mills, and the Power Elite* (Beacon Press, First Published 1968).

Eberhard, Wolfram

 1946　*Das Toba-Reich Nordchinas* (Leiden).

 1952　*Conquerors and Rulers: Social Forces in Medieval China* (Leiden, Secoud Edition, 1965).

 1955　"Additional Notes on Chinese gentry society," *Bulletin of the School of Oriental and African Studies*, Vol.7, No.2.

 1959　"Research on the Chinese Family," *Sociologus*, Vol.9.

 1962　*Social Mobility in Traditional China* (Leiden: E. J. Brill).

Ebrey, Patricia Buckley

 1978　*The Aristocratic Families of Early Imperial China: A Case Study of the Po-Ling Ts'ui Family* (Cambridge University Press).

Eisenstadt, S. N.

 1964　"Sociological Analysis of Historical Societies," *Comparative Studies in Society and History*, Vol. Ⅵ , No.4 (July).

 1969　*The Political System of Empires: The Rise and Fall of the Historical Bureaucratic Societies* (Fress Press Paperback, First Published 1963).

Fairbank, John K.

 1957　*Chinese Thought and Institutions* (University of Chicago Press).

Fairbank, John K. and Reischauer, Edwin O.

　1960　*East Asia: The Great Tradition* (Boston: Houghton Mifflin Company).

Fei, Hsiao-t'ung

　1939　*Peasant Life in China* (London: Routledge & Kegan Paul).

　1946　"Peasantry and Gentry: An Interpretation of Chinese Social Structure and Its Changes," *American Journal of Sociology*, 52.

　1953　*China's Gentry* (University of Chicago Press).

Feng, Han-Yi

　1937　"The Chinese Kinship System," *Harvard Journal of Asiatic Studies*, Ⅱ, 2 (July).

Frankel, Hans H.

　1961　"The K'ung Family of Shan-yin,"《清华学报》新 2（2）。

Ho, Ping-ti

　1962　*The Ladder of Success in Imperial China-Aspects of Social Mobility, 1368-1911* (Columbia University Press).

Hsiao, Kung-Chuan

　1960　*Rural China: Imperial Control in the Nineteenth-century* (University of Washington Press).

Hsu, Cho-yun

　1965　*Ancient China in Transition: An Analysis of Social Mobility, 722-222 B.C.* (Stanford University Press).

　1965A　"The Changing Relationship between Local Society and the Central Political Power in former Han", *Comparative Studies in Society and History*, Ⅶ.

Hsü, Francis L. K.

　1963　"Social Mobility in China," (1949) Reprinted as "Patterns of Downward Mobility", in *The Chinese Civil Service: Career Open to Talent?* Edited by Johannan M. Menzel, Problems in Asian Civilizations Series (Boston: D. C. Health and Co.), pp. 41-48.

Johnson, David G.

  1970   "The Medieval Oligarchy: A Study of Great Families in their Social,
          Political & Institutional Setting" (PH. D. Disertation, University of
          California, Berkeley).

  1977   "The Last Years of A Great Clan: The Li Family of Chao Chün in Late T'ang
          and Early Sung," *Harvard Journal of Asiatic Studies*, Vol 37-1.

Kracke, Jr.E.A.

  1947   "Family vs. Merit in Chinese Civil Service Examination under the Emapire,"
          Harvard Journal of Asiatic Studies, 10, No.2 (Sept).

  1953   *Civie Service in Early Sung China, 960-1059* (Cambridge: Harvard-Yenching
          Institute Monograph Series, Volume 13).

  1957   "Region, Family, and Individual in the Chinese Examination System,"
          Chinese Thought and Institutions.

Lasswell, Harold D.

  1952   *The Comparative Study of Elites-An Introduction and Bibliography* (Stanford
          University Press).

  1968   *Politics-Who Gets, What, When, How* (World Publishing Company, 11th
          Printing, First Published 1958).

Li, Chi

  1928   *The Formation of the Chinese People* (Harvard University Press).

Liu, Hui-Chen (Wang)

  1959   *The Traditional Chinese Clan Ruler* (N. Y.).

Lundberg, Ferdinand

  1969   *The Rich and Superrich* (Bantam Book, Ice. 4th Printing, First Published
          1968).

Mannheim, Karl

  1936   *Ideology and Utopia*, Trans. from the German by Louis Wirth the Edward
          Shils (N.Y.).

Marsh, Robert M.

　1959　*Mardarin and Executive: Elite Mobility in Chinese and American Societies* (Columbia University).

Menzel, Johanna M.

　1963　*The Chinese Civil Serivce-Career Open to Talent* (D. C. Heath and Company).

Meskill, John

　1965　*The Pattern of Chinese History-Cycles, Development or Stagnation* (D. C. Heath and Company).

Mills, C. Wright

　1959　*The Power Elite* (Oxford University Press Paperback, First Published 1956).

　1964　*White Collar* (Oxford University Press, 13th Printing Paperback, First Published 1951).

Mosca, Gaetano

　1939　*The Ruling Class.* Trans. by Hannah D. Kahn (N. Y. and London: McGraw-Hill Book Campany).

Nivison, David S. and Wright, Arthur

　1959　*Confucianism in Action* (Stanford University Press).

Pareto, Vilfredo

　1942　*The Mind and Society* (Brace and Company).

Pulleyblank, Edwin G.

　1953　"Gentry Society: Some remarks on recent work by W. Eberhard," *Bulletin of the School of Oriental and African Studies*, Vol. 5.

　1955　*The Background of the Rebellion of An Lu-Shan* (Oxford University Press).

Reischauer, Edwin O.

　1955　*Ennin's Diary, and Ennin's Travels in T'ang China* (Ronald Press).

Ruey, Yih-Fu（芮逸夫）

　1961　"Changing Structure of the Chinese Family,"《台大考古人类学刊》17–18。

Russell, Bertrand

　1938　*Power: A New Social Analysis* (London: George Allen & Unwin Ltd.).

Schumpeter, Joseph

　　1971　*Imperialism-Social Classes* (World Publishing Company, 11th Printing, First Published 1955).

Shils, Edward

　　1958　"The Intellectuals and the Powers: Some Perspectives for Comparative Analysis," *Comparative Studies in Society and History*, Vol.1.

Skinner, G. W.

　　1957　*Chinese Society in Thailand* (Ithaca: Cornell University).

Sorokin, Pitirin A.

　　1964　*Social and Cultural Mobility* (Glencoe: Free Press).

Thrupp, Sylvia L.

　　1959　"Hierarchy, Illusion and Social Mobility: A Component on Ping-Ti Ho, Aspect of Social Moblitiy, in China 1368-1911," *Comparative Studies in Society and History*, Ⅱ, No. 1 (Oct.).

Twitchett, D. C.

　　1957　"The Monasteries and China's Economic in Medieval Times," *Bulletin of School of Oriental African Studies*, Vol. 19, Part 3.

　　1963　*Financial Administration under the T'ang Dynasty* (Cambridge University Press).

Veblen, Thostein

　　1948　*The Theory of the Leisure Class* (Viking Press Paperback, First Published 1899).

Wang, Gungwu

　　1963　*The Structure of Power in North China During the Five Dynasties* (Kuala Vumpur: University of Malaya Press).

Wang, Yi-t'ung

　　1953　"Slaves and other Comparable Social Groups During the Northern Dynasties," *Harvard Journal of Asiatic Studies*, 16, Nos. 3-4 (Dec).

Wittfogel, Karl A.

　　1947　"Public Office in the Liao Dynasty and the Chinese Examination Svstem," *Harvard Journal of Asiatic Studies*, Vol. 10.

　　1957　*Oriental Despotism: A Comparative Study of Total Power* (New Haven: Yale University Press).

Wright, Arthur F.

　　1957　"The Formation of Sui Ideology," *Chinese Thought and Institution*.

　　1960　*The Confucian Persuasion* (Stanford).

Wright, Arthur F. and Twitchett, Denis

　　1973　*Perspectives on the T'ang* (Rainbow-Bridge Book Co.).

Yang, Lien-sheng

　　1950　*Topics in Chinese History* (Harvard University Press).

　　1961　*Studies in Chinese Institutional History* (Harvard University Press).

Yang, Martin C.

　　1947　*A Chinese Village* (N. Y.: Columbia University Press).